März 2016

BLÄTTER DER RILKE-GESELLSCHAFT

BLÄTTER DER RILKE-GESELLSCHAFT
Band 24 / 2002

»Die Welt ist in die Hände der Menschen gefallen«

Rilke und das moderne Selbstverständnis

Im Auftrag der Rilke-Gesellschaft
herausgegeben von Rudi Schweikert

INSEL VERLAG

Zuschriften an die Redaktion:

Rudi Schweikert
Waldpforte 104
D-68305 Mannheim
Telefon / Fax: 0621/755604
E-mail: SabineSchmidt-RudiSchweikert@t-online.de

Die Deutsche Bibliothek – CIP-Einheitsaufnahme

Erste Auflage 2002
Insel Verlag Frankfurt am Main und Leipzig
© dieser Ausgabe: Rilke-Gesellschaft Bern 2002
Satz: Satz-Offizin Hümmer GmbH, Waldbüttelbrunn
Druck: Nomos-Verlagsgesellschaft, Baden-Baden
Printed in Germany
ISBN 3-458-17142-8

INHALT

Rezensionen

Mitteilungen

VORBEMERKUNG

Mit diesem Band erscheinen die *Blätter der Rilke-Gesellschaft* erstmals in jenem Verlag, der von den Erzählungen *Vom lieben Gott und Anderes* (1900) an auch derjenige Rainer Maria Rilkes geworden war.

Die *Blätter* verstehen sich als offenes Forum der Rilke-Forschung. In diesem Sinne werden die Leser dieses Bandes eine Reihe unterschiedlicher Annäherungsweisen an Rilke und sein Werk wahrnehmen können, vorgetragen mit je eigenem Temperament, die einen Begriff vom derzeitigen Spektrum der Rilke-Lektüremodi vermitteln.

Den Schwerpunkt bilden Vorträge, die auf der Jahrestagung 2000 in Ascona gehalten wurden und auf die Ulrich Fülleborns folgender Beitrag hinführt.

Neben die weiteren Forschungsbeiträge treten kleinere Briefeditionen, die das Bild vom großen Epistolator Rilke um einige Details bereichern.

Die Abteilung »Rezensionen« bietet einen kritisch orientierenden Überblick über die Rilke-Literatur der letzten Jahre.

Für redaktionelle Mitarbeit sei Wilhelm Hemecker, Wien, gedankt.

Im Frühjahr 2002   Rudi Schweikert

VORTRÄGE

Ulrich Fülleborn

»Die Welt ist in die Hände der Menschen gefallen«

Einführungsworte zum Symposion
›Rilke und der Wissenschaftsdiskurs 2000‹

Der junge Rainer Maria Rilke begrüßte die Wende vom 19. zum 20. Jahrhundert mit den Versen, die er als achtes Gedicht auch in das *Stunden-Buch* hineinnahm: »Ich lebe grad, da das Jahrhundert geht. / Man fühlt den Wind von einem großen Blatt, / das Gott und du und ich beschrieben hat / und das sich hoch in fremden Händen dreht. // Man fühlt den Glanz von einer neuen Seite, / auf der noch Alles werden kann.« Wie persönlich hier gesprochen wird, verrät das geheimnisvolle ›du‹, hinter dem sich Lou Andreas-Salomé verbirgt. Die zitierten Verse fassen Rilkes Lebensgefühl zur vorletzten Jahrhundertwende, und nicht nur seines, in ein großes Bild. Jetzt nun, da das damals so hoffnungsvoll begonnene Jahrhundert seinerseits ›geht‹, fragen wir uns: Was hat Rilke auf *dieses* Jahrhundertblatt einge-tragen, genauer: Was hat man davon wahrgenommen, und was hat es bewirkt – neben all dem, was andere an Gutgemeintem und Bösem darauf hinterließen. Und weiter: Was wird als Übertrag speziell aus Rilkes Lebenswerk und geistiger Welt hinüber auf die ›neue Seite‹ des nachfolgenden Jahrhunderts gerettet werden können?

Es mag einem im Gespräch mit einem engagierten Physiker die provokante Frage begegnen, was uns Dichtung heutzutage noch zu sagen habe, ob sie nicht mit dem ihr zugrunde liegenden Bewußtsein allzu weit hinter der Entwicklung der Naturwissenschaften zurückgeblieben sei – so weit, daß es für einen Na-turwissenschaftler uninteressant und unergiebig werde, sich mit ihr zu beschäf-tigen? Das ist eine Frage, die alle, die als Kritiker, Literaturwissenschaftler oder Liebhaber mit der Dichtung wie selbstverständlich umgehen, sehr ernst nehmen sollten. Auch die heutigen Poeten kommen nicht um sie herum. Unter den wichtigsten Autoren des 20. Jahrhunderts haben einige die Kluft zwischen der Wissenschaft und der Dichtung ausdrücklich und erfolgreich zu überbrücken versucht, so Robert Musil, Gottfried Benn und Bert Brecht. Und Rilke? Wie war sein Verhältnis zum Wissen unserer Zeit, wie wäre die Frage nach der Bedeutung der Poesie im szientistischen Zeitalter hinsichtlich des Rilkeschen Werkes zu be-antworten?

Hierzu soll es einleitend weder unvorgreifliche noch gar vorgreifliche Äuße-rungen geben. Der leitende Gedanke bei der Planung des Symposions stand jedoch in Beziehung zu diesem Fragenkomplex. Es sollte von den wissenschaft-lichen Disziplinen, unter Einschluß der Philosophie und Theologie, das heißt von ihren namhaften Vertretern, erfragt werden, was die Wissenschaft gegenwär-tig vor allem umtreibt, und zwar in dem nicht nur vom Kalender erzeugten

Bewußtsein einer Zeitenwende. Und wir wollten sehen, wie sich Rilkes poetische Entwürfe und Realisationen dazu in Beziehung bringen lassen. Eine der Voraussetzungen für das zugegebenermaßen kühne Unterfangen besteht darin, daß man Rilke sehr wohl als einen denkenden Dichter lesen kann und heute auch lesen sollte.

Es ließe sich womöglich einwenden, ob nicht für viele andere Dichter ein ähnlicher Ansatz zu wählen wäre, worin also der spezifische Sinn unseres Unternehmens zu sehen sei. Ein Argument zu dessen Gunsten mag darin liegen, daß die meisten der Zeitgenossen Rilkes historisch eindeutiger ins 19. und 20. Jahrhundert beziehungsweise zur damaligen Jahrhundertwende zu gehören scheinen als er und daß die Frage, was jene für die nahe oder fernere Zukunft noch zu bedeuten hätten, sich derzeit kaum stellt, trotz ihrer unbezweifelten Größe. Das gilt für Stefan George, viele Expressionisten, auch für Bert Brecht. Weniger vielleicht für Hofmannsthal, Thomas Mann und Paul Celan.

Was man nun mit aller Vorsicht als den Diskurs der Wissenschaften zur neuen Jahrhundertwende bezeichnen könnte, ist seit dem 25. Juni 2000 durch das factum brutum eines biotechnischen Erfolges von nicht absehbarer Bedeutung in den Schatten gestellt worden. Gemeint ist natürlich die spektakulär in Szene gesetzte ›Entschlüsselung‹ des menschlichen Genoms. Das hat mit einer bloßen Neuinterpretation der Welt und mit unschuldiger wissenschaftlicher Modellbildung, wie es noch die Entdeckung der Doppel-Helix durch James D. Watson und Francis H. C. Crick war, nichts mehr zu tun, obgleich jene Entdeckung die Voraussetzung für das jetzige Ereignis war. Es handelt sich, darin sind sich wohl alle Fachleute einig, um eine tiefgreifende Veränderung der Welt, vor allem der sich eröffnenden künftigen Möglichkeiten des Umgangs mit *der* Wirklichkeit, die wir selber sind.

Zumal gentechnisch bereits etwas eingetreten ist, was als noch gravierender bewertet werden muß, nämlich die von britischen Experten empfohlene und von der Londoner Regierung beabsichtigte Freigabe des Klonens menschlicher Embryos zum Zwecke der Gewinnung von Stammzellen, aus denen in der Retorte organische Ersatzteile wie Nieren, Gehirnzellen usw. für unheilbar Kranke erzeugt werden können; therapeutisches Klonen nennt man das. Aber wer wird – und das muß gefragt werden dürfen – die moralische Kraft und die institutionelle Macht besitzen, zu verhindern, daß der vorerst nur für wenige Wochen geklonte Embryo, sobald es technisch machbar sein wird, heranreift zum menschlichen Bruder des Schafes Dolly?

Gehören solche Fakten und Besorgnisse noch in den Zusammenhang ernsthafter Überlegungen zu Rilkes Bedeutung für die Gegenwart, oder dienen sie nur einer leichtfertigen und billigen Aktualisierung des Dichters? Nach allem, was wir von Rilke wissen, können wir sicher sein, daß er die jüngsten Entwicklungen mit außerordentlicher Erregung wahrgenommen hätte und daß er darauf reagieren würde: mit seinen Mitteln, also mit Worten, vor allem mit dichterischen. Ja, im Grunde hat er darauf schon zu seiner Zeit antizipierend geantwortet. Und zwar mit *dem* Wort, welches ihm die tief verstörenden Entwicklungen und Auswirkungen des ersten Weltkriegs eingegeben haben: »Die Welt ist in die Hände der Menschen gefallen« (Brief an Yvette Hauptmann vom 18. 8. 1915[1]). Es ist das eine Formel, die den umfassenden kulturgeschichtlichen Wandel, den die Moderne mit sich gebracht hat, prägnant beschreibt. Sie besagt, daß wir gemäß dem Gesetz des wissenschaftlich-technischen Zeitalters alles und jedes unter unsere Verfügungsgewalt gezwungen haben.

Hat man sich nun, diese konkrete Beziehung herstellend, in Rilke bloß eines konservativen Kombattanten vergewissert, der sich in die Abwehrfront gegen jeden, anfangs immer unheimlich wirkenden naturwissenschaftlichen Fortschritt eingliedern ließe? Für eine derartige Rolle eignet sich Rilke nicht. Er wählte schon sehr früh seine Gleichnisse aus der subatomaren wie der kosmischen Welt, die beide damals wissenschaftlich ganz neu erschlossen wurden. Er schrieb den Aufsatz *Ur-Geräusch*, der die Erfindung des Phonographen zum Anlaß für zukunftsorientierte Spekulationen über die Möglichkeiten der Ausweitung unserer Erfahrungsbereiche nimmt. Und bereits 1922 verhielt er sich gegenüber der Erfindung und Benutzung der Flugapparate (Motorflugzeuge) sehr differenziert: »Kurven des Flugs durch die Luft und die, die sie fuhren, / keine vielleicht ist umsonst. Doch nur wie gedacht« (*Sonette an Orpheus* II, 22). Oder, deutlicher bejahend und utopisch auf die Überwindung der Entfremdung zwischen Maschine und Mensch zielend:

> O erst *dann*, wenn der Flug
> nicht mehr um seinetwillen
> wird in die Himmelstillen
> steigen, sich selber genug,
>
> um in lichten Profilen,
> als das Gerät, das gelang,
> Liebling der Winde zu spielen,
> sicher, schwenkend und schlank, –
>
> erst, wenn ein reines Wohin
> wachsender Apparate
> Knabenstolz überwiegt,
>
> wird, überstürzt von Gewinn,
> jener den Fernen Genahte
> *sein*, was er einsam erfliegt.
>
> (*Sonette an Orpheus* I, 23)

Nebenbei sei erwähnt, daß Rilke sich im ratternden Benzin-Automobil durch von ihm geliebte Landschaften kutschieren ließ (so im Oktober 1911 im Auto der Fürstin Taxis, nur von ihrem Chauffeur begleitet, durch Südfrankreich nach Duino).

Das heißt hinwiederum nicht etwa, daß man Rilke wegen seiner ›Fortschritt-lichkeit‹ in technicis in der Nähe eines Denkens, das Sloterdijk in Tutzing leichtfertig initiiert hat, zu suchen wäre. Bei Rilke überwiegt angesichts der menschlichen Kühnheiten, Wagnisse und Erfolge nicht die Bejahung unserer Macht, scheinbar alles zu können, was wir wollen, und es auch zu tun. Vielmehr bleibt für den Dichter ungeschwächt die Ehrfurcht erhalten vor dem, was wir nicht selbst sind, was sich uns zeigt oder erschließt. Denn: »noch ist uns das Dasein verzaubert; an hundert / Stellen ist es noch Ursprung. Ein Spielen von reinen / Kräften, die keiner berührt, der nicht kniet und bewundert« (*Sonette an Orpheus* II, 10).

Wegen dieses Unterschieds zu den heute an der Oberfläche vorherrschenden Diskursen ist bewußt die Theologie in das Programm einbezogen worden. Nicht in der Absicht, Rilke dogmatisch für das Christentum zu retten, weder im Sinne der Zeit zwischen den beiden Weltkriegen, als evangelische Theologie ihn zum Mystiker machte, noch unserer Nachkriegszeit, als die katholische Theologie in ihm den, allerdings problematischen, Dichter-Propheten entdeckte (Guardini). Statt dessen scheint es für die Gegenwart von Bedeutung, daß Rilke mit seiner zutiefst heterodoxen Religiosität – einer Religiosität ohne Stützung durch eine positive Religion – poetisch etwas realisiert hat, was im weitesten Sinne geistige Bedeutung besitzt. Was heißt es zum Beispiel, wenn im *Malte Laurids Brigge* Gott eine »Richtung der Liebe« genannt und ausdrücklich negiert wird, daß er ein »Liebesgegenstand«[2] sei? Ist dies eine a-theistische Position? Oder ist es die moderne, transzendentale Umwandlung des christlich-ontologischen Satzes ›Gott ist die Liebe‹?

Aber vielleicht wage ich mich mit solchen Vermutungen und Fragen schon zu weit vor. Indes findet das, was ich am Beispiel der Theologie angedeutet habe, seine Entsprechung im Verhältnis der Rilkeschen Dichtung zur Philosophie und speziell zur Ästhetik. Käte Hamburger hat bekanntlich die fruchtbare These aufgestellt, daß es sich bei Rilke um »Lyrik *statt* einer Philosophie« handle. Und in der Tat, seine Dichtung *als* Philosophie oder auch *als* Theologie zu lesen wäre seinem Urteil nach ein In-Anspruch-Nehmen poetischer ›Figuren‹ und gleichnishafter Bilder für dichtungsfremde Zwecke. In einem jeden derartigen Versuch würde er geistiges Besitzstreben am Werk sehen, während es in der Dichtung nur den nirgends und nie zu vergegenständlichenden ›Bezug‹ gibt. Diesem Problemkreis ordnet sich das Motiv des ›Hörens‹ deutlich zu, dem der Philosoph Manfred Riedel bei Nietzsche und Rilke nachgeht. Nicht zuletzt hat die Disziplin der Literaturwissenschaft in einigen ihrer aktuellen Spielarten ein gewichtiges Wort mitzureden. Hier tritt Rilke als der Dichter ins Blickfeld, der sich in keine politisch-nationalen und in keine Sprachgrenzen einschließen ließ, dessen geistiger und biographischer Lebensraum Europa war. Bei dem Naturwissenschaftler und Wissenschaftshistoriker Ernst Peter Fischer dürfen wir uns auf die überraschende These gefaßt machen, daß allein von der Kunst noch ein Gegengewicht zu den Einseitigkeiten unserer naturwissenschaftlich-technischen Welt zu erhoffen sei.

Soviel nur schlaglichtartig als Blick auf das Symposionsprogramm. Die gehaltenen Vorträge können aus Raumgründen leider nicht vollständig in den *Blättern der Rilke-Gesellschaft* gedruckt werden. Außerdem mag man bedauern, daß wissenschaftliche Disziplinen wie die Psychologie und Soziologie im Programm fehlen. Dafür stehen äußere Gründe, zum Beispiel eine zeitliche Begrenzung, aber auch innere: Es gibt Schriftsteller, deren Werke nach Thema und Struktur psychologisch in der Tradition des 19. Jahrhunderts oder, moderner, tiefenpsychologisch bestimmt sind. Sie gehören damit selber zu unserer sich immer einseitiger naturwissenschaftlich orientierenden Kultur. Nicht so Rilke. Natürlich ist es möglich, an sein Werk und mehr noch an seine Person mit psychologischem und soziologischem Instrumentarium quasi dekonstruierend heranzugehen. Rilkes Dichtung weist von sich aus jedoch in eine andere Richtung. Sie zeigt in poetischer Sprache realisierte Daseins- und Denkmöglichkeiten, die als Modelle genommen allgemein-menschliche Bedeutung im nach-metaphysischen und nach-szientistischen Zeitalter gewinnen könnten.

Anmerkungen

1 RMR: *Briefe in zwei Bänden.* Hrsg. von Horst Nalewski. Bd. I. Frankfurt am Main und Leipzig 1991, S. 584. August Stahl, dem ich die Auffindung der Belegstelle danke, weist zugleich auf ihren Kontext in RMR: *Briefe zur Politik.* Hrsg. von Joachim W. Storck. Frankfurt am Main und Leipzig 1992 hin (u. a. Brief an Helene von Nostitz vom 12. 7. 1915), und er nennt einen gewichtigen Anklang des Rilkeschen Diktums an Formulierungen in der Lutherbibel (2. Samuel 24, 14; 1. Chronik 21, 13; Sirach 2, 18)

2 RMR: *Werke. Kommentierte Ausgabe in vier Bänden.* Hrsg. von Manfred Engel, Ulrich Fülleborn, Horst Nalewski und August Stahl. Frankfurt am Main und Leipzig 1996 (= KA). Hier: KA III, S. 628.

Joachim W. Storck
Rilke im Tessin 1919/20. Ein Wiederanheilen an Europa

>»Ich bin täglich dankbar, noch in der Schweiz
zu sein, es war eine Rettung für mich vor so
vielen Nachwirkungen des Krieges und auch
ein Fortschritt in mancher Weise.«
Rilke an Sidonie Nádherný, Locarno, 1. 2. 1920

Am Weihnachts-Abend 1919, den Rainer Maria Rilke in der kleinen Pension Villa Muralto in Locarno verbrachte, erreichte ihn der Brief eines alten Bekannten, des 1859 geborenen Schriftstellers und Italienkenners Leopold von Schlözer. Rilke hatte ihn 1907 auf Capri kennen gelernt, doch war die Verbindung mit ihm seit dem Kriegsausbruch 1914 abgebrochen. »Daß Sie sich meiner erinnert haben und am Weihnachts-Abend!« – mit diesem Ausruf begann Rilke, hocherfreut, seinen Antwortbrief vom 21. Januar 1920; und er fuhr fort: »[...] diese Wiederanknüpfungen nach allen Seiten, – die Schweiz hat mir viele vergönnt [...] – sind bis jetzt das einzige Symptom der Heilung, die ich so nötig hätte.«[1] Diesem Stichwort von der notwendigen »Heilung« folgt eine metaphorisch gefaßte Rückerinnerung, die während der ersten Nachkriegszeit in Rilkes, Anschluß und Vergewisserung suchenden Briefen in immer neuen Varianten auftaucht. Im Brief an Herrn von Schlözer, der einen längeren Zeitraum der abgerissenen Verbindung zu überbrücken hatte, heißt es nun:

>»was mich angeht, bleibt nichts andres übrig, als an meinen jähen, bangen Bruchstellen des Jahres Vierzehn mich so lange und so innig anzuhalten, bis ich dran anheile, damals begann ich (seit 1912) meine großen, vielleicht größten und entscheidendsten Arbeiten, die geschützte Stelle, wo ich sie begann, hat der Krieg in einen Trümmerhaufen verwandelt über unzähligen Soldatengräbern [...] Das alles ist fort, samt dem mir so unentbehrlichen Paris – und doch ich mags, ich *kanns* nicht aufgeben, nichts, nichts davon, innerhalb der letzten fünf Jahre gibt es nicht einen einzigen Anhaltspunkt für mich, nicht einen, der Abgrund war mir so steil, daß ich an seinem Rande nicht wurzeln kann, auch ist ja weder Luft noch Natur noch Himmel darüber, sondern nichts als ein Qualm von Verhängnis. Ich verließ Paris ahnungslos am 21. Juli 1914, für – wie ich meinte, – acht Wochen, meine alte Concierge stand weinend, weinend! (ahnte sie mehr als ich?) am Wagenschlag, ich sagte: ›Madame, cela ne vaut pas la peine‹ – cela en valait bien plus!! Mein ganzes Eigentum (denn mit der Zeit hatte ich alles hingezogen, alle meine Bücher und Schriften, Vorarbeiten etc., Möbel, ein paar Erbstücke, kurz alles, was ich besaß –) ist schon im Jahre 15 (Herbst) versteigert worden. Vielleicht, daß von den Papieren und Korrespondenzen etwas gerettet ist, ich konnte es noch nicht erfahren.«

Es ist durchaus angebracht, wieder einmal an diese Eigentumsverluste des Dichters zu erinnern, da es immer noch Beispiele jenes Feuilleton-Biographismus gibt, der sich, aus seinen Wohlstandssesseln heraus, über Rilkes zeitweilige Suche nach »Gastfreundschaften« zu mokieren beliebt. Wir werden davon noch zu sprechen haben.

Der folgende, die Kriegsjahre resümierende Teil des Briefes aus Locarno an Leopold von Schlözer bezeugt die damalige, wie man sagen muß, »Politisierung« des Rilkeschen Selbstverständnisses, auch wenn in diesem Rückblick die Monate der militärischen »Einrückung« nach Wien im ersten Halbjahr 1916 ausgespart bleiben:[2]

> »Ich war fast alle Jahre des Krieges, par hasard plutôt, abwartend in München, immer denkend, es *müsse* ein Ende nehmen, nicht begreifend, nicht begreifend, nicht begreifend! *Nicht zu begreifen*: ja, das war meine ganze Beschäftigung diese Jahre, ich kann Ihnen versichern, sie war nicht einfach! Für mich war die offene Welt die einzig mögliche, ich kannte keine andere: was verdanke ich Rußland –, es hat mich zu *dem* gemacht, was ich bin, von dort ging ich innerlich aus, alle Heimat meines Instinkts, all mein innerer Ursprung ist *dort*! Was verdank ich Paris, und werde nie aufhören es ihm zu danken. Und den anderen Ländern! Ich kann, konnte nichts zurücknehmen, nicht einen Augenblick, nach keiner Seite hin ablehnen oder hassen oder verdächtigen. Die Exzeption des allgemeinen Zustandes hat allen ein ausnahmloses Verhalten diktiert: es ist *keinem* Volke besonders anzurechnen, daß es maßlos geworden sei, denn diese Maßlosigkeit hat ihren Grund im ratlosen Verlorensein Aller.«

Man bemerkt an dieser Stelle, wie Rilke seine für ihn seit der Prager Frühzeit konstitutive Absage an jeglichen Nationalismus, ja auch an jede einengende »nationale Identität«, selbst einem deutschgesinnten Briefpartner nahe zu bringen versucht, was im Folgenden noch deutlicher konkretisiert wird:[3]

> »Mein Teil ist in alledem nur das Leiden. Das Mit-Leiden und Voraus-Leiden und Nach-Leiden. [...] Bitte, glauben Sie dem Pater das nicht von der ›Bestialität‹ der Franzosen in der Rheinprovinz –, man muß aufhören irgend jemanden schlecht zu machen, – es ist die Wirrnis, die bald da, bald dort Ausschweifungen und Turbulenzen schafft, es liegt an Keinem. C'est le monde qui est malade, et le reste c'est de la souffrance.«

Der Schluß des Briefes deutet die gegenwärtige Befindlichkeit des Dichters an, den Schwebezustand eines völligen Ungesichertseins im ersten Nachkriegswinter:

> »Seit Juni bin ich in der Schweiz, bald da, bald dort, ohne Stelle. Will noch zwei Wintermonate auf schweizer Boden abwarten, dann zurück –, aber wohin? Ob ich gleich diese Zuständigkeit nie ausgenutzt habe: jetzt merke ich doch die Heimatlosigkeit des Österreichers.«

Diese Jahreswende von 1919 auf 1920, die Rilke, wiederum einem reinen Zufall folgend, im Tessin verbringt, stellt gleichsam einen Nullpunkt seiner Existenz dar; nach rückwärts: abgerissen alle Halt gebenden Bindungen, eigentlich schon seit dem Verlust des Pariser Domizils; nach vorne: die dunkle Ungewißheit des Nicht-wissens-Wohin, des Wohin-Gehens, des Wozu-Gehörens. Ein Nullpunkt, der aber doch ein Wendepunkt werden mußte.

Wie kam es dazu, »après ces cinque ans de prison allemand« – »nach diesen fünf Jahren des deutschen Gefängnisses« –?[4] Noch im letzten Kriegsjahr – in München, wo Rilke erst im Mai 1918 eine mit freundschaftlicher Hilfe eingerichtete Wohnung in der Ainmillerstraße hatte beziehen können – erreichte den Dichter die Einladung zu einer Lesung in der Schweiz – »ach, [...] von jener offenen Welt, [...] die einmal so weit und zuversichtlich die meine war«, und die er damals, außerhalb der Kerkermauern der kriegführenden Mächte, nur noch auf die neutralen Länder Schweiz, Schweden und Holland reduziert sah.[5] Die Einladung ging vom »Lesezirkel Hottingen« in Zürich aus, nachdem zuvor schon Rilkes Verleger Anton Kippenberg einen Erholungsaufenthalt des physisch wie psychisch geschwächten Dichters in der Schweiz erwogen hatte;[6] doch das Kriegsende, die revolutionären Ereignisse zumal in München, die den Dichter nicht unberührt ließen, schoben den Reisetermin immer wieder hinaus. Erst am 11. Juni 1919 trat Rilke die Reise über die Grenze an; und von den am Bahnhof zum Abschied versammelten Freunden ahnte nur Lou Andreas-Salomé, die älteste Lebensfreundin, daß es der Abschied für immer sein würde.[7]

Noch war der Termin einer Lesung nicht unmittelbar akut; der Dichter folgte zunächst einer Einladung der böhmischen Gräfin Mary Dobrženský, die in Nyon am Genfer See ein kleines Chalet besaß. Sie sorgte sogleich dafür, daß sich Rilke ein ärztliches Attest ausstellen ließ, mit dessen Hilfe er ein Gesuch um Verlängerung seiner Aufenthaltsbewilligung beantragen konnte. Dies – und die Vereinbarung einer nicht terminierten Anleihe bei der Gräfin, da Geldüberweisungen aus Deutschland in der Folge des Wertzusammenbruchs der alten Reichsmark praktisch unmöglich geworden waren – ermöglichten dem Dichter, sich ein wenig in der Schweiz umzusehen, das heißt einige Menschen aufzusuchen, die er von früher her kannte oder die ihm schon in München empfohlen worden waren. Zunächst ein kurzer Abstecher nach Genf, wo er zum ersten Mal der Malerin Baladine Klossowska einen Besuch abstattete, die er flüchtig schon aus seinen Pariser Vorkriegsjahren kannte; sodann knappe zwei Wochen in Bern, das er besonders an sein Herz schloß und wo ihm eine Münchner Empfehlung den Weg zur Familie von Wattenwyl geöffnet hatte. Von Zürich, seiner nächsten Etappe, aus drängte es ihn, wie er später schrieb, »sehr aus den Städten fort«, »Land und möglichst südlicher Himmel darüber«[8] schwebte ihm vor; und er fand dies, was er später nochmals für den Winter im Tessin suchen sollte, für sieben sommerliche Wochen im reizvollen, italiennahen Tal des Bergell, das er Ende Juli über das Engadin erreichte. Diese ruhigen Wochen in der kleinen Pension Willy, die in einem alten von Salis'schen Palazzo zu Soglio untergebracht war,[9] ließen den Dichter erstmals wieder zu sich selbst kommen und auch, in verschiedenen Briefen, ein erstes Resümee seiner Schweizer Eindrücke ziehen, nachdem er, seinem eigenen Geständnis nach, die Schweiz »in sonstigen Jahren immer nur als Durchgangsland betrachtet habe, in einer Art von Mißtrauen gegen seine zu berühmte, zu deutliche, zu anspruchsvolle ›Schönheit‹«.[10] Inzwischen aber, schreibt er am 12. September aus Soglio an Frau Ouckama Knoop nach München, finge die Schweiz an, ihm »begreiflich zu werden, in ihrer eigentümlichen Durchdringung und angestammten Einheit«.[11] »Das verdanke ich Bern«, fährt er fort,

»wo mir die gastlichsten Wochen bereitet gewesen sind, und von wo auch diese Länder, die die Natur aus Grenzen und Hindernissen gebildet hat, in einer merkwürdigen Klarheit und Durchsichtigkeit erkennbar werden. Ihre Geschichte ist voll Naturkraft, die Menschen, wo sie hier als Masse zusammentraten, hatten etwas von der Konsistenz und Härte des Gebirgs und ihr hervorstürzender Wille ist in den entscheidendsten Momenten eine Fortsetzung jener Unwiderstehlichkeit gewesen, mit der die Wildbäche in den Talschaften ankommen. Und zu welchem genauen und geformten Selbstbewußtsein hat sich in den ausdrucksvollen Städten diese erfahrene und erwiesene Kraft ausgebildet: wie steht Bern einstimmig da, jedes Haus über seinen gekretschten Steinlauben, die auch noch den Verkehr in ihren Schutz einbeziehen, so daß draußen nur die Märkte bleiben und die wunderbar bildlichen Brunnen, die sogar das Wasser bürgerlich machen! Gerne entschließt man sich dazu, den schweizer Menschen als einen Teil dieser Verbürgtheit sich klar zu machen: man versteht dann am ehesten seinen Umriß und seine Struktur, die in ihrer Anlage tatsächlich aus der gleichmäßigsten Masse geknetet und aus dem Ganzen geschnitten scheinen: so daß in jedem das Volk gegenwärtig ist (was man bei uns so entbehrt, wo mans beständig mit dem Stumpfen oder gar Amorphen zu tun hat, oder aber dem Einzelnen als einer Ausnahme gegenübersteht).«

Auch in anderen Briefen aus diesen Wochen einer ersten Erholung versucht Rilke, sich in jenes ihm bislang fremde, aber langsam vertraut werdende Land einzufühlen und die Kontraste wahrzunehmen zu jenen Ländern seiner eigenen Sprache, von denen ihm das eine, wie er 1915 aus München schrieb, durch sein »jetziges aufbegehrliches Bewußtsein«, soweit er denken könne, »nur Befremdung und Kränkung bereitet« habe; während »im Oesterreichischen«, dem der Geburt nach heimatlichen, »ein Zu-hause zu haben«, ihm »rein undenkbar und unausfühlbar« sei.[12] Schon damals hatte er, noch schärfer unterscheidend als in seinem locarneser Brief an Leopold von Schlözer, bekannt, daß er, dem »Rußland, Frankreich, Italien, Spanien, die Wüste und die Bibel das Herz ausgebildet« hätten, zu denen, die damals dort − in Deutschland − um ihn ›großsprachen‹, keinerlei Anklang haben könne. Kein Wunder, daß ihn selbst in Soglio die vorangegangenen Erfahrungen nicht losließen; zumal nach der Lektüre des Buches

Die Verheerung Europas, worin der Verfasser Wilhelm Muehlon, der als ehemaliger Direktor bei Krupp und Angehöriger des Berliner Auswärtigen Amtes zum Kriegsgegner geworden und in die Schweiz emigriert war, die Rolle der deutschen Politik in der Julikrise 1914 tagebuchartig als Zeitzeuge festgehalten hat.[13] »[O]bwohl sich schon alles, was Sie voraussehen und vorfürchten, erfüllt hat«, schrieb ihm Rilke in einem langen Brief vom 19. August 1919 aus Soglio, »bedarf – unbegreiflicherweise – der Deutsche immer noch genau der gleichen Warnungen; seine Aufbegehrlichkeit, seine Weltlosigkeit, seine Unselbständigkeit hat er nicht überwunden; ja, wo er sich auf sich selbst besinnt, kommt er, nach soviel Veränderungen, genau in der Schicht seiner alten Fehler zu sich und gefällt sich in ihnen, nach wie vor.« In Soglio hat Rilke sogar begonnen, den Entwurf einer »politischen Rede« niederzuschreiben; er blieb Fragment.[14]

Im September 1919 ging die Zeit in Soglio zu Ende; Rilke kehrte zu Mary Dobrženský in die »Ermitage« nach Nyon zurück, wo sich neue Anleihe-Vereinbarungen treffen ließen und wo Rilke die Verlängerung seiner Aufenthaltsgenehmigung bis zum 31. Dezember erreichen konnte.[15] Nun sollte es endlich zu der vereinbarten Lesung kommen, bei der es aber nicht blieb; denn auch andere »Literarische Vereinigungen« hatten inzwischen vom Aufenthalt des Dichters in der Schweiz erfahren; und so waren schließlich sieben Leseabende in schweizerischen Städten zusammengekommen, auf die sich Rilke bereits in Soglio mit Sorgfalt hatte vorbereiten können, um dann kurz vor dem jeweiligen Ereignis noch bestimmte, auf den jeweiligen Ort bezogene Einleitungsworte zu variieren.[16]

Doch bevor er endgültig an seinen Ausgangspunkt, nach Zürich, zurückkehrte, drängte es ihn nochmals, gegen Ende Oktober, unter einen »südlichen Himmel«. Hatte er vielleicht in Erinnerung, was er, noch in einer Münchner Winternacht, am 22. Januar 1919, seine Einbildungskraft sich ausmalen ließ – die bevorstehende Schweizerreise gleichsam vorwegnehmend?[17] Er schrieb damals an Sidonie Nádherný von Borutin, die dem Dichter eine Einladung in ihr Chalet in St. Moritz angeboten hatte:

> »[...] aber da frag ich mich wieder, ob ich Höhe und Landschaftlichkeit in
> St. Moritz lange ertrüge: ich kenne die Schweiz nur vom Durchfahren und
> habe nie einen Höhen-Versuch gemacht. Viel mehr würde es mich nach Süden drängen, nach Ascona oder Ouchy, wo jetzt schon bald etwas blühen will
> und wo man die Hände schon auf eine sonnenwarme Steinmauer legen kann,
> aus der Eidechsen lugen.«

Am 20. Oktober fuhr er kurz entschlossen hinunter ins Tessin, an den Lago Maggiore, noch an Ascona vorbei, bis knapp an die italienische Grenze nach Brissago. Von dort schrieb er am 22. Oktober an Frau Gudi Nölke, die Witwe eines lange in Japan lebenden Ingenieurs, die mit drei Kindern und einer Japanerin in der Schweiz Erholung gesucht hatte und der Rilke im Palazzo Salis zu Soglio begegnet war:[18]

»Staunen Sie nun, mich schon wieder an der italiänischen Grenze zu finden?: es
ging nicht anders; ich mußte die Hände noch einmal auf einen warmen Steinrand legen (thats heute), sah Eidechsen; Mimosen blühen, Orangen reifen
langsam, die Feigen-Lese ist im vollen Gange. Den Ausschlag gab aber die
Aussicht, hier vielleicht ein kleines miethbares Haus zu finden –; seit vorgestern
bin ich hier, bereu's nicht, – aber die Unruhe, mit der ich an meinen Winter
denke, mischt sich in Alles. [...] Wieviel Eindrücke seit Soglio! Aber kein
Boden, sie irgend hinzustellen. Ich bin ganz ungeduldig vor Unterstandslosig-
keit [...].«

Doch von dem, wie erwartet, glücklich erlebten »warmen Steinrand« und den
dort erblickten Eidechsen abgesehen, ward dieser erste Tessin-Besuch für den
Dichter eine Enttäuschung. Gleich der nächste Brief an Gudi Nölke, vom 3. November aus Zürich, gibt das ernüchternde Fazit wieder:[19]

»Die Fahrt ins Tessin war, genau genommen, eine Enttäuschung; mit der Erwartung, irgend ein kleines Haus zu finden, reiste ich hin und verließ Brissago
mit der einzigen Aussicht, mich in zwei oberen Zimmern des Grand-Hôtel
einzurichten, was ja besten, gelingendsten Falles, etwas weitaus anderes wäre.
[...] Es ist kein ›Grand‹-Hôtel im mondänen Begriff, aber ein großer, halb
schläfernder Kasten, im Besitze des Herrn Amrhyn aus Luzern, der mehr als
Hôtel-Amateur diese Wirtschaft verwaltet, von seiner oberhalb gelegenen
Villa aus, die die Villa (ach!) Leoncavallo's war. Der Edel-Schweiß des Maëstro
(verzeihen Sie) klebt noch an den Palmen und Wilhelms des Zweiten ›Roland‹,
ein Brocken ›Sieges-Allee‹, ragt noch aufrecht unter ihnen. Es ist überhaupt
reichlich ›deutsch‹ da unten, im Sinne des deutschen ›Capri‹ und des deutschen
›Rom‹, so unverschämt epanouiert, wie der Deutsche in gewissen Klimaten
sich zu geben wußte, wo er ›genoß‹. Fast vergaß man den Krieg, so unverändert
auf das deutsche ›Genießen‹ schien es da unten hinauszuführen. Sie können
sich denken, wie ich in mich kroch [...].«

Bereits am 25. Oktober ist Rilke wieder in Zürich; *muß* dort sein; denn am
27. liest er vor dem »Lesezirkel Hottingen« im kleinen Tonhallensaal; und vier
Tage später nochmals, im Literarischen Klub des Lesezirkels; hier auch sogleich
den gerade erst in Soglio entstandenen experimentellen Text *Ur-Geräusch*.[20]
Über die Lesungen selbst – es folgte eine solche in St. Gallen am 7. November, am
12. sodann in Luzern (in der »Freien Vereinigung Gleichgesinnter«); am 14. in
Basel, am 24., vor Studenten, in Bern und am 28. schließlich in Winterthur – ist
hier nichts zu sagen; Rätus Luck hat die »Schweizer Vortragsreise« Rilkes – und
andere Lesungen und Lesereisen des Dichters – in einem gleichnamigen Band des
Insel Verlags minutiös dokumentiert und erläutert; eine Fundgrube für Rilke-
Forscher.[21] Am besten hat Rilke selbst den Ablauf seiner Lesereise zusammenfassend dargestellt; in seinem bekannten Brief an Anton Kippenberg vom
2. Dezember 1919, den ich hier kurz in Erinnerung rufen darf. Rilke schreibt
darin:[22]

»Seit dem 27. Oktober (dem Tage meiner ersten züricher Vorlesung; ich las in Zürich *zwei* Mal) war ich nun regelrecht en tournée: St. Gallen, Luzern, Basel, Bern und Winterthur kamen nacheinander an die Reihe, im Ganzen sieben Abende. Alle gut, einige für alle Theile überraschend. Ich bin in ein merkwürdiges Verfahren gekommen, das am dichten, oft dürren, schwer zu penetrierenden Schweizer von der überzeugendsten Bewährung war. Ich brachte nicht einfach Gedichte, sondern ich setzte mit einer allgemeinen Einführung ein, die überall ungefähr die gleiche war, – während ich dem zweiten Theil des Abends eine dem jeweiligen Ort schmiegsam angepaßte, aus dem unmittelbarsten Stegreif erfundene Causerie voranstellte, die über verschiedene Gegenstände (in St. Gallen z. B. wars eine kleine Abhandlung über Regina Ullmann, in Basel brachte ich Bachofens bedeutenden Namen im unvermuthlichsten Zusammenhang, in Winterthur zuletzt, wo vorzügliche Bilder gesammelt worden sind, stellte ich Cézanne in die Mitte meiner Betrachtung) zu meiner Arbeit zurückleitete und, ganz unmerklich, für diese so vorbereitend und aufklärend war, daß dann selbst sehr persönlich gestaltete und ›schwere‹ Gedichte mit ungewöhnlicher Stärke aufgenommen wurden. Ja, ich scheute mich nicht, auch vor den einzelnen Gedichten jeweils kleine Plattformen der Verständigung zu schaffen; alles das lebendig, spontan, dem Moment ansehend, wessen er fähig sein möchte. Bei italiänischen oder französischen Übersetzungen las ich erst den Text des Originals, was für die meist mehrsprachig orientierten Schweizer durchaus das Richtige war.«

Rilke beschließt seinen Bericht an den Verleger mit der Erwähnung einer für ihn besonders wichtigen Folge der Vortragsreise, ohne allerdings auch die ökonomische Seite dieser nicht wenig anstrengenden Unternehmung zu verschweigen. Er betont:[23]

»Freunde hab ich mir viele und werthvolle erworben: in Basel besonders hat sich mir eines der schönsten angestauntesten Häuser (ein edles burckhardt'sches) mehr als gastfreundlich, freundschaftlich aufgethan und bleibt mir offen, aber einen geldlichen Ertrag erwarten Sie nicht, lieber Freund; die veranstaltenden Vereine sind theils neugegründet und arm, theils abstrus geizig, – das Leben war theuer überall, und die Termine lagen so weit auseinander, daß ich den Ertrag der einen Vorlesung bis zur nächsten ungefähr aufgelebt hatte –; auf Umwegen wird allerdings ein Ertrag sich einstellen, – denn die Buchhändler, wohin ich auch komme sind ganz schwindlich vom Absatz meiner Bücher.«

Mit dem Hinweis allein auf den Umkreis der Burckhardt'schen Familie in Basel – auch die Von der Mühlls gehörten dazu – war es im Hinblick auf die erworbenen Freundschaften natürlich nicht getan; die für Rilkes gesamte Schweizer, und das heißt: seine *letzte* Lebens-Zeit wichtigste und förderlichste Freundschaft hat er seinem Verleger gegenüber gar nicht erwähnt; sie taucht erst – als »Madame *Wun-*

derly-Volkart in *Meilen* Zürichsee« – anderthalb Jahre später in seinen Briefen an
Anton Kippenberg auf, mit dem Zusatz: »die gütige fürsorgende Freundin, der
ich Berg verdanke«; geschrieben am 10. Juni 1921, als der mißglückte »Arbeits-
winter« von Berg am Irchel längst vorüber war.[24] Anders jedoch verhielt sich
Rilke in dem schon zitierten Brief an Gudi Nölke vom 3. November. Dort heißt
es, gleich nach den beiden Lesungen in Zürich geschrieben:[25]

> »Menschen habe ich mir mehrere zugezogen, – aber einen einzigen gewon-
> nen, der gleich wirklich und unmittelbar nahe war, eine Frau, Mutter eines
> schon ganz großen Sohnes (zweiundzwanzigjährig, glaub ich) aber klein, zier-
> lich, jung –, gestern sah ich ein wunderbares, seit sechs Jahren verlassenes von
> Muralt'sches Haus mit ihr, das zum Verkauf steht; es hat den Großeltern ihres
> Mannes gehört.«

Aus dieser »wirklichen und unmittelbaren Nähe«, die durch einen Besuch Rilkes
im Haus »Zur Unteren Mühle« in Meilen am Zürichsee, dem Wohnsitz der Familie, befestigt wurde, erwuchs sehr schnell eine sich ausbreitende Korrespondenz, die während des von Rilke, trotz seiner Vorbehalte, im Tessin verbrachten
Winters 1919/20 einen ersten Höhepunkt an Fülle und Intensität erreichte und
die es gestattet, auf Grund der darin enthaltenen, häufig fast tagebuchartigen Aufzeichnungen den Ablauf von Rilkes schweizer Jahren insgesamt aufs Genaueste
zu verfolgen.[26] Umfangreicher – dabei sind nur die Briefe des Dichters veröffentlicht, wiederum durch Rätus Luck besorgt und mit einem ausführlichen Anhang
versehen –, umfangreicher also und zugleich von einem tieferen, vollkommene-
ren Vertrauen getragen, dürfte kein zweiter Briefwechsel Rilkes gewesen sein
(der auch lange Schweigezeiten einschließende, daher insgesamt weit weniger
umfangreiche Briefwechsel mit der Lebens-Freundin Lou Andreas-Salomé gehört in eine andere Dimension).[27] Nanny Wunderly stammte aus dem Hause
Volkart, dem die Firma Gebrüder Volkart in Winterthur – »Importe aus Indien« –
gehörte, das mit dem Vater von Nanny Wunderly-Volkart in der männlichen
Linie ausstarb, so daß die Firma in den Besitz seiner Schwester-Söhne, der Gebrüder Reinhart, der Vettern von Frau Wunderly, überging. Georg, Werner und
Oskar waren Teilhaber; der zweite Sohn Hans war Dichter und Schriftsteller.[28]
Mit allen wurde Rilke befreundet; aber Werner Reinhart wurde der eigentliche
und unermüdliche Förderer und Mäzen des Dichters, sein späterer – wie ihn
Rilke nannte – »Lehnsherr« des Turms von Muzot, dem, wie auch seiner Base
Nanny Wunderly, Rilke sein glückliches Heimisch-Werden in der Schweiz ver-
dankte.

Zurück zur Vortragsreise Rilkes im November, die tatsächlich in Winterthur
ihren Abschluß fand, wo Rilke bei den Brüdern Hans und Werner im Haus auf
dem Rychenberg wohnte. Zu diesem Zeitpunkt aber, um den 28. November
herum, waren, so schien es, für Rilkes Winterplanung bereits »die Würfel gefallen«. In dem zitierten Brief an Anton Kippenberg vom 2. Dezember hatte Rilke
seinen Verleger darüber mit folgenden Worten unterrichtet:[29]

»Ich rechne [...] aufs Tessin, wohin ich in den nächsten Tagen reise, dem Ruf einer Gastfreundschaft folgend, den ich (ich kanns nicht anders sagen) provoziert habe. Die Bachrachs (Frau Elvire, Mann und Tochter, früher in Brüssel: Sie kennen sie vermutlich) besitzen seit April das schöne alte Castell San Materno überhalb Ascona; in dessen großem Garten soll ein Pavillon stehen, ganz abseits und still, in dem ich allein hausen soll, und Mme Bachrach, von der ich einige sehr gute und sorgliche Briefe besitze, will sich dafür einsetzen, alle Störung von mir wegzuhalten (was, fürcht ich, den Asconesischen Ansiedlern gegenüber einigermaßen nöthig sein möchte). Es ist ein Versuch, ein Wagnis –: glückt es nur einigermaßen, so soll mir diese Zuflucht in dem einen oder anderen Sinne (und womöglich in jedem) ergiebig werden. Ich habe nun schon in den letzten Wochen soviel Winter erlebt, daß ich mich freue in Himmelsstriche zu kommen, wo die Milde noch vorhält und (so darf man hoffen) nie ganz aufhört.«

Am 7. Dezember erreicht Rilke Locarno; bezieht zunächst ein Zimmer im Grand Hôtel Locarno und besucht bereits am 8. Elvire und Paul Bachrach im Castello San Materno. Nach ausführlicher Inspektion faßt Rilke in einem weiteren Brief an Anton Kippenberg am 10. Dezember seine ernüchternden Eindrücke wie folgt zusammen:[30]

»Es handelt sich, ach, um keinen Gartenpavillon, sondern einfach um das Portiersgebäude, das unten Stallung und Garage enthält, und das kleine Zimmer (es ist eigentlich nur eines), das ich oben bewohnen könnte, hat erschreckende Übelstände: einen Steinfußboden und einen jener fürchterlichen Eisenöfen, die, wenn man sie heizt, in einen kurzen Jähzorn von Gluth ausbrechen –, so daß Kälte wie Wärme in der mir widerwärtigsten Erscheinung vertreten sind. Ich kann ohne die persönliche Gegenwart der, übrigens sehr bereitwilligen Bachrachs nicht feststellen, wiewiet sich diesen Verhältnissen noch abhelfen ließe –, immerhin muß ich mit der Möglichkeit rechnen, daß sich die von mir so gewagt heraufgereizte Gastfreundschaft als unbrauchbar erweist.

Vor der Hand heißt es abwarten; mißglückt die Bachrach'sche Unterkunft, so bleibe ich auf die Hôtels angewiesen (hier [d. i. Locarno] oder in Brissago), und ich würde dann dasjenige wählen, das mir die meiste Stille und die günstigsten Bedingungen gewährt; mir ahnt ohnehin, daß das Wohnen in dem von wenig erträglichen Leuten besetzten und gleichsam durchtränkten Ascona gerade mir recht beschwerlich werden könnte [...].«

So, wie hier schon angedeutet, kam es denn auch; zumal sich vor dem größeren Zimmer auch noch ein Hühnerhof entdecken ließ. »Was soll ich viel klagen –«, schreibt er an Gudi Nölke, »mit einem Wort: es hat nicht gestimmt, anpassen *wollt* ich mich nicht, das sollt es ja nicht sein, so bin ich gar nicht dort eingezogen. Une illusion perdue –«.[31] Statt dessen fand Rilke hinter dem Grand-Hôtel eine kleine Pension: Pension Villa Muralto; dort zieht er am 17. Dezember ein. Ausführliche Schilderungen gehen an Nanny Wunderly, die mit diversen Paketen dazu bei-

trägt, das Pensionszimmer des Enttäuschten wohnlich zu gestalten. Schon sehr
bald findet er für die Partnerin, die all sein Geschriebenes in ihr Vertrauen nimmt,
den passenden Namen:[32]

> »Liebe ›Niké‹, sagte ich [draußen beim Gehen, wovon die Rede war], jetzt
> weiß ichs: Niké, kleine Niké, Siegesgöttin, die man so klein bilden kann und
> die doch immer das Große giebt, den großen Sieg; wie oft stand ich in den
> Museen vor solchen kleinen Figuren und dachte, daß sie so hinreißend sind,
> weil sie das unerschöpflich Offene vor sich haben, den Raum des Siegers, der
> eine Spur über seinem Haupte beginnt.«

Als plötzlich, am 15. Dezember, ein Brief an die hilfreiche Freundin erstmals in den französischen Sprachgebrauch überwechselt, findet Rilke sogleich
auch einen atmosphärischen Grund hierfür.[33] »[J]e m'aperçois«, schreibt er der
neuen Freundin, »que je vous écris en français. C'est par opposition sans doute
contre l'air un peu trop allemand, dont parfois je me sens oppressé ici; c'est pire à
Ascona, mais à Locarno aussi cela pèse tout son poids.« Doch nach wie vor überzeugt ihn, selbst nach einem kurzen, vorweihnachtlichen Schneefall, noch am
gleichen Tag »eine solche Heiterkeit der Luft, eine solche unerschütterliche Südlichkeit des Daseins, daß man, soweit man aus den Überschuhen herausreicht,
unwillkürlich glücklich ist«.[34] Und so bekennt er auch kurz vor dem Jahreswech-
sel, daß, was ihn hier noch halte, zwar seine »Unordnung« sei, »allerdings auch die
Landschaft, die lang entbehrte Südlichkeit, die Wege im steigenden Wein-
geländ«.[35]

Die Unordnung betrifft vor allem das Unerledigte, und dies sind zuerst seine
Korrespondenz-»Rückstände«, deren »Aufarbeitung« erst Raum und Zeit schaffen muß für das, was Rilke seine »eigentliche Arbeit« nennt.[36] Auch in Locarno
führt dies dazu, daß er für sich eine Briefliste aufstellt, deren Namen er dann nach
und nach durchstreichen kann. Er schickt eine solche auch an die teilnehmende
Freundin in Meilen, die sich selbst gelegentlich von Briefen überflutet gefühlt
haben mag; jedenfalls läßt dies ein Brief Rilkes aus Locarno vom 14. Januar 1920
erkennen, in dem sich der Schreibbesessene zu zügeln versucht.[37] »Schon gestern
dacht ichs«, bemerkt er selbstkritisch,

> »[...]es ist fast schöner so, nur Ihre Briefe zu bekommen und wirken zu lassen,
> nicht selber zu schreiben; in meinem Schreiben war immer neue Gewaltsam-
> keit, wie hab' ich die Luft zu Ihnen fortwährend aufgerissen, ganz wund muß
> sie geworden sein, ich glaub, *ich* hab den Sturm um Sie aufgewühlt, arme Nike,
> und immer neues in mir dazu! [...] Vorgestern, Montag, sagt ich mir, *halt!*, nun
> wird etwas gethan, und stürzte mich in meine Briefliste, und nun konnte ich
> nach und nach fünfzehn Namen auf ihr durchstreichen, – es wird durchsichti-
> ger um mich. Gott weiß, wozu ich so viele Beziehungen unterhalte, manch-
> mal denk ich es ist ein Ersatz für die Heimath, als ob doch eine Art von fein
> vertheiltem Irgendwo-sein gegeben sei, mit diesem ausgedehnten Netz von
> Einflüssen [...]«

Zu dieser Zeit konnte Rilke bereits das Ende seines Tessiner Winters absehen. Schon zu Weihnachten hatte ihn aus dem Kreis der neu gewonnenen Basler Freunde, von Frau Dory von der Mühll, geb. Burckhardt, eine Einladung erreicht, den ausgehenden Winter und das Frühjahr auf ihrem zu dieser Zeit leerstehenden Landgut auf dem Schönenberg bei Pratteln, unweit Basel, zu verbringen; in »geschützterer Stille und Einsamkeit«, wie Rilke hoffte.[38] Die Zeit, die ihm noch zur Verfügung stand, war begrenzt, nachdem ihm das »Bureau de Contrôle aus Nyon« eine letzte Aufenthaltsverlängerung bis zum 30. März zugestanden hatte. Dennoch verzögerte sich seine Abreise bis Ende Februar; nicht nur wegen der nach allen Seiten »enorm« gewordenen »Rückstände«, für deren »Erledigung« ihm nun doch die Zeit unter dem »südlichen Himmel« des Tessin »gut geworden« war,[39] sondern auch wegen einer unerwarteten menschlichen Begegnung, in deren verwirrende Probleme der stets zu Hilfeleistungen verführbare Dichter nolens volens hineingezogen wurde. In seinen Briefen an Nanny Wunderly, die ausführlich davon berichten, analysiert er präzise die Folgen gerade jener seiner Eigenschaften, die er als »unmittelbares Einsehen ins andere Schicksal« bezeichnet, das »oft so seherisch heftig sein« könne. »Wenn so ein Schicksal vor mir aufgeht«, schreibt er in seinem Brief vom 3. Januar 1920,[40]

> »da vergeß ich immer wieder, daß ich ja, auf Grund der eigenen Verstricktheit, gar nicht das Recht habe, ihm so frei und beweglich gegenüber zu stehen; ich möchte nur gut-machen-dürfen und die unzähligen Härten vergelten mit allen Zärtlichkeiten und Tröstungen der Welt –, aber dabei müßt ich immer deutlich machen können, daß *ichs* nicht bin, daß ich nicht aus dem eigenen Herzen dies alles aufzuwenden wüßte, daß ich's im Auftrag thue –, ja in wessen Auftrag? ...«.

Das hier angesprochene »Schicksal« bezieht sich auf eine junge Frau, die Rilke Ende Dezember in einer Buchhandlung Locarnos kennen gelernt und erst als Russin eingeschätzt hatte.[41] Die Variationen dieses Schicksals, das diese kränkelnde, zunächst noch mit einer Begleiterin im »unheimlichen Castello di Ferro«, dann in einer Pension in der Via Torretta wohnende Frau während der fast täglichen Besuche Rilkes in ausschweifenden Erzählungen entfaltet, füllt während der folgenden Tage und Wochen einen Großteil der an Nanny Wunderly-Volkart gerichteten Briefe aus. Fasziniert von dem Gehörten, erschreckt durch die »Herzzustände« der Leidenden, wird Rilke auch mit seinem Helfen-Wollen – und dadurch wiederum auch Frau Wunderly – mehr und mehr in dieses Schicksal hineingezogen, das immer neue Facetten erkennen läßt. Ein Brief an Gudi Nölke vom 22. Februar 1920 faßt den äußeren Ablauf dieser Beziehung, welche die letzten Wochen Rilkes in Locarno mehr oder weniger beherrscht, aufs Knappste zusammen:[42]

> »Sie werden entschuldigen, daß ich nicht eher schrieb, wenn Sie erfahren, daß ich seit einigen Wochen eine liebe Bekannte hier habe, krank und in der schwierigsten Lage, – alle meine Sorgfalt und Kraft ging darauf aus, ihr beizustehen, und es ist leider nur ein ganz geringer Erfolg erreichbar gewesen, der

jeden Tag durch böse Nachrichten von auswärts oder durch die Krankheit selbst rückgängig gemacht werden kann. Ich habe wieder einmal erfahren, ein wie geringes Maaß von Hülfe uns zugebilligt ist, selbst dort, wo wir die Berechtigung des unerschöpflichsten Beistandes einsehen. Mündlich hoffe ich Ihnen einmal manches aus dem Leben jener Frau zu erzählen, das, ob sie gleich noch jung ist, eine Fülle von scheinbar Unüberstehlichem in sich begreift: das Wunder solchen Daseins war nur möglich bei einem Menschen, der schon in seinem dreizehnten Jahr mit einer Unaufhaltsamkeit ohne Gleichen zu Gott entschlossen war, ach, wie wie entschlossen!«

Es ist der Gott des Alten Testaments – das dem Dichter ja näher stand als das Neue –, worauf Rilke hier anspielt; denn Angela Guttmann – dies ihr damaliger Name – hatte schon als halbwüchsiges Mädchen (keine Russin, sondern als geborene Wüllner aus Mähren stammend) jenes religiöse Erlebnis, aus dem sie den Schluß zog, daß sie – wie Rilke es ergriffen der Freundin in Meilen schildert – »auf den Boden *jener* Religion gehöre, in der der Erlöser *noch nicht* erschienen ist, auf den dunklen schweren Boden der Erwartung: ins Judenthum«.[43] Den Bruch mit ihrer Familie nahm die junge Angela in Kauf. Auf diesem Wege lagen dann auch, nach ihrer Konversion, ihre beiden Verbindungen mit jüdischen Partnern, erst mit dem Bruder des aus Polen stammenden Geigers Bronislaw Hubermann, sodann mit dem Berliner Literaten und zeitweiligen Dadaisten Simon Guttmann. Schon das, was Rilkes Briefe an Nanny Wunderly noch bis zum Jahre 1921 über dieses Schicksal enthüllen, ist abenteuerlich und fällt allein der Quantität nach aus unserem Rahmen heraus. Doch erst dem unvergleichlichen Spürsinn der Rilke-Chronistin Ingeborg Schnack ist es gelungen, die lange festgehaltene Legende von Angela Guttmanns frühem Tod als Lungenkranke in Davos zu widerlegen und diese statt dessen in der erst 1985 in Moskau gestorbenen Angelina Karlowna Rohr wiederzuerkennen, die schon in den zwanziger Jahren in die Sowjetunion übersiedelt war und später viele Jahre in Stalins Arbeitslagern festgehalten wurde. Dieses ganze, Rilkes Vorstellungskraft noch übersteigende Lebensschicksal können wir heute in Ingeborg Schnacks mit bewundernswerter Präzision rekonstruierter Darstellung *Wer war Angela Guttmann? Zu Rilkes Winter in Locarno 1919/20* nachlesen; erschienen 1992 in dem Katalogband *Rainer Maria Rilke und die Schweiz.*[44]

Als sich Rilke am 28. Februar 1920 endgültig auf den Weg nach Basel machte, um am 3. März dann auf dem Schönenberg bei Pratteln einzuziehen, war wiederum eine Etappe in seiner Schweizer Zeit zu Ende – »Rilke im Tessin«. Läßt sich aus ihr ein Fazit ziehen? Die Unsicherheit seiner Existenz war ja nun, trotz einer nochmals bevorstehenden Gastfreundschaft, noch nicht zu Ende; im Gegenteil: sie drohte sich noch mehr zu verdüstern, da die staatsrechtlichen Veränderungen auf dem Boden der ehemaligen Donaumonarchie den Dichter, der in Prag geboren und in Paris ansässig gewesen war, in die Staatenlosigkeit zu befördern schienen. Noch kein Jahr war seit seiner Einreise in die Schweiz vergangen;

dennoch fand er schon Worte eines rückblickenden Resümees, in denen man
allerdings auch Keime für künftige Erwartungen erkennen konnte. »Ich bin täglich dankbar, noch in der Schweiz zu sein«, schrieb er am 1. Februar 1920 an Sidie
Nádherný; »es war eine Rettung für mich vor so vielen Nachwirkungen des Krieges und auch ein Fortschritt in mancher Weise.«[45] Ein Fortschritt gewiß nicht
zuletzt in der Erweiterung seines menschlichen Umkreises, die er mehrfach zu
rühmen Gelegenheit fand. In einem Brief an Yvonne de Wattenwyl vom 16.
Januar 1920 hob er »eine ganze Reihe neuer Beziehungen« hervor, »›schweizeri-
scher‹, dont je suis très fier«.[46] An Dr. Buchli schreibt er am 7. April 1920: »Die
Schweiz ist mir so überaus gutwollend und aufnehmend gewesen, was für groß-
müthige Erinnerungen! Welcher Zuwachs an zugesinnten, zustimmenden und
wahren Menschen!«[47] Gewiß, das »Anheilen« an die »Bruchstellen des Jahres
Vierzehn«, das in dem Brief an Leopold von Schlözer anklang und in vielen anderen Briefen variiert wurde, war noch nicht gelungen. In dem kurzfristigen
Rhythmus des bedrohten Wartens von Ausweisung zu Ausweisung konnte, ver-
ständlicherweise, etwas so Fundamentales noch nicht eingeleitet werden; hierzu
bedurfte es größerer Sicherheiten und weiterreichender Perspektiven. In Schönenberg immerhin deuteten sich Anfänge einer solchen Entwicklung an. Der
erste, grundlegende Schritt hierzu war die Ersetzung seines nun abgelaufenen
altösterreichischen Passes durch einen neuen, ausgestellt durch die im Aufbau
befindliche diplomatische Vertretung des auf dem Boden seiner Heimat neu entstandenen Staates, der Tschechoslowakei.[48] Sie ermöglichte es ihm, erste Schritte
in eine neu erworbene Freiheit zu tun: im Juni eine Reise ins altvertraute Venedig, und im Oktober acht tief beglückende Tage in Paris – dort, wo die wirklichen Bruchstellen des einstigen, als »welthaft« empfundenen Lebens lagen, an
die allerdings dennoch nicht so ohne weiteres wieder »anzuheilen« war; denn
schon in Venedig hatte Rilke gespürt und es auch seiner altvertrauten Gönnerin,
der Fürstin Taxis, geschrieben:[49]

> »Vor der Hand merk ich nur, daß sich das Leben nicht in der Weise, wie ich
> meinte, an die Bruchstellen der Vorkriegszeit wird ansetzen lassen –, es ist doch
> alles verändert. [...] Sie glauben gar nicht, Fürstin, wie anders, *wie anders* die
> Welt geworden ist, es handelt sich drum, das zu begreifen.«

So mußte auch die Arbeit des Dichters, auf deren Wiederbeginn er wartete, neu
ansetzen; und der durch die unermüdlich hilfreiche Freundin aus Meilen vermittelte Winteraufenthalt 1920/21 auf Schloß Berg sollte dem bislang Ruhelosen,
dem nun der Verbleib in der Schweiz gesichert war, hierzu verhelfen. Daß es
damals nicht dazu kam, lag wieder einmal an dem Übergewicht einer menschlichen Sorge; in jenem Bereich, den Rilke als den des »Schicksals« bezeichnete.
Seine Erschütterung hierüber hat er, im Zwiespalt zwischen Verstehen und
Selbstanklage, in einem sehr persönlichen Text niedergelegt, dem er den Titel
Das Testament gegeben hat.[50] Tröstlich war dann aber zum guten Ende, daß derjenige Mensch, in dem (und in deren Verhältnissen) sich für Rilke der Eingriff

jenes Schicksals verkörperte – die Geliebte seiner späten Jahre, Baladine Klossowska –, für den Dichter jenen Turm entdeckt und für ihn wohnbar gemacht
hatte, in dem ihm, als er zum behütenden Wohnsitz geworden war, die Vollendung seines Hauptwerks gelang.

Einmal, ganz spät, taucht für Rilke doch noch der Blick ins Tessin wieder auf,
allerdings in negativer Erwägung. In den letzten Wochen seiner schweren Krankheit, die sich bereits im Winter 1923/24 angekündigt hatte, erwog der Dichter,
gemeinsam mit der treu besorgten Freundin, Frau Wunderly, ob nicht ein Wechsel von Umgebung und Klima Hilfe und Rettung aus dem Teufelskreis der
Krankheit bringen könnte. Was damals vielleicht hätte naheliegen können,
wehrte Rilke aber leidenschaftlich ab:[51]

> »Et ne pensons pas au Tessin. Non, ce serait un pis aller; vous savez que je
> n'aime pas tant cette presque-Italie qui redevient de plus en plus un refuge des
> Allemands. Pensez, Hermann Hesse à Castagnola et demain peut-être Guil-
> laume II au Monte Verità. Ah ma fois non, pas de telles rencontres!«

Wenige Wochen später ist Rilke in Val-Mont gestorben. Sein Grab auf dem
Kirchhügel von Raron, nahe der deutsch-französischen Sprachgrenze, ist nicht
das einzige Grab eines nichtschweizerischen deutschsprachigen Dichters des 20.
Jahrhunderts in Schweizer Erde. Unweit von hier, in Minusio, wurde Stefan
George beerdigt, der 1933 Deutschland verlassen hat, um hier zu sterben. Thomas Mann, vom gleichen Jahrgang wie Rilke, dem die Schweiz zweimal Zuflucht
und Exil gewesen ist, liegt in Kilchberg bei Zürich begraben; sein Archiv beherbergt die Eidgenössische Technische Hochschule der Limmatstadt. Und auch
Elias Canetti, aus dem gleichen multiethnischen, multikulturellen Mosaik Alt-
Österreichs wie Rilke stammend, hat in Zürich die letzte Ruhe gefunden. Rilke
hatte sich aus dem französischsprachigen Genf noch in seinem letzten Lebensjahr
eine Sekretärin gesucht, die eine Russin sein mußte; und eine ganz späte, bewe-
gende Korrespondenz hat ihn schließlich mit der großen russischen Lyrikerin
Marina Zwetajewa verbunden. Als ihn sein polnischer Übersetzer Witold Hulewicz 1924 besuchte, hat Rilke, wie zuvor schon in seinen Briefen, auch die
gleichgewichtige slawische Komponente seines Wesens und Denkens betont.[52]
Indem er die vermittelnde und verbindende Tätigkeit des Übersetzers in einem
Widmungsgedicht an Hulewicz rühmte, hat er zugleich jener Einheit in der Vielfalt Ausdruck verliehen, der auch unser Symposion verpflichtet ist. So mögen
diese Verse an Rilkes polnischen Übersetzer meinen Eröffnungsvortrag be-
schließen:[53]

> Glücklich, die wissen, daß hinter allen
> Sprachen das Unsägliche steht;
> daß, von dort her, ins Wohlgefallen
> Größe zu uns übergeht!

Unabhängig von diesen Brücken
die wir mit Verschiedenem baun:
so daß wir immer, aus jedem Entzücken
in ein heiter Gemeinsames schaun.

Anmerkungen

1 RMR: *Briefe zur Politik*. Hrsg. von Joachim W. Storck. Frankfurt am Main und Leipzig 1992, S. 296f.
2 Ebenda, S. 297.
3 Ebenda, S. 298. – Vgl. J. W. Storck: »Rilke und das Problem der ›deutschen Identität‹«. In: *Blätter der Rilke-Gesellschaft* 18 (1991), S. 59-76.
4 An Putzi Casani (d. i. Albertina Böhmer-Casani), Genf, 18. 6. 1919. In: RMR: *Briefe an eine Reisegefährtin*. Wien 1947, S. 28.
5 An Ilse Gräfin Seilern, Berlin, 11. 11. 1917. Zitiert in: Ingeborg Schnack: *Rainer Maria Rilke. Chronik seines Lebens und seines Werkes*. Bd. 1, 1875-1920. Frankfurt am Main 1990, S. 577.
6 Vgl. RMR: *Briefwechsel mit Anton Kippenberg 1906 bis 1926*. Hrsg. von Ingeborg Schnack und Renate Scharffenberg. Zweiter Band. Frankfurt am Main und Leipzig 1995, S. 90-91: Brief Kippenbergs vom 20. 9. 1918 und Rilkes Antwort vom 24. 9. 1918.
7 Vgl. Lou Andreas-Salomé: *Rainer Maria Rilke*. Leipzig 1928, S. 87.
8 An Gräfin Aline Dietrichstein, Soglio, 6. 8. 1919. In: RMR: *Gesammelte Briefe*. Vierter Band: *Briefe aus den Jahren 1914 bis 1921*. Hrsg. von Ruth Sieber-Rilke und Carl Sieber. Leipzig 1938 (im Folgenden: B 14-21), S. 253.
9 Vgl. Hans-Joachim Barkenings: *Nicht Ziel und nicht Zufall. Rainer Maria Rilke in Soglio*. Chur ³1984.
10 Wie Anm. 8, S. 251f.
11 B 14-21, S. 270-272.
12 An Ilse Erdmann (München, 11. 9. 1915). In: *Briefe zur Politik* (wie Anm. 1), S. 139.
13 Joachim W. Storck: »›Die Verheerung Europas‹. Rainer Maria Rilkes Begegnung mit Wilhelm Muehlon. Mit erstveröffentlichten Briefen«. In: *Recherches Germaniques* 12 (1982), S. 221-235, Zitat S. 233.
14 RMR: *Sämtliche Werke*. Hrsg. vom Rilke-Archiv in Verbindung mit Ruth Sieber-Rilke. Besorgt durch Ernst Zinn, Sechster Band. Frankfurt am Main 1966, S. 1093-95. (Im Folgenden: SW VI)
15 Vgl. RMR an Anton Kippenberg, Nyon, 5. 10. 1919. In: *Briefwechsel* (wie Anm. 6), S. 137f.
16 Vgl. RMR: *Schweizer Vortragsreise 1919*. Hrsg. von Rätus Luck. Frankfurt am Main 1986, v. a. S. 179-277: Die Vortragsabende.
17 RMR: *Briefe an Sidonie Nádherný von Borutin*. Hrsg. von Bernhard Blume. Frankfurt am Main 1973, S. 285f.
18 RMR: *Die Briefe an Frau Gudi Nölke / aus Rilkes Schweizer Jahren*. Hrsg. von Paul Obermüller. Wiesbaden 1953, S. 14.
19 Ebenda, S. 18f.

20 In: SW VI, S. 1085-1093 (Soglio, 15. 8. 1919).

21 Wie Anm. 16.

22 *Briefwechsel* (wie Anm. 6), S. 145 f.

23 Ebenda, S. 146 f.

24 Ebenda, S. 223.

25 Wie Anm. 18, S. 22.

26 RMR: *Briefe an Nanny Wunderly-Volkart.* Im Auftrag der Schweizerischen Landes-
bibliothek und unter Mitarbeit von Niklaus Bigler besorgt durch Rätus Luck.
Band 1-2. Frankfurt am Main 1977. Vgl. darin das Vorwort von Jean Rudolf von
Salis, S. 7-14.

27 RMR / Lou Andreas-Salomé: *Briefwechsel.* Hrsg. von Ernst Pfeiffer. Neue erw.
Aufl. Frankfurt am Main 1975.

28 Vgl. die Übersicht von Paul Obermüller in: *Die Briefe an Frau Gudi Nölke* (wie
Anm. 18), S. 176-177. Ferner die Familientafel in: RMR: *Briefwechsel mit den Brüdern Reinhart 1919 bis 1926.* Hrsg. von Rätus Luck. Frankfurt am Main 1988.

29 *Briefwechsel* (wie Anm. 6), S. 145; ähnlich in dem Brief an Gudi Nölke vom 19. 11.
1919 (wie Anm. 18), S. 23.

30 *Briefwechsel* (wie Anm. 6), S. 149.

31 Wie Anm. 18, S. 26 (Locarno, 21. 12. 1919).

32 Wie Anm. 26, S. 28 (Locarno, 11. 12. 1919).

33 Ebenda, S. 33 (Locarno, 15. 12. 1919).

34 An Gudi Nölke, Locarno, 26. 12. 1919 (wie Anm. 18), S. 34.

35 An Emmy von Egidy, Locarno, 29. 12. 1919. In: B 14-21, S. 281.

36 An Gudi Nölke, Locarno, 21. 12. 1919 (wie Anm. 18), S. 29.

37 An Nanny Wunderly-Volkart, Locarno, 14. 1. 1920 (wie Anm. 26), S. 104 f.

38 RMR / Anita Forrer: *Briefwechsel.* Hrsg. von Magda Kerényi. Frankfurt am Main
1982, S. 13 (Locarno, 16. 1. 1920). – Schönenberg: An Dory Von der Mühll, Locarno, 24. 12. 1919. In: RMR: *Briefe an Schweizer Freunde.* Erweiterte und kommentierte Ausgabe. Hrsg. von Rätus Luck. Unter Mitwirkung von Hugo
Sarbach. Frankfurt am Main und Leipzig 1994, S. 40-41.

39 An Yvonne de Wattenwyl, Locarno, 16. 1. 1920; zitiert nach: *Rilke-Chronik* (wie
Anm. 5), S. 679. – An Nanny Wunderly-Volkart, Locarno 10. 1. 1920 (wie Anm.
26), S. 99 f.

40 An Nanny Wunderly-Volkart, Locarno, 3. 1. 1920 (wie Anm. 26), S. 81-82.

41 Vgl. die Briefe an Nanny Wunderly-Volkart vom 30. 12. 1919, 9. und 23. 1. 1920
u. ö. (wie Anm. 26), S. 74, 91 f., 122-124 u. ö.

42 *Briefe an Frau Gudi Nölke* (wie Anm. 18), S. 42-43.

43 An Nanny Wunderly-Volkart, Locarno, 27. 1. 1920 (wie Anm. 26), S. 133-134.

44 *RMR und die Schweiz.* Hrsg. von Jacob Steiner. Zürich 1992 (= Strauhof Zürich,
Bd. 6), S. 109-122.

45 Wie Anm. 17, S. 682.

46 Wie Anm. 39.

47 *Briefe an Schweizer Freunde* (wie Anm. 38), S. 66.

48 Vgl. J. W. Storck: »Rilke als Staatsbürger der Tschechoslowakischen Republik«. In:
Blätter der Rilke-Gesellschaft 13 (1986), S. 39-54.

49 RMR und Marie von Thurn und Taxis: *Briefwechsel*. Besorgt durch Ernst Zinn. Zürich (und Wiesbaden) 1951, S. 611 (Schönenberg, 23. 7. 1920).

50 RMR: *Das Testament*. In: RMR: *Werke. Kommentierte Ausgabe*. Band 4: *Schriften*. Hrsg. von Horst Nalewski. Frankfurt am Main und Leipzig 1996, S. 710-734: Entstanden 24.-30. 4. 1921; Erstdruck 1974.

51 An Nanny Wunderly-Volkart, Sierre, 15. 11. 1926 (wie Anm. 26), Bd. 2, S. 1170. – Mit Hermann Hesse, dessen lyrischem Erstling *Eine Stunde hinter Mitternacht* er 1899 eine positive Kritik gewidmet hatte, stand Rilke – damals in ähnlicher Weise ein Kriegsgegner – noch Anfang 1918 zur Unterstützung von dessen Kriegsgefangenenhilfe in kurzfristiger Verbindung. 1920 allerdings reizte ihn Frau Wunderlys Bewunderung für ein Gedicht Hesses zum Widerspruch (wie Anm. 26, S. 120).

52 Vgl. Witold (von) Hulewicz: »Zwei Tage beim Autor des *Buchs der Bilder*. Ein Gespräch mit Rainer Maria Rilke«. In: *Blätter der Rilke-Gesellschaft* 13 (1986), S. 55-65 (das polnische Original dieses »Interviews« erschien 1924 in der Warschauer Zeitung *Wiadomości Literackie* Nr. 46, S. 3).

53 SW II (Wiesbaden) 1956, S. 259 (entstanden in Muzot, 15. 2. 1924).

Manfred Riedel

Pathos des Hörens

Orphischer Gesang
bei Nietzsche und Rilke

In Nietzsches Frühwerk *Die Geburt der Tragödie aus dem Geiste der Musik* (1872) erscheint der orphische Dichter-Mythos in zweifacher Konfiguration. Das eine Mal erkennt Nietzsche in Sokrates, der Gründerfigur europäischen Vernunftdenkens, den »Gegner des Dionysos, den neuen Orpheus, der sich gegen Dionysos erhebt und, obschon bestimmt, von den Mänaden des athenischen Gerichtshofes zerrissen zu werden, doch den übermächtigen Gott selbst zur Flucht nötigt«.[1] Daran knüpft sich Nietzsches Stiftungslegende sokratisch-platonischer Metaphysik, eine von Hölderlin und Schelling vorgeprägte Lesart ihres geschichtlichen Ursprungs, die Beziehungen des Menschen zum einzig wahren Gott auf dessen Erkenntnis in der Idee zurückzuführen sucht, dem zeit- und naturlosen Inbegriff apollinischer Seinsklarheit, ohne die gleichzeitige Bewahrung göttlicher Geheimnisse durch die orphische Religion außer Kraft zu setzen. Es ist jener im Namen des Sängers gestiftete Mysterienglauben, der den Gott nicht mehr zu erkennen, sondern den Menschen von aller Zeit- und Naturlast zu erlösen verspricht und dazu die dionysische Elementargewalt der Kunst gebraucht, um in die Geheimnisse seines Lebens und Todes einzuweihen. Worauf Plato gelegentlich anspielt, wenn er Sokrates in der Todesstunde Musik treiben läßt.

Das andere Mal bezieht sich Nietzsche auf die Wiederkehr des Orpheus-Mythos im neuzeitlichen Renaissance-Humanismus und seine Erfindung des Rezitativs, eines monodischen Sprechgesangs, womit fast gleichzeitig die Kunstformen des Sonetts (Modo de centar sonetti) und der Terzinen (Modus dicendi dapituba) entstehen, denen dann einschlägige Texte unterlegt werden konnten.[2] Nach Nietzsche beansprucht der humanistisch gebildete Zuhörer im Umkreis florentiner Camerata-Musik, das Wort unter dem Gesang deutlich zu vernehmen; ein Anspruch, dem der Sänger dadurch gerecht zu werden sucht, daß er »mehr spricht als singt und daß er den pathetischen Wortausdruck in diesem Halbgesange verschärft: durch diese Verschärfung des Pathos erleichtert er das Verständnis des Wortes und überwindet jene übrig gebliebene Hälfte der Musik«.[3] Mit dieser »kunstvollen Art singend zu rezitieren« glauben die Erfinder des Sprechgesangs, das Geheimnis der antiken Musik gelöst zu haben, woraus sich

> »allein die ungeheure Wirkung eines Orpheus, Amphion, ja auch der griechischen Tragödie erklären lasse. Der neue Stil galt als die Wiedererweckung der wirkungsvollsten Musik, der altgriechischen: ja man durfte sich, bei der allgemeinen und ganz volkstümlichen Auffassung der homerischen Welt als der Urwelt, dem Traume überlassen, jetzt wieder in arkadische Anfänge der

Menschheit herabgestiegen zu sein, in der notwendig auch die Musik jene unübertroffene Reinheit, Macht und Unschuld gehabt haben müßte, von der die Dichter in ihren Schäferspielen so rührend zu erzählen wußten«.[4] Nietzsche erwähnt die Hauptpersonen, die an diesem Vorgang beteiligt gewesen sind, Poeten-Philologen wie den Kanzler Lorenzos de Medici, Angelo Poliziano (1454-1494),[5] die musikalischen Experimentatoren Jacopo Peri (1561-1633) und Giulio Caccini (1550-1618) und den Florentinischen Hofpoeten Ottavio Rinuccini (1562-1621), der den altgriechischen Orpheusmythos durch spätere Konfigurationen mit Eurydike und der homerisch bezeugten Unterweltfahrt ins neuzeitliche Hohelied auf die Gattenliebe umdichtet: ein Hadesabstieg, von Arkadienträumen überlagert.[6] Und im Versuch, die antike Musik aus dem Geist des geschriebenen Wortes durch eine Sangart »wiederzugebären«, die das Wort weder unverständlich macht noch den Vers zerstört, glaubt Nietzsche zu erkennen, daß ein Geburtsfehler in der mangelnden »Andacht« zur Musik liege, die den »Gewölbebau« musikalischer Überlieferung bis hin zu von Palestrinas Choralwerk als Fundament getragen habe.[7]

Auf die »Andacht zur Musik« kommen wir später zurück. Da Nietzsche die hier angedeuteten Erwägungen nicht weiter in den Text der *Tragödien*-Schrift eingearbeitet hat, mag zum Verständnis des nachfolgenden Gedankenganges ein kurzer Hinweis auf die neuzeitliche Geschichte des Orpheus-Mythos hilfreich sein. – Unter dem Titel: *Orfeo* (1484) schreibt Poliziano das erste weltliche Drama europäischer Dichtung, das den »guten Orpheus« als Künstler-Heros im Kampf gegen das Elend der Welt darstellt, der die sagenhafte Rettung seiner durch einen Schlangenbiß getöteten Gattin Eurydike vollbringt, um am Ende selbst den Opfertod zu erleiden. Die optimistische Renaissance-Version veranlaßt Giulio Caccinis und Jocopo Peris *Euridice* (1600), einen monodramatischen Vorläufer des Schauspiels mit Musikbegleitung, das sein Gegenstück in Monteverdis Oper *Orfeo* (1607) findet, einem frühen Opernwerk, das den tragischen Zug der antiken Unterweltsfahrt zu bewahren scheint, um dann nach Mustern mittelalterlicher Mysterienspiele mit Orpheus' Himmelfahrt und Verklärung zu enden. Die humanistisch-christlichen Umdeutungen des antiken Mythos gipfeln in Calderóns *Göttlichem Orpheus*, der den Gottessohn nach urchristlichem Vorbild mit Orpheus und die Macht der Musik mit Gottes Allmacht und den vollzähligen Melodien kosmischer Harmonie vergleicht:

> In melodischen Akkorden,
> Und zwar so, daß wenn der Erde
> Mangelte nur eine Rose,
> Ein Atom der Luft, dem Feuer
> Nur ein Strahl, dem Meer ein Tropfen,
> Alles sich in Mißlaut löste.
> Da sonach denn der harmon'sche

Ganze Wunderbau Musik ist,
Und da ich, ein Sohn der Sonne,
Der Gerechtigkeit, als deren
Fackel bis hin zur Welt gekommen,
Licht vom Licht und Gott vom Gott.[8]

Der barocken Orpheus-Vergötterung antwortet Christoph Willibald Gluck mit
der Zusammenführung neuzeitlich getrennter Überlieferungsstränge in seiner
Oper *Orfeo ed Euridice* (1762). Sie greift wieder stärker auf antike Traditionsele-
mente zurück und läßt das durch den Tod getrennte Paar nach dem Scheitern der
Hadesfahrt im Geiste der Aufklärung über die pagane Macht von Eros vereinigt
sein: Zeugnis einer Allmacht der Liebe, die wie ein Wunder in der Welt erscheint
und das Fortleben des Orpheus-Mythos in der europäischen Dichtung und Philosophie bis hin zu Nietzsche und Rilke, zu Stephane Mallarmé und Paul Valéry
inspiriert.

In Nietzsches Sicht werden alle neuzeitlichen Harmonisierungsversuche der
antiken Überlieferung durch ein höchst eindrucksvolles, aber außerästhetisches
Kunstbedürfnis erzwungen. Und das ist die »Sehnsucht zum Idyll, der Glaube an
eine urvorzeitliche Existenz des künstlerischen und guten Menschen«.[9] Ihr erwächst die Fabel von Arkadien und dem göttlichen Wundertäter Orpheus, der
die mit dieser griechischen Berglandschaft ursprünglich verbundenen Härten des
Naturlebens abschleift, indem er durch seine Musik Felsen und Wälder bewegt
und wilde Tiere zähmt: die neuzeitlich-sentimentale Version des Mythos in geschichtlich vielfarbiger Wiederholung. Einer der letzten Arkadien-Träume –
Nachhall des romantischen Zeitalters an der Schwelle zur Moderne – findet sich
im *Stunden-Buch* des jungen Rilke:

Alles wird wieder groß sein und gewaltig.
Die Lande einfach und die Wasser faltig,
die Bäume riesig und sehr klein die Mauern;
und in den Tälern, stark und vielgestaltig,
ein Volk von Hirten und von Ackerbauern.[10]

Als Dichter spielt Nietzsche selbst ironisch mit diesem Motiv.[11] Und als Philologe
verfolgt er seine Brechungen bis hin zur Romantisierung der politischen Revolution durch den frühen Richard Wagner, der die Oper als »Oppositionsdogma
vom guten Menschen« auffaßt und darin zugleich ein »Trostmittel gegen jenen
Pessimismus« findet, dem die Romantik anhing.

Es ist diese Spur, die Nietzsche am Musikdrama des späten Wagner gewahrt,
der »den scheuen Blick des verhehlten Schmerzes, des Verstehens ohne Trost, des
Abschiednehmens ohne Geständnis« besitze, ja, als der »Orpheus alles heimlichen
Elends« »größer als irgend Einer« sei und manches überhaupt erst der Kunst hin-

zugefügt habe, was »bisher unausdrückbar und selbst der Kunst unwürdig«
erschienen sei wie das ganz Unscheinbare und Mikroskopische menschlichen
Seelenlebens; eine Meisterschaft im Kleinen, die Nietzsche an Wagner und mehr
noch an seinem französischen Fürsprecher Baudelaire bewundert, weil er in seiner Lyrik nicht Wagners Anspruch auf »große Wände« und »verwegene Wand-
malerei« erhebt.[12] Und dieser von Nietzsche bewunderte Lyriker wird es dann
sein, der dem jungen Rilke in Paris die Augen über das Ausmaß heimlichen und
öffentlichen Elends öffnet, so daß er, verspätet, aber nicht zu spät, arkadische
Fassaden im lyrisch gereiften Werk abbaut.

I.

Was die *Geburt der Tragödie* mit dichterischer Einbildungskraft vergegenwärtigt,
gründet in den verschiedenen Überlieferungssträngen des Orpheus-Mythos, die
Nietzsche als gelerntem Philologen und Historiker griechischer Literatur und
Philosophie vertraut sind; seiner Kenntnis teils der Genesis orphischer Dichtung,
eines Seitenstranges von Hesiods *Theogonie*, teils einer umstrittenen Genealogie
ältester Weisheitslehren, die Orpheus Pythagoras und Plato vorangehen läßt oder
gar seine Gesänge, mit Schopenhauer, zu Seitenstücken indischen Pantheismus
erklärt, »durch den plastischen Sinn der Griechen verziert«,[13] Orpheus also
Buddha an die Seite stellt. Wir erwähnen das einstweilen am Rande und fragen
statt dessen, ob, und wenn ja, in welcher Weise, Nietzsche als Dichter den Mythos
behandelt hat. Das ist im Umkreis der *Zarathustra*-Dichtung geschehen, als die
damals umworbene Freundin Lou von Salomé, lange vor ihrer Freundschaft mit
Rilke, Nietzsches furor poeticus weckt. Nach dem Abschluß des III. Buches im
Jahre 1883 konzipiert Nietzsche unter verschiedenen Überschriften und mit sehr
unterschiedlichem Material einen Lyrikband, der, wie es scheint, »allen Schaffenden geweiht« sein, aber auch vom »Dichter« und dessen »Schaffensqual« handeln
sollte.[14]

Da sind einmal elegische Rückblicke auf seine Wagner-Erwartung (»auf
neuem Weg zum alten Griechenthum«[15]), auf Widerstände philologischer Fach-
wissenschaft gegenüber Jugendträumereien einer durch die Kunst erneuerten
Metaphysik, die sich im Umkreis des Mythos von Dionysos-Zagreus und seiner
Nachbildung durch Orpheus-Gestalten[16] mit dem Naturgeheimnis wiederkeh-
renden Lebens vereinigt:

> Was habt ihr plumpen Tölpel mich gerüttelt
> Als ich in seliger Blindheit stand:
> Nie hat ein Schreck grausamer mich geschüttelt
> – Mein Traum, mein goldner Traum entschwand![17]

Da ist zum anderen ein ›Lob der Armut‹, das sich gegen die »Sträflinge des Reich-
thums« wendet, deren Gedanken »kalt wie Ketten klirren«, woran sie moderne
Kulturbetriebsamkeit fesselt.[18] Die Gedichtentwürfe sind teils kämpferisch, ja
bissig im Ton, teils beruhigt und ausgeglichen, ohne sich auf anderes als Tiere und
Pflanzen einzulassen:

> Ich liege still,
> ausgestreckt,
> Halbtodtem gleich, dem man die Füße wärmt
> – die Käfer fürchten sich vor meinem Schweigen
> – ich warte

> Alles heiße ich gut
> Laub und Gras, Glück, Segen und Regen.[19]

Im Armuts-Lied hallen Leitmotive orphischer Gesänge nach. Für Nietzsche gehören sie zur »uralten heiligen Tempelmusik«, die nicht »agonal« ist wie altgriechische Lyrik sonst, ja, es überhaupt verschmäht, sich »auf musische Wettspiele
einzulassen«.[20] Die Tonart ist feierlich, auf die Einweihung in die Naturmysterien
bezogen, wobei nach Nietzsche vor allem an kathartische Wirkungen des Rhythmus zu denken ist, der die Götter selbst von allen heftigen Affekten reinigen soll,
um die Ferne und Feindschaft zum Menschen zu tilgen und ihre Ankunft rhythmisch hörbar werden zu lassen. In solchem Tone preist das Lied Irdisches:
einfachste »Dinge«, die einmal »spitz für Tänzerfüße« gemacht sind und zertreten
werden von »Trampelthieren«,[21] höheren Menschen der Kultur. Das Motiv
klingt im ›Honig-Opfer‹ an, Sinnfigur naturnahen Lebens des Menschenge-
schlechts im goldenen Zeitalter und dessen ersehnter Wiederkehr auf der Erde:

> Bringt Honig mir, eis-frischen Waben-Goldhonig!
> Mit Honig opfr' ich Allem, was da schenkt,
> Was gönnt, was gütig ist –: erhebt die Herzen![22]

Im Zeichen dieser Erhebung steht (vom *Lob der Armut* eingefaßt) ein Gesang
ohne Überschrift, der bald *Einsiedlers Sehnsucht*, bald *Einsiedlers Mittag* heißt. Ich
zitiere den Anfang:

> Oh gute Zeit, die jetzt mir blüht
> Oh feierliche große Jahreszeit –
> Vom Nord zum Süd
> Die Götter-Gäste – fremd und unbekannt,
> die Namenlosen
> Ihr göttlich-königlichen Gäste

> Von aller Höhe strömt mir Verkündigung
> Gleich Wohlgerüchen
>   Gleich ahnungsvollen Winden läuft
> Vom Nord zum Süd
>   Mein Herz, dem seine Festzeit blüht.[23]

Auf der Grundlage dieses Entwurfs in reimlosen Rhythmen erwächst in kompositorischer Feinarbeit ein ›Nachgesang‹ mit dem Titel *Aus hohen Bergen*, der nach Nietzsches Verzicht auf eine selbständige Lyriksammlung als ›Anhang‹ zu *Jenseits von Gut und Böse* (1885) erschienen ist. Das Gedicht spielt im Untertitel auf die altgriechische Liedform der distichischen Epode (gr. odé, »Gesang«, ep-, »nach, hinzu«) an, worin dem längeren Vers regelmäßig ein kürzerer folgt, von Archilochos »Jambos« genannt, den Nietzsche in das moderne Schema umarmender Reime (a b b a) einbindet, das durch Reimverdopplung in der letzten Zeile (a b b a a) variiert und dann über 15 Strophen hinweg wiederholt wird. So ist eines der größten Gedichte deutscher Sprache entstanden,[24] das der George-Kreis kanonisierte; ohne zu fragen, wie angesichts von Nietzsches Zweifel am Beruf des Dichters, der »zuviel lügt«, ja, seiner Verzweiflung darüber, als Denker die Wahrheit zu lieben und doch von ihr »verbannt« zu sein, ein solches Gedicht überhaupt »möglich« sei. Der dem Kreis fernstehende Rilke hat diese Frage gestellt. Und er hat über *Einsiedlers Sehnsucht*, als diese Vorfassung im *Insel-Almanach auf das Jahr 1912* erschien, geurteilt, das Gedicht sei »doch möglich« und werde in den Zusammenhängen, worin es sich finde, »abwechselnd deutlich und unauffindbar, wie es seinem Dasein und Nichtdasein entspricht«.[25]

Rilkes Antwort fällt auf das Jahr der Ägyptenreise, den Aufenthalt im Land der Pharaonen, woher, nach Schopenhauer und Nietzsche, die orphische Weisheit stammt. Es ist die Zeit, da sich Rilke Hölderlin zuwendet, der in dem Orpheus zugeschriebenen Sonnen-Hymnus »orientalisches Gepräge« erkannt und daran entfernte Wirkungen altägyptischen Sonnendienstes vermutet hatte.[26] Und mit einem Hymnus an die Sonne, so beginnt das I. Buch der *Zarathustra*-Dichtung:

> »Du grosses Gestirn! Was wäre dein Glück, wenn du nicht Die hättest, welchen du leuchtest!
> [...]
> Siehe! Ich bin meiner Weisheit überdrüssig, wie die Biene, die des Honigs zu viel gesammelt hat, ich bedarf der Hände, die sich ausstrecken.
> [...]
> Dazu muss ich in die Tiefe steigen: wie du des Abends thust, wenn du hinter das Meer gehst und noch der Unterwelt Licht bringst, du überreiches Gestirn!
> Ich muss, gleich dir, u n t e r g e h e n, wie die Menschen es nennen, zu denen ich hinab will.
> So segne mich denn, du ruhiges Auge, das ohne Neid auch ein allzugrosses Glück sehen kann! [...]‹«[27]

Orphische Gesänge dieser Tonart finden wir in die nachfolgenden Zarathustra-Reden immer wieder eingelegt; Prosastücke, die manchmal Buddhas Weisheits-reden und dann wieder Christi Verkündigungspredigten gleichen und sich in doppelt altertümlicher Stilisierung durch alle vier Bücher mit zuweilen ermü-dender Regelmäßigkeit wiederholen. Nicht zu reden, sondern zu singen: das ist der Wahlspruch des »Freiers der Wahrheit«, dem nach erreichter Hoch-Zeit des Gedankens einer ewigen Wiederkehr des Gleichen der Gesang im III. *Zarathu-stra*-Buch zum Siegel innigster Vereinigung zwischen Werden und Sein wird:

> »Alles geht, Alles kommt zurück; ewig rollt das Rad des Seins. Alles stirbt, Alles blüht wieder auf, ewig läuft das Jahr des Seins.
> Alles bricht, Alles wird neu gefügt; ewig baut sich das gleiche Haus des Seins. Alles scheidet, Alles grüsst sich wieder; ewig bleibt sich treu der Ring des Seins«.[28]

Als denkwürdiges Beispiel von Nietzsches orphischer Sangesart, die nach neue-ren Nietzsche- und Rilke-Interpreten den Dichter der *Duineser Elegien* und der *Sonette an Orpheus* beeindruckt haben mag,[29] erwähne ich die Zarathustra-Lob-rede aus dem III. Buch auf die »Dinge«, die lyrisch zur Sprache kommen:

> »Wie lieblich ist es, dass Worte und Töne da sind: sind nicht Worte und Töne Regenbogen und Schein-Brücken zwischen Ewig-Geschiedenem?
> Zu jeder Seele gehört eine andre Welt; für jede Seele ist jede andre Seele eine Hinterwelt.
> Zwischen dem Ähnlichsten gerade lügt der Schein am schönsten; denn die kleinste Kluft ist am schwersten zu überbrücken.
> Für mich – wie gäbe es ein Ausser-mir? Es giebt kein Aussen! Aber das verges-sen wir bei allen Tönen; wie lieblich ist es, dass wir vergessen!
> Sind nicht den Dingen Namen und Töne geschenkt, dass der Mensch sich an den Dingen erquicke? Es ist eine schöne Narrethei, das Sprechen: damit tanzt der Mensch über alle Dinge.«[30]

Denkwürdig ist das Beispiel vor allem deshalb, weil die Lobrede auf die Lieb-lichkeit des Gesangs – sie steigert sich zum »Leierlied« der Tiere auf die im Wiederkunftsgedanken verbürgte Einheit von Seele und Sein – das Pathos der Distanz begleitet. Während Rilke im Nachhall von *Einsiedlers Sehnsucht* s e i n e n Orpheus-Mythos zu dichten beginnt, hatte sich der Verfasser jenes Gedichts in-nerlich schon während der *Zarathustra*-Zeit vom orphischen Gesang verabschie-det. Wenn Zarathustra sagt, die Dichter »lügen zuviel«, so läßt Nietzsche diesen selbst hinzufügen: »Aber auch Zarathustra ist ein Dichter«, und darin sage er die Wahrheit: »wir lügen zuviel. / Wir wissen auch zu wenig und sind schlechte Ler-ner: so müssen wir schon lügen.«[31] Und den Abschied sucht er nach außen hin mit einem Gedichtentwurf unter dem Titel *Sonnen-Bosheit* zu begründen, das dem Liebhaber der Wahrheit gewidmet ist, der keine Gegenliebe findet.

Der im Sonnen-Hymnus das Gestirn vergöttert, das Zarathustra-Nachbild des orphischen Dichters, sieht im fahlen Licht der untergehenden Sonne, daß alle

gebrauchten Worte und Töne längst verbrauchten Larven gleichen, uralten Ge-
sichtern abgenommen und als Maske vorgebunden, um dahinter Allzumensch-
liches zu verstecken. Dem Schweigen der aufgehenden Sonne am hymnischen
Auftakt zum I. *Zarathustra*-Buch antwortet im IV. der letzte Abendsonnen-Glut-
blick mit folgender Dichterkritik (ich zitiere aus der Vorfassung):

> Was trägst du Narr
> Eine zerrissene Larve?
> Eine Götter-Larve? Wem rissest du sie vom Gesichte?
> Schämst du dich nicht, unter Menschen nach Göttern
> lüstern hinauszuschnüffeln?
> Wie oft schon!
>
> Der Wahrheit Freier? also stöhnte ich –
> Nein! Nur ein Dichter!
> Nach Larven lüstern, selbst verkleidet.
> Zerrissene Larve selber! Götter-Larventrug![32]

Dennoch findet sich unter den Materialien des konzipierten Lyrikbandes das
Fragment eines Orpheus-Gedichts. Nietzsche hat es nicht publiziert, sondern so
belassen, wie es ihm in der lyrischen Stimmung des Schaffenden zufloß, während
er das Gedicht *Sonnen-Bosheit* überarbeitete und als *Lied des Zauberers* im IV. *Zarathustra*-Buch veröffentlichte.[33] Es sei mir erlaubt, aus dem Gedicht an Orpheus,
das diesen nach Motiven der Argonautensage als Schiffsheros feiert, einige Zeilen
anzuführen:

> Ich seh nach griechischen Geländen
> Das Schiff dich, deutscher Orpheus, wenden.
> [...]
> Nun wird mir alles noch zu Theil
> Was je mein Adler mir erschaute –:
> Ob manche Hoffnung schon vergraute.
> – Es sticht dein Klang mich wie ein Pfeil
> Der Ohren und der Sinne Heil,
> Das mir vom Himmel niederthaute.[34]

Keine Fußspur von Göttern, sondern ein Fußbreit Erde ist es, worauf der »deutsche Orpheus« steht. Er glaubt weder an Dichterberufung noch daran, durch die
»Qual« des Schaffenden ausgezeichnet zu sein. Und sein Dastehen gründet sich
nicht darauf, Wahres zu sagen, sondern auf das Bewußtsein, in Worten und Tönen
zu lügen; eine Wahrheit, die sein Reden beglaubigt:

Der Dichter, der lügen kann,
wissentlich, willentlich
Der kann allein Wahrheit reden.[35]

Nietzsche weiß um die Ohnmacht des Dichterwortes, so daß er sich vor enthu-
siastischem Überschwang oder rhetorischer Überredungskunst hütet. »Hier sind
Hoffnungen«, heißt es in einer ›Zwischenrede‹ der *Fröhlichen Wissenschaft*
(1882),

>»was werdet ihr aber von ihnen sehen und hören, wenn ihr nicht in euren
>eigenen Seelen Glanz und Gluth und Morgenröthen erlebt habt? Ich kann nur
>erinnern – mehr kann ich nicht! Steine bewegen, Thiere zu Menschen machen
>– wollt ihr das von mir? Ach, wenn ihr noch Steine und Thiere seid, so sucht
>euch erst euren Orpheus!«[36]

Dichtung als Erinnerung an aufgehende Glücksstrahlen, das ist nicht Nietzsches
letztes Wort zur lyrischen Kunst. Wir haben das am Beispiel der Zurücknahme
des orphischen Gesangs im Fortgang der *Zarathustra*-Dichtung gewahren können. Besteht diese doch aus zwei Komponenten, e r s t e n s Reden vor Zeugen, den
Schülern einer zeitgemäßen Philosophie, die Zeitliches kritisiert und zugleich
neu auslegt. Das entspricht der z e i t k r i t i s c h e n K o m p o n e n t e von Nietzsches
Denken, der »Zarathustra« als Zerstörer der Überlieferung mit einem Unhold
vergleicht und für die Zukunft das Kommen eines »neuen bösen Orpheus« erwartet, der vielleicht durch seine Töne uns überreden könnte, wir hätten bisher
noch gar keine Musik und Dichtung besessen, und »das Beste sei, allem, was
bisher so hieß, aus dem Wege zu laufen«.[37] Und daran fügt sich z w e i t e n s ein
monologisches Sprechen zu sich, die r e i n l y r i s c h e K o m p o n e n t e einer zeugen-
losen Kunst, der das *Zarathustra*-Buch keine rechte Entfaltung schenkt. Daher die
geplante Lyriksammlung, worin das Orpheus-Gedicht abbricht und dann ver-
deckt wird durch von Nietzsche so genannte »Medusen-Hymnen«,[38] ein Strom
von schrillen Tönen aus dem Haupte der Gorgo, die jeden, den ihr Auge anblickt,
versteinert: Gedichte eines »bösen Orpheus«, der gleichsam schwarze Segel auf-
setzt, um sich übers Meer enttäuschter Erwartungen einer Wiedergeburt der
Kunst aus dem »Geiste der Musik« zu retten.

II.

An diesen Erwartungen des jungen Nietzsche, so scheint es, hat Rilke festgehal-
ten, weil ihm ganz unangemessen erschien, daß sich seine Vision des Dionysi-
schen als göttlicher Naturgewalt der Kunst im Programm von Wagners
Musikdrama erfüllen sollte. Jedenfalls ist Rilke selbst als junger Dichter von dieser
Vision ausgegangen und hat sich dabei die ursprünglich religiöse Dimension von
Nietzsches jugendlicher Kunstmetaphysik erschlossen, seine Lehre vom Natur-

geheimnis eines Gottes, der sich durch die Kunst offenbart, aber sonst nicht zu
erkennen, das heißt »unbekannt« ist. Den »unbekannten Gott« hat der junge
Nietzsche in einem so betitelten Schülergedicht angerufen, das seine christlichen
Glaubenszweifel thematisiert und vielleicht auf das nächtliche Ringen Jakobs um
Zuwendung des großen Unbekannten zurückgeht, der ihn mit anbrechender
Morgenröte segnet, ohne sich namentlich erkennen zu geben (1. Mos. 32, 25).
Dieser Gottesgedanke liegt Nietzsches *Geburt der Tragödie* zugrunde, die ihn laut
dem *Nachwort* der von Rilke benutzten Neuausgabe aus dem Jahre 1886 (*Versuch
einer Selbstkritik*) auf den griechischen Geheimkult des Dionysos bezieht. Den
Gedanken selbst hatte Nietzsche inzwischen auf der Textgrundlage des Gedicht-
Entwurfs *Sonnen-Bosheit* in Prosa auszudrücken und unter dem Titel *Mittag und
Ewigkeit* am Wiederkunftsgedanken aus dem III. *Zarathustra*-Buch zu verdeutlichen versucht: der »Larve« für den tragischen »Dionysos«, die Wahres birgt.[39]
Denn eine Tragödie der Wahrheit, das dichtet Nietzsche in der lyrischen Entfaltung dieses Prosaentwurfs zum *Lied des Zauberers* aus dem IV. *Zarathustra*-Buch
und zur *Klage der Ariadne* in den *Dionysos-Dithyramben*, mit Sinnverschiebungen,
die ich hier außer acht lasse.

Der erste Akt – um das Drama kurz zu vergegenwärtigen – führt den »Freier
der Wahrheit« nach der Hoch-Zeit des Denkens, der Vermählung mit dem
Sein im Gedanken einer ewigen Wiederkunft des Gleichen, als enttäuschten
Liebhaber vor. Das geliebte Leben hat sich seiner Weisheit in der Hoch-Zeit-
Nacht nicht »gegeben«, sondern entzogen. Er liegt »hingestreckt, Halbtodtem
gleich« auf dem Boden, und hinter der Gedanken-Larve »blitzt« das »höhnische
Auge« des unbekannten Gottes, der einst den Liebenden aus der Nähe entfernte
und sich jetzt an dessen Lebensqualen weidet. Der zweite und dritte Akt stellen
das Drama erneuter Annäherung und Entfernung dar: als grausames Spiel zwischen Jäger-Gott und Erjagtem, das als Agon im griechisch gedachten Sinne
eines Wettkampfs verstanden werden muß, der übers Musische hinausgeht: in der
Sache ist es ein Kampf um Leben und Tod und um das Rätsel dazwischen: die
Liebe.

Nicht der vom gejagten Menschen ersehnte Tod, sondern qualvolle Gefangenschaft und erzwungenes Lösegeld ist das Ziel, mit dem Ansinnen des Gottes,
im Herzen des Freiers der Wahrheit jenen Platz wieder einzunehmen, den die
Liebe zum Leben im Wiederkunftsgedanken einnahm. Die Peripetie erfolgt
im 4. Akt: Der gequälte Mensch ist bereit, den verlangten Preis zu zahlen und
Gott zu lieben, vorausgesetzt, daß dieser ihn wiederliebt. Da entfernt sich
der Gott. Der Versuch, ihn zu denken, ist zusammengebrochen. Aber damit
bricht das Verlangen nach dessen Nähe nicht zusammen. Denn der Zusammen-
bruch ist schmerzlich: und mit dem Schmerz des Einsamen steigt das Gefühl der
Sehnsucht auf, ein alles überwältigendes Pathos, dem die lyrische Apostrophe
entströmt:

Oh komm zurück!
All meine Thränen-Bäche laufen
Zu dir den Lauf!
Und meine letzte Herzens-Flamme –
Dir glüht sie auf!
Oh komm zurück,
Mein unbekannter Gott! Mein Schmerz! Mein letztes –
        Glück![40]

Rilke wird spätestens durch das Gespräch mit Lou Andreas-Salomé dieses Gedicht kennengelernt haben, dessen Thematik ihr Nietzsche selbst während eines
längeren Zusammenseins in Tautenburg bei Jena nahegebracht hatte. Die Erfahrung des »unbekannten Gottes«, das war Rilkes Lebensproblem, dem er früh
nachsann; oft ohne Nietzsche zu nennen, den er auch später so wenig erwähnt
wie die Namen von Schopenhauer und Kant, deren Schriften er flüchtig kennt.
Nietzsche ist jedoch der einzige Denker von Rang, den Rilke nachweislich stu-
diert und kommentiert hat. Den Nachweis verdanken wir Lou Andreas-Salomé,
Verfasserin eines Buches über den Philosophen, das Rilke während seiner
Freundschaft mit der vormaligen Nietzsche-Freundin gelesen hat, ohne daß es
ihn stärker beeindruckt oder gar geprägt hätte. Sie vertrat eine Gegeninterpreta-
tion, nämlich die Auffassung, der unbekannte Gott, das sei Nietzsches Maske
gewesen, um sich in seinem denkerischen und dichterischen Schaffen selbst zu
»vergotten«.
    Die Ausgangspunkte sind so konträr, daß ein vergleichender Blick angebracht
sein mag. Lou von Salomés Buch, Jahre vor Nietzsches Tod im August 1900
erschienen, stützt sich auf persönliche Lebenserinnerungen und den Briefwechsel
Anfang der 80er Jahre mit dem Philosophen, ist aber sonst ohne Kenntnis seines
Nachlasses verfaßt. Wir werden des öfteren darauf hingewiesen, daß Nietzsche
ein »Ohrenmensch« gewesen sei.[41] Das hat der Rilke-Freund Rudolf Kassner
später aufgegriffen und zum physiognomischen Kontrast überhöht, dieser sei ein
»Augenmensch« gewesen,[42] beides gleich nichtssagend und an Tiefenschichten
geistiger Berührung vorbeiführend; was vielleicht auch Rilke, der Nietzsches
Genius schon in der Erzählung *Der Apostel* (1896) huldigte,[43] so gesehen hat.
Dennoch ist er durch Lou von Salomé zur Klärung seiner Nietzsche-Interpreta-
tion herausgefordert worden: Neben dem für sie geschriebenen *Florenzer Tagebuch* (1897) bezeugen das Rilkes Notizen zur *Geburt der Tragödie* (1900), die sie in
ihrem Nachlaß aufbewahrte. Und ein Zeugnis, daß Rilke dabei Nietzsche als
Dichter wahrgenommen und sich dessen innerste Denkerfahrungen erschlossen
hat, ist neben dem Tagebuch seine Erzählung *Im Gespräch* (1898/99). »Kunst«,
bekennt dort eine Figur ganz im Geiste von Nietzsches Kunstmetaphysik,
    »heißt, nicht wissen, daß die Welt schon *ist*, und eine machen. [...] Niemals
vollenden. Niemals den siebenten Tag haben. Niemals sehen, daß alles gut

ist [...]. Das ist aller Grund, den ich gegen ihn [d. i. Gott] habe. [...] Daß er kein
Künstler war, das ist so traurig. [... M]an muß [...] dort anfangen, wo Gott
abließ [...]. Im Leben ist das, beim Menschen.«[44]
Nietzsches Philosophie enthält ein religiöses Leitmotiv, das Rilke anders als Lou
von Salomé akzentuiert. Sie hatte in ihrem Buch behauptet, jede rechte Nietz-
sche-Studie müßte religionspsychologisch fundiert sein, weil Nietzsches gesamte
Entwicklung von der »Emotion über den ›Tod Gottes‹« ausgehe, dem Verlust
seiner christlichen Glaubensheimat.[45] Ähnlich hat das der von ihr und Rilke ge-
schätzte Lebensphilosoph Georg Simmel in seinem Buch über *Schopenhauer und
Nietzsche* diagnostiziert, das auf neukantianischer Interpretationsgrundlage tiefer
in Nietzsches religiöse Grunderfahrung eindringt. Richtig erkannt ist jenes emo-
tive Element, das freilich an falscher Stelle plaziert wird. Und zutreffend daran
erscheint mir auch, daß sich Nietzsche zu keiner Zeit dem am Ausgang der klassischen deutschen Philosophie proklamierten Atheismus der Linkshegelianer
und damaliger Naturforscher verbunden gewußt hat. Sonst hätte er nicht schreiben können: »die Ehrfurcht vor Gott ist die Ehrfurcht vor dem Zusammenhang
aller Dinge und Überzeugung von höheren Wesen als der Mensch ist«.[46] – Und
kaum wäre wohl diese merkwürdige Notiz entstanden: »Die Widerlegung Gottes: – eigentlich ist nur der moralische Gott widerlegt«.[47]

Wenn also Nietzsche sagt: »Gott ist todt«, und damit zugleich jener Christen-
glaube, der auch Platos Glaube war, »dass Gott die Wahrheit [...], dass die
Wahrheit göttlich« sei,[48] so besagt das etwas anderes als die atheistische These:
»Gott ist nicht«, er kann nicht sein, ist nie gewesen und wird niemals sein.[49] Der
Atheismus setzt sich über Kants kritische Einsicht hinweg, daß wir weder etwas
vom Sein Gottes noch von dessen Nicht-Sein wissen. Was Gott in Wahrheit ist
oder was die Dinge in der Welt sind, die Natur, die Materie, das wissen wir nicht,
es ist uns unbekannt. Ja, wir können überhaupt nicht mehr die metaphysische
Frage stellen: »was etwas ist«, das Was-Sein oder der Seins-Grund von allem,
womit sich die platonisch-christliche Metaphysik der Wahrheit zu bemächtigen
versucht und dazu erklärt hatte, diese selbst sei göttlicher Herkunft, das heißt:
»an sich« oder absolut, losgelöst, aber doch erkennbar vom Menschen. Nach Kant
dürfen wir nur noch fragen: »Wie ist Erkennen möglich, wenn wir von
keiner Seinswahrheit ›an sich‹ wissen?« Mit dem Kantianer Schopenhauer
antwortet Nietzsche: wir kennen das Sein von Dingen nur relativ oder wie sie
uns im Bewußtsein erscheinen, das leibhaft gebunden ist. Denn die »uns
bekannteste Form des Seins«, das ist das Leben,[50] ein Einzelfall, ein gezeitigtes
Faktum, von dem aus wir Hypothesen auf den »Gesamtcharakter des Daseins«
entwerfen dürfen: Bedingungs- oder Wagesätze, die mutig, aber vielleicht
weniger gewagt sind als metaphysische Grundsätze über das Dasein oder Nicht-
Dasein Gottes. Besitzen sie doch nur den Charakter von Mutmaßungen, die ihre
Deutungskraft bewähren müssen, so daß Hypothesen von vornherein darauf verzichten, etwas absolut zu erkennen.

Während Dichter einst glaubten, so heißt es im II. *Zarathustra*-Buch, die Natur selber sei in sie verliebt und schleiche zu ihrem Ohre, Heimliches hineinzusagen und verliebte Schmeichelreden, womit sie sich dann in Götter- und Übermenschen-Gleichnissen brüsteten, rühmten sich die Denker ihres »Willens zur Wahrheit«, der sie sich verpflichtet glaubten.[51] In Wahrheit würden auch sie am Erscheinenden »dichten«, indem sie aus lauter Einzelfällen »identische Fälle« geschaffen hätten, um Sein logisch »denkbar« und dem Geiste untertan zu machen: als dessen Spiegel und Widerbild.[52] Gesicht und Gehör, Bild und Geheimnis stehen im Dienste des »Willens zur Macht«, der als »Spezialfall« ungewußt die ganze Geschichte der Metaphysik und ihrer Gottes- und Weltbilder durchzieht, bis Nietzsche seiner Universalität bewußt wird.

Die Lehrformel wird in philosophischer Prosa als strikte Hypothese aufgestellt: angewandt auf das »letzte Faktum«, zu dem wir im Absprung vom Bewußtsein »hinunter« gelangen; eine »letzte Wahrheit«, die uns das Leben erschließt und doch gedanklich nicht durchdringlich bleibt; weshalb Nietzsche das Denkbare über Kant hinaus in ein anderes Fragen zurücknimmt, das in dichterischer Fassung und als Frage nach der Dichtkunst bei Rilke wiederkehrt. Denn das Wahre am Grunde unserer Selbst- und Weltdeutung, dem sich die nachmetaphysische Philosophie und Dichtung gleichermaßen gegenüberstehen, das ist die Grundlosigkeit absoluten Werdens, die Art, in der wir sind, ohne uns selbst und unsere inneren oder äußeren Daseinsbedingungen zu kennen.

Es ist die Grunderfahrung, die uns von sich her zu fragen nötigt, wie wir sind, mit Nietzsche gesprochen: »wie ständig etwas unter uns wegfließt«.[53] Metaphysisch entspricht diesem Fragen das Gleichnis vom »Fluß des Werdens«, worauf ein Kahn mit Bildern und Werttafeln schwimmt, Wertschätzungen des ewig Wahren, des ewig Göttlichen, von »gut« und »böse«, die das Wegfließen gleichsam anzuhalten bestimmt sind. Für Nietzsche verraten sie einen »alten Willen zur Macht«: den Hang, Lebendiges in seiner Vergänglichkeit zu übermächtigen. Denn die größte Gefahr für das Leben ist nicht der Fluß, sondern jener Wille zum Unvergänglichen, Ewigen ist es, der menschliches Dasein am meisten gefährdet, das heißt: unterjocht. Nietzsches erstes Beispiel ist die gefährliche Rede vom Gehorsam: »Alles Lebendige ist ein Gehorchendes.«[54] Das zweite umspielt eine andere Gefährdung: »Dem wird befohlen, der sich nicht selber gehorchen kann.«[55] Und dann folgt die Behauptung, »dass Befehlen schwerer ist, als Gehorchen«, die Hauptsache, die den Weg ins Freie weist.[56] Warum? Weil der Befehlende nicht nur die Last aller Gehorchenden trägt, sondern zuvor selbst ein Hörender werden muß, der das Leben versucht und wagt und sich entschließt, ein Versuch und Wagnis zu sein, um leben zu lernen, nämlich das Allerschwerste, die Liebe und den Tod. »Gutes und Böses, das unvergänglich wäre«, so das Fazit im Blick auf den versuchten Anhalt des Lebens in den obersten Werttafeln platonisch-christlicher Gottes- und Menschenlehren,

»– das giebt es nicht! Aus sich selber muss es sich immer wieder überwinden. Mit euren Werthen und Worten von Gut und Böse übt ihr Gewalt, ihr Werthschätzenden: und diess ist eure verborgene Liebe und eurer Seele Glänzen, Zittern und Überwallen.

Aber eine stärkere Gewalt wächst aus euren Werthen und eine neue Überwindung: an der zerbricht Ei und Eierschale.«[57]

Nietzsche spielt damit auf das älteste orphische Sinnbild vom zerberstenden Weltei an, woraus der erstgeborene Gott Phanes hervorgeht, Geburtsschoß aller Götter.[58] In diesem Zusammenhang gewinnt der Satz »Gott ist tot« seine nachmetaphysisch-dichterische Bedeutung. Wenn uns der göttliche Seinsgrund der Wahrheit abgestorben ist, wenn wir nichts mehr von platonisch-christlicher Gotteserkenntnis wiedererkennen und uns damit selbst unbekannt werden, so wissen wir von Göttern doch viel, nämlich wie sie gewesen sind: einstmals lebendig. Und für uns erhebt sich dann im Horizont neuzeitlicher Erfahrung vom Gottestod die Frage: Wie sein, wenn wir nicht wissen, was der Mensch ist? Nietzsche hat darauf vorläufig geantwortet: hörend werden und entlang an Bruchstücken mythischer Überlieferung, die wir nicht auf unser Europa einschränken dürfen, den Spuren nachzugehen, worin Götter auf dem Wege der Kunst über die Erde gegangen sind, von ältesten Gottheiten morgen- und abendländischer Hochkulturen der Griechen angefangen über die Halbgötter Dionysos und Orpheus bis hin zu den Gottmenschen Buddha und Christus.

III.

Das sind, in wenigen Linien, die Umrisse von Nietzsches Philosophie und ihrer nachmetaphysischen Fragerichtung, mitsamt den Kreuz- und Querzügen einer religiösen Mysterienlehre, die den Denkhorizont der Zeit überschritt und noch so wache Geister wie Georg Simmel und Lou Andreas-Salomé überforderte. Einzig Künstler der Jahrhundertwende sind ihr gewachsen gewesen, und darunter ist Rainer Maria Rilke.

Es läge nahe, den Vergleich seiner religiös grundierten Dichtkunst in Nietzsches Nachfolge mit der religionspsychologischen Nietzsche-Kritik der Freundin fortzuführen, was sich aus Zeitgründen verbietet. Ich beschränke mich auf wenige Schlußbemerkungen über poetische Instantane von Rilkes Dichtung, jenes Hörend-Werden, das von Nietzsche her all seine Um- und Hinwege zu den *Duineser Elegien* und *Sonetten an Orpheus* in dem gleichen Bestreben durchzieht, die verlorene Spur des Göttlichen im lyrischen Schaffen wiederzufinden.

Rilke selbst schreibt im frühen Aufsatz *Über Kunst* (1898), Gott nicht »hinter« sich zu haben wie eine Erinnerung, weil er dem Schaffenden die »letzte, tiefste Erfüllung« sei. Der Künstler sage weder mit den Frommen »Gott ist« oder mit den Traurigen »Er war«, sondern bekenne: »Er werde sein«, im Glauben daran, daß sich der ferne Gott dem Menschen im Werk der Kunst gleichsam gradweise, Stufe für Stufe, nähere. So beginnen denn schon einige der Jugendgedichte mit dem Pathos des Hörens, das sich umso mehr gesteigert hat, als der Dichter mit seiner Sehnsucht in die Ferne den »Wunsch der Dinge« aus der Nähe vernimmt, »Sprache zu sein«, die Aufgabe ergreift, sie »aus den schweren unsinnigen Beziehungen der Konvention in die großen Zusammenhänge seines Wesens zu heben«.[59] Besonders das *Stunden-Buch* versucht in leidenschaftlichem Grade die »unmittelbarste Gottesbeziehung herzustellen, ja sie, aller Überlieferung zum Trotz, dem Augenblick abzuringen«.[60] Trotz gegen den christlichen Mittlergott, das heißt: Wille zur Macht, treibt den jungen Rilke dazu an, so daß die Gegenbewegung, durchaus folgerichtig, in einen »Wald von Widersprüchen« statt zur Wahrheit führt.

Dennoch durchbricht das *Stunden-Buch* die agonale Linie und deutet an, daß die Bezogenheit des Menschen auf Gott reiner Bezug ist: Mitte zwischen Nähe und Ferne, die im Ahnen und Sehnen gründet, dem reinen Gefühl, das nichts zu übermächtigen sucht:

> Doch wie ich mich auch in mich selber neige:
> *Mein* Gott ist dunkel und wie ein Gewebe
> von hundert Wurzeln, welche schweigsam trinken.
> Nur, daß ich mich aus *seiner* Wärme hebe,
> mehr weiß ich nicht [...].[61]

Der Gott des *Stunden-Buchs* ist »dunkel« gleich dem Wurzelwerk des Baumes, der wir sind; eine Dunkelheit, in der die Nähe zwischen Mensch und Gott geahnt und doch fast mit Nietzsches Worten im Gegenzug zu dessen *Sanctus Januarius* unbestimmt gelassen wird:

> Du Dunkelheit, aus der ich stamme,
> ich liebe dich mehr als die Flamme,
> welche die Welt begrenzt,
> indem sie glänzt
> für irgend einen Kreis,
> aus dem heraus kein Wesen von ihr weiß.[62]

Wissen ist nur in der Zeit. Darum will der Mensch des *Stunden-Buchs* von Gott, dem Ewigen, keine »Eitelkeit«, die ihm »beweist«. Darum gibt Rilke während der ›Abfassung‹ immer wieder zu verstehen, wir dürften fast alles über Gott sagen, außer daß er existiere.[63] Und darum hat er schließlich in jenem Gedichtzyklus über die Gott-Mensch-Beziehung in so verwegenen Bildern auszumalen versucht, was vor ihm kaum jemand gewagt hatte: daß Gott »nur mit der Tat erfaßt, / mit Händen nur erhellt« werde, von uns, die wir seine »Werkleute« sind: »Knap-

pen, Jünger, Meister, / und bauen dich, du hohes Mittelschiff«.[64] Ein Ausweg aus
der Gottferne, der zum Abweg auf der nachfolgenden Stufe des Ding-Gedichts
und dessen Hinordnung auf die apollinische Bildkunst geworden wäre, wenn
Rilke wirklich der Aussage im zweiten ›Stundenbuch‹ *Von der Pilgerschaft* über
Gott vertraut hätte: »Dir liegt an den Fragenden nichts«.[65] Indem Rilke sich selbst
als Mensch und Künstler daran nicht gehalten hat, wurde er zum großen Dichter
des nachmetaphysischen Zeitalters, als den wir ihn vielleicht erst heute verstehen
lernen: aus dem Zeitenabstand zu jenen beiden Jahrhunderten, worin seine Gestalt hineinragt und denkerisch die Höhe überragt. Welcher Art wir sind,
wenn wir nicht mehr wissen, was der Mensch ist, diese Nietzsche-Frage wird
zu Rilkes Leitfrage, die seine Dichtkunst neu beantwortet. Ja, die Kunst selbst ist
für den jungen Rilke eine »Art zu sein«, nämlich »da« zu sein und sich nicht mehr
um alle außerkünstlerischen Ziele zu sorgen, ein »sorgloses Sich-Loslassen, im
Vertrauen auf ein sicheres Ziel [...] Kein Erwerben eines stillen, langsam wach-
senden Besitzes, sondern ein fortwährendes Vergeuden aller wandelbaren
Werte«.[66] Und wenn später über dem unaufhörlichen Wertewandel Zweifel an
solchem Beginn zunehmen, bleibt dennoch die Frage erhalten, die Rilke von
Anbeginn bewegt und zum Dichten antreibt: »[...] wie ist es möglich zu leben,
wenn doch die Elemente dieses Lebens uns völlig unfaßlich sind? Wenn wir immerfort im Lieben unzulänglich, im Entschließen unsicher und dem Tode
gegenüber unfähig sind, wie ist es möglich dazusein?«[67]

Rilke antwortet kurz und bündig: im Verzicht des Dichters auf die Rolle, als
Seher der Menschheit ein Wissen vom Sein zu haben, das sich vollkommen auf
sich selbst bezieht und in vollständiger Wißbarkeit den Maßstab, die »Idee« der
Vollkommenheit des Daseins, abgibt, kurzum: im Sicheinlassen auf den Bezug.
Rilke, so hat der Freund Rudolf Kassner bemerkt, und dies scheint mir ins Zen-
trum zu treffen, kennt das Begriffswort »Idee« nicht, es unterlaufe ihm kaum
durch Zufall.[68] Darum sei ihm das Dasein des Dichters kein Beispiel erhöhten
Menschentums wie in der deutschen Klassik. Dichtung ist ihm auch nicht mehr
Zuflucht wie bei Hölderlin: »Gesang als Asyl«. Sondern Rilkes Antwort in den
Sonetten an Orpheus lautet: »Gesang ist Dasein«.[69] Orphisches Singen ist weder
»Begehr« noch »Werbung um ein endlich noch Erreichtes«, kein Aufsingen aus
Trauer oder Liebe, das verrinnt: »In Wahrheit singen, ist ein andrer Hauch. / Ein
Hauch um nichts. Ein Wehn im Gott. Ein Wind.«[70]

Anmerkungen

1 *Sokrates und die griechische Tragödie.* Basel 1871 (Privatdruck). In: Giorgio Colli und
   Mazzino Montinari (Hgg.): Friedrich Nietzsche: *Sämtliche Werke.* Kritische Studienausgabe (= KSA). München 1980, Bd. 1, S. 626. Vgl. *Die Geburt der Tragödie
   aus dem Geiste der Musik* (1872), 12, KSA 1, S. 88.

 2 Friedrich Blume und Ludwig Finscher (Hgg.): *Die Musik in Geschichte und Gegen-
    wart.* Art. Musik und Rhetorik (Hartmut Krones), Sachteil 6. Kassel, Basel,
    London, New York, Stuttgart, Weimar 1995, Sp. 837/38.

 3 *Geburt der Tragödie*, 19, KSA 1, S. 121.

 4 Ebenda, S. 121 f.

 5 Herbst 1867 – Frühjahr 1868. In: Friedrich Nietzsche: *Werke und Briefe.* Hi-
    storisch-kritische Gesamtausgabe. München 1933-1940; *Schriften der Studen-
    ten- und Militärzeit*, hier: *Schriften der letzten Leipziger Zeit 1868.* Hrsg. von Hans
    Joachim Mette und Karl Schlechta. Nachdruck München 1994 (= BAW), Bd. 4,
    S. 4.

 6 1871, 9[5], KSA 7, S. 271 f.

 7 Ebenda, S. 272.

 8 Pedro Calderón de la Barca: *Der Göttliche Orpheus.* Aus dem Spanischen von
    Joseph Freiherr von Eichendorff. In: Joachim Schondorff (Hrsg.): *Orpheus und
    Eurydike.* München und Wien 1963, S. 72.

 9 *Geburt der Tragödie*, 19, KSA 1, S. 122.

10 *Das Stunden-Buch*, II: *Das Buch von der Pilgerschaft.* In: Rainer Maria Rilke: *Werke.
    Kommentierte Ausgabe in vier Bänden.* Hrsg. von Manfred Engel, Ulrich Fülleborn,
    Horst Nalewski und August Stahl. Frankfurt am Main und Leipzig 1996 (= KA),
    KA I, S. 221.

11 Nachweise enthält mein Buch *Freilichtgedanken. Nietzsches dichterische Welterfah-
    rung*, Stuttgart 1998.

12 *Die fröhliche Wissenschaft*, 2. Buch, Aph. 87, KSA 3, S. 445. Vgl. *Nietzsche contra
    Wagner*, KSA 6, S. 417 f.

13 *Die Welt als Wille und Vorstellung*, 4. Buch, Kap. 41; *Parerga und Paralipomena*, Kap.
    XVII, § 192.

14 Herbst 1884, 28[1] und 28[27], KSA 11, S. 297 und 310.

15 Ebenda, 28[7], S. 300.

16 *Die vorplatonischen Philosophen.* In: Nietzsche: *Philologica*, Bd. 3. Unveröffentlich-
    tes zur antiken Religion und Philosophie. Hrsg. von Otto Crusius und Wilhelm
    Nestle. Leipzig 1913, S. 135, Anm. 9.

17 Herbst 1884, 28[6], KSA 11, S. 300.

18 Herbst 1884, 28[25], ebenda, S. 309.

19 Herbst 1884, 28[27], ebenda, S. 310 (*Der Dichter – Qual des Schaffenden*).

20 *Geschichte der griechischen Literatur*, Dritter Teil. In: Nietzsche: *Philologica*, Bd. 2.
    Unveröffentlichtes zur Litteraturgeschichte, Rhetorik und Rhythmik. Hrsg. von
    Otto Crusius. Leipzig 1912, S. 141 f.

21 Herbst 1884, 28[29], KSA 11, S. 311.

22 Herbst 1884, 28[36], ebenda, S. 314.

23 Herbst 1884, 28[26], ebenda, S. 309.

24 Friedrich Gundolf, Brief an Stefan George vom 23. Februar 1911. In: Robert
    Boehringer und Georg Peter Landmann (Hgg.): *Briefwechsel.* München und
    Düsseldorf 1962, S. 224.

25 RMR – Katharina Kippenberg: *Briefwechsel*, Wiesbaden 1954, S. 33.

26 *Geschichte der schönen Künste unter den Griechen. Bis zum Ende des Perikleischen*

Zeitalters (1790). In: Friedrich Hölderlin: *Sämtliche Werke und Briefe*, Bd. 2. Hrsg. von Michael Knaupp. München und Wien 1992, S. 12.

27 *Also sprach Zarathustra* I: *Vorrede*, KSA 4, S. 11 f.

28 *Also sprach Zarathustra* III: *Der Genesende* 2, KSA 4, S. 272 f.

29 Vgl. Erich Heller: »Rilke und Nietzsche. Mit einem Diskurs über Denken, Glauben und Dichten«. In: *Die Bedeutung Friedrich Nietzsches. Zehn Essays*. Hamburg und Zürich 1992 (= Veröffentlichungen der Deutschen Akademie für Sprache und Dichtung, Darmstadt, Bd. 66), S. 148 f.

30 *Also sprach Zarathustra* III: *Der Genesende* 2, KSA 4, S. 272.

31 Ebenda, II: *Von den Dichtern*, S. 163 f.

32 Herbst 1884, 28[3], KSA 11, S. 298.

33 *Also sprach Zarathustra* IV: *Der Zauberer*, KSA 4, S. 313 ff.

34 Herbst 1884, 28[10], KSA 11, S. 302 f. Vgl. mein Buch *Freilichtgedanken* (wie Anm. 11), S. 273 ff.

35 *Die Bösen liebend*, 28[20], KSA 11, S. 306.

36 *Die fröhliche Wissenschaft*, 4. Buch, Aph. 286, KSA 3, S. 528.

37 Herbst 1881, 15[51], KSA 9, S. 651 f.

38 Herbst 1884, 28[14], 28[20], 28[22-23], 28[25], 28[27], KSA 11, S. 304-310. Vgl. die Notizen im Kommentar-Band, KSA 14, S. 711.

39 *Mittag und Ewigkeit. Erster Theil: die Versuchung Zarathustra's*, Winter 1884-85, 31[31-32], KSA 11, S. 367 f.

40 *Also sprach Zarathustra* IV: *Der Zauberer* 1, KSA 4, S. 316 f.

41 Lou Andreas-Salomé: *Friedrich Nietzsche in seinen Werken* (1894). Nachdruck Dresden o.J., S. 13, 52, 119, 172 u. ö.

42 Rudolf Kassner: *Rilke. Gesammelte Erinnerungen 1926-1956*. Pfullingen 1976, S. 31 f.

43 KA III, S. 47-52.

44 KA III, S. 293 und 295.

45 Lou von Salomé: *Friedrich Nietzsche in seinen Werken*. Wien 1894, S. 41 und 222 f.

46 Herbst 1884 – Anfang 1885, 29[18], KSA 11, S. 341.

47 August – September 1885, 39 [13], KSA 11, S. 624.

48 *Die fröhliche Wissenschaft*, 3. Buch, Aph. 125; 5. Buch, Aph. 344, KSA 3, S. 480 f. und 577.

49 Vgl. Franz Overbeck: *Selbstbekenntnisse*. Hrsg. von E. Vischer, Basel 1941, der jedoch daraus agnostische Konsequenzen zieht, was Nietzsches Ansatz nicht gerecht wird.

50 Frühjahr 1888, 14 [82], KSA 13, S. 262.

51 *Also sprach Zarathustra* II: *Von den berühmten Weisen*, KSA 4, S. 132 f.; *Von der Selbst-Überwindung*, ebenda, S. 146 f.; *Von den Dichtern*, ebenda, S. 163 ff.

52 Ebenda, S. 146.

53 Vgl. zu den Ansätzen einer ›Philosophie des Werdens‹: Nietsche: *Philologica* (wie Anm. 16), S. 131.

54 *Also sprach Zarathustra* II: *Von der Selbst-Überwindung*, KSA 4, S. 147.

55 Ebenda.

56 Ebenda, S. 147f.

57 Ebenda, S. 149.

58 Nietzsche: *Die vorplatonischen Philosophen*. In: *Philologica* (wie Anm. 16), S. 137.

59 ‹Aufzeichnung über Kunst›, ‹Zweite Fassung› (1898); KA IV, S. 92.

60 Rilke an Rudolf Zimmermann, 3. 2. 1921; in: *Briefe*; 2. Bd.: 1914-1916. Hrsg. vom Rilke-Archiv in Weimar; in Verbindung mit Ruth Sieber-Rilke besorgt durch Karl Altheim. Wiesbaden 1950, S. 216f.

61 KA I, S. 158.

62 KA I, S. 161.

63 Vgl. Eudo C. Mason: *RMR. Sein Leben und sein Werk*. Göttingen 1964, S. 36.

64 KA I, S. 186 und S. 170.

65 KA I, S. 213.

66 *Über Kunst* (1898); KA IV, S. 116.

67 An Lotte Hepner (8. 11. 1915). In: Ulrich Fülleborn und Manfred Engel (Hgg.): *Materialien zu Rilkes ›Duineser Elegien‹*, Bd. 1. Frankfurt am Main 1980, S. 133.

68 Kassner (wie Anm. 42), S. 80.

69 KA II, S. 242.

70 Ebenda.

Ernst Peter Fischer

Vom Umbringen der Dinge

Die neuen Denkerfahrungen
in den Naturwissenschaften nach 1900

Ich vermute, es ist leicht, in Texten über Rilke Sätze wie den folgenden zu finden: »In vielen seiner Verse vermochte er auszudrücken, was unaussprechbar schien: Seine Poesie ist ein Triumph über das Unsagbare. So gelang es Rilke, der deutschen Lyrik Bereiche zu erschließen, von deren Existenz niemand wußte.«[1]

Das Unsagbare, das Unaussprechbare, das Unzugängliche – all das scheint meilenweit von dem entfernt zu sein, was ein Naturwissenschaftler traditioneller Prägung vor Augen hat, der sein Geschäft doch in der Überzeugung betreibt, daß er nicht nur herausfinden kann, wie die Natur funktioniert und die Welt beschaffen ist, sondern daß er auch immer in aller Klarheit sagen kann, wie sie aussieht und wie sie dies tut. Die Wahrheit ist für ihn aussprechbar, und warum kann sie nicht in allen Bereichen der Natur eingesehen werden? Dies war jedenfalls die Ansicht vieler Wissenschaftler, wie sie am Ende des 19. Jahrhunderts vehement vertreten wurde, als zum Beispiel die Physik die Form fand, die heute das Attribut ›klassisch‹ bekommen hat, als die Chemie eine ganze Industrie ermöglichte und die Bakteriologie einen ersten rationalen Zugang zu Krankheiten offenlegte. Damals verfügte die Paradedisziplin der Physik erstens über eine Mechanik, deren bis auf Newton zurückgehende Gleichungen es heute noch gestatten, zum Mond zu fliegen; sie verfügte weiter über eine Elektrodynamik, die zum ersten Mal Radiowellen ermöglichte und mit der man Strom erzeugen konnte; und sie lieferte schließlich eine Thermodynamik, die die makroskopischen und meßbaren Eigenschaften von Stoffen wie Temperatur und Druck aus ihren atomaren Bausteinen und deren Zusammensetzung beziehungsweise Bewegung ableitete, wobei die Atome als kleine Klümpchen – als eine Art Erdenrest – betrachtet und behandelt wurden. Das Unsichtbare stellt man sich wie das Sichtbare vor, nur kleiner und zahlreicher, und dieses Modell funktionierte.

Viele Physiker meinten nach 1890, es gäbe nur noch wenige Probleme, die sich wirklich lohnten, und auch bei denen handelte es sich vor allem um Kleinigkeiten wie die Berechnung der spezifischen Wärme von Gasen aus den Freiheitsgraden der Moleküle und / oder die eher lästige Frage nach der Natur des Äthers, durch den sich die Lichtwellen bewegen sollten. Die Mathematiker erwarteten eine vollständige Formalisierbarkeit ihrer Aufgaben und damit die bereits von Leibniz erträumte umfassende Beweisbarkeit aller Behauptungen. Einer ihrer größten Repräsentanten, David Hilbert aus Göttingen, faßte im Jahre 1900 in rund zwei Dutzend Problemen zusammen, was seinen Kollegen noch zu tun blieb. Und stellvertretend für die Biologen publizierte Ernst Haeckel kurz vor dem neuen Jahrhundert – 1899 – seine legendären *Welträtsel*, die natürlich keine mehr waren, sondern das Gegenteil ankündigten, nämlich das Verschwinden aller Geheimnisse. Max Weber sprach in diesem Zusammenhang von der Entzauberung der Welt und dem Verschwinden all ihrer Rätselhaftigkeit. Man dachte, es ging um die Auflösung von Rätseln und nicht um die Erlösung des Menschen. Die Wissenschaft hatte das Leben doch gut verstanden, nachdem sein zellulärer Aufbau und seine evolutionäre Entwicklung erkannt waren.

Der Anspruch – das Wort – der Wissenschaft hieß damals Lösbarkeit der Probleme, man glaubte an eine einzige und konkret sichtbare Wirklichkeit, die immer genauer zugänglich wurde und immer präziser vermessen werden konnte und keinen Platz mehr für Geheimnisse ließ.[2] Und während man so dachte, kam jemand daher, und schrieb das folgende Gedicht:

> Ich fürchte mich so vor der Menschen Wort.
> Sie sprechen alles so deutlich aus:
> Und dieses heißt Hund und jenes heißt Haus,
> und hier ist Beginn und das Ende ist dort.
>
> Mich bangt auch ihr Sinn, ihr Spiel mit dem Spott,
> sie wissen alles, was wird und war;
> kein Berg ist ihnen mehr wunderbar;
> ihr Garten und Gut grenzt grade an Gott.
>
> Ich will immer warnen und wehren: Bleibt fern.
> Die Dinge singen hör ich so gern.
> Ihr rührt sie an: sie sind starr und stumm.
> Ihr bringt mir alle die Dinge um.

Sie kennen diese Zeilen, die 1899 in dem Versbuch *Mir zur Feier* erschienen und zwei Jahre zuvor in Berlin entstanden sind.[3] Rilkes Verse stehen »quer zur Zeit und zu ihrem Fortschrittsglauben«, wie ein Interpret geschrieben hat.[4] Und sie markieren dadurch sehr genau die Stelle, an der die Wissenschaft anfängt, eine Wendung zu nehmen, die so unglaublich und ungeheuer ist, daß sie vielen Zeitgenossen bis heute unbegreiflich geblieben ist. Die Wissenschaft vollzog und erlebte in der Mitte von Rilkes Leben eine radikale Umwertung ihrer Werte, und zwar sowohl in theoretischer als auch in praktischer (sprich: ethischer) Hinsicht, wie im folgenden zu erläutern ist. Sie entdeckte, daß es auch für sie etwas gibt, das unsagbar bleibt,[5] und daß sie von Bereichen betroffen und beeinflußt wird, von deren Existenz sie nichts gewußt hatte und wahrscheinlich auch nichts wissen wird. Ich meine damit konkret zum Beispiel die Sphären des Unbewußten, die natürlich schon vorher bekannt und beschrieben waren – etwa von den Philosophen der Romantik –, die aber damit noch nicht zum Einzugsgebiet der empirischen Wissenschaften gehörten und von den Vertretern dieser Fakultäten noch entdeckt werden mußten. Ich meine aber auch allgemein alle die anderen Erscheinungen, die sich auf der Nachtseite der Wissenschaft – das heißt, nicht im Licht des Bewußtseins – abspielen.[6]

Das Neue in der Wissenschaft

Um die Umwertung der alten Werte besser beschreiben zu können, möchte ich zunächst in aller Kürze an die Entstehungsgeschichte der Wissenschaft erinnern. Die bis heute moderne und praktizierte Art der Forschung wurde vor rund 400 Jahren in Europa geboren. Wissenschaftliches Vorgehen bekam damals eine neue Form, und ihre Erfinder wußten dies genau. Sie verkündeten in den Jahren nach 1600 laut und deutlich, etwas Neues zu machen, indem sie ihre Texte vielfach mit dem entsprechenden Attribut zierten. Johannes Kepler etwa schrieb eine *Astronomia nova*, Francis Bacon konzipierte erst ein *Novum Organum* und stellte sich dann ein *Neu-Atlantis* vor, und Galileo Galilei entwarf einen Dialog über die »neue Wissenschaft«, die den Himmel zum ersten Mal mit Fernrohren betrachten konnte. Damals war tatsächlich vieles neu, wobei vor allem der folgenreiche Gedanke herausragte, daß sich die Lebensbedingungen der Menschen verbessern lassen mußten, wenn man sich mit den rationalen Methoden des Forschers darum bemühte. Die Natur ließ sich von dem nutzen, der sie verstand. Sein Wissen war seine Macht, und mit ihm konnte die Zukunft gestaltet werden. Die Menschen orientierten sich nicht mehr wie bisher an einer vermeintlich besseren Vergangenheit. Sie blickten statt dessen von nun an nach vorne. Jeder wissenschaftliche Fortschritt wurde von ihnen als humaner Fortschritt verstanden und entsprechend begrüßt und gefördert, denn jeder Fortschritt sollte zum Menschen hinführen, wie man glaubte und erwartete.

Diese Idee funktionierte im 18. Jahrhundert, und sie erreichte ihren ersten Höhepunkt im 19. Jahrhundert – als Stichworte dienen die Industrialisierung und die Einbeziehung der Forschung in diesen Prozeß. Die Unternehmer hatten – besser als ihre Gegenspieler – verstanden, daß es die geistige Arbeit der Wissenschaftler ist, die als Quelle des Wohlstands in Frage kommt. Die Idee des Fortschritts blieb dann aber stecken und erlebte so etwas wie eine Bauchlandung im 20. Jahrhundert, als Wissenschaftler im Ersten Weltkrieg chemische Kampfstoffe und im Zweiten Weltkrieg die Atombombe zur Verfügung stellten. Das Rationale war jetzt nicht mehr das Gute, es brachte vielmehr das Böse hervor. Es dauerte dann aber lange, bis die philosophischen Denker angemessen auf diese Situation reagierten und nach einer neuen Quelle der Ethik in der Wissenschaft suchten.

Ein Dichter, der in Kreisen, in denen es um die Poesie Rilkes geht, wahrscheinlich nicht mit diesem ehrenvollen Wort bezeichnet wird, nämlich der Amerikaner Raymond Chandler, hat einmal den Verdacht geäußert, daß Wissenschaft und Kunst in einem komplementären Verhältnis zueinander stehen, in dem die eine die Wahrheit sucht, die den Weg weist, während die andere die Wahrheit

sucht, die das Herz wärmt. Kunst ohne Wissenschaft erscheint Chandler lächer-
lich, und Wissenschaft ohne Kunst wirkt in seiner Wahrnehmung unmensch-
lich.[7] Ich denke, daß er da vollkommen recht hat, was bedeutet, daß eine neue
Ethik der Wissenschaft ihr aus Zusammenarbeit mit der Kunst zufließen müßte,
und ich vermute, daß es sich lohnt, diesen Gedanken sehr ernst zu nehmen, wenn
der Wissenschaft die vielfach am Menschen vorbei gehende und in dem Sinne
unmenschliche (beziehungsweise ohnmenschliche) Seite ihres Vorgehens genommen werden soll.

Die Hilfe der Kunst meint ein Plädoyer für eine Ethik, die sich aus einer Ästhetik entwickelt und also die Wahrnehmung als Quelle von Moral versteht. Anders
ausgedrückt, es sind nicht die Begriffe, aus denen ethische Anweisungen oder
Lehren zu ziehen sind, und in diesem Sinne kann die erste Zeile des von mir
zitierten Rilke-Gedichts auch verstanden werden: »Ich fürchte mich so vor der
Menschen Wort«. Begriffe täuschen oftmals nur Lösungen von ethischen Fragen
vor, weshalb die Suche nach der geeigneten Orientierung der Wissenschaft
außerhalb des rationalen Diskurses gesucht werden muß.

Der empfohlene Rückgriff auf irrationale Elemente hat dabei auch mit dem
Prinzip der Komplementarität zu tun, das von Rilke akzeptiert und poetisch genutzt wird.[8] Es geht dabei um die Zusammengehörigkeit von Erkenntnissen über
einen Gegenstand, die nicht gleichzeitig möglich sind und auf widersprüchliche
Aspekte hinweisen. Die Bedeutung der Komplementarität für die Ethik hat vor
allem der leider nur wenig bekannte Physiker Wolfgang Pauli betont, dessen 100.
Geburtstag im April 2000 fast geräuschlos verstrichen ist. In seiner Sicht hat sich
der ursprüngliche Wille zur Macht weitgehend verselbständigt. Pauli schreibt
unter anderem:[9]

»Die Vergesellschaftung von *Wissenschaft* und *Macht* ist der Ausdruck dafür,
daß dem naturwissenschaftlichen Zeitalter in zunehmendem Maße die geistige
Kritik abhanden gekommen ist. Sie hat sich wohl des Intellekts bemächtigt, hat
aber keinen adäquaten Ausdruck gefunden für den geistigen Aspekt des seelischen Wesens. Da nun der traditionelle Geist, den wir kennen, sich mit
Machtstreben vergiftet hat, so muß uns geistige Erkenntnis von einem Ort
zuströmen, dem die Naturwissenschaft von vorneherein jede Bedeutung ab-
spricht, nämlich aus der Natur selbst, aus der Erde, und ihrer anscheinenden
Ungeistigkeit.«

Nur eine »*chthonische,* instinktive Weisheit kann die Menschheit vor den Gefah-
ren der Atombombe retten.«

Pauli widerspricht zum Beispiel dem zu seiner Zeit populären und bis heute
nachgesprochenen Vorschlag von Karl Jaspers, daß es die Vernunft sein könnte,
die dem wissenschaftlichen Fachverstand den Weg weisen kann. Wenn die Rationalität Schiffbruch erlitten hat, kann auch eine raffinierte Form der Rationalität
nicht helfen, vielmehr können die unbeabsichtigten Folgen des Fortschritts nur
»durch Besinnung auf komplementäre Gegensatzpaare« erfaßt werden, und die in

Frage stehenden Paare sind für Pauli »Bewußtsein-Unbewußtes, Denken-Füh-
len, Vernunft-Instinkt, Logos-Eros«.

Unsagbares in der Wissenschaft

Mit anderen Worten: Die Wissenschaft ist mit dem Beginn des 20. Jahrhunderts
unheimlich geworden. Weder hat sie einen Platz – ein Heim – in der Natur, noch
gehört sie zum Haus der Kultur. Aber es ist nicht nur die ethische Grundlage, die
sich entscheidend ändert. Auch konzeptionell vollzieht sich ein tiefgreifender
Wandel, der selbst die zahlreichen überragenden Einzelleistungen an Bedeutung
übertrifft, die ihr gelingen – genannt seien als Beispiele die Relativitätstheorien,
die Entwicklung der Laser, der Transistoreffekt, die Quantenelektrodynamik, die
Enzymchemie, die Elektronenmikroskopie, die elektronische Datenverarbei-
tung, die Chemiosmotische Hypothese, die Plattentektonik, die Doppelhelix,
das Verstehen der Proteinbiosynthese und das Humane Genomprojekt. Ausgedrückt werden kann die eigenartigste und auffälligste Tendenz der Wissenschaft
durch eine Reihe von zusammengehörenden Konzepten, die alle dieselbe und
schon häufig strapazierte Vorsilbe haben, nämlich »un-«. Es geht im Detail neben
der geschilderten Unheimlichkeit unter anderem um Unstetigkeit, Unbestimmtheit, Unsicherheit, Unvorhersagbarkeit und Unentscheidbarkeit; es geht aber
vor allem um die Entdeckung, daß die Wissenschaft zwar herausfinden kann, was
zum Beispiel ein Atom oder das Licht ist, daß aber niemand mehr sagen kann, was
man da herausgefunden hat. Vor einhundert Jahren hält das Unsagbare Einzug in
die Wissenschaft, aber diese Tatsache scheint sich noch nicht bis zu den relevan-
ten Kreisen herumgesprochen zu haben und sogar weitgehend unbeachtet zu
bleiben. Dabei ist sie heute noch einen wesentlichen Schritt darüber hinaus gegangen, wie weiter unten vorgestellt wird.

Unstetigkeit und Unbestimmtheit

Das 20. Jahrhundert beginnt mit der Entdeckung einer fundamentalen *Unstetigkeit* in der Physik, dem sogenannten Quantum der Wirkung, das früher oder
später das Gebäude der klassischen Physik zum Einsturz bringen wird. Bei der
Untersuchung der Wechselwirkung von Licht und Materie wird zur allgemeinen
Überraschung durch Max Planck erkannt, daß Atome keine kontinuierlichen
Zustände durchlaufen, sondern sich sprunghaft ändern können, wenn sie Energie
einfangen oder abgeben. Das unstete Quantum ist die gegebene, die unableitbare
und somit irrationale Größe der Wissenschaft, wie der junge Albert Einstein als
erster erkennt, als er die Energie von Licht aus dem Quantum der Wirkung ab-
leitet, wie es die empirische Evidenz nahelegt. Dies gelingt nur, indem er die
Energie der Frequenz proportional macht, doch was sich so banal formulieren
läßt, stellt in Wahrheit eine erschütternde Einsicht dar, denn jetzt kann die Energie nicht in allen Zeitpunkten konstant sein. Sie wird sogar undefinierbar und
letztlich für einen gegebenen Zeitpunkt unbestimmt.

Die Erkenntnis einer *Unbestimmtheit* wird 1927 von Werner Heisenberg mathematisch präzise formuliert – übrigens mit Hilfe von mathematischen *Ungleichungen*. In diesem Zusammenhang ist häufig auch der Ausdruck ›Unschärferelation‹ zu lesen, der suggeriert, hierbei handele es sich um eine Meßungenauigkeit beziehungsweise ein Meßproblem, durch das es nicht gestattet sei, etwa den Impuls und den Ort eines Atoms oder eines Elektrons in einem Vorgang – also gleichzeitig – zu bestimmen. So einfach liegen die Dinge aber nicht. Tatsächlich behauptet die Idee der Unbestimmtheit, daß ein Elektron oder ein Lichtteilchen – ein Photon – gar keinen bestimmten Zustand einnimmt, den es nur noch zu messen und zu ermitteln gilt. Vielmehr muß man sich ein unbeobachtetes Stück aus der atomaren Wirklichkeit so vorstellen, daß es als Superposition (Überlagerung) all seiner Möglichkeiten existiert und somit unbestimmter gar nicht sein kann. Ein unbeobachtetes Element aus der Welt der Atome hat keine bestimmten Eigenschaften, die legt erst der Beobachter fest. Er ist es, der sein Objekt bestimmt – natürlich nur im Rahmen der physikalischen Möglichkeiten. Anders und auf unsere Zwecke hin ausgedrückt:

Es gibt eine unauflösbare *Untrennbarkeit* von Beobachter und Beobachtetem – trotz der jahrhundertelangen Bemühungen der klassischen Physiker um eine möglichst objektive Beschreibung der Wirklichkeit, die ohne Hinweis auf ein Subjekt auskommen sollte. Damit kittet die neue Physik zwar den alten Schnitt, den René Descartes der Wissenschaft verordnet hatte, aber für den Preis, daß sie einen Bereich anvisiert, für den ihr die Worte fehlen, der also unbeschreibbar beziehungsweise unaussprechlich bleibt.

Unwirklichkeit

Die grundlegenden Gleichungen der neuen Atomphysik, die heute als Quantenmechanik zum Lehrstoff für das dritte oder vierte Semester Physik gehören, können im übrigen nur formuliert werden, wenn die Dimension der Zahlen benutzt wird, die als imaginär bezeichnet wird und den traditionellen reellen Zahlen*strahl* (›real numbers‹) in eine Zahlen*ebene* erweitert. Die quantenmechanischen Gleichungen enthalten dabei keine Größen wie Masse und Geschwindigkeit, die es in der sogenannten Wirklichkeit gibt und entsprechend mit Geräten gemessen werden können. Vielmehr geht es dabei um sogenannte Psi-Funktionen, die in mehrdimensionalen (imaginären) mathematischen Räumen definiert sind. Im Sinne der eingangs zitierten Rilke-Interpretation ist hier offensichtlich ein Bereich entdeckt worden, von dem zwar die Mathematiker, nicht aber die Physiker wußten; zumindest wußten sie nicht, daß dieser Bereich in Hinblick auf seine Bedeutung für die Beschreibung der Natur existierte und also mit unserem Dasein verbunden ist.

Unbeantwortbarkeit

Heisenbergs Idee der Unbestimmtheit wird von seinem Lehrer Niels Bohr philosophisch mit dem Prinzip der Komplementarität abgesichert beziehungsweise durch es ergänzt, das auf die *Unvermeidlichkeit* von Widersprüchen hinweist und auf Wahrheit und Klarheit als komplementäre Gegebenheiten. In diesem gedanklichen Rahmen, von dem schon die Rede war und den Historiker gerne als Kopenhagener Deutung der Quantentheorie bezeichnen, wird festgestellt, daß physikalische Phänomene durch experimentelle Anordnungen definiert werden, die sich gegenseitig ausschließen. Zu jeder Beschreibung der Natur gibt es eine komplementäre Ergänzung, die ihr zwar widerspricht, die aber trotzdem zu ihr gehört. Komplementäre Darstellungen schließen sich gegenseitig aus, obwohl sie sich bedingen. Die Beschreibung der ungeteilten Realität gelingt nur in der komplementären Form.

Das bald schon klassische Beispiel ist der Welle-Teilchen-Dualismus bei der Beschreibung von Atomen, Elektronen und Photonen, das zwar harmlos klingt, aber eben wieder deutlich macht, daß die eingangs erwähnte Idee der Lösbarkeit in der Wissenschaft verschwindet. Selbst eine so einfache Frage wie die, ob ein Elektron eine Welle oder ein Teilchen ist, kann die Physik nicht beantworten. Es ist nicht zu sagen, was die Natur eines Atoms oder des Lichts ist. Ihre Wirklichkeit ist unaussprechbar. Natürlich sehen viele Physiker hier kein Problem, denn ein Atom ist ein Atom und ein Photon ist ein Photon und ein Elektron ist ein Elektron. »Was soll da vertrackt sein?« lautet ihre Frage, auf die Rilke geantwortet hätte:

> Ich fürchte mich so vor der Menschen Wort.
> Sie sprechen alles so deutlich aus:
> Und dieses heißt Hund und jenes heißt Haus,
> und hier ist Beginn und das Ende ist dort.

Dieses Aussprechen muß jetzt unterbleiben, und das Faszinierende dabei ist, daß es die Dinge gar nicht mehr gibt, die Worte umbringen könnten.

Unentscheidbarkeit

Dem geschilderten Durchbruch der Physik stellte die Mathematik Anfang der dreißiger Jahre durch Kurt Gödel die Idee der *Unentscheidbarkeit* an die Seite, die in den Zeiten des Zweiten Weltkriegs durch die Entdeckung der *Unlösbarkeit* von Berechnungsaufgaben konkretisiert wird, wie sie vor allem mit dem Namen von Alan Turing verbunden ist. Gödel konnte zeigen, daß sich in axiomatischen Systemen Sätze formulieren (Behauptungen aufstellen) lassen, die innerhalb des gegebenen Rahmens weder bewiesen noch widerlegt werden können. Und Turing konstruierte gedanklich erst eine Maschine, die Rechenschritt für Rechenschritt algorithmisch definierte Aufgaben lösen konnte, um anschließend zu beweisen, daß sich nicht entscheiden läßt, ob sie jemals an ein Ende kommt (das sogenannte Halteproblem).

Als konkretes Beispiel für den Satz von Gödel läßt sich heute die Frage anführen, ob es nur wenige oder unendlich viele Formen der *Unendlichkeit* gibt. Bekannt sind zwei Formen, die als abzählbar und überabzählbar (oder: unabzählbar) unterschieden werden. Im ersten Fall sind vor allem die natürlichen Zahlen gemeint, und im zweiten Fall kann man an all die anderen einschließlich der irrationalen Zahlen denken. Der Mathematiker Georg Cantor hat im 19. Jahrhundert durch ein konstruktives Abzählverfahren zeigen können, daß es mehr irrationale als natürliche Zahlen gibt, was im Anschluß daran die Frage aufwarf, ob sich noch weitere Unendlichkeiten finden lassen, ob es gar ein Kontinuum von Unendlichkeit gibt, also unendlich oft unendlich.

Die Antwort ist inzwischen bekannt. Sie lautet, daß dies kein Mathematiker entscheiden kann. So seltsam es auch klingt, aber die Welt der Zahlen steckt voll von *Unbeweisbarkeiten,* wie man es sich zum Ende des 19. Jahrhunderts nicht hat träumen lassen (wobei diese Aussage selbst ebenso bewiesen ist wie die Unbeweisbarkeit der Zufälligkeit einer Zahlenfolge). Also selbst in den scheinbar selbst geschaffenen Welten der Mathematik und der Zahlen tauchen Bereiche auf, denen gegenüber wir als Unwissende dastehen.

Unsicherheit und Unvorhersagbarkeit

Weitere Beispiele für den angedeuteten Un-Sinn der Wissenschaft liefert die Wissenschaftsphilosophie. Sie bringt – unter der Anleitung von Karl Poppers *Logik der Forschung* – den Menschen bei, daß Wissen vor allem durch *Unsicherheit* ausgezeichnet ist, und zwar gerade dann, wenn es mit wissenschaftlichen Mitteln (also durch experimentelle Überprüfung) gewonnen worden ist. Man kann nie sicher sein – so die Einsicht Poppers –, daß es nicht doch Beobachtungen gibt, die eine Hypothese hinfällig werden lassen. Schon ein (häßliches) Beispiel reicht aus, um die (schönste) Annahme als falsch zu erkennen. Wir haben – gerade in der Wissenschaft – nie endgültiges, sondern immer nur hypothetisches Wissen und stecken gerade als Forscher voller *Ungewißheit.*

Als eine Art Krönung der zunehmenden Unverfügbarkeit entwickelte die Physik in der zweiten Hälfte des 20. Jahrhunderts die Chaostheorie, die überzeugend die prinzipielle *Unvorhersagbarkeit* der Welt demonstrierte. Diese Unfähigkeit zur Prognose hat nichts mit der Unkenntnis von Gesetzen zu tun, sie hängt vielmehr mit dem seltsamen Befund zusammen, daß das Auftreten von Nichtlinearitäten – oder sollte man *Unlinearitäten beziehungsweise Ungradlinigkeiten* als neue Wörter einführen? – in den Gleichungen dafür sorgt, daß sich *Ungenauigkeiten* nicht verlieren, sondern vervielfachen können. Die Determiniertheit von Vorgängen durch Naturgesetze führt deshalb nicht von selbst zu ihrer Vorhersagbarkeit (wie sich am schmerzlichsten bei Wetterberichten und den Verläufen von Börsenkursen bemerkbar macht).

Die *Unvorhersagbarkeit* der Zukunft hängt aber nicht nur von der ungradlinigen Komplexität der Wirklichkeit ab, sondern auch davon, daß das, was auf uns zukommt, immer mehr von dem beeinflußt wird, was wir wissen. Nun können wir zwar vieles wissen, nur nicht das, was wir in Zukunft wissen. Mit dem Wissen der Wissenschaft nimmt also das *Unwissen* über die Zukunft zu, wie erneut Karl Popper als erster erkannt hat (ohne damit den Rat zu verbinden, auf weiteres Wissen zu verzichten).

Als jüngstes Beispiel für die Wirksamkeit der Vorsilbe ›un‹ sei auf ein logisches Thema hingewiesen. Eher noch unbemerkt von vielen Forschern macht sich seit einiger Zeit eine Alternative zur traditionellen Logik des Aristoteles breit, die als zweiwertig bezeichnet wird, weil sie dem Postulat folgt, das auf Latein »Tertium non datur« heißt. Entweder ist man pünktlich, oder man ist es nicht, wie Aristoteles klargestellt hat, und ein Drittes gibt es nicht. Dies haben die Logiker so lange behauptet, bis einige ihrer Vertreter merkten, daß in den meisten Feststellungen soviel *Ungenauigkeit* steckt, daß eine vage Logik den Tatsachen besser Rechnung trägt. Eine »Fuzzy Logik« wurde etabliert, die versucht, Abstufungen zuzulassen und zum Beispiel berücksichtigt, daß man mehr oder weniger unpünktlich sein kann. Fuzzy Logik stellt dabei nicht den Versuch dar, unklar zu argumentieren. Sie bemüht sich vielmehr darum, die unvermeidliche *Unklarheit* vieler Begriffe (zum Beispiel pünktlich, klein, müde, mutig) ernst zu nehmen und trotzdem ein korrektes logisches Denken zu ermöglichen.

Umstände mit dem Unsinn

Die Wissenschaft hat sich nicht gerne auf diesen Weg eingelassen, der ja auf den ersten Blick kaum Klarheit verspricht und eher unbefriedigend wirkt. Tatsächlich haben einige der ganz Großen der Zunft versucht, Auswege zu finden. Sie haben gehofft, zu der guten alten Zeit des 19. Jahrhunderts zurückkehren zu können, als man meinte, sich in aller Klarheit verständigen zu können über das, was da in der Natur passierte. Max Planck, der Entdecker des Wirkungsquantums, hat höchstpersönlich versucht, seine Unstetigkeit wieder verschwinden zu lassen, um dem alten Prinzip Rechnung zu tragen, daß die Natur keine Sprünge macht. Und Albert Einstein, der seltsamerweise gerade deswegen mit dem Nobelpreis für Physik ausgezeichnet worden ist, weil er die *Unmöglichkeit* von Plancks Reparaturbemühungen nachweisen konnte, hat zwar gemerkt, daß es mit diesen Quantensprüngen zunächst keinen Boden mehr gab, auf dem man physikalisch stehen konnte. Als dann aber Heisenberg und Bohr anfingen, die gewohnte Determiniertheit der Wissenschaft durch eine unheimliche Unbestimmtheit der atomaren Wirklichkeit zu ersetzen, da protestierte auch Einstein mit all der Kraft, die sein Geist hergab. Dabei ist es zu einer besonders ironischen Wendung in der Geschichte der Physik gekommen, denn Einstein hat um 1935 als eine der Konsequenzen der Atomphysik die *Untrennbarkeit* oder *Verschränktheit* von Quantenobjekten wie Elektronen und Photonen erkannt.[10]

Er betrachtete zwei Objekte, die eine physikalische Wechselwirkung miteinander eingehen (Stoßprozeß), und fragte, was passiert, wenn ich eines der beiden Objekte anschließend in einem Experiment bestimme beziehungsweise eine seiner Eigenschaften messe. Wird das andere dann mitbestimmt, auch ohne daß sich ihm ein Beobachter genähert hat?

Das Vertrackte steckt darin, daß nach einem Meßergebnis gefragt wird, ohne daß eine Messung durchgeführt werden darf. Um dieses Problem zu umgehen, brauchten die Physiker viele Jahrzehnte. Heute liegt die Lösung unter dem Stichwort Bellsche *Ungleichung* vor, und mit ihrer Hilfe läßt sich ermitteln, was Einstein befürchtete. Es ist eine Tatsache, daß durch die Messung (Bestimmung) eines Teilchens auch die Eigenschaften des anderen bestimmt werden, und zwar auf ›metaphysische‹ Weise, das heißt ohne eine physikalische Wechselwirkung. Die Verschränktheit zeigt sich instantan – unzeitlich, ohne Zeitverlust –, wie ohne jeden Zweifel im Experiment nachgewiesen worden ist.

Das unaufhebbare Zusammenhängen wird inzwischen nach Einstein benannt – und zwar als »Einstein-Korrelation« –, aber es ist fraglich, ob sich Einstein über diese Ironie der Geschichte amüsiert hätte. Schließlich hat er die *Untrennbarkeit* (*Nicht-Lokalität*) nur deshalb vorgeschlagen, weil er solch ein unphysikalisches Zusammenhängen für absurd hielt. Doch die *Unteilbarkeit* der atomaren Wirklichkeit ist eine unbezweifelbare Tatsache. Man findet ein Ganzes, das gar keine Teile hat, wie die Einstein-Korrelation verdeutlicht. Fachleute sprechen dabei vom quantentheoretischen Holismus, der den traditionellen Atomismus überwindet: »Die materielle Welt ist ein Ganzes, das nicht in vorgegebener Weise in einzelne Teile aufgeteilt ist. Aufteilungen führen in der Regel zu Teilsystemen, die durch Einstein-Korrelationen miteinander verschränkt sind.«[11] Damit hat man einen Bereich entdeckt, der unaussprechbar und unsagbar bleibt, weil das auf eine Einzelheit gerichtete Wort das Ganze zerstört, das nicht getrennt werden kann.

Ein konkretes Beispiel für die holistische Verschränkung bietet das sogenannte Pauli-Prinzip, das 1924 publiziert wurde und besagt, daß keine zwei Elektronen in einem Atom den gleichen Zustand (Quantenzustand) einnehmen (dürfen). In seiner modernen Fassung drückt das Pauli-Verbot aus, daß elementare Systeme wie Elektronen keine Individualität (und keine Identität) haben. Sie sind ununterscheidbar (Ununterscheidbarkeit) und unnumerierbar (wobei diese Unzählbarkeit nicht mit der erwähnten Überabzählbarkeit der Mathematik verwechselt werden darf).

Einsteins mehrfacher Unsinn

Bekanntlich machen nur kleine Leute kleine Fehler, und der besonders große Einstein hat sogar zwei große Irrtümer in seiner Bilanz. Den zweiten, den Einstein selbst »den größten Schnitzer meines Lebens« nannte, hat mit der Entscheidung zu tun, seinen Gravitationsgleichungen von 1915 etwas hinzuzufügen – das berühmte kosmologische Glied –, damit sie ein Universum beschreiben, das zeitlich stabil ist. Ohne diesen Zusatz hätte Einstein theoretisch die Expansion des Weltalls vorhersagen können, die am Ende der zwanziger Jahre aufgrund experimenteller Befunde (Beobachtung der Rotverschiebung durch Edwin Hubble) tatsächlich erkannt worden ist. Offenbar scheute Einsteins Psyche in diesem Fall vor dem *Ungleichgewicht* zurück, das er entdeckt hatte und das – wie wir heute wissen – die Wirklichkeit des expandierenden Kosmos besser beschreibt als das Gleichgewicht, das er sich wünschte.[12]

Wer will, kann Einstein einen dritten Fehler ankreiden, und zwar sein gescheitertes Bemühen um das, was er eine einheitliche Feldtheorie nannte. Der Gedanke der Vereinheitlichung durchzieht die Geschichte der Physik, seit James Clerk Maxwell um 1870 die getrennten Bereiche von Elektrizität und Magnetismus im Rahmen einer elektromagnetischen Theorie zusammenfassen und sie zur Erklärung von Licht und anderen Phänomenen nutzen konnte. Was Einstein anstrebte, war viel schwieriger, nämlich der Versuch, das unteilbar Kleine (das Quantum) mit dem unermeßlich Großen (dem Kosmos) in einer einheitlichen Beschreibung zusammenzuführen. Zwar ist er damit nicht fertig geworden – weil seine Theorien an den falschen Stellen zu *Unendlichkeiten* (Singularitäten) führen –, aber sein Traum lebt fort, und zwar in den Bemühungen, die in der Fachliteratur entweder von der »Theory of Everything« reden oder auf »Superstrings« hinweisen, die alles erklären sollen. So intelligent sich viele Vorschläge dabei erweisen, sie übersehen die wesentliche Vorsilbe des 20. Jahrhunderts, die eher eine *Uneinheitlichkeit* als der Weisheit letzten Schluß erwarten läßt. Tatsächlich müßte man etwas Diskretes (Plancks Quantum) und etwas Kontinuierliches (Einsteins Gravitationsfeld) verschmelzen, doch dem steht Bohrs Idee der Komplementarität entgegen. Sie ist zwar von philosophischer Natur, aber in jüngsten Experimenten hat sich erwiesen, daß sie tiefer reicht als die *Unbestimmtheit*, die physikalisch dazu gehört. In dem Augenblick, in dem man an den mathematischen *Ungleichungen* Heisenbergs vorbeikommt, beweist man zugleich die *Unhintergehbarkeit* der philosophischen Einsicht.

Es lohnt sich also, sie ernst zu nehmen. Es ist an der Zeit, Abschied von der Idee zu nehmen, daß sich eine einheitliche Theorie der Welt finden läßt. Dabei verlieren wir nichts und gewinnen viel. Wir gewinnen die Einsicht, daß sich – in den Worten von Bohr – Wahrheit und Klarheit nicht gleichzeitig erreichen lassen, wenn unter einer klaren Aussage etwas verstanden wird, das nicht gedeutet werden muß. Wahrheit und Klarheit sind komplementär, was man auch so ausdrükken kann: Wahrheit läßt sich nur poetisch formulieren, also mit den Mitteln der Kunst.

An dieser Stelle wage ich es, eine These über die künftige Richtung der Wissenschaft zu formulieren. Ich denke, daß sie mehr ästhetisch als epistemologisch sein wird. Die Physik beziehungsweise die Biologie der Zukunft wird poetisch formuliert beziehungsweise poetisch formuliert werden müssen (ein Gedanke,

der sich bei Goethe in der Farbenlehre findet). Ein Grund dafür steckt darin, daß
die moderne Wissenschaft mit energetischen Dimensionen, komplexen Bereichen beziehungsweise individuellen Tatbeständen zu tun hat, die dem traditio-
nell entscheidenden Werkzeug der Forschung, dem Experiment, Grenzen setzt.
Wir können weder mit dem Urknall noch mit der Evolution oder dem Ozonloch
Versuche anstellen. Wissenschaft bekommt also ihre Qualität nicht mehr unbedingt durch den Anspruch auf überprüfbare Wahrheit, sondern durch die Annahme einer ästhetischen Form. Die Natur präsentiert den Forschern schon
länger keine Wahrheiten mehr, sondern »eine Reihe von Erzählungen, von denen eine Bestandteil der anderen ist: die Geschichte des Kosmos, die Geschichte
der Moleküle, die Geschichte des Lebens und des Menschen bis zu unserer persönlichen Geschichte. Unweigerlich denkt man an Scheherazade, die jede ihrer
Erzählungen unterbricht, um eine neue, noch schönere zu beginnen.«[13]

Was ist ein Atom?

Die letzte Zeile in Rilkes Gedicht »Ich fürchte mich so« lautet: »Ihr bringt mir alle
die Dinge um.« Ich weiß, daß dies anders gemeint ist, als ich nun sage, aber der
isolierte Vers paßt deshalb auf die Entwicklung der modernen Wissenschaft, weil
genau dies passiert, nämlich das Verschwinden beziehungsweise das Umbringen
der Dinge. Auf keinen Fall darf ein Atom als ein Ding betrachtet werden, das eine
definierte Größe und einen wohlbekannten Umfang hat. Atome sind zwar etwas,
in das man die Materie zerlegen kann, aber daraus folgt nicht, daß Materie aus
Atomen besteht. Und wie alle Systeme, für die die Quantenphysik zuständig ist,
sind die Atome selbst auch nicht unteilbar, aber ihre Bestandteile (Elektronen,
Protonen, Neutronen) sind untrennbar. Sie existieren nicht als individuelle Objekte in Raum und Zeit, sondern – wie die Atome selbst – als kontextuelle Objekte
in ihrem Umfeld. Das heißt, sie sind kein eigenständig Seiendes. Sie existieren
vielmehr nur durch die Wechselwirkung mit ihrer Umgebung und können allein
in Relation zu einem Mittel der Beobachtung definiert und erfaßt werden.

Anders als klassische Objekte wie Eier oder Weintrauben lassen sich Quan-
tenobjekte nicht kennzeichnen. Sie haben in dem Sinne keine Individualität
beziehungsweise Identität und sind ununterscheidbar. Atome lassen sich weder
rot anstreichen noch anderswie kennzeichnen; man darf sie sich nicht einmal
gekennzeichnet denken. Sie sind unvorstellbar.

Man kann dies auch anders sagen: Atome sind zweifach zweigeteilte (unein-
heitliche) Gegebenheiten, nämlich sowohl Welle als auch Teilchen, sowohl Kern
als auch Schale. Atome sind sowohl mathematisch faßbar – also Teile der *res
cogitans* – als auch physikalisch existent – also Teil der *res extensa*. Atome stecken
voller Möglichkeiten und bilden die Wirklichkeit. Sie sind (möglich) und sind
nicht (dinglich).

Wie kann etwas solch eine Form haben? Um hier überhaupt eine Antwort zu
geben, hat der schon erwähnte Wolfgang Pauli vorgeschlagen, ein Atom weder

als empirische oder heuristische Größe zu verstehen noch als logischen Begriff zu deuten, sondern ein Atom als eine archetypische Idee zu betrachten. Archetypen generieren archetypische Bilder, die sich im kollektiven Unbewußten finden und sich in dieser urtümlichen Form dem Bewußtsein aufdrängen. Sie sorgen für eine Komplementarität beziehungsweise Ganzheitlichkeit, in dem ihre physischen Manifestationen die Naturgesetze und ihre psychischen Manifestationen die Urbilder sind, mit denen Verstehen möglich wird, nachdem die Wahrnehmung die äußeren Bilder liefert, die mit den inneren zur Deckung kommen können.

Was ist ein Gen?

Somit hat die Physik zwar längst den Atomismus überwunden, doch die damit verbundenen Ansichten sind immer noch weit verbreitet. Und wenn dies für die Physik gilt, was hat man dann von der Biologie zu erwarten, die bislang vor allem deskriptiv operiert und noch keine theoretischen Höhenflüge gestartet hat? Dabei wäre es an der Zeit zu fragen, ob die philosophischen Einsichten der Quantenmechanik nicht für die moderne Genetik genutzt werden können, die das Leben aus Molekülen erklären will, so wie die Physik die Materie aus Atomen zusammensetzen wollte. So wie der Satz falsch ist: »Die materielle Welt besteht aus Atomen«, könnte doch auch der Satz falsch sein: »Die lebende Welt besteht aus Molekülen«.

»Das meistbestaunte Molekül der Moderne ist das Gen« – ein Satz, dem jeder zwar leicht zustimmt, doch die Frage lautet, ob er in dieser Form zutrifft. Genauer: Kann man Gene als Moleküle verstehen oder lassen sich hier ähnliche unentdeckte Bereiche für die Wissenschaft erschließen?

Ich bin der Ansicht, daß die Antwort positiv ausfällt und für Gene gilt, was wir für Atome gefunden haben. Ganz sicher existieren sie nur in einem Kontext, dem sogenannten Genom, das wiederum nur in einem Kontext zu verstehen ist, der Zelle. Aber wie eben bei den Atomen gilt, daß man zwar ein Genom in Gene zerlegen kann – und ein Gen in seine Bausteine (Nukleotide mit Basen für die Paarung) –, daß aber das Genom nicht aus den Genen besteht, sondern nur als Kontext innerhalb einer Zelle verstanden werden kann. Gene gehören in den Kontext eines Genoms, und ein Genom gehört in den Kontext einer Zelle.

Wie Atome sind Gene zweigeteilt, und zwar als Molekül (materiell) und als Information (immateriell). Gene sind – mit einer Unterscheidung aus der Philosophie der Romantik – sowohl *natura naturans* als auch *natura naturata*. Sie bilden und werden gebildet, sie sind im Einzelnen und werden im Ganzen. Theoretisch sind Gene sicher unzählbar, praktisch werden sie in Kürze wohl unbezahlbar.

> Ich fürchte mich so vor der Menschen Wort.
> Sie sprechen alles so deutlich aus:
> Und dieses heißt Hund und jenes heißt Haus,
> und hier ist Beginn und das Ende ist dort.

Das kann man von einem Gen schon lange nicht mehr sagen. Ich empfehle den Wissenschaftlern, zu lernen, was Rilke schon vor 100 Jahren konnte, sich nämlich vor den eigenen Worten zu fürchten, um sie anschließend genauer unter die wissenschaftliche Lupe zu nehmen. Vielleicht steigt dann wieder das Vertrauen des Publikums in die Forschung, und sie findet ihre neue, alte Richtung, nämlich wieder zum Menschen hin.

Anmerkungen

1 Marcel Reich-Ranicki in der Einleitung zu RMR: *Und ist ein Fest geworden. 33 Gedichte mit Interpretationen.* Hrsg. von Marcel Reich-Ranicki. Frankfurt am Main und Leipzig 2000, S. 12.

2 Als das berühmte Duo aus James Watson und Francis Crick 1953 die berühmte Doppelhelix beschrieb, glaubten die beiden, daß von nun an niemand mehr in die Kirche gehen würde, denn es gab doch jetzt keine Geheimnisse mehr.

3 RMR: *Werke. Kommentierte Ausgabe in vier Bänden.* Hrsg. von Manfred Engel, Ulrich Fülleborn, Horst Nalewski und August Stahl. Frankfurt am Main und Leipzig 1996 (= KA). Hier: KA I, S. 106.

4 Walter Müller-Seidel in RMR: *Und ist ein Fest geworden* (wie Anm. 1), S. 95.

5 Diesen Tatbestand haben viele Physiker selbst erst spät bemerkt. So ist zum Beispiel erst 1989 ein Band erschienen, der im Titel zwischen *Speakable and Unspeakable in Quantum Mechanics* unterscheidet; der Autor ist John S. Bell (Cambridge University Press, 1989).

6 Vgl. Ernst Peter Fischer: *Die aufschimmernde Nachtseite der Wissenschaft.* Lengwil 1996.

7 Zitiert in meiner deutschen Übersetzung in meinem Buch *Das Schöne und das Biest*, München 1997; das Original findet man in Frank MacShane (Hg.): *The Notebooks of Raymond Chandler.* New York 1976, S. 7.

8 Ulrich Fülleborn: »›Reiner Widerspruch‹ und ›heilige Erfahrung‹«. In: Ernst Peter Fischer et al. (Hgg.): *Widersprüchliche Wirklichkeit.* München 1992, S. 144-164.

9 Mehr zu Pauli in meinem Buch *An den Grenzen des Denkens*, Freiburg im Breisgau 2000; die folgenden Zitate finden sich darin auf den Seiten 161 ff.

10 Einsteins ursprüngliche Frage lautete, ob es »verborgene Parameter« gäbe, mit deren Hilfe es gelingen könnte, aus der letztlich statistischen Beschreibung der Quantenphysik wieder die klassische deterministische Form der Physik zu erzeugen. Solch einen verborgenen Bereich der Welt gibt es in der Physik aber auf keinen Fall.

11 Hans Primas: *Die Überwindung des Atomismus durch die Quantentheorie* (unveröffentlichte Notizen für einen Vortrag, der am 30. 3. 1998 stattgefunden hat).

12 Das heutige Bild des Kosmos sieht nicht nur ein Universum vor, das expandiert, sondern ein Universum, dessen Ausdehnungsgeschwindigkeit weiter zunimmt.

Wir leben in einer sich dauernd beschleunigenden Welt (was sich in dieser Formulierung fast banal anhört), in einem »accelerating universe«.
13 Ilya Prigogine, Nobelpreisträger für Chemie, zitiert in Stefan Klein: *Die Tagebücher der Schöpfung*. München 2000, S. 10.

Karl-Josef Kuschel
»*Gott von Mohammed her fühlen*«
Rilkes Islam-Erfahrung und ihre Bedeutung
für den religionstheologischen Diskurs der Zukunft

I. Die Reise durch Nordafrika und Ägypten 1910/1911

Er steckte in der bisher größten Schaffenskrise seines Lebens. Im Jahrzehnt zwischen 1900 und 1910 war Rainer Maria Rilke zu einer einzigartigen literarischen Produktivität gelangt, die seinem Namen schon damals einen festen Platz in der deutschen Literatur verschaffte. 1902 war *Das Buch der Bilder* erschienen, 1903 folgten die Studien zu Worpswede und Auguste Rodin, 1905 das *Stunden-Buch*, 1907/1908 die *Neuen Gedichte*. Und 1910 war es Rilke nach äußerster Anstrengung gelungen, die *Aufzeichnungen des Malte Laurids Brigge* zu vollenden. Dann aber bricht die Produktivität weitgehend ab, und Rilke wird von einer tiefen künstlerischen Lähmung erfaßt. Er weiß: »es ist das Furchtbare an der Kunst, daß sie, je weiter man in ihr kommt, desto mehr zum Äußersten, fast Unmöglichen verpflichtet«, schreibt er an Lou Andreas-Salomé.[1] Im selben Brief teilt Rilke ebenfalls mit, daß er ein Jahr zuvor den Winter in Nordafrika verbracht habe: die Jahreswende 1910/1911. Eine im nachhinein als zwiespältig empfundene Reise, nicht nur wegen der Widrigkeiten unterwegs, sondern vor allem, weil die neuen sinnlichen Eindrücke nicht zu der erwarteten künstlerischen Ausdruckssprache geführt hatten. Aber »ein wenig Orient« sei ihm doch »beigebracht worden«, meint er nicht ohne Hoffnung. Ja, auf dem Nilschiff habe er sich »sogar mit dem Arabischen eingelassen«.[2]

In der Tat hatte Rilke von November 1910 bis März 1911 eine Reise durch Nordafrika unternommen. Sie führt ihn im ersten Teil über Marseille nach Algier, dann nach Tunis und in die tunesischen Orte El-Kantara und Kairouan, um dann unentschieden wegen der Weiterreise vorläufig in Neapel zu enden. Im zweiten Teil aber, vom 6. Januar bis 25. März 1911, gelingt der Sprung nach Ägypten, wo Rilke auf einer mehrwöchigen Nilreise von Kairo bis Assuan klassische Stätten des antiken Ägypten kennenlernt. Es war eine »Welt für sich«[3], die Rilke sich hier öffnete und die für unseren Zusammenhang von Bedeutung ist, weil sich Ästhetisches und Sinnliches von Landschaft und großer Kunst auf eigentümliche Weise vermischt mit der Entdeckung einer Weltreligion, die Rilke bisher aus eigener Anschauung nicht kennt: des Islam.

Die Rekonstruktion der Islam-Rezeption Rainer Maria Rilkes soll nicht nur eine ›Forschungslücke‹ schließen, die bei diesem Aspekt seines Werkes in der Tat zu konstatieren ist, trotz der verdienstvollen kleinen Studien von Annemarie Schimmel (1975), Ingeborg Solbrig (1980; 1982) und Joachim W. Storck (1997).[4]

Ich stelle dieses rezeptionsgeschichtliche Thema in einen größeren kulturgeschichtlichen Zusammenhang, aus dem sich neue Forschungsperspektiven gerade unter religionstheologischem Interesse ergeben: die Explorationen von
Begegnungsmodellen zwischen islamischer und westlicher Welt. Diese sind im
Blick auf das 3. Jahrtausend von größter Bedeutung – nicht nur literaturge-
schichtlich oder islamkundlich, sondern gesamtgesellschaftlich, ist doch der Islam
im Westen wie nie zuvor präsent (10-12 Millionen Muslime allein in Westeuropa), aber gleichzeitig weitgehend reduziert auf das Politische, ja Fundamentali-
stisch-Terroristische. Eifernde Publizisten wider den Islam von heute gerieren
sich nicht selten wie eifernde Pfaffen wider den Islam von gestern. Die Dichtung
kann hier andere Zugänge vermitteln. Um aber ihre Andersheit erfassen zu können, muß man theologie- und religionsgeschichtliche Kontrastfolien unterlegen.
Erst wenn man sieht, worin sich etwa Rilkes Islam-Rezeption von der von Theologie, Gesellschaft und Kirche seiner Zeit unterscheidet, kann man dessen eigenes
Profil nachvollziehen und das Vorausweisende, Uneingelöste seiner Grundhaltung für heute fruchtbar machen. Ich kann diese theologie- und religionsgeschichtlichen Dimensionen hier aus Raumgründen nur skizzieren.

(1) Jahrhundertelang hatte sich christliche Theologie auf Kosten von Juden
und Muslimen profiliert. Der Antijudaismus und Antiislamismus folgte ihr wie
ein Schatten.[5] Der gesamten mittelalterlichen Theologie (von charismatischen
Einzelgestalten wie Franz von Assisi oder Kaiser Friedrich II. abgesehen) galt der
Islam als verdammungswürdige Häresie oder als ein mit Hilfe der Mission zu
beseitigendes Heidentum. Der Koran? Ein Machwerk unter satanischem Einfluß. Mohammed? Ein triebgesteuerter, machtbesessener Pseudoprophet. Der
gesamten reformatorischen Theologie galt der Islam darüber hinaus als Zeichen
der Endzeit. Luthers zahlreiche Anti-Islam-Schriften verstärken die dämonologi-
sche Deutung des Mittelalters durch eine apokalyptische: Der Islam – vertreten
durch das kriegerische osmanische Reich – ist ihm eine Zuchtrute Gottes wider
eine dekadente Christenheit und zugleich Indikator des apokalyptisch prophe-
zeiten Antichristen.

(2) 1910, als Rilke nordafrikanisch-muslimischen Boden betritt, versammeln
sich im schottischen Edinburgh die Vertreter aller in der Welt tätigen protestanti-
schen Missionsgesellschaften zur sogenannten *Weltmissionskonferenz*. Sie sind
durchdrungen von einem millinaristischen Sendungsbewußtsein, das seinen
Ausdruck in dem Spitzensatz findet: Wenn man die Gunst der Stunde nutzt, kann
die gesamte Welt in nur einer Generation christianisiert sein. Programmatisch
heißt es in dem Dokument von Edinburgh:

>»Die nächsten zehn Jahre werden aller Wahrscheinlichkeit nach einen Wende-
punkt in der Geschichte der Menschheit bringen [...] Es ist eine unausweich-
liche geistige Forderung, daß das gesamte Leben und die gesamte Ausstrahlung
der Völker christianisiert wird, so daß der gesamte Einfluß, einschließlich
Handel und Politik, des Westens auf den Osten und der stärkeren Völker auf

die schwächeren die Botschaft in der Mission bekräftigt und nicht schwächt. Die Vorsehung Gottes hat uns alle in eine neue Welt der Möglichkeiten, der Gefahr und der Verpflichtung geführt.«[6]
In Nordafrika kann Rilke die Spätfolgen des europäischen Kolonialismus, Imperialismus und Missionarismus erleben. Fast alle Länder waren französische Kolonien, und der christlichen ›Mohammedanermission‹ war breiter Entfaltungsraum eingeräumt worden. Christlich-europäisches und kolonial-imperiales Superioritätsgefühl führten zu der Vorstellung, der Islam sei im »Verfall« begriffen, ja es sei eine weltgeschichtliche Fügung, daß das »Christentum [...] dem Islam das Schwert fast überall aus der Hand genommen« habe.[7]

– 1910 lebt der aus Frankreich stammende Mönch *Charles de Foucault* schon fünf Jahre in Nordafrika, vornehmlich in Tamranrasset in der algerischen Sahara, von nichts als dem Gedanken durchdrungen, durch sein persönliches Lebenszeugnis in Armut die Muslime (konkret in Gestalt der Tuareg) zu Christus zu bekehren;[8]

– 1910 erscheint im Schwarzwaldstädtchen Calw in einem der führenden missionstheologischen Häuser der deutschsprachigen Welt das Buch des Missionars Johannes Hesse unter dem Titel *Vom Segensgang der Bibel durch die Heidenwelt*. Es ist der Vater von Hermann Hesse, der im Auftrag der Basler Missionsgesellschaft lange Jahre in Indien gewirkt hatte und nun in der publizistischen Missionspropaganda tätig ist (1911 wird sein Sohn Hermann Hesse zu einer Reise nach Indonesien und Ceylon aufbrechen).[9] 1910 konnte man in Hesses missionstheologischem Propagandabuch über den Islam lesen:

»Finster ist es überall, wo der Herr Jesus noch nicht seinen Einzug gehalten hat, und ganz besonders finster da, wo man einen andern höher stellt als Ihn, den eingeborenen Sohn Gottes. Dieser andere ist in vielen Ländern Asiens und Afrikas der falsche Prophet Mohammed. Wo der herrscht, da ist das Evangelium so gut wie ausgeschlossen, und dringt dennoch ein Strahl des Lichtes ein, so gibt es Verfolgungen.«[10]

(3) Religionssoziologisch bleiben auch wir von den Spätfolgen dieses geistigen und politischen Antiislamismus geprägt. Die Ignoranz über Grundlagen der islamischen Theologie-, Philosophie- und Rechtsgeschichte unter Christen ist unbeschreiblich. Bei Massen von Muslimen, ob in der westlichen Diaspora oder in den muslimischen Stammländern, ist es nicht anders. An der ›Basis‹ politischer, kirchlicher und muslimischer Gemeinden triumphieren die Stereotypen xenophobisch gespeister Abwehr und Ausgrenzung. Angst voreinander erstickt die Bereitschaft, tiefer in die kulturelle Substanz der jeweiligen Religion einzudringen. Kein Wunder, daß weltpolitische Krisenszenarien für das dritte Jahrtausend wie der prognostizierte »Clash of Civilizations« des amerikanischen Politologen Samuel Huntington mit ›dem‹ Islam als nach Weltherrschaft strebender dämonischer Macht eine solche Beachtung gerade im Westen gefunden hat.[11] Über Jahrhunderte gereifte Urängste gegenüber dem Orient, insbesondere gegenüber

dem Islam, finden hier in postkommunistischer Ära neue Kristallisation. Anderseits hat sich die gesellschaftliche Situation auch in Westeuropa im Blick auf das Zusammenleben mit Muslimen konkret vor Ort verändert, eine historisch analogielose Situation. Um nur ein Beispiel aus der Schweiz zu nennen: Im Herbst 2000 feierte die Gemeinschaft »Christen und Muslime in der Schweiz« bereits ihr zehnjähriges Bestehen.[12] In der Einladung zur Festveranstaltung heißt es:

> »Wir blicken – mit Genugtuung und nicht ohne Stolz – auf zehn Jahre unseres Bestehens zurück, mit vielen intensiven Erfahrungen und Begegnungen zwischen christlichen und muslimischen Frauen, Männern und Kindern in der Schweiz. Auf diesem gemeinsamen Weg sind einige konkrete Schritte für ein friedvolles Zusammenleben der Religionen möglich geworden: In Schule und Kindergarten, in den Spitälern, in bireligiösen Ehen und Familien und bei der Regelung der Bestattung der Toten auf unseren Friedhöfen.«

(4) Schriftsteller haben nicht selten eine Sensibilität für andere Dimensionen der Wirklichkeit: für die moralische Substanz, poetische Schönheit und geistige Tiefe einer großen Religion. Es ist deshalb kein Zufall, daß in den letzten Jahren das Werk großer Schriftsteller im Blick auf den Islam neu gelesen wurde. Größere und kleinere Studien zum Einfluß des Islam auf Goethe, Heine und Rückert sind entstanden. Ich selber habe 1998 eine größere Studie zur Islam-Rezeption bei Lessing vorgelegt.[13] Diese Studie bildet den Auftakt meines Forschungsprojektes zur Wechselbeziehung von Weltliteratur und Weltreligionen, worin der Grundfrage nachgegangen wird, wie die großen Dichter sich beeinflussen ließen von den großen Religionen der Welt. Literaturwissenschaftliche, religionswissenschaftliche und religionstheologische Dimensionen kommen hier zusammen. Mein Interesse geht dabei über ein rein literarhistorisches hinaus. Es sollen Modelle von Begegnungen mit dem Anderen, dem Fremden, herausgearbeitet werden, dessen Grundstrukturen möglicherweise übertragbare wären; dessen Inspirationen heute weiterwirken könnten; dessen Erfahrungen erschlossen zu werden verdienten. Der ›Andere‹ wäre keine störende Beunruhigung, sondern eine Infragestellung des Vertrauten, ein heilsamer Wechsel der Perspektiven, eine Bereicherung angesichts eigener Verengungen. Rainer Maria Rilkes Auseinandersetzung mit dem Islam ist für mich eine weitere ›Probebohrung‹ innerhalb des genannten Forschungsprojektes ›Weltliteratur und Weltreligionen‹.

1. Die »Einfachheit und Lebendigkeit« des Islam

Reisen bedeutete für Rilke die Suche nach neuen sinnlichen Erfahrungen, nach einer neuen Sprache, einer neuen Ausdruckskraft. Landschaften und Städte als ästhetisch-sinnliche Einheit konnte er wie kaum ein anderer beschreiben. Bei seiner Orientreise ist dies nicht anders. Vor allem das Museum in Kairo und die riesigen Tempelanlagen von Karnak sind für Rilke unvergessene und überwältigende Eindrücke.[14] Dies alles kann uns hier nicht interessieren. Für unser Thema entscheidend ist: Schon in der allerersten Briefäußerung Rilkes auf der Orient-Reise ist auch vom Islam die Rede. Am 26. November 1910 aus Algier an Clara Rilke:

> »Algier ist zu großem Teil eine französische Stadt, aber ein Stück Hang, an dem die alten türkischen, maurischen und arabischen Häuser stehen, hängt noch unter sich und mit Himmel und Ausblick großartig und angeboren zusammen; dort ist das Dasein aus Tausendundeiner Nacht, Bettler und Lastträger gehen wie in Schicksalen umher, Allah ist groß, und es ist keine Macht außer seiner Macht in der Luft.«[15]

Gut vier Wochen später ist Rilke in *Kairouan*, südlich von Tunis. Er weiß, daß er hier eine der heiligsten Stätten des Islam besucht. Unter den zahlreichen Moscheen in der ummauerten Altstadt ragt die Sidi-Moschee als die berühmteste hervor. Kairouan ist eine arabische Neugründung aus dem Jahre 671 n. Chr., im Zuge der ersten muslimischen Eroberung von Nordafrika. Im 9. Jahrhundert mit prachtvollen Bauwerken ausgestattet, ist der Ort bis heute wegen seiner Teppich-weberei sowie seiner Kupfer- und Lederarbeiten berühmt, ein wichtiger Markt-ort, ein Anziehungspunkt für Fremde, ein großer Wallfahrtsort für Muslime. An Clara Rilke am 21. Dezember 1910:

> »Ich bin für einen Tag herübergefahren in die ›heilige Stadt‹ Kairouan, nächst Mekka der große Pilgerort des Islam, den Sidi Okba, ein Gefährte des Prophe-ten, aufgerichtet hat in den großen Ebenen und der sich aus seinen Zerstörun-gen immer wieder erhoben hat um die ungeheure Moschee herum, in der Hunderte von Säulen aus Karthago und allen römischen Küstenkolonieen zu-sammengekommen sind, um die dunklen zedernen Decken zu tragen und die weißen Kuppeln zu unterstützen, die heute so blendend vor den grauen, nur da und dort aufreißenden Himmeln stehn, aus denen der Regen fällt, nach dem man seit drei Tagen geschrieen hat. Wie eine Vision liegt die flache weiße Stadt da in ihren rundzinnigen Wällen, mit nichts als Ebene und Gräbern um sich, wie belagert von ihren Toten, die überall vor den Mauern liegen und sich nicht rühren und immer mehr werden. Wunderbar empfindet man hier die Einfach-heit und Lebendigkeit dieser Religion, der Prophet ist wie gestern, und die Stadt ist sein wie ein Reich ...«[16]

Religionserlebnis ist auch hier, wie oft bei Rilke, Raumerlebnis. Die »ungeheure Moschee« gibt ihm ein Bewußtsein von der Ungeheuerlichkeit der Anwesenheit Gottes im Raum. Alles wird als lebendig wahrgenommen und als stimmig erlebt: die Moschee und der Raumkontext, der zu ihr paßt. Leben und Tod gehen zu-sammen: die Moschee ist zugleich Friedhof, und der Friedhof ist Teil der Moschee. Die Ursprünglichkeit und Elementarität des Islam wird sinnlich erlebt. Von »Verfall« dieser Religion keine Rede. Die Schlüsselaussagen des Reisenden sind frei von jeglichem christlich-eurozentrischen Überlegenheitsgefühl:

– »Allah ist groß, und es ist keine Macht außer seiner in der Luft«;
– »Einfachheit und Lebendigkeit dieser Religion«;

– »Der Prophet ist wie gestern, und die Stadt ist sein wie ein Reich«.

Religionstheologisch sind hier Grenzen überschritten. Ist es in dieser Zeit sowohl für die protestantische wie katholische Theologie und Kirche noch ganz
selbstverständlich, den Islam als Macht des Antichristen zu dämonisieren und
durch Missionsanstrengungen zum Verschwinden zu bringen, kennt Rilke offensichtlich nicht die geringsten ›dogmatischen‹ Hemmungen. Die Moscheen sind
ihm, wie er seiner Mutter auf der Reise schreibt, »Gotteshäuser eines anderen
Glaubens aber desselben Gottes, das fühlt man an der Innigkeit, mit der das Leben
religiös sich zusammennimmt, es ist ein Land großen und leidenschaftlichen
Glaubens, und man muß sich nur erinnern, wie gerade auf diesem Boden das erste
Christentum starke Wurzeln ansetzte, Karthago oder die Gegend um Karthago ist
die Heimat des heiligen Augustinus«.[17]

Eine solche Äußerung ist frei von jeder eifersüchtigen Apologetik. Wie viel
Bedauern in christlicher Literatur über den Verlust ›christlicher Gebiete‹ an den
Islam, insbesondere der ›Heimat des heiligen Augustinus‹, des größten Kirchen-
vaters der westlichen Christenheit. Es ist die religiöse Energie der Menschen, die
Rilke interessiert; die Religionsgestalt, ob einstmals Christentum, jetzt Islam, ist
sekundär. Ein solcher Boden wie der in Nordafrika bringt offensichtlich große
Religionen hervor, das ist entscheidend. Mehr noch: Rilke läßt eine große Be-
hutsamkeit in der Einschätzung seiner Rolle als ›Fremder‹ im Land einer fremden
Kultur und Religion erkennen. Als die Freundin Sidonie Nádherný von Borutin 1913 nach Nordafrika reisen will, schildert er ihr bis ins Detail die Stadt Tunis
(»... und die herrlichen Souks entdecken, die ein Tausendundeine Nacht sind
mit einem Nebengefühl Rembrandt'scher Phantastik«[18]), kommt dann auf Kairouan zu sprechen, um danach den Ratschlag loszuwerden:

> »Nun sind Sie allein, *Vorsicht* in jedem Fall, nicht vergessen, daß der Christ dort
> ein geduldeter Fremdkörper ist, ein Überlegenes, das dennoch verächtlich
> werden kann durch die geringste fremde Bewegung. Wo etwas Schwierigkei-
> ten macht, nicht darauf bestehen, man ist außen und bleibt außen, und bringts
> über einen Zuschauer mit schlechtem Gewissen dem Islam gegenüber (diesem
> fruchtrunden geschlossenen Christenthum) nirgends hinaus.«[19]

»Schlechtes Gewissen dem Islam gegenüber«? Die europäische Reiseliteratur
kennt nicht viele dieser selbstkritischen Einschätzungen. Hier tritt nicht jemand
mit einem imperialen Zugriff auf eine andere Kultur zu, hier eignet sich nicht
jemand eine Religion mit dem Gefühl des offenen oder latenten Triumphalismus
an, sondern hier bleibt sich jemand bewußt, daß er eine Kultur von ›außen‹ sieht,
daß ein Christ in diesem Kontext nichts als ein »geduldeter Fremdkörper« ist.
Rilke vollzieht damit nicht weniger als einen *Perspektivenwechsel* in der westlich-
europäischen Aneignung des Islam: von der Superiorität zur Selbstzurücknahme,
von der Verabsolutierung zur Selbstrelativierung, vom Zugriff zur scheuen Distanz. Ja, Rilke begreift wohl erstmals, wie sehr der Islam eine geistige Macht und
Kraft geblieben ist – in dem Raum, in dem er lebendig ist. Am Ende der Reise,

schon in der Rückschau, aus Kairo, schreibt er an die Freunde Karl und Elisabeth von der Heydt (25. Februar 1911):

> »Immerhin Sie wissen, wie ich nach dem Orient verlangt habe: nun ist er mir so oder so in Erfüllung gegangen, Ablagerungen ungeheuerer Thatsachen haben sich zwischen gestern und morgen herangehäuft, Ordnung ist keine, garkeine, aber da hab ich nun meine Wasserscheide und werde nun wohl nicht anders können, als von alledem hinab nach der neuen Seite abzufließen. Es lohnt sich immerhin, Gott von Mohammed her gefühlt zu haben (diesen vielleicht anwendbarsten Gott) und neben diesen Menschen sich als Mensch zu versuchen in den Moscheen, in den Bazaren und draußen überall in dem unverstellten Weltraum, oder irgendwo die Hand auf die Erdoberfläche selbst zu legen, auf das pure Gestirn Erde −: lieber Gott, mir ahnt, daß ich doch allerhand mitbringe, neue Ordnungen, obwohl ich fast die ganze Zeit ein bestürzter Mensch gewesen bin.«[20]

Fassen wir die Schlüsselaussagen noch einmal zusammen:

(1) Bewunderung der *Einfachheit und Lebendigkeit* des Islam. Im Gegensatz zum offiziellen christlich-theologischen Islam-Bild ist bei Rilke ein großer Respekt vor dem Islam als Religion zu erkennen, eine scheue Distanz zu Menschen dieses Glaubens. Diesen attestiert er einen »großen und leidenschaftlichen Glauben«; neben diesen Menschen in den Moscheen will er sich »als Mensch versuchen«. Dieser Respekt gilt gerade auch einem der jahrhundertelang in der Christentumsgeschichte als Betrüger verachteten Propheten: Mohammed. Diesem hatte Rilke nicht zufällig bereits 1907 ein Gedicht mit dem Titel *Mohammeds Berufung* gewidmet (1908 im zweiten Teil der *Neuen Gedichte* publiziert), auf das ich im dritten Teil dieses Essays zurückkommen werde.

(2) Eingeständnis einer *inneren Affinität zum Arabischen*. Rilke fühlte sich zum Arabischen als Sprache intensiv hingezogen, vergleichbar nur dem Russischen, das er für seine beiden Reisen nach Rußland um die Jahrhundertwende gelernt hatte. Er »liebe« das Arabische sehr und fühle sich »seinen Äußerungen so nahe«, daß er »seltsam leicht und fähig, die Sprache zu treiben« begonnen habe, schreibt er noch gegen Ende seines Lebens.[21] Während der Nilreise betreibt er denn auch Grammatik- und Sprachstudien. In Tunis verbringt er ganze Abende damit, »mit den vielen würdig gespannten Zuhörern um den arabischen Vorleser« zu sitzen, »der die Geschichte des Autors warm, heftig, wie was eben erst geschah vor uns brachte und über uns −...«[22]. Später bekennt er: »Trotz der ›Fremde‹ war mir das arabische Wesen, nach dem Russischen, das nächste«.[23] Das Kairouan-Erlebnis dürfte hier prägend gewesen sein. Etwas davon klingt noch nach. Als Rilke in seiner Münchner Zeit dem Maler Paul Klee begegnet, der sein Nachbar in der Ainmillerstraße 34 wird und der sein eigenes Kairouan-Erlebnis 1914 in Bildern verarbeitet hatte, kommt es zu einem bemerkenswerten Austausch. Klee bringt ihm »etwa 60 seiner Blätter − farbige − ins Haus«. Rilke durfte sie monatelang

behalten: »Sie haben mich vielfach angezogen und beschäftigt, zumal soweit Kairouan, das ich kenne, darin noch zu gewahren war —«.[24] Bezeichnend auch, daß der Kunsthistoriker Wilhelm Hausenstein sein nachmals berühmtes Klee-Buch (das Rilke nachweislich ab dem 23. 2. 1921 las)[25] unter den Titel stellte: *Kairuan oder eine Geschichte vom Maler Klee und von der Kunst dieses Zeitalters* (München 1921).

(3) Aus dem Komplex ›Islam‹ filtert Rilke für sich einen Grundgedanken heraus. Nicht theologische Details interessieren ihn, Fragen der Koranexegese, der islamischen Philosophie oder des islamischen Rechts (kein Wort über die Scharia), sondern nur dies eine: Der Islam ist ihm die Religion des »unverstellten Weltraums«, des reinen Kreaturgefühls, das die Erde als das »pure Gestirn« erfahrbar sein läßt. Die Geschöpflichkeit der Erde kann rein und unverstellt erscheinen. Metaphorische Wendungen wie diese lassen aufhorchen und charakterisieren Rilkes Interesse am Islam: »fruchtrundes geschlossenes Christentum«; Gott »von Mohammed her fühlen«; der »vielleicht anwendbarste Gott«. Diese Metaphorik will nicht aufgelöst, sondern im weiteren Werk- und Lebenskontext verstanden sein. Gelegenheit dazu bietet eine zweite Reise Rilkes, auf der es noch einmal zu einer verdichteten Wahrnehmung des Islam kommt: die Reise nach Spanien.

II. Die Reise nach Spanien 1912/1913

Rilke brauchte auch diese neue Landschaft. Denn künstlerisch produktiv war er auch nach der Rückkehr aus Nordafrika nur sehr fragmentarisch geworden. Zwar hatte er den Winter 1911/12 in Abgeschiedenheit auf Schloß Duino verbringen können; hier waren im Januar 1912 der Zyklus *Das Marien-Leben* entstanden, vor allem aber die ersten beiden Elegien. Aber die lyrisch-elegischen Wellen waren dann doch wieder abgeebbt, und Rilke litt aufs neue unter einer Lähmung seiner künstlerischen Kreativität. Eine Reise sollte einmal mehr Abhilfe schaffen.

Dabei ist wichtig zu wissen, was Rilke mittlerweile künstlerisch suchte. Nicht länger zufriedengeben wollte er sich wie in den *Neuen Gedichten* damit, das Diesseitige zu beobachten und es sachlich auszusagen. Er wollte darüber hinausgehen und das Unsichtbare ausdrücken, den Bereich, in dem alles zusammengefaßt war, was hier existierte. Gerade die ersten beiden Elegien hatten diese ›unsichtbare‹ Wirklichkeit als den Raum der Engel beschworen, wo Leben und Tod in eins verschmolzen. Die Aufgabe des Künstlers sieht Rilke darin, diesen Raum zu versprachlichen. Das Menschliche sollte dabei gewissermaßen übersprungen werden, um diesen dichteren, wirklicheren Raum der Wirklichkeit sagbar zu machen. In sein Tagebuch trägt er (Mitte Januar 1913) auf der Spanienreise ein: »Ich, der ich so recht an den *Dingen* mich ans Hiesige gewöhnt habe, ich muß gewiß (und das ist es, was mir so schwer fällt in diesen Jahren) die Menschen überschlagen und gleich zu den Engeln (lernend) übergehen.«[26]

1. Spiegelungen in Briefen auf der Reise

Diese dichtere, wirklichere Wirklichkeit fand er in Spanien, und zwar in *Toledo*, im Toledo El Grecos! Ein Stadt-Bild dieses Malers hatte Rilke nicht mehr losgelassen; um seinetwillen wollte er Spanien mit eigenen Augen sehen. Schon das Gemälde El Grecos ist ungemein expressiv, ja kosmisch; es zeigt die auf steilen Felsen erbaute Stadt Toledo vor dramatischem Wolkenhimmel. Die Anschauung aber übertrifft noch einmal alles. Toledo erweist sich als Stadt, die in der Tat über die Sphäre des Menschlichen hinaus zu den Sternen, in den Weltenraum, zu reichen scheint. Kaum angekommen, schreibt Rilke an Marie von Thurn und Taxis (2. November 1912):

> »Sagen können, *wie* es hier ist, werde ich ja nie, liebe Freundin, (da ist Sprache der Engel wie sie sich unter den Menschen helfen) aber *daß* es ist, daß es *ist*, das müssen Sie mir aufs Gerathewohl glauben. Man kann es niemandem beschreiben, es ist voll Gesetz, ja ich begreife augenblicklich die Legende, daß Gott, da er am vierten Schöpfungstag die Sonne nahm und stellte, sie genau über Toledo einrichtete: so sehr sternisch ist die Art dieses ungemeinen Anwesens gemeint, so hinaus, so in den Raum.«[27]

Die Verwendung *alttestamentlichen Bildmaterials* hält sich nun in der gesamten Korrespondenz aus Toledo durch. Rilke sieht sich in dieser Landschaft an das *Buch Genesis*[28] erinnert und damit an den uranfänglichen Schöpfungsakt Gottes selber. In einem Brief an Lou (am 19. Dezember 1912, schon aus Ronda) vergleicht er die Landschaft von Toledo mit *Moses*, wie er »mit Lichthörnern vom Gebirge« gekommen sei.[29] Magda von Hattingberg gegenüber dieselbe Bildwahl: »Altes Testament«, »unerhörte Nächte«, »wie Moses, mit dem ganzen Gesicht ans Ungeheure verpflichtet«.[30] Nichts sei ihn »seit Rußland« mehr so angegangen wie dieses »unbegreifliche Land«, bekommt Helene von Nostitz zu hören:

> »Man möchte die Bibel aufschlagen und blättern, wo es steht, dort muß es vorkommen. Sie werden an Greco denken –, ja ja, aber *er ist drin*, es hat ihn übertrieben, nicht daß ers zu fassen bekommen hätte. Hier ist etwas, das schon die Intensität des Kunstwerks hat, insofern ich weiß nicht welche Wahrheit der menschlichen Seele darin zur Endgültigkeit gekommen ist, zur Existenz, zu einer Sichtbarkeit, von der man meint, sie müßte, so wie sie da ist, für den Hirten irgendeiner Ziegenheerde und für Gottes Engel, die gleiche sein.«[31]

Kein Wunder, daß das *Alte Testament* nun direkt zu *Rilkes Lektüre* wird. Ab und zu abends nehme er ein Buch vor, schreibt er an Elsa Bruckmann (aus Toledo am 28. 11. 1912), und als einziges sei unter diesen Umständen möglich:

> »das Alte Testament, der Maßstab ist fast der gleiche, man schlägt die Bibel auf und liest in der Landschaft weiter, einer Landschaft, die nicht redet, die prophezeit, über die der Geist ihrer Großheit kommt, überall, vor jedem Tor bricht sie in Größe aus, und die Stadt selbst ist so unmittelbar ohne eine

Schicht, die sie isoliert, auf die Erde, auf die erschaffene Erde gestellt, wie auf alten Kupfern der Turm zu Babel. [...] man denkt an keine Geschichte bei dieser Stadt, sie hat nur Legende; ein Eremit und ein wildes Tier verständigten sich zur Bestattung der ägyptischen Maria, so, meint man, müßten auch hier ein Heiliger und ein Löwe gemeinsam am Werk gewesen sein, damit dies entstehen konnte...«.[32]

Die prophetische Kraft dieser Toledo-Landschaft meint die Unmittelbarkeit der Gottes-Bezeugung. So wie ein Prophet unmittelbar von Gott ergriffen wird und Zeugnis ablegt von Gottes Kraft und Macht, so wohl auch diese Landschaft. Sie verweist auf eine Zeit vor aller Menschenkultur, auf einen Moment ohne Geschichte, den Moment reiner Gottespräsenz. Dies ist es, was Rilke an Toledo erfuhr: dieses Ur-Anfängliche der Schöpfung, diese Gottunmittelbarkeit und damit die Menschenlosigkeit, Geschichtsfreiheit, Religionenlosigkeit. Alles kreist bei Rilke um diesen einen zentralen Gedanken:

»Diese unvergleichliche Stadt hat Mühe, die aride, unverminderte, ununterworfene Landschaft, den Berg, den puren Berg, den Berg der Erscheinung, in ihren Mauern zu halten, – ungeheuer tritt die Erde aus ihr aus und wird unmittelbar vor den Thoren: Welt, Schöpfung, Gebirg und Schlucht, Genesis. Ich muß immer wieder an einen Propheten denken bei dieser Gegend, an einen, der aufsteht vom Mahl, von der Gastlichkeit, vom Beisammensein, und über den gleich, auf der Schwelle des Hauses noch, das Prophezeien kommt, die immense Sehung rücksichtsloser Gesichte –: so gebärdet sich diese Natur rings um die Stadt, ja selbst in ihr, da und dort, sieht sie auf und kennt sie nicht und hat eine Erscheinung.«[33]

Daß es für Rilke eine Korrespondenz zwischen alttestamentlicher und islamisch-arabischer Gottes- und Prophetenerfahrung gab, können wir nach dem Kairouan-Erlebnis unterstellen. Denn das in Toledo evozierte Bild eines Propheten verweist ja zurück auf die Erfahrung in Kairouan: »Der Prophet ist wie gestern, und die Stadt ist sein wie ein Reich«, und das eigene Mohammed-Gedicht von 1907. Ein Bezug zu Arabien wird denn auch von Rilke selber wenigstens kurz angedeutet – und zwar unter Hinweis auf eine legendäre Überlieferung über El Greco. Am 14. November 1912 an die Freundin Mathilde Vollmoeller aus Toledo:

»Die wunderliche Notiz auf der großen Ansicht Toledo's, wo Greco sich geradezu optisch über das Auftreten himmlischer Figuren äußert und darüber, wie sie für unser Auge sich verhalten, hat nichts Erstaunliches mehr wenn man nur drei Tage in Toledo gewohnt hat; es ist hier jene durchaus nicht vague, jene genaue, wie soll man sagen: unter Gesetzen vor sich gehende Phantastik, in die hinein etwa Lionardo sich der Neugierde, der Malerei und der bloßen Schönheit entzog, und, da man doch nun einmal immer von einer räthselhaften Reise fabelt, die ihn z.B. nach Arabien gebracht hat, so macht es mir Freude zu erfinden, er sei *hier* gewesen, hätte hier die arabische Schrift und die verschlun-

gene Vegetation ihrer alten Geheimnisse durchforscht, hätte sich das Profil
dieser Brücken eingeprägt und den reinen Begriff dieser Mauern; denn ich
kann mir keinen Ort vorstellen, der seinem Herzen so genügt hätte, indem hier
das bloß Entsprechende so vollkommen entsprach, daß es, vorhanden, nicht
mehr sich bedeutete, sondern über sich hinaus gültig wurde, – etwa wie die
Erde, wo sie nur Erde ist, aber dieses rein und dringend und unbeirrt, am
nächsten daran ist, als Gestein zu wirken und im Raum ein sternisches Gesicht
zu haben.«[34]

Rilke wollte ursprünglich den ganzen Winter in dieser »unvergleichlichen Stadt«
verbringen, doch die Kälte treibt ihn weiter nach Süden. Ganze vier Wochen
hält er es in Toledo aus, dann macht er sich über Córdoba auf nach Sevilla, wo er
fünf enttäuschende Tage verbringt, um schließlich ganz im Süden in der Toledo-
ähnlichen Berg- und Felsenstadt Ronda zu landen, nur wenige Stunden vom
britischen Gibraltar entfernt. Hier findet er ein Klima, das ihm zusagt, und ein
Hotel, in dem sich leben läßt, Reina Victoria, von den Engländern erbaut.
Die nächsten Wochen (9. Dezember 1912 bis 19. Februar 1913) verbringt Rilke
hier.

Auf der Reise nach Ronda, in *Córdoba*, geschieht nun etwas Neues, aber aufgrund der Vorgeschichte doch nicht Unerwartetes. Wurde Toledo mit Hilfe
alttestamentlicher Bilder zu deuten versucht, so kommt es in Córdoba zu einer
neuen Wahrnehmung des Islam, gleichzeitig aber auch zu einer scharfen Distanz
zum Christentum. Córdoba ist denn auch bis heute eine Stadt von einzigartiger
Bedeutung für Judentum und Islam – mitten im christlichen Spanien. Es ist die
Stadt von Averroës (geboren in Córdoba 1126) und Maimonides (geboren in
Córdoba 1135). In Córdoba steht das größte architektonische Zeugnis muslimischer Kultur in Spanien (neben der Alhambra in Granada): die in maurischem Stil
errichtete Moschee La Mezquita mit ihren über 1200 überwältigend schönen
Säulen und Rundbögen. Die *Reconquista* aber hatte dazu geführt, daß in diese
riesige Moschee ein christlicher Sakralraum barocken Stils hineingeschlagen
wurde. Und genau dies ist es, was Rilke auf seinem Besuch am 1./2. Dezember
1912 zutiefst empört. Als er die Mezquita betritt, mischt sich in das Überwältigt-
sein durch die muslimische Architektur ein Mißbehagen gegenüber einem
Christentum, das diesen Raum vergewaltigt hatte:

»Diese Moschee; aber es ist ein Kummer, ein Gram, eine Beschämung, was
man daraus gemacht hat, diese in das strähnige Innere hineinverfitzten Kirchen, man möchte sie auskämmen wie Knoten aus schönem Haar. Wie große
Brocken sind die Kapellen der Dunkelheit im Hals stecken geblieben, die darauf angelegt war, Gott fortwährend mild zu verschlucken wie Saft einer Frucht
die zergeht. Noch jetzt wars rein unerträglich, die Orgel und das Respondieren
des Chorherren in diesem Raum zu hören [...], das Christenthum, dachte man
unwillkürlich, schneidet Gott beständig an wie eine schöne Torte, Allah aber
ist ganz, Allah ist heil.«[35]

Marie von Thurn und Taxis bestätigt Rilke in seiner Christentumskritik:
   »Wie schade daß Sie mir nicht Ihren Brief von Cordoba schickten – aber auch
   mit dem Sevillaner bin ich sehr zufrieden – war gerade so unglücklich und
   wüthend wie Sie über die Moschee – die Heiligste vom westlichen Islam – der
   Eckel vor den Menschen welche dieses Wunder vernichten wollten kann nur
   dadurch gemildert werden daß es doch wieder Menschen waren die es ge-
   schaffen hatten«[36]
Vielleicht hat diese Bekräftigung der Kritik Rilke ermutigt, gleich im nächsten
Brief an die Fürstin, schon aus Ronda, in Sachen Córdoba direkt polemisch zu
werden, jetzt sogar den Islam gegen das Christentum ausspielend:
   »Übrigens müssen Sie wissen, Fürstin, ich bin seit Cordoba von einer beinah
   rabiaten Antichristlichkeit, ich lese den *Koran*, er nimmt mir, stellenweise, eine
   Stimme an, in der ich so mit aller Kraft drinnen bin, wie der Wind in der Orgel.
   Hier meint man in einem Christlichen Lande zu sein, nun auch hier ists längst
   überstanden, christlich wars [...] Jetzt ist hier eine Gleichgültigkeit ohne Grenzen, leere Kirchen, vergessene Kirchen, Kapellen die verhungern, – wirklich
   man soll sich länger nicht an diesen abgegessenen Tisch setzen und die Finger-
   schalen, die noch herumstehen, für Nahrung ausgeben. Die Frucht ist ausge-
   sogen, da heißts einfach, grob gesprochen, die Schalen ausspucken. Und da
   machen Protestanten und amerikanische Christen immer noch wieder einen
   Aufguß mit diesem Theegrus, der zwei Jahrtausende gezogen hat. Mohammed
   war auf alle Fälle das Nächste, wie ein Fluß durch ein Urgebirg, bricht er sich
   durch zu dem einen Gott, mit dem sich so großartig reden läßt jeden Morgen,
   ohne das Telephon ›Christus‹, in das fortwährend hineingerufen wird: *Holla,
   wer dort?*, und niemand antwortet.«[37]
Machen wir uns die Stichworte dieser Christentumskritik noch einmal bewußt:
– Das Christentum schneidet »Gott beständig an wie eine schöne Torte«. Die
Metaphorik suggeriert die Vorstellung, daß Gott im Christentum benutzt, ver-
braucht, ja wie zum Verzehr zerstückelt wird. Dem entspricht die im *Malte*-
Roman gestellte Frage: »Ist es möglich, zu glauben, man könne einen Gott haben,
ohne ihn zu gebrauchen?«[38]
   – Das Christentum ist wie eine »ausgesogene Frucht«, wie ein Teebeutel, der
jahrtausendelang aufgebrüht wurde, nun aber sein Aroma endgültig verloren hat.
Rilke gibt seiner Überzeugung Ausdruck, religionsgeschichtlich in einer Spätzeit
zu leben, in einer nach-christlichen Zeit, die dann Rückgriffe auf vor-christliche
(antike, jüdische), nach-christliche (islamische) oder außer-christliche (buddhi-
stische, mexikanische) Erfahrungsmodelle nötig macht.
   – Das Christentum hat in Christus eine Art »Telephon«, also ein Mittel der
Kommunikation mit Gott. Aber aus diesem Instrument gibt Gott keine Antwort.
Christologie ist bei Rilke eine Art »Verengung« Gottes, die Kommunikation mit
Gott nicht stiftet, sondern verhindert. Die »Heterodoxie« Rilkes[39] dürfte hier
ihren stärksten Anhalt haben.

Gegen diese Negativfolie des Christlichen wird der *Islam* als das *große Kontrastbild* evoziert. Rilke argumentiert nicht religionstheologisch, nicht aufgrund profunder Kenntnisse von Koranologie, islamischer Philosophie- und Rechtsgeschichte, sondern aus einer unmittelbaren Negativerfahrung des Christlichen. Sein Islam-Bild ist kein religionswissenschaftlich abgesichertes, sondern ein religionsästhetisches, hängt im wörtlichen Sinn von konkreten Wahrnehmungen ab. Die vergewaltigte Moschee in Córdoba ist für ihn Ausdruck einer Vergewaltigung Gottes durch das real existierende Christentum, in der der Reisende seine eigene Verletzungs- und Vergewaltigungsgeschichte wiedererkennt. Er nimmt Partei für den Islam, weil und insoweit er sich von einer christlichen Superioritätsgeschichte distanzieren kann, deren Opfer er selber ist. Nur so ist ja die gewählte kontrastive Metaphorik mehr als naive Islamophilie:

– Allah ist »ganz«, Allah ist »heil«, das heißt: Dieser Gott ist gerade nicht wie eine Torte anschneidbar und verbrauchbar.

– Der Koran ist eine »Stimme«, in der man »mit aller Kraft drinnen« sei, »wie der Wind in der Orgel«: dies ist das Gegenbild zu einer geistig-spirituell ausgezehrten Form von Religion.

– Der Prophet ist eine Gestalt religiöser Kraft und Macht. Hatte Rilke im Berufungs-Gedicht bei Mohammed sich noch ganz auf den Moment der göttlichen Inanspruch-Nahme konzentriert (parallel der Berufung des Künstlers), vergleicht er den Propheten jetzt mit einem Fluß, der sich durch ein Gebirge »durchgebrochen« hat. Auch hier dürfte die Metaphorik kontrastiv-erfahrungsbezogen sein. Möglicherweise aber liegt auch eine literarische Anspielung vor. Denn der erste Schriftsteller, der in der deutschen Literatur das Fluß-Bild zur Deutung des Propheten Mohammed brauchte, war Goethe, der für sein geplantes (aber nie vollendetes) Mahomet-Drama einen Gesang schrieb, in dem das Propheten-Ereignis als Prozeß eines anschwellenden und durchbrechenden Flusses beschrieben wird (*Mahomets Gesang*).[40]

Gott durch den Menschen wirken zu lassen, nicht Gott zu brauchen und zu verbrauchen; sich von Gott ergreifen und erschüttern lassen, nicht nach Sünden in sich suchen, um dann Vergebung und Erlösung anzustreben – das war wohl das Entscheidende, was Rilke am Islam anziehend fand. Unmittelbarkeitsreligion gegen Mittlerreligion – auf diese Formel könnte man wohl den Gegensatz bringen, eine Unmittelbarkeit der Anwesenheit des Schöpfergottes und der prophetischen Kraft, die Rilke schon in Kairouan (»unverstellter Weltraum«) und dann in den Landschaften von Toledo und Ronda offensichtlich körperlich spürte. Es ist von daher kein Zufall, daß Rilke gerade aus Ronda an Marie von Thurn und Taxis schreiben kann (14. Januar 1913): »sowenig ich zwischen mir und Gott den Priester brauchen kann, sowenig wäre da der Arzt möglich; ich steh körperlich zu meiner Natur, wie seelisch zu Gott, unendlich unmittelbar. Nur ists schwerer so, aber genau, auf Leben und Tod.«[41]

2. Die Lektüre auf der Reise: Koran, Stifter

Spiegelungen in Briefen sind das eine; Lektüreerfahrungen sind das andere. Auch hier gibt es Beachtliches für unser Thema. Die Reise durch Al-Andaluz, insbesondere nach Córdoba, führt Rilke nämlich nicht nur zur Lektüre des Alten Testamentes, sondern ebenfalls zum *Studium des Koran.* Erstmals, wenn ich richtig sehe, wird jetzt die Koran-Lektüre von Rilke direkt bezeugt. Vergegenwärtigt man sich die Chronologie des Ronda-Aufenthalts, so ergibt sich: 9. Dezember Ankunft in Ronda, acht bzw. zehn Tage später wird an die Fürstin beziehungsweise an Lou Andreas-Salomé berichtet: »... ich lese den Koran, er nimmt mir, stellenweise, eine Stimme an, in der ich so mit aller Kraft drinnen bin, wie der Wind in der Orgel.«[42] Und: »hier les ich den *Koran* und staune, staune –, und habe wieder Lust zum Arabischen.«[43]

Die genaue Chronologie ist wichtig, weil mit der Datierung feststeht, daß die intensive Koranlektüre *vor* allen literarischen Texten steht, die – rund 20 an der Zahl – erst im Januar 1913 in Ronda zu entstehen beginnen. Auch der Koran kann deshalb so etwas wie einen hermeneutischen Raum für die weiteren Texte bilden, hat in jedem Fall Anteil an der Suchbewegung nach der eigenen Sprache Rilkes, ist möglicher Prä- oder Subtext für Rilkes eigene Textgestaltung.

Eine weitere Lektüre ist für unseren Zusammenhang wichtig, worauf schon Joachim W. Storck in seiner erhellenden kleinen Studie über Rilkes »Lesewinter« in Ronda (1980) hingewiesen hat: *Adalbert Stifter.* Ausdrücklich läßt Rilke sich nämlich durch seinen Verleger Kippenberg Stifter-Bände nach Ronda kommen. Deren Lektüre soll ihm, der sich im südlichen Spanien »von einem unerklärlichen Gefühl der Fremdheit« angefallen sieht – angesichts der »Einflüsse einer mich großartig überholenden Natur« – wieder etwas »Vertrauliches« vermitteln, eine Art Gegengewicht bilden gegen die Gewalt und das Übermaß dieser Landschaft.[44] Doch so ›traulich‹ dürfte die Stifter-Lektüre nicht ausgefallen sein. Sicher nicht das Studium der Erzählung *Abdias* (1842) aus dem Stifter-Band *Studien,* die Geschichte von einem in Nordafrika in muslimischem Kontext lebenden Juden, an dem sich Hiobs Schicksal wiederholt. Selber wirtschaftlich erfolgreich, verliert dieser Abdias durch Pocken seine körperliche Ansehnlichkeit, so daß sich seine Frau Deborah von ihm abwendet. Ein Überfall von Räuberbanden beraubt ihn fast seines gesamten Vermögens; seine Frau stirbt vor der Zeit, nicht ohne ihm das Töchterchen Ditha zu hinterlassen, ein ungewöhnliches, mit übersinnlichen Fähigkeiten ausgestattetes Kind, das dem Vater aber, der nach Europa auswandert, ebenfalls vor der Zeit stirbt.

Eine ganz und gar unheimliche Geschichte also, an der Stifter (wie wir seinen Eingangsseiten entnehmen können) die Frage nach dem letzten Grund von Geschichte überhaupt aufwerfen will: Warum sind Unglück und Glück so unterschiedlich verteilt? Warum Segen heute und morgen das Entsetzliche, das Ungeheure? Wird alles durch ein Fatum regiert, einen »furchtbaren letzten star-

ren Grund«, über den man als Mensch nicht hinaussieht?[45] Oder gibt es ein
Schicksal, also etwas »von einer höheren Macht Gesandtes«? Oder gibt es doch
die große Kette von Ursache und Wirkung, und wir Menschen überschauen sie
nur nicht mit unserer begrenzten Vernunft? Stifter selber liefert die Antwort
nicht. Er erzählt bloß eine Geschichte, davon überzeugt, daß der Leser »in ein
düsteres Grübeln hinein gelockt« werde über »Vorsicht, Schicksal und letzten
Grund aller Dinge«.[46]

Es liegt nahe, daß Rilke in diesem Text eine Affinität zu seiner eigenen grüb-
lerischen Stimmung in Ronda erkannt haben dürfte. Schon landschaftlich verweist ja Ronda hinüber in die Heimat des Abdias. Die von Stifter beschriebene
Naturerfahrung dürfte der Rilkes in Südspanien kongruent gewesen sein:

> »Aber es liegt auch wirklich etwas Schauderndes in der gelassenen Unschuld,
> womit die Naturgesetze wirken, daß uns ist, als lange ein unsichtbarer Arm aus
> der Wolke, und tue vor unsern Augen das Unbegreifliche. Denn heute kömmt
> mit derselben holden Miene Segen, und morgen geschieht das Entsetzliche.
> Und ist beides aus, dann ist in der Natur die Unbefangenheit, wie früher.«[47]

Dies dürfte Rilkes eigener Unfähigkeit entsprochen haben, mit diesem Ort Spaniens, dieser auf zwei steilen Felsmassen »aufgehäuften Stadt«, dieser »unerhörten
Umgebung«, diesen »im Umkreis aufgeschlagenen Bergen« innerlich zurecht zu
kommen. Über Toledo hatte er noch geschrieben, daß wohl nur ein Heiliger und
ein Löwe eine solche Stadt hätten gründen können, legendarische Figuren also.
Ronda mit seinen »enormen steilen Gebirgsmassiven« löst die gleiche Assoziation
in ihm aus. Nur der »unaufhörlich erhobene Heilige oder der ohne Aussicht
aufgelehnte Held« seien »auf der Höhe dieser Umgebungen«, schreibt er an Katharina Kippenberg[48] und an Magda von Hattingberg schon in der Rückschau:

> »plötzlich in Ronda [...] wurde mir klar, daß mein Sehen überladen sei, auch
> dort noch ging der Himmel so großartig vor und die Wolkenschatten zogen
> einen solchen Ausdruck über das Wesen der Erde –, ach da saß ich und war wie
> am Ende meiner Augen, als müsste man jetzt blind werden um die eingenom-
> menen Bilder herum, oder, wenn schon Geschehen und Dasein unerschöpf-
> lich sind, künftig durch einen ganz anderen Sinn die Welt empfangen.«[49]

Seltsame Affinitäten aber auch zwischen der Stifter- und der Koran-Lektüre,
wenn Rilke bei Stifter eine direkte Analogie zwischen seinem Helden Abdias und
dem Propheten Mohammed gezogen sieht. Diese maghrebinisch-islamische
Welt des Abdias hatte offensichtlich direkt zu tun mit dem, was er in dieser spanischen Landschaft erlebte, und dem, was er der Koran-Lektüre entnimmt. Bei
Stifter wörtlich:

> »Er zog Land aus, Land ein, über Wässer und Ströme, aus einer Zeit in die
> andere – er kannte keine Sprache, und lernte sie alle, er hatte kein Geld, und
> erwarb sich dasselbe, um es in Klüften, die er wieder fand, zu verstecken, er
> hatte keine Wissenschaft, und konnte nichts, als, wenn er auf seinem hagern
> Kamele saß, die feurigen Augen in die große, ungeheure Leere um sich richten

und sinnen, er lebte sehr dürftig, daß er oft nichts anders hatte, als eine Hand
voll trockener Datteln, und doch war er so schön, wie einer jener himmlischen
Boten gewesen ist, die einstens so oft in seinem Volke erschienen sind. So hat
auch einmal jener Mohammed, wenn er Tage lang, Wochen lang allein war,
bloß mit seinem Tiere in dem weiten Sande, die Gedanken gesonnen, die dann
eine Flamme wurden und über den Erdkreis fegten.«[50]
Ein seltsames hermeneutisches Dreieck: Abdias – Mohammed und der Reisende
in Ronda. Mit Joachim W. Storck wird man sagen können: Abdias, diese
»alttestamentarisch angelegte Schicksalsgestalt, in der die Thematik von Hiobs
Leiden wie auch der versäumte Anspruch einer prophetischen Auserwähltheit
nachklingen, mußte Rilke in einer ungeahnten Entsprechung zu der Umwelt,
worin er ihr lesend begegnete, erscheinen. ›Fremdartig‹ ist schon seine nord-
afrikanische Herkunft, mehr aber noch, be-fremdlich, die aride Härte seines
Schicksals; in dieser Erzählung, die auch innerhalb des Spielraumes der ›Studien‹ selbst von ungewöhnlicher Fremdheit ist, treten die ›fremdartigen‹, ja
›gefährlichen‹ Dinge besonders stark und bewegend zutage. Wie nah Rilke
gerade damals, in Ronda, dem Raum, Thema und Geist dieses vieldeutigen
Meisterwerkes von Stifters Erzählkunst verbunden sein mußte, das bezeugt
gerade sein sehr persönlich geartetes, weniger christliches als alttestamentlich-
orientalisch geprägtes Spanienerlebnis.«[51]

3. Die literarischen Texte auf der Reise: Ronda

Briefäußerungen, Lektüreeindrücke sind wichtig. Wichtiger noch sind literarische Texte. Was ist in Ronda entstanden? Und lassen sich Beziehungen zwischen
diesen Arbeiten sowie der Islam-Erfahrung bzw. der Koran-Lektüre herstellen?
Die Chronologie erlaubt zumindest ja den Versuch, die literarischen Texte im
Lichte auch der Koranlektüre zu lesen. Aber diese komparatistische, koranologi-
sche und philologische Arbeit kann ich hier nur als Desiderat der weiteren
Forschung andeuten. In Gedichten wie *Spanische Trilogie*, *An den Engel* oder *Auferweckung des Lazarus* scheinen mir Strukturanalogien zwischen dem koranischen
Engel-, Transzendenz- und Schöpfungsverständnis und Rilkes Gedichten nach-
weisbar zu sein. Doch eine genauere Forschung wird hier Präziseres zeigen
müssen. Diese Aufgabe wird freilich dadurch erschwert, daß die von Rilke in
Spanien benutzte Koran-Ausgabe nicht mehr vorhanden ist. Es dürfte sich um
eine französische Ausgabe gehandelt haben, die aber zusammen mit der gesamten
Pariser Bibliothek Rilkes 1914 durch Versteigerung verloren ging. Damit sind wir
der Möglichkeit beraubt, über die wir im Fall etwa von Goethe noch verfügen –
Leseeindrücke zu rekonstruieren und etwa über Anstreichungen in der Koran-
Ausgabe die Kenntnis einzelner Stellen genauer zu eruieren.
    Aber schon jetzt läßt sich sagen: Es dürfte kein Zufall sein, daß Rilke im Kon-
text der Koran-Lektüre ein Gedicht wie *An den Engel* schreibt, womit der

Kontakt zu den Engel-Texten aus Duino wiederhergestellt ist. Wer könnte die Parallelen zwischen der Ersten Elegie (in Duino entstanden) und dem *Engel*-Gedicht aus Ronda übersehen, wenn es heißt:

> [...] Engel, klag ich, klag ich?
> Doch wie wäre denn die Klage mein?
> Ach, ich schreie, mit zwei Hölzern schlag ich
> und ich meine nicht, gehört zu sein.
>
> Daß ich lärme, wird an dir nicht lauter,
> wenn du mich nicht fühltest, weil ich *bin*.
> Leuchte, leuchte! Mach mich angeschauter
> bei den Sternen. Denn ich schwinde hin.[52]

Die Nähe seines Engel-Verständnisses zum Islam bestätigt denn auch Rilke selber, wenn er in später Zeit, im November 1925, seine dann vollendeten *Duineser Elegien* so erklärt: »Der ›Engel‹ der Elegien hat nichts mit dem Engel des christlichen Himmels zu tun (eher mit den Engelsgestalten des Islam)«.[53] Ja, in dieser Zeit hatte Rilke bereits noch einmal sein Gottesverständnis präzisiert, und zwar im *Brief des jungen Arbeiters* von 1922, in dem es ebenfalls (offensichtlich autobiographisch mitmotiviert) einen bemerkenswerten Zusammenhang von Christentumskritik und Islamlob gibt:

»Wenn ich sage: Gott, so ist das eine große, nie erlernte Überzeugung in mir. Die ganze Kreatur, kommt mir vor, sagt dieses Wort, ohne Überlegung, wenn auch oft aus tiefer Nachdenklichkeit. Wenn dieser Christus uns dazu geholfen hat, es mit hellerer Stimme, voller, gültiger zu sagen, um so besser, aber laßt ihn doch endlich aus dem Spiel. Zwingt uns nicht immer zu dem Rückfall in die Mühe und Trübsal, die es ihn gekostet hat, uns, wie er sagt, zu ›erlösen‹. Laßt uns endlich dieses Erlöstsein antreten. – Da wäre ja sonst das Alte Testament noch besser dran, das voller Zeigefinger ist auf Gott zu, wo man es aufschlägt, und immer fällt einer dort, wenn er schwer wird, so grade hinein in Gottes Mitte. Und einmal habe ich den Koran zu lesen versucht, ich bin nicht weit gekommen, aber so viel verstand ich, da ist wieder so ein mächtiger Zeigefinger, und Gott steht am Ende seiner Richtung, in seinem ewigen Aufgang begriffen, in einem Osten, der nie alle wird. Christus hat sicher dasselbe gewollt. Zeigen.«[54]

Es dürfte ebenso kein Zufall sein, daß im Kontext der Koran-Lektüre ein Gedicht wie *Auferweckung des Lazarus* entsteht, in dem Rilkes kritische Auseinandersetzung mit Christus als Gottessohn wieder aufgenommen ist. Rilke beschreibt ja in diesem Text Christus als denjenigen, der die Erlöser- und Wundertäterrolle gar nicht ausüben will. Das Lazarus-Wunder ist ihm das Unerlaubte, widerwillig an der Natur Vollzogene. Dieses kritische Christusverständnis entspricht strukturell der jüdischen und islamischen Christologiekritik und hat tiefe Wurzeln bei Rilke selber. Die Frage drängt sich von daher förmlich auf: Was sind die Wurzeln von Rilkes Christentums-Kritik einerseits und seinem sehr spezifischen Christentums-Verständnis andererseits? Welche Erfahrungen steckten dahinter? Und ergibt sich aus Rilkes Entwicklung eine Strukturanalogie zu Judentum und Islam, so daß es bei dem in Córdoba erfolgten Ausbruch an ›rabiater Antichristlichkeit‹ nicht zufällig gleichzeitig zu positiv besetzten Bildern vom Alten Testament und vom Koran kommt?

III. Zur Genese von Rilkes Christentumskritik

Alle psychologischen Spekulationen über Rilkes religiöse und familiäre Sozialisation lasse ich hier beiseite, insbesondere die katholische Erziehung, die er durch seine Mutter erfuhr. Ich verweise lediglich auf die frühen christentumskritischen Texte. So das »Glaubensbekenntnis« des 18jährigen, in dem er sich bereits von der Welt der »lippenfrommen Christen« entschieden distanziert, oder auf das im selben Jahr entstandene Abschiedsgedicht an das Christus-Dogma der Kirche oder an die zwischen 1896 und 1898 geschriebenen (zu Lebzeiten niemals veröffentlichten) *Christusvisionen*, in denen Rilke programmatisch auf dem Prager Judenfriedhof seinen Jesus einen »armen Juden«, nicht den »Erlöser« sein und darüber hinaus erkennen läßt, daß der Himmel »leer« sei und Gott niemals existiert habe. Dieses Motiv von Christus als Entdecker der Nicht-Existenz Gottes verweist nicht nur zurück in eine große europäische Motivtradition (Jean Paul, Madame de Staël, Gérard de Nerval, Alfred de Vigny), sondern voraus in Rilkes eigene Werkgeschichte. Im Mai / Juni 1906 wird in Paris das Gedicht *Der Ölbaum-Garten* entstehen, in dem dieses Motiv noch einmal aufgenommen und verstärkt ist.[55]

Diese schon früh entwickelte Ablehnung alles »Mittlerischen« in der Religion sowie umgekehrt die Faszination für alles Gottunmittelbare erklärt auch Rilkes werkgeschichtlich erste Anspielungen auf den Islam. Schon im frühen Gedichtband *Larenopfer* (1895) hat er einmal in einem Widmungsgedicht *An Julius Zeyer*, einem tschechisch-jüdischen Dichter, vom »Alhambrahof« gesprochen und den Angeredeten als »echten Orientalen« bezeichnet.[56] Im Buch »Von der Pilgerschaft« (1901), Teil des *Stunden-Buchs*, hatte er Menschen an einem »Pilgermorgen« so beschrieben:

> Bärtige Männer, welche sich verneigen,
> Kinder, die ernsthaft aus den Pelzen steigen,
> und in den Mänteln, schwer von ihrem Schweigen,
> die braunen Fraun von Tiflis und Taschkent.
> Christen mit den Gebärden des Islam
> sind um die Brunnen, halten ihre Hände

wie flache Schalen hin, wie Gegenstände,
in die die Flut wie eine Seele kam.

Sie neigen das Gesicht hinein und trinken,
reißen die Kleider auf mit ihrer Linken
und halten sich das Wasser an die Brust
als wärs ein kühles weinendes Gesicht,
das von den Schmerzen auf der Erde spricht.[57]

Ingeborg Solbrig hat in ihren beiden hier einschlägigen Aufsätzen darauf hingewiesen, daß Rilke auf seinen Rußlandreisen wohl nicht nur mit der Tradition der
christlichen Ostkirche, sondern auch mit islamischen Volksgruppen in Berührung gekommen ist. Für seine Kenntnisse des Orientalisch-Islamischen dürfte
sich darüber hinaus die Beziehung zu Lous Ehemann, Friedrich Carl Andreas,
einem Orientalisten vom Fach, ausgewirkt haben. Andreas war zu Beginn der
Bekanntschaft mit Rilke Lektor am Orientalischen Seminar der Universität Berlin. Im früheren Batavia (heutigen Djakarta) geboren und väterlicherseits aus
einem persisch-armenischen Fürstengeschlecht stammend, wird er, der als einer
der bedeutendsten Iranisten seiner Zeit gilt, 1903 nach Göttingen berufen, wo er
die Professur für westarabische Sprachen und Kulturen übernimmt. Rilke kon-
sultiert ihn gelegentlich bis in seine späten Jahre und erwägt verschiedene Male
ernstlich, mit seiner Hilfe die arabische Sprache zu vertiefen, die er sich in auto-
didaktischen Studien seit Ägypten angeeignet hatte. Nach Solbrig soll Andreas
Rilke auch mit Goethes *West-östlichem Divan* bekannt gemacht haben.

Wie auch immer: Es dürfte auch hier kein Zufall sein, daß Rilke schon 1907 ein
islamisches Thema aufnimmt, und zwar gleich das Ur-Thema schlechthin: die
Berufung des Propheten Mohammed. So lautet ein Gedicht, aufgenommen dann
in den 1908 veröffentlichten zweiten Teil der *Neuen Gedichte*:

Da aber als in sein Versteck der Hohe,
sofort Erkennbare: der Engel, trat,
aufrecht, der lautere und lichterlohe:
da tat er allen Anspruch ab und bat

bleiben zu dürfen der von seinen Reisen
innen verwirrte Kaufmann, der er war;
er hatte nie gelesen – und nun gar
ein *solches* Wort, zu viel für einen Weisen.

Der Engel aber, herrisch, wies und wies
ihm, was geschrieben stand auf seinem Blatte,
und gab nicht nach und wollte wieder: *Lies.*

Da las er: so, daß sich der Engel bog.
Und war schon einer, der gelesen *hatte*
und konnte und gehorchte und vollzog.[58]

Bei der Wahl dieses Sujets mag eine Rolle gespielt haben, daß Rilkes Frau Clara
während des Spätwinters 1906/07 zum ersten Mal Ägypten besuchte. Sein Interesse für Orientalisches wird dadurch neu angeregt worden sein. Ein Schlüsselbrief
an Clara, datiert vom 20. Januar 1907, mit Rilkeschen Meditationen über die
Wüste und das Meer, wird man als Vorausgriff seiner eigenen Nordafrika-Erfah-
rung deuten können.[59] Rilke hält sich zu dieser Zeit auf der Insel Capri auf, und
hier (18. März 1907) wird auch der Versuch unternommen, den Kuppeln der
Kalifen-Gräber ein eigenes Gedicht zu widmen, das freilich über eine einzige
Zeile nicht hinauskommt: »Der ganze Raum wird Frucht um diese Kerne«.[60] In
der Pariser Zeit dürfte Rilke auch – durch den Bildhauer Rodin, dessen Sekretär
er im Winter 1905/06 war – die französische Ausgabe der muslimischen Märchensammlung *Tausendundeine Nacht* kennengelernt haben, besorgt von Dr.
Mardrus, deren Vortrefflichkeit er noch in einem Brief an Nanny Wunderly-
Volkart von Anfang 1920 rühmt.[61] Auguste Rodin ist es auch, dem gegenüber
Rilke am 7. Oktober 1910 die »l'exposition musulmane« lobt, die ihm »de vrais
merveilles« bereitet habe.[62] Und diese Ausstellung fand in München statt. Der-
selbe Brief an Rodin läßt überdies erkennen, daß Rilke in der Zeit seines
Umgangs mit diesem großen Künstler auch über islamische Kunst gesprochen hat
und Lektüre-Studien in der Bibliothèque Nationale getrieben haben muß, bekanntlich der bevorzugte Ort für die meisten seiner Quellenstudien im Zusammenhang der *Aufzeichnungen des Malte Laurids Brigge*. Für das Ende August 1907
entstandene Gedicht *Mohammeds Berufung* können wir also Islamkenntnisse, insbesondere Grundzüge der Prophetenbiographie, voraussetzen.

Rilkes Mohammed-Gedicht ist denn auch in der Tat eine präzise poetische
Auslegung des Anfangs von Sure 96. Erstmals erscheint der Engel und bringt dem
überwältigten Propheten die Botschaft von seiner Berufung: die von Ewigkeit
existierenden göttlichen Worte zu lesen, um sie weiterzugeben:

»Im Namen Gottes, des Erbarmers, des Barmherzigen.
Lies im Namen deines Herrn, der erschaffen hat, den Menschen erschaffen hat
aus einem Embryo. Lies. Dein Herr ist der Edelmütigste, der durch das
Schreibrohr gelehrt hat, den Menschen gelehrt hat, was er nicht wußte. Nein,
der Mensch zeigt ein Übermaß an Frevel, daß er meint, er wäre auf niemanden
angewiesen. Zu deinem Herrn erfolgt die Rückkehr.«[63]

Annemarie Schimmel und Ingeborg Solbrig haben dieses Gedicht ausführlich
interpretiert und zeigen können, wie präzise Rilke offensichtlich den Koran an
dieser Stelle gekannt, ja auch mit zumindest populärer Islam-Literatur vertraut
gewesen sein mag. Solbrig verweist auf Parallelen zwischen Rilkes Berufungs-
Gedicht und einer der populärsten frühen positiven europäischen Lebensbe-

schreibungen Mohammeds *La vie de Mahomed* von Henri Comte de Boulainvilliers, erschienen in Holland 1730. Annemarie Schimmel liefert eine Erklärung für eine beim ersten Lesen des Gedichtes in der Tat fremde Wendung: das kursiv gesetzte »*hatte*« in der vorletzten Zeile der letzten Strophe. Diese Zeile sei – so die Orientalistin – »ganz islamisch empfunden: Die Botschaft kommt ihm [dem Propheten] als Erinnerung an den ›Urvertrag‹ zwischen Gott und Mensch (Sure 7, 171), jenen Moment, da der noch ungeschaffene Mensch sich zur Anerkennung der absoluten Herrschaft Gottes bekannt hat und den jeder Prophet seiner Gemeinde wieder ins Gedächtnis ruft.«[64]

Ich füge noch einen weiteren Aspekt in der Auslegung dieses Gedichtes hinzu: Man wird dieses Berufungs-Gedicht – wie andere Gedichte aus *Der Neuen Gedichte anderer Teil* (zum Beispiel *Jeremia*, *Don Juans Auswahl*) – auch im Kontext von Rilkes Auseinandersetzung mit dem Thema ›Berufung des Künstlers‹ zu lesen haben. Rilke ist ja in diesem Gedicht ganz und gar konzentriert auf den Moment, als ein Mensch durch einen Boten Gottes eine Offenbarung erhält, die sein Leben verändert – ganz wie es auch dem Künstler ergeht, dessen Leben durch eine ›Offenbarung‹ verändert wird und der die Berufung fühlt, das Wort zu verkünden, sei es gelegen oder ungelegen. In einem Brief an Marie von Thurn und Taxis (31. 5. 1911) wird Rilke die Berufung des Künstlers ausdrücklich mit der von Mohammed vergleichen: »über den Künstler muß es doch kommen, so gut wie über Mohammed mindestens«; und das würde für Rilke die »Aufgabe« bedeuten, »die immer da ist und immer genau und immer verlangend«.[65]

IV. Konsequenzen für den religionstheologischen Diskurs der Zukunft

Der Komplex Rilke und die christliche Tradition ist hier nicht auch nur annähernd darstellbar. Aus diesem Komplex kann ich mich nur auf eine Dimension beschränken. Sie betrifft das Verhältnis von christlichen und nichtchristlichen Traditionen, wie es Rilke sah. Ich fasse thesenartig zusammen:

(1) *Zur Christologiekritik.* Nach jahrhundertelanger Apologetik (Christologiekritik von Judentum und Koran ist häretisch oder defizitär) hat die historisch-kritisch arbeitende Theologie begonnen, die eigenen Quellen neu zu untersuchen. Die Berechtigung der auch von Rilke gespiegelten jüdisch-islamischen Christologiekritik wird heute weitgehend anerkannt. Eine breite innerchristliche Forschung hat sich dem Thema ›Jesus der Jude‹ gewidmet. Eine ebenso bemerkenswerte Forschung hat die Christologiekritik des Koran nicht länger als Häresie abgestempelt, sondern als vom historischen Jesus her berechtigt sowie mit der frühen Geschichte des Neuen Testaments vereinbar erkannt. »Christus hat sicher dasselbe gewollt. Zeigen« – dieser Satz Rilkes über den geschichtlichen Jesus dürfte heute auch innertheologisch konsensfähig sein, ohne die weitere christo-

logische Entfaltung abzuwerten. Das christlich-theologische Gespräch mit Judentum und Islam verläuft heute auf der Linie von Rilkes Kritik an der
Vergottung Christi, an der Deifizierung seiner Person.[66] Das Verhältnis von Monotheismus und Christologie wird im Lichte der jüdischen und islamischen
Trinitätskritik heute neu durchdacht. Selbstkritisch wird von christlichen Theo-
logen eingestanden, daß Christologie in der Tat nicht selten zu einer Verengung
oder gar Verdrängung der Größe, Unbegreiflichkeit und Unausschöpflichkeit
Gottes geführt hat. Diese selbstkritische Überprüfung der eigenen Glaubensquel-
len und Glaubensüberlieferungen ist ein wesentlicher Glaubwürdigkeitsimpuls
im interreligiösen Gespräch. Voraussetzung des interreligiösen Gespräches ist die
Fähigkeit zur Selbstkritik an der eigenen Tradition nach dem Kriterium des Ur-
sprünglichen und Authentischen.

(2) Die noch zu Rilkes Zeiten dominierende christlich-eurozentrische Supe-
rioritätsideologie (Kolonialismus, Imperialismus, Missionarismus) ist nach den
für Europa katastrophalen beiden Weltkriegen grundsätzlich gebrochen. In beiden christlichen Kirchen begann eine Suche nach einem neuen Verhältnis zu den
nichtchristlichen Weltreligionen, insbesondere nach Gründung des Weltrats der
Kirchen 1948 und dem Zweiten Vatikanischen Konzil 1960-65. Juden und Muslimen wird auch von offizieller kirchlicher Seite jetzt Dialog und Zusammenarbeit angeboten. In der gegenwärtigen Religionstheologie werden sie nicht länger
als Feinde, Heiden oder Abgefallene verurteilt, sondern als Kinder Abrahams
betrachtet, auf dem Weg zu dem einen Gott, der der Bundesgott Abrahams, der
Vater Jesu Christi sowie der barmherzige und gnädige Richter des Propheten
Mohammed ist.[67]

(3) Bei allen Unvereinbarkeiten mit der traditionellen christlichen Dogmatik –
in Sachen Weltreligionen hat Rilke etwas Entscheidendes vorweggenommen, das
theologisch heute weitgehend konsensfähig geworden ist: die respektvolle
Grundhaltung gegenüber Menschen anderer Religionen und Kulturen als auch
die religiöse Grundüberzeugung, Gottes Präsenz in anderen Religionen zu erfahren. Sätze wie »Gott von Mohammed her fühlen«, »Allah ist ganz, Allah ist heil«
oder positive Erwähnungen des Koran oder des Propheten sind für seine Zeit
genauso exzeptionell, wie es seinerzeit Goethes vier Verse im *West-östlichen Divan*
gewesen sein dürften: »Närrisch, daß jeder in seinem Falle / seine besondere Meinung preist. / Wenn Islam gottergeben heißt, / im Islam leben und sterben wir
alle.« Damit wird weder der Austauschbarkeit der Religionen das Wort geredet,
noch das Alte Testament, das Neue Testament und der Koran in drei verschiedene »Götter« auseinandergerissen (so Ulrich Fülleborn[68]), wohl aber mit der
Tatsache ernst gemacht, daß Gotteserfahrung nicht an eine real existierende Reli-
gionsform gebunden ist. Das ist nichts weniger als eine Totalrevision des euro-
zentrischen Anti-Islamismus, der die gesamte christliche Theologiegeschichte
geprägt hat.

(4) Rilkes Rezeption der Religionen (ob Judentum, Islam oder Buddhismus) ist

hochselektiv; gefiltert durch eigene traumatische Christentums-Erfahrungen und eine sehr spezifische poetisch-künstlerische Disposition. So wie er die vorchristliche Offenbarungsquelle, das Alte Testament, liest, so auch die nachchristliche Offenbarungsquelle, den Koran. Im Vorchristlichen wie Nachchristlichen erkennt er eine Auffassung von Gott, die den Menschen direkt mit Gottes Größe, Ungeheuerlichkeit und Unbegreiflichkeit konfrontiert. Er erkennt in Propheten wie Jeremia, Mose oder Mohammed Menschen, die »mit dem ganzen Gesicht ans Ungeheure verpflichtet« sind. Das war eine andere Gotteserfahrung als die, die Rilke im verbürgerlichten und übermoralisierten katholischen Prag kennengelernt haben dürfte. Seine innere Affinität zu vorchristlichen, nachchristlichen und außerchristlichen Traditionen dürfte sich von hieraus erklären; sie sind von spiegelbildlicher Symmetrie zu seinem eigenen Christentums-Bild.

(5) Rilkes Kenntnisse vom Islam und der islamischen Kultur beschränken sich – soweit quellenmäßig belegbar – auf den Koran, die Märchensammlung *Tausendundeine Nacht* sowie auf Grundzüge der Prophetenbiographie. ›Islam‹ ist bei Rilke kein religiös-gesellschaftlicher Komplex, sondern eine Grundidee, die strukturell dem analog ist, was Rilke im Alten Testament oder im ›Judentum‹ verkörpert sah. Stichworte wie »unverstellter Weltraum« deuten an, nach welcher Gott-Mensch-Beziehung Rilke suchte, wenn er ›Islam‹ in seiner mythopoetischen Symbolsprache benutzte.

(6) In der selektiven Hermeneutik, mit der Rilke große religiöse Traditionen beerbt und transformiert, kommt ein modernes Authentizitäts-Bewußtsein zum Ausdruck, poetologisch gesprochen: ein ›neues Lesen‹ der überlieferten kulturellen Zeugnisse. Von Religionen wird akzeptiert, was den eigenen Erfahrungswerten entspricht. Von daher muß man auch die auf den ersten Blick befremdlichen religionsgeschichtlichen Kombinationen verstehen, zu denen Rilke sich verstand:

> »Ich habe ein unbeschreibliches Vertrauen zu jenen Völkern, die nicht durch
> den Glauben an Gott geraten sind, sondern die mittels ihres eigenen Volkstums
> Gott erfuhren, in ihrem eigenen Stamme. Wie die Juden, die Araber, in einem
> gewissen Grade die orthodoxen Russen – und dann, in anderer Weise, – die
> Völker des Ostens und des alten Mexikos. Ihnen ist Gott Herkunft und darum
> auch Zukunft.«[69]

Das Ganze wird aber zusammengehalten von Rilkes Überzeugung, daß man »in allen Tempeln der Erde mit der gleichen Berechtigung, mit dem gleichen Anschluß an das jeweils dort Größte anzubeten« in der Lage sein müsse, wie er dem Schweizer Pfarrer Rudolf Zimmermann am 10. März 1922 schreibt. Dabei fährt Rilke fort:

> »Als ich in Kairouan, im südlichen Tunis, in die gewaltige Haupt-Moschee
> eintrat (sie ist, wie dieser ganze, dem Islam einst, nach Mekka, heiligste Ort,
> *ent*weiht, seit der französischen Invasion), da hatte ich das Gefühl, ich brächte
> in meinem auch dort, und dort erst recht, gültigen Herzen genug Kraft der

unmittelbaren Erhebung mit, um das verödete Gotteshaus der Wiedereinkehr des großen Bezugs, wenigstens für den Augenblick, würdig zu machen.«[70]

Anmerkungen

1 RMR – Lou Andreas-Salomé: *Briefwechsel*. Hrsg. von E. Pfeiffer. Frankfurt am Main 1975 (= LAS), S. 241 (Brief vom 28. 12. 1911).

2 Ebenda.

3 RMR: *Briefe an Sidonie Nádherný von Borutin*. Hrsg. von Bernhard Blume. Frankfurt am Main 1973 (= SNB), S. 324 (Brief vom 21. 1. 1923).

4 Annemarie Schimmel: »Ein Osten, der nie alle wird‹. Rilke aus der Sicht einer Orientalistin«. In: *Rilke heute* ‹I›. *Beziehungen und Wirkungen*. Hrsg. von Ingeborg H. Solbrig und Joachim W. Storck. Frankfurt am Main 1975, S. 183-206. – Ingeborg Solbrig: »Da las er: so, daß sich der Engel bog‹. Zu Rilkes Gedicht *Mohammeds Berufung* (1907)«. In: *Modern Austrian Literature* 15 (1980), S. 33-45. – Dies.: »Gedanken über literarische Anregungen zur verfremdenden Engel-Konzeption des mittleren und späteren Rilke«. In: *Modern Austrian Literature* 15 (1982), S. 277-290. – Joachim W. Storck: »Judentum und Islam in der Sicht Rainer Rilkes«. In: *Rilke heute* ‹III›. *Der Ort des Dichters in der Moderne*. Redaktion Vera Hauschild. Frankfurt am Main und Leipzig 1997, S. 37-78.

5 Reichhaltiges Material dazu bei: Karl-Josef Kuschel (im folgenden K-J K): *Vom Streit zum Wettstreit der Religionen. Lessing und die Herausforderung des Islam*. Düsseldorf 1998.

6 Zitiert nach Hans Joachim Margull (Hg.): *Zur Sendung der Kirche – Material der ökumenischen Bewegung*. München 1963, S. 13-15.

7 Zitiert nach Klaus Hock: *Der Islam im Spiegel westlicher Theologie. Aspekte christlich-theologischer Beurteilung des Islams im 20. Jahrhundert*. Köln und Wien 1986, S. 24.

8 Material dazu bei: Johannes Hoffmann-Herreros: *Charles de Foucauld. Der Zukunft auf der Spur*. Mainz 1988.

9 Material dazu bei: Hermann Hesse: *Aus Indien. Aufzeichnungen, Tagebücher, Gedichte, Betrachtungen und Erzählungen*. Hrsg. von Volker Michels. Frankfurt am Main 1980.

10 Johannes Hesse: *Vom Segensgang der Bibel durch die Heidenwelt*. Calw und Stuttgart 1910, S. 373.

11 Samuel P. Huntington: *Kampf der Kulturen. Die Neugestaltung der Weltpolitik im 20. Jahrhundert*. München und Wien 1996. Zur kritischen Diskussion mit Huntington vgl. Hans Küng / K-J K (Hgg.): *Wissenschaft und Weltethos*. München und Zürich 1998.

12 Reichhaltiges Material zur interreligiösen Situation heute in: K-J K: *Streit um Abraham. Was Juden, Christen und Muslime trennt – und was sie eint*. Düsseldorf 2001.

13 K-J K: *Vom Streit zum Wettstreit der Religionen* (wie Anm. 5).

14 Zu Rilkes Ägypten-Reise vgl. besonders Alfred Grimm: *Rilke und Ägypten*. Mün-

chen 1997. – Horst Nalewski (Hg.): *RMR. Reise nach Ägypten. Briefe – Gedichte – Notizen.* Frankfurt am Main und Leipzig 2000.

15 RMR: Brief an Clara Rilke vom 26. 11. 1910. In: *Briefe aus den Jahren 1907-1914.* Hrsg. von Ruth Sieber-Rilke und Carl Sieber. Leipzig 1933, S. 116.

16 RMR, Brief an Clara Rilke vom 21. 12. 1910. In: *Briefe aus den Jahren 1907-1914* (wie Anm. 15), S. 118 f.

17 Zitiert nach Donald A. Prater: *Ein klingendes Glas. Das Leben RMRs. Eine Biographie.* Hamburg 1989, S. 309.

18 SNB (wie Anm. 3), S. 178 f. (Brief vom 19. 3. 1913).

19 Ebenda, S. 183.

20 RMR: *Die Briefe an Karl und Elisabeth von der Heydt 1905-1920.* Hrsg. von Ingeborg Schnack und Renate Scharffenberg. Frankfurt am Main 1986, S. 173.

21 SNB, Brief an Sidonie Nádherný von Borutin vom 23. 1. 1923 (wie Anm. 3). Im selben Brief spricht Rilke – wiederum im Orient das Raum-Erlebnis betonend – davon, daß ihm all die Jahre »ein kleines Haus am Gebirg-Eingang von El-Kantara« in Erinnerung geblieben sei, »ein kleines, braunes Gasthaus... : *dort*hin geh ich wahrscheinlich noch einmal, kaum als Reisender, – um zu wohnen, dortzusein, zuzusehen...«.

22 Zitiert nach Ingeborg Schnack: *RMR. Chronik seines Lebens und seines Werkes,* Bd. 1. Frankfurt am Main 1990, S. 361 (Brief an Antonie Baumgarten vom 27. 6. 1911).

23 Zitiert nach Prater: *Ein klingendes Glas* (wie Anm. 17), S. 310.

24 Zitiert nach Schnack: *Chronik,* Bd. 1 (wie Anm. 22), S. 501.

25 Biographischer Kontext in: RMR: *Werke. Kommentierte Ausgabe in vier Bänden.* Hrsg. von Manfred Engel, Ulrich Fülleborn, Horst Nalewski und August Stahl. Frankfurt am Main und Leipzig 1996, Bd. II, S. 884 (KA im folgenden).

26 Zitiert nach Schnack: *Chronik,* Bd. 1 (wie Anm. 22), S. 420.

27 RMR – Marie von Thurn und Taxis: *Briefwechsel,* Bd. 1-2. Hrsg. von E. Zinn. Zürich und Wiesbaden 1951 (= TT I und II), TT I, S. 218.

28 Ebenda, S. 219.

29 LAS (wie Anm. 1), S. 274.

30 RMR: *Briefwechsel mit Magda von Hattingberg.* Hrsg. von Renate Scharffenberg und Ingeborg Schnack. Frankfurt am Main und Leipzig 2000 (= MvH), S. 23.

31 RMR – Helene von Nostitz: *Briefwechsel.* Hrsg. von Oswalt von Nostitz. Frankfurt am Main 1976, S. 38.

32 RMR: *Briefe.* Hrsg. vom Rilke-Archiv in Weimar, in Verbindung mit Ruth Sieber-Rilke. Besorgt durch Karl Altheim. Wiesbaden 1950, S. 378.

33 TT I (wie Anm. 27), S. 227 (Brief vom 15. 11. 1912).

34 RMR – Mathilde Vollmoeller: *»Paris tut not«. Briefwechsel.* Hrsg. von Barbara Glauert-Hesse. Göttingen 2001, S. 107.

35 TT I (wie Anm. 27), S. 240 (Brief vom 4. 12. 1912).

36 Ebenda, S. 243 (Brief vom 9. 12. 1912).

37 Ebenda, S. 245 f. (Brief vom 12. 12. 1912).

38 RMR: *Die Aufzeichnungen des Malte Laurids Brigge,* KA III, S. 470.

39 Vgl. dazu Ulrich Fülleborn: »Rilkes Gebrauch der Bibel«. In: *Rilke und die Welt-*

literatur. Hrsg. von Manfred Engel und Dieter Lamping. Düsseldorf und Zürich 1999, S. 19-38.

40 Reichhaltiges Material zu Goethes Islam-Rezeption bei: Katharina Mommsen: *Goethe und die arabische Welt.* Frankfurt am Main 1988.

41 TT I (wie Anm. 27), S. 256.

42 TT I (wie Anm. 27), S. 245 (Brief vom 17. 12. 1912) – Zur Chronologie vgl. Magda Kerényi: »Die Chronologie von Rilkes Aufenthalt in Ronda«. In: *Atti dell' Ottavo Convegno 3 Ottobre 1979, a cura de Walter Schweppe.* Duino-Trieste 1980, S. 85-111.

43 LAS (wie Anm. 1), S. 276 (Brief vom 19. 12. 1912).

44 RMR, Brief an August Sauer vom 11. 1. 1914. In: *Briefe* (wie Anm. 32), S. 432.

45 Adalbert Stifter: *Abdias* (1842). In: Ders.: *Studien.* München 1950, S. 581.

46 Ebenda, S. 583.

47 Ebenda, S. 581.

48 RMR – Katharina Kippenberg: *Briefwechsel.* Hrsg. von Bettina von Bomhard. Wiesbaden 1954, S. 45.

49 MvH (wie Anm. 30), S. 23.

50 Stifter: *Studien* (wie Anm. 45), S. 588.

51 Joachim W. Storck: »Rilkes ›Lesewinter‹ in Ronda. Zwischen Altem Testament und Adalbert Stifters ›Studien‹«. In: *Atti dell' Ottavo Convegno 3 Ottobre 1979, a cura de Walter Schweppe.* Duino-Trieste 1980, S. 13-40, hier S. 24.

52 RMR: *An den Engel,* KA II, S. 46.

53 RMR, Brief an Witold Hulewicz vom 13. 11. 1925. In: Ders.: *Briefe,* Bd. II (1919-1926). Hrsg. von Horst Nalewski. Frankfurt am Main und Leipzig 1991 (= B II), S. 377 f.

54 RMR: *Der Brief des jungen Arbeiters* (1922), KA IV, S. 736 f.

55 Zu Rilkes Christus-Verständnis und zur Motivgeschichte der Christus-Kritik vgl. Bernhard Blume: »Jesus der Gottesleugner: Rilkes *Der Ölbaum-Garten* und Jean Pauls *Rede des toten Christus*«. In: Ders.: *Existenz und Dichtung. Essays und Aufsätze.* Ausgewählt von Egon Schwarz. Frankfurt am Main 1980, S. 112-146. Ebenso: K-J K: »RMR und die Metamorphosen des Religiösen«. In: Ders.: *»Vielleicht hält Gott sich einige Dichter...«. Literarisch-theologische Porträts.* Mainz [2]1996, S. 97-163.

56 RMR: *An Julius Zeyer,* KA I, S. 34.

57 RMR: *Das Stunden-Buch,* KA I, S. 224 f.

58 RMR: *Mohammeds Berufung,* KA I, S. 582 f.

59 RMR, Brief an Clara Rilke vom 20. 1. 1907. In: B I (wie Anm. 53), S. 231-233.

60 RMR: *Die Kuppeln der Kalifen-Gräber* (1907), SW III, S. 342 f.

61 RMR: *Briefe an Nanny Wunderly-Volkart,* Bd. 1-2. Hrsg. von Rätus Luck. Frankfurt am Main 1977 (= NWV I, II), NWV II, S. 125 (Brief vom 23. 1. 1920). Zu Rilkes eigenen Versuchen, lyrische Stücke aus *Tausendundeine Nacht* zu übersetzen, vgl. SW VII, S. 310-313. In diesem Zusammenhang ist ein Brief an Lotti Wedel vom 28. 1. 1922 aus Muzot aufschlußreich: »Wenn ich vom West-östlichen Divan absehe (der ja durchaus das *Glück* orientalischer Entdeckungen ins Deutsche herüberhob), so beruht meine erste Vorstellung vom arabischen Gedicht auf jenen

Versen, die Mardrus seinem Text von den tausend und ein Nächten vielfältig eingefügt hat. Rodin kam manchmal, um vier oder sechs solcher Zeilen willen, um mich an ihrem, für ihn eben Aufgeblühtsein sofort teilnehmen zu lassen, mit dem aufgeschlagenen Buch zu mir herüber, welcher Glanz, Blüte oder Auge oder Mund ... jedes einzelne Gedicht, nicht länger als ein ärztliches Rezept! Als ich dann später in Tunis und Ägypten so rasche Fortschritte im Lesen des Arabischen machte, ach, zu machen *schien* ... , da kam in mir die Hoffnung auf, vielleicht selber eines Tages zur Erfassung und Herüberbildung solcher Verse ein meiniges beizutragen ...« (RMR: *Briefe aus Muzot 1921-1926*. Hrsg. von Ruth Sieber-Rilke und Carl Sieber. Leipzig 1935, S. 96f.).

62   RMR: *Briefe an Auguste Rodin.* Leipzig 1928, S. 74 (Brief vom 7. 10. 1910).

63   Zitiert wird nach der Koran-Übersetzung von Adel Theodor Khoury, Gütersloh 1987.

64   Schimmel (wie Anm. 4), S. 185.

65   TT I (wie Anm. 27), S. 42.

66   Vgl. dazu die neueste Studie von Martin Bauschke: *Jesus, Stein des Anstoßes. Die Christologie des Korans und die deutschsprachige Theologie.* Köln, Weimar, Wien 2000. Diese Arbeit zeigt, daß der Koran eine »theozentrische Christologie« vertreten hat: »Jesus hat nicht nur Wunder als Zeichen der Allmacht und Güte Gottes vollbracht, sondern er selbst in seiner ganzen Person ist ein Zeichen dieser Allmacht und Güte. Jesus *ist* ein Fingerzeig Gottes. Aber eben *Gottes!* Jesus weist stets, wie es im Wesen des Zeichens und auch des Gesandten begründet liegt, von sich selber weg, hin auf Gott. Jesu Titulierung als ›Zeichen‹ muß in Zusammenhang der koranischen Theologie des göttlichen Zeichens verstanden werden. *Jesus – der Zeigefinger hin auf Gottes Güte und Allmacht,* so möchte ich die Pointe der koranischen Christologie zusammenfassen.« Bauschke verweist dabei bezeichnenderweise selber auf Rilkes *Der Brief des jungen Arbeiters* und die schon hier verwandte Zeigefinger-Metaphorik: »Und einmal habe ich den Koran zu lesen versucht, ich bin nicht weit gekommen. Aber so viel verstand ich, da ist wieder so ein mächtiger Zeigefinger, und Gott steht am Ende seiner Richtung [...] Christus hat sicher dasselbe gewollt: Zeigen.«

67   Vgl. dazu K-J K: *Streit um Abraham. Was Juden, Christen und Muslime trennt – und was sie eint.* Düsseldorf 2001.

68   Hier liegt mein einziger Dissens mit Ulrich Fülleborn bei seiner ansonsten überzeugenden Deutung von Rilkes Bibel-Rezeption (siehe Anm. 39). Fülleborn führt zunächst aus: »Rilke hat sich nirgends in gleichem Maße und mit derselben Energie auf den Kampfplatz der Weltliteratur begeben wie in seinen Gedichten zum Alten und Neuen Testament, den Grundbüchern der monotheistischen Weltreligionen, zu denen als dritte der Islam gehört. Dessen heiliges Buch, der Koran, war Rilke ebenfalls wichtig. Und wie sich ihm in Mohammed die Reihe der alttestamentlichen Propheten fortsetzt, so nehmen auch die Engel der ›Duineser Elegien‹ ihr Maß mehr am Koran denn am Neuen Testament. Die intertextuelle Bindung an diese drei Grundschriften des Monotheismus ist erstaunlich, wenn man sich an Rilkes oben zitierte Äußerung erinnert, er habe seit je sich selbst und die Tempel der Welt allen Göttern offenhalten wollen.« Fülleborn folgert

aber weiter: »Augenscheinlich war sein (Rilkes) Referenzpunkt gerade nicht der
eine gemeinsame Gott der drei Religionen, sondern für ihn war der Gott des
Alten Testamentes ein anderer als der des Neuen und der des Korans wieder ein
anderer.« (S. 33). Ich kann nicht erkennen, daß Rilke irgendwo ›Gott‹ aufgespal-
ten oder gar den verschiedenen Religionen zugeordnet hätte. Auch die Prophe-
ten-Gedichte Rilkes, die Fülleborn als Beleg anführt, sind dafür kein Beweis. So
individuell die Gotteserfahrung jedes einzelnen Propheten gewesen und von
Rilke gestaltet sein mag, so sehr beziehen sie sich doch auf ein und dieselbe Wirklichkeit des Transzendenten und nicht auf verschiedene ›Götter‹.

69 RMR, Brief an Ilse Blumenthal-Weiß vom 28. 12. 1921. In: Ders.: *Briefe aus Muzot
    1921 bis 1926*. Hrsg. von Ruth Sieber-Rilke und Carl Sieber. Leipzig 1938, S. 75.
70 RMR, Brief an Rudolf Zimmermann vom 10. 3. 1922. In: *Briefe* (wie Anm. 32),
    S. 757f.

Wolfram Groddeck

»Dastehn«.
Topos, rhetorische Figur und Schriftlichkeit in Rilkes fünfter Duineser Elegie

Die fünfte der zehn *Duineser Elegien* hat in der Rilke-Forschung als die »Artisten«-Elegie immer schon besondere Aufmerksamkeit erhalten. Wenn mein Eindruck stimmen sollte, daß dieses Gedicht im Vergleich zu den anderen Elegien des Zyklus einem unmittelbaren Verständnis zugänglicher sei, dann könnte das daran liegen, daß man sich bei dieser Elegie leichter als bei den übrigen etwas Kohärentes vorstellen zu können glaubt. Einerseits bezieht sich das Gedicht offensichtlich auf jenen vielstimmigen Diskurs über das Artistentum in der Kunst der Moderne, der spätestens mit Nietzsches »Artistenmetaphysik« aus der *Geburt der Tragödie* beginnt und noch in Alexander Kluges *Artisten in der Zirkuskuppel, ratlos* von 1968 nachklingt. Andererseits erweckt die fünfte Elegie mit der Beschreibung der »Fahrenden«[1] nicht nur das anschauliche Vorstellungsbild einer anonymen Seiltänzergruppe, sondern sie bezieht sich sogar auf ein konkretes, außerhalb des Gedichts existierendes *Bild*, auf das Gemälde *La famille des Saltimbanques* von Picasso, das 1905 entstanden ist und das Rilke schon 1907 kennen und wortreich bewundern gelernt hat. Jene Frau Hertha Koenig, der die fünfte Elegie gewidmet ist, war die Besitzerin des Bildes von Picasso, das heute in der Art Gallery in Washington hängt und das Rilke selbst in ihrer Münchner Wohnung, in der er die Sommermonate 1915 als Gast verbrachte, täglich um sich gehabt hat.

Daß Rilkes Gedicht das Gemälde von Picasso *meint*, unterliegt keinem Zweifel, und aufs Schönste fügt sich – wie es scheint – die singuläre Korrespondenz von Dichtung und Malerei zu den beiden großen Namen Rilke und Picasso. Doch einen Schönheitsfehler hat dieser geistesgeschichtliche Einklang von Wortkunst und bildender Kunst: Nur mit einiger Willkür wird man in Rilkes Gedicht eine konkrete Referenz auf das Gemälde Picassos herauslesen können.

Die arbiträre Referenz zu Picassos Gemälde der *Saltimbanques* wird – produktionsästhetisch – von einer anderen Beziehung überlagert, welche sich zu einem überschriftslosen Prosatext Rilkes ergibt, der auf den 14. Juli 1907 datiert ist. Es handelt sich um eine Aufzeichnung über Rilkes Besuch einer Artistenvorstellung in Paris, die nicht nur den biographischen Anlaß,[2] sondern auch viele direkte Motivbezüge zur fünften Elegie enthält – so unter anderem das Wort »Teppich«.

In der jüngsten mir bekannten Arbeit zur fünften Elegie, einem Aufsatz von Gert Mattenklott, werden Bezüge des Gedichtes zu verschiedenen Diskursen über die Moderne dargelegt.[3] Am Ende seines Aufsatzes verweist der Verfasser darauf, daß es letztlich auf die eigene performative Realisierung der Elegie als eines sprachlichen Kunstwerks ankomme. Ich möchte hier ansetzen und mich in meinen eigenen Darlegungen nicht mehr mit den lebensphilosophischen oder kunsttheoretischen Diskursen befassen, an denen das Gedicht teilhat,[4] sondern mich ganz auf die sprachliche, das heißt die poetologische Realisierung des Textes einlassen.

I. Der »Teppich«

Es wäre für die folgende Überlegung hilfreich, sich das Text-Korpus der Elegie ohne die satzbedingten Zeilenbrechungen und ohne die bei einem so langen Text unvermeidlichen Seitenumbrüche vorzustellen, damit man die Elegie in ihrer idealen textuellen Materialität, das heißt als eine flimmernde, visuell brüchige, aber dennoch zusammenhängende Text-Fläche in den Blick bekäme, auf der man sich vor- und zurückbewegen könnte.

Zu Beginn möchte ich den Blick auf den unteren Rand dieser Textfläche lenken, auf die letzte Zeile der Elegie, dorthin wo – in einem Vers für sich – das Wort »Teppich« steht oder genauer beobachtet: wo das Wort »Teppich« – als das letzte Wort der Elegie – in Frage steht: »Teppich?«

Das dergestalt exzentrisch exponierte Wort »Teppich« bezieht sich *vor* allem referentiellen Inhalt unmittelbar auf den Text selbst zurück, auf die aus Worten gewobene Fläche der Elegie. Der »Teppich« mit dem Fragezeichen ist wie ein Faden, der am Ende des Gewebes heraushängt und an dem man vielleicht ziehen sollte, wenn man wissen will, wie es gewoben wurde. Im Textilgewerbe heißt ein solches Verfahren, wenn man es fachgerecht macht, ›dekomponieren‹.

Betrachten wir aber zunächst den »Teppich« für sich. Indem das Wort etwas Geknüpftes oder Gewobenes bezeichnet, läßt es sich auch als Textmetapher verstehen, denn textus, wovon das Wort *Text* abgeleitet ist, bedeutet nichts anderes als »das Gewobene«. Es erscheint in diesem Zusammenhang keineswegs zufällig, daß auf dem besagten Gemälde von Picasso – das hebt auch Jacob Steiner in seiner Monographie zu den *Duineser Elegien*[5] ausdrücklich hervor – *kein* Teppich zu sehen ist. Der Teppich bestimmt sich in der fünften Elegie als ein primäres Bild aus dem Reich der Texte. Man darf den Teppich hier durchaus als topische Metapher für kostbaren Text lesen, als eine Metapher für das Gedicht überhaupt. Auch Robert Musil verwendet in seiner *Rede zur Rilke-Feier* die Teppich-Metapher zur Beschreibung einer spezifischen Erfahrung von Rilkes Dichtung:

> »Bei ihm [Rilke] sind die Dinge wie in einem Teppich verwoben; wenn man *sie* betrachtet, sind sie getrennt, aber wenn man auf den Untergrund achtet, sind sie durch ihn verbunden. Dann verändert sich ihr Aussehen, und es entstehen sonderbare Beziehungen zwischen ihnen.«[6]

Als Beispiel für die poetologische Bedeutung der topischen Teppich-Metapher[7] sei hier nur der zweite Vers von Hölderlins Ode *Blödigkeit*, die ursprünglich *Dichtermuth* hieß, in Erinnerung gerufen: »Geht auf Wahrem dein Fuß nicht, wie auf Teppichen?«[8] Sobald man darauf achtet, wird man die topische Teppich-Metapher – mit der Implikation des Gewobenen, der Begehbarkeit und des von Bildern und Zeichen Durchwirktseins – in lyrischen Gedichten oft auffinden. Stefan George gab 1899 einem ganzen Gedichtband den Titel *Der Teppich des Lebens*.[9] Und unvergeßlich ist auch Else Lasker-Schülers Gedicht *Ein alter Tibetteppich* von 1910 mit der Anfangsstrophe: »Deine Seele, die die meine liebet, / Ist verwirkt mit ihr im Teppichtibet«[10]. Im XXI. Gedicht des zweiten Teils der *Sonette an Orpheus* spricht Rilke selbst von einem »rühmliche[n] Teppich« als von der Metapher des ›Ganzen‹, wenn er das Sonett mit der Zeile schließt: »fühl, daß der ganze, der rühmliche Teppich gemeint ist«.[11] Rilke verwendet das topische Bild vom Teppich in seinen Gedichten jedoch sonst nur selten.

Die Teppich-Metapher ist in der fünften Elegie aber auch kompositorisch strukturbestimmend, denn das Wort »Teppich« wird hier viermal genannt, und zwar zweimal in der ersten und zweimal in der letzten Strophe. Dabei wird es jedesmal mit einem anderen ›schmückenden Beiwort‹ versehen.

In Vers 8 bis 10 ist die Rede von einem durch den »ewigen / Aufsprung« der Artisten immer »dünneren Teppich«. Zunächst ist »Teppich« hier wirklich noch die Bezeichnung für den Ort, auf dem die Artisten ihr Können zeigen, aber die überschießende Bedeutung des Metaphorischen wird in der Hyperbel vom »verlorenen / Teppich im Weltall« in Vers 10 deutlich spürbar. Der kosmische Bezug in dieser visuell kühnen Metapher wird noch bestärkt, wenn der Teppich – nun in der metaphorischen Wendung als aufgelegtes »Pflaster« (V. 11) – zur Markierung einer verletzenden Begegnung von Himmel und Erde wird. Allerdings ist das Wort »Pflaster« hier – ganz im Sinne der spezifisch sprachspielerischen Metaphorik der Elegie – doppeldeutig: »Pflaster« meint zwar einerseits ein Wund-Pflaster, kann sich andererseits aber auch auf den Steinboden selbst, auf das Kopfstein-Pflaster der »Vorstadt« beziehen. So gelesen, läßt die Pflaster-Metapher den »Teppich« – »aufgelegt wie ein Pflaster« – im Akt des Vergleichs verschwinden. – Die Teppich-Metapher im Gedicht kündigt so einen komplexen Ganzheitsanspruch an, der für eine poetologische Metapher wesentlich ist. Der »Teppich« als Metapher für das Gedicht impliziert zugleich dessen Negation und ist darüber hinaus, als »Teppich im Weltall«, eine Synekdoche des Universums. ›Universum‹ heißt im Wortsinn bekanntlich das ›In-Eins-Gewendete‹. Und das ist auch eine Rilkesche Grundfigur, die in der fünften Elegie ausdrücklich vollzogen wird: »Wo, o wo ist der Ort, – ich trag ihn im Herzen –,« (V. 73). Mit dieser Wendung nach innen wird auch die Teppich-Metapher gleichsam umgekehrt: In der letzten Strophe ist, in Vers 95, von »unsäglichem Teppich« die Rede, und das letzte Epitheton lautet: »gestillt«. Das Ende der Elegie ereignet sich auf »gestilltem / Teppich«.

Unter der Voraussetzung, der Teppich im Gedicht sei die Metapher für das
Gedicht selbst, werden die schmückenden Beiwörter des so verstandenen Tep-
pichs unmittelbar bedeutsam. Denn es wird jetzt deutlich, daß dieser Teppich die
Metapher eines Textes ist, der sich im Verlauf des Gedichtes immer mehr entzieht. Der Teppich ist gar nicht vorrangig die Metapher des Gedichtes, sondern
nur Metapher des Ortes, wo das Gedicht wäre: Der »unsägliche[ ] Teppich« ist, in
fast komischer Wörtlichkeit, der Stellvertreter des Gedichtes im Gedicht. Der
schon anfangs immer »dünnere[]« Teppich, der »verlorene[]«, der als »unsägliche[r]« dort hingelegt ist, »wo Boden nie war« (V. 99), ist nur als irrealer ein endlich »gestillter«, das heißt er ist ebensosehr ›befriedigt‹, wie auch ›stumm gemacht‹.

II. W-Ort und Rhetorik

Der Teppich, von dem die Lektüre auszugehen versuchte, erweist sich also –
genauer besehen – als Metapher einer negativen Poetologie. Er lenkt die Aufmerksamkeit auf die leere Stelle, die reine Örtlichkeit, auf den bloßen Gemein-
platz, den Topos an sich und zugleich auf die U-topie, die Ortlosigkeit des
Artistischen. Insofern erweist sich nun auch der schon genannte Vers 73 als die
zentrale Leer-Stelle des Textes, als die entscheidende Faltung in seiner Topologie:
»Wo, o wo ist der Ort, – ich trag ihn im Herzen –,«. Die Emphase in der Wiederholung des »wo«, die Insistenz auf dem O-Laut – dem emotiven Laut des
Verlustes – läßt in der Wendung »Wo, o wo ist der Ort« einen Wo-Ort anklingen,
der als das Lautbild: »Wort« hörbar wird. Dieses »Wort«, das sich in der Frage nach
dem abwesenden »Ort« in der Lautgestalt des Textes realisiert, wird nun selbst
zum Zeichen von Abwesenheit.

Der merkwürdige Widerspruch in der Parenthese, »– ich trag ihn im Herzen –«, nämlich den Ort, nach dem ich gerade frage, löst sich auf, sobald man
einsieht, daß der erfragte Ort sich auf die ortlose Welt des Symbolischen beziehen
muß, auf die abwesende Präsenz der Zeichen, auf die Heimat aller immer auch
unausgesprochenen Worte. Die Wendung ›im Herzen tragen‹ erinnert dabei an
den französischen Ausdruck: »savoir par cœur«, also ›etwas auswendig wissen‹.

Der Vers 73, mit dem das letzte Drittel der Elegie beginnt, ist der markanteste
Einschnitt des ganzen Textes, und nur an dieser Stelle findet sich das Pronomen
»ich«. Die signifikante Faltung des Textes an dieser Stelle vollzieht auch die nachdrückliche Abwendung von den zuvor angesprochenen Artisten zu dem verin-
nerlicht-auswendigen Ort oder – wie es in Vers 82 heißt – zur »unsägliche[n]
Stelle«. Und diese Bewegung der *Apostrophe* macht zugleich auch die rhetorische
Struktur des ganzen Textes bewußt.

Der erste Teil der Elegie bis zum Vers 35 beschreibt die Artistengruppe auf dem
Teppich, das Zuschauen, die Aufmerksamkeit auf den alten Trommler und auf

den jungen Mann. Dieser Teil redet von den Artisten, den »Fahrenden«, in der dritten Person: Es wird berichtet. Im zweiten Teil der Elegie wechselt die Rede von den Artisten zu einer Anrede an sie, indem nun das junge Paar in der Artistengruppe direkt angesprochen wird: zunächst beide in Vers 36: »Oh ihr«, der Sohn der Mutter dann in Vers 40 ff.: »Du, der« und das junge Mädchen in Vers 62 ff.: »Du dann, Liebliche«. In der Mitte zwischen beiden wird der »Engel« (V. 58) angesprochen – es vollzieht sich also hier schon eine kurze Apostrophe. Das Gedicht wendet sich an jenen Engel – so läßt sich vermuten –, der im ersten Vers der Elegie mit der Anrede »sag mir« schon gemeint sein dürfte und der im Vers 94 noch einmal angerufen werden wird. Im dritten Teil der Elegie – mit dem Vers 73 beginnend – wendet sich das Ich des Gedichtes auf sich selbst zurück und vollzieht eine Art Innenschau. Den drei ziemlich genau gleichlangen Teilen des Textes entsprechen also drei deutlich unterschiedene rhetorische Grundhaltungen.

Der rhetorische Aufbau des Textes ersetzt offenbar andere formale Strukturen wie Strophengliederung – eine solche ist im Text nämlich nicht eindeutig bestimmbar – oder ein regelmäßiges Metrum oder sonstige vorgegebene kompositorische Formen.

III. Figuren und Tropen – Haltung und Wendung

Schon in der ersten Strophe wird auch der hohe Grad der rhetorischen Stilisierung im Detail deutlich. Sequenzen wie: »Sondern er wringt sie, / biegt sie, schlingt sie und schwingt sie, / wirft sie und fängt sie zurück« (V. 4-6) realisieren im demonstrativ rhetorischen Gestus von wiederholenden Klangfiguren unmittelbar sprachmimetisch das, wovon thematisch die Rede ist. Im metrischen Wechsel von Trochäen und Daktylen werden die federnden Sprungbewegungen und die Bewegungs-Automatismen imitiert, die in der Vorstellung des Lesers hervorgerufen werden. Die Häufung der Homoioteleuta und Alliterationen suggeriert den Eindruck reibungsloser artistischer Perfektion.

Die rhetorischen Kunstmittel erschöpfen sich aber nicht in der sprachlichen Nachahmung des visuell Vorzustellenden, sondern sie stellen sich ebensosehr selbst dar: Wie die akrobatischen Kunststücke auf der imaginativen Handlungsebene des Gedichts, werden auch die sprachlichen Kunstmittel auf der poetologischen Ebene des Textes als reiner Selbstzweck erfahrbar. Denn die rhetorischen Figuren verdeutlichen *und* ersetzen schließlich die imaginierten akrobatischen Figuren. Die kühnen Wendungen der Springer werden als Tropen erfahrbar und verlieren sich an die Eigendynamik des Textes. In der Engführung von poetischen Figuren und Tropen mit den vorzustellenden Figuren und Wendungen der im Gedicht dargestellten Artisten wird das Rilkesche Thema von »Figur« und »Wendung« erkennbar, das sich hier aber vielleicht auf eine besonders evidente Art zeigt.

Beide Begriffe – Figur und Wendung –, die immer wieder einmal in Titeln von Werken der Rilke-Sekundärliteratur auftauchen, bedeuten trotz ihrer bemerkenswerten Abstraktheit keineswegs dasselbe. Ihre Differenz soll hier den Versuch einer kleinen Begriffsklärung wert sein.[12] *Figuren* und *Tropen* sind zunächst die traditionellen rhetorischen und poetischen Kunstmittel, mit denen Redner und Dichter ihren Text ausschmücken und zur effektvollen Geltung bringen. Der Unterschied zwischen Figuren und Tropen – eine Unterscheidung, die in der Geschichte der Rhetorik nicht immer vorgenommen wurde, die sich aber von der Sache her, also systematisch, aufdrängt – liegt darin, daß sich die Figuren auf die Abfolge der Wörter im Satz beziehen, die Tropen aber punktuell auf die Semantik des einzelnen Wortes. In strukturalistischer Terminologie gesprochen: Die Figuren bewegen sich in der Horizontale des Textes, im syntagmatischen Nacheinander der Wörter, die Tropen ereignen sich in der Vertikale des Textes, im Paradigma der Bedeutungen. Im konkreten poetischen Text spielen beide Kunstformen immer zusammen: Erst so entsteht Sinn.

Um es am Beispiel unseres Textes zu zeigen: Die Wendung in Vers 19 von der »Rose des Zuschauns« ist eine Trope – genauer eine Metapher – für die kreisförmig aufgefächerte Anordnung der Zuschauer um den einen Akrobaten. Im Gesamt der Strophe, das heißt in der Insistenz auf dem Bild einer künstlichen Rose teilt sich diese Metapher an die Figuration des folgenden Satzes mit und allegorisiert ihn.

Die selbstbezügliche Bedeutung der rhetorischen Figuren in Rilkes fünfter Elegie erweist sich in einem Blick auf die rhetorische Tradition. So vergleicht schon Quintilian weitläufig die rhetorischen Figuren mit bewegten und ruhenden Haltungen plastischer Körper:

> »Die Schmiegsamkeit der Linien, die ein solcher Körper zeigt, und – ich möchte sagen – ihre Bewegung ergibt den Eindruck von Handlung und Gefühlsbewegung. [...] Solche Anmut und solchen Genuß bieten die Redefiguren, ob sie nun im Sinne oder im Klang der Worte erscheinen. Denn sie bieten eine Abwechslung gegenüber dem geraden Weg und haben ihren Vorzug darin, daß sie von dem in der Sprache Gewöhnlichen abgewichen sind.«[13]

Rilkes Gedicht über die Saltimbanques und die Kunst ihrer Körper verwendet die rhetorischen Figuren so exzessiv, daß sie manchmal drohen, das Syntagma zu sprengen und den Text agrammatisch wirken zu lassen. Ein Beispiel für diese extreme Verwendung rhetorischer Figürlichkeit zeigt etwa die Sequenz: »..., schon auch, die stärksten / Männer, rollt sie wieder, zum Scherz, der immer / kommende Griff, wie August der Starke bei Tisch / einen zinnenen Teller.« (V. 14-17)

Die Textpassage ist durch sogenannte ›Figurae transmutationis‹ stilisiert, das heißt durch Umstellungsfiguren: Die Abfolge der einzelnen Satzteile wird durch die Umstellungen so verfremdet, daß ein verwirrender Eindruck entsteht. Dabei handelt es sich lediglich um eine Kombination von *Hyperbaton* und *Inversion*, eine

Verbindung, welche in der Rhetorik einen eigenen Namen hat, die *Synchyse*, was soviel wie ›Verwirrung‹ oder ›Ratlosigkeit‹ bedeutet. Um diese Synchyse im Satzbau irgendwie in den Griff zu bekommen, muß man das Wort »Griff« als Subjekt des Satzes begreifen, das »die stärksten Männer« zum Akkusativobjekt hat. Das ganze Ausmaß der Figuration zeigt sich, wenn man den Satz in eine ›normalere‹ Ordnung bringt, etwa: ›schon auch rollt wieder zum Scherz der immer kommende Griff sie, die stärksten Männer‹ usw. Man merkt bald, daß es nicht gelingt, den komplizierten Satz soweit zu glätten, daß er gänzlich unfigurativ wirkt. Aber es wird deutlich, daß hier die bestimmte Stellung der Satzglieder zueinander den spezifischen Ausdruck herstellt. Ausgedrückt wird nämlich durch die Satzstellung die Stellung der vorgestellten Artisten-Körper. Eines wird zum Ausdruck des anderen: Der Satzbau imitiert die Haltung der Artisten-Körper; die vorgestellten Körperbewegungen werden zum Bild für den artistischen Text.

Der den »immer / kommende[n] Griff« verdeutlichende Vergleich: »wie August der Starke bei Tisch / einen zinnenen Teller« wendet nun die Figürlichkeit ins Tropische, und der Text verdoppelt sich. Das allerdings geschieht wieder im Zuge einer wechselseitigen Ähnlichkeit: Denn der zum Vergleich herbeigezogene »August der Starke« verbildlicht den »Griff«, der gerade die »stärksten Männer« »rollt«. Der *Vergleich* ist eine rhetorische Figur, die aus der Metapher hervorgegangen ist, oder umgekehrt: Die Metapher gilt als ein gekürzter Vergleich. Im Vergleich – und das ist hier poetologisch entscheidend – berühren sich Figur und Trope.

So wird auch der »ewig« wiederholte »Aufsprung« der vorgestellten Akrobaten in der ersten Strophe in einem expliziten Vergleich beschrieben: »wie aus geölter, / glatterer Luft kommen sie nieder« (V. 6 f.). Die kühne Metapher einer »geölte[n] Luft« läßt einen leicht über die womöglich noch gewagtere Metapher hinweglesen, die sich im Doppelsinn der Wendung »kommen sie nieder« verbirgt. Denn die ›Niederkunft‹ der Springer auf dem Teppich bedeutet zugleich auch eine metaphorische Geburt. Die Metaphorik von Sexualität, Fruchtbarkeit, Empfängnis, Schwangerschaft durchzieht das ganze Gedicht bis hin zum »gestillte[n] / Teppich« am Schluß, und es formiert so eine eigene übergreifende Allegorik von Fruchtbarkeit und Sterilität im poetischen Text.

Die kürzeste Strophe des Gedichts, die vom »strammig« dastehenden jungen Mann redet, bringt den skurrilen Vergleich: »als wär er der Sohn eines Nackens / und einer Nonne« (V. 33 f.). Die Evokation der einfältig-phallischen Existenz des jungen Mannes geschieht mit klassischen Mitteln der rhetorischen Stilistik: »Nacken[]« und »Nonne« sind alliterierend verbunden; indem »eines Nackens« paronomastisch auch an ›eines Nackten‹ anklingt, läßt der surreal anmutende Vergleich für einen Moment an das paradox zweideutige Bild einer geschwängerten Nonne denken. Die dergestalt sprachspielerisch provozierte Sexualität bestimmt sich allerdings gerade mittels ihres metaphorischen Status als eine nur uneigentliche Fruchtbarkeit – als »Scheinfrucht« (V. 22) –, die ihrem Gegensatz, dem Tod, verfallen ist, wie er dann in den stark allegorisierenden Versen 87-93 in der Figur der »Madame Lamort« personifiziert wird. Der Gedanke der vom Tod erzeugten »künstliche[n] Früchte« (V. 91) artikuliert sich wortspielhaft verdichtet in der Formulierung der Verse 40-42, wo von dem Jungen gesagt wird, daß er – »mit dem Aufschlag, / wie nur Früchte ihn kennen« – »abfällt vom Baum«. Im Wortlaut »abfällt« ist das springende Kind »Apfel« und »Abfall« zugleich.

IV. Ur-Sprung und Schrift

Die semantische Produktivität der Metaphorik im Gedicht hat aber in der Thematik der Elegie, die vom Wesen der Kunstspringer handelt, noch einen besonderen Grund. Denn die eigentliche Bewegung der Metapher besteht ja gerade im Sprung. In der Rhetoriklehre wird die Metapher den ›Sprungtropen‹ zugeordnet, weil sich in jedem metaphorischen Akt ein semantischer Sprung ereignet (im Kontrast zur bloßen Verschiebung in der Metonymie). Die Vorstellung von einem Sprung ist im ältesten Paradigma der Metapher, im springenden Löwen, mit dem Homer den Mut Achills verglichen hat, zum Urbild der poetischen Übertragung geworden. Die Metapher überträgt also die Bedeutung im Sprung. Eben darin liegt die poetologische Funktion der Kunstspringer auf dem elegischen Text-Teppich: Sie führen metaphorisch die metaphorischen Sprünge der Bedeutungen im Text vor.

Um einen weiteren Einblick in die Textur zu gewinnen, scheint es mir daher lohnend, kurz jene Stellen zu betrachten, wo das Wort »springen« oder »Sprung« explizit verwendet wird. Denn tatsächlich ziehen sich die Komposita dieses Wortes wie ein brüchiger Faden durch den Text der Elegie.

Nach dem »ewigen / Aufsprung« im Enjambement – das heißt im Zeilensprung – zum Vers 9 sind die springenden Bewegungen im Gedicht als unendlich wiederholte initiiert. In der Mitte des Gedichts, Vers 50 ff., ist ausführlicher vom Springen die Rede: »Und wieder / klatscht der Mann in die Hand zu dem Ansprung«. Dabei geschieht etwas Bemerkenswertes: Es »kommt das Brennen der Fußsohln / ihm, seinem Ursprung, zuvor«. Ausgesagt wird – auf der narrativ-thematischen Ebene des Gedichts –, daß der junge Artist die Schmerzen unmittelbar in den Füßen fühlt und nicht dort, wo der eigentliche Grund seines Schmerzes wäre, im ruhelosen »Herzen[]«. Das zunächst meint wohl hier die Rede vom »Ursprung«. Wenn aber das Herz des Springers der eigentliche Ursprung ist, dann wird das Wort »Ursprung« selber in eigentlichster Bedeutung »gezeigt«: Indem der Schmerz des Springers dem eigenen Ursprung zuvorkommt, realisiert er genau jene Bewegung, welche die Vorstellung des Ursprungs – als eines bewegten und gerade nicht eines ruhenden – impliziert: das Entspringen. Der »Ursprung« im Gedicht stellt sich als das kunstvoll »Übersprungne« (V. 64) dar.

In der Strophe, in welcher der Dichter die »Liebliche« anredet, wird das Mädchen als »von den reizendsten Freuden / stumm Übersprungne« (V. 63 f.) bezeichnet. So wie beim jungen Artisten der »Schmerz« seinem »Ursprung« zuvor
kommt, so wird die junge Artistin von den »Freuden« übersprungen.

In der folgenden Strophe – mit der großen Apostrophe des ganzen Gedichtes –
wird nach dem Ort gefragt, wo die Artisten es noch nicht »konnten«: Der verfeh-
lende Akt wird dabei in direkter Metaphorik mit dem animalischen Geschlechts-
akt in Bezug gesetzt: »wie sich bespringende, nicht recht / paarige Tiere« (V. 75 f.).
Die Verwandlung des Ungenügens im bloßen ›Bespringen‹ hin zum artistischen
Überschuß des Könnens bezeichnet der Text dann als ›Umspringen‹: »wo sich das
reine Zuwenig / unbegreiflich verwandelt –, umspringt / in jenes leere Zuviel«
(V. 82 ff.). Die Ermöglichung des ›Umspringens‹ liegt in den Negativformeln, von
denen es umgeben ist: »unsägliche Stelle«, »unbegreiflich verwandelt«, »reine[s]
Zuwenig« und »leere[s] Zuviel«. In diesem Umfeld bestimmt sich das ›Umspringen‹ als Bewegung des ›Ursprungs‹: Der Sprung selbst zeigt sich als das Primäre,
das Eigentliche.

Und das läßt sich nun auch poetologisch wenden: Das Metaphorische *ist* das
Eigentliche von Anfang an. In dieser Aufhebung der Unterscheidung von über-
tragener und eigentlicher Bedeutung zeigt sich der Sinn der Springer in Rilkes
»Artisten«-Elegie. Die im poetischen Text »wirbelnden« (V. 79) Bedeutungen
lassen sich nicht fixieren, sie sind nur in ihrer Bewegung zu begreifen. Das verwirrende Spiel mit der virtuosen Vieldeutigkeit einer scheinbar unkontrollierbar
prosperierenden Metaphorik entspricht dem artistischen Können der vorgestellten Saltimbanques. Hier wie da geht das Kalkül auf. Die geglückte Übung wird
belohnt – belohnt sich – mit einem »Lächeln«. Im Text der Elegie zeigt es sich
zunächst als »scheinlächelnde[] Unlust« (V. 25), dann als ein Lächeln, das noch
»blindlings« (V. 56) ist und erst ganz am Ende, im verinnerlichten Jenseits des
Gedichts, zeigt sich das »endlich / wahrhaft lächelnde Paar« (V. 105). Das Lächeln
der Artisten wird somit im Text zum Zeichen des wahren – und nicht nur des
scheinbaren – Könnens, zum Zeichen einer wahren Kunst.

Die zeichenhafte Bedeutung des Lächelns im Text hat etwas eigentümlich
Dingliches. Das Lächeln wird zur Blume, die gepflückt und in eine Vase gestellt
werden kann. Jedenfalls erscheint es so in der Anrede an den Engel, Vers 58:
»pflücks, das kleinblütige Heilkraut«. Die Aufforderung an den Engel: »ver-
wahrs!« (V. 59) ist eine paronomastische (oder pseudoetymologische) Vorweg-
nahme des »wahrhaft lächelnden Paars« vom Schluß des Gedichts. Die Aufforderung zur Verwahrung verwendet dabei eine bemerkenswerte Bildlichkeit: »in
lieblicher Urne / rühms mit blumiger, schwungiger Aufschrift: / ›Subrisio Saltat.‹« Das Erstaunliche an dieser Metaphorik ist der nachdrückliche Hinweis auf
die Schriftlichkeit. Die lateinische Aufschrift wird mittels Anführungszeichen als
Zitat ausgewiesen und durch eine eigene Halbzeile von den übrigen Versen graphisch abgehoben. Es sind dies deutliche Signale für die bewußte Reflexion der

Schriftlichkeit des Textes im Text. (In der Handschrift der Druckvorlage sind diese Worte noch zusätzlich durch den Wechsel in lateinische Schreibschrift hervorgehoben.) Es existiert eine aufschlußreiche Korrekturnotiz Rilkes zu diesem Halbvers:

> »Gleichsam als Aufschrift einer Apotheker-Vase gedacht; Abkürzung von *Subrisio Saltat(orum).* Die Aufschriften dieser Gefäße erscheinen fast immer in Abkürzung, – aber nun müßte der Punkt *so* gesetzt sein, daß das Wort *Saltat*, (das auch dem Gang des Verses entspricht) als ein abgekürztes kenntlich gemacht wird.«[14]

Die vom Engel verlangte »Aufschrift« reflektiert ihren Schriftcharakter auch darin, daß sie sich als Abkürzung darstellt; weil – wie ich behaupten möchte – Schrift immer und wesentlich Abkürzung ist. »Subrisio Saltat.« steht für ›Subrisio Saltatoris‹ (das Lächeln des Springers) oder für ›Subrisio Saltatorum‹ (das Lächeln der Springer, Mehrzahl), oder es kann auch unabgekürzt – Jacob Steiner sagt, diese Lesart sei »[g]anz von der Hand zu weisen«[15] – verbal verstanden werden und bedeutet dann: ›Das Lächeln springt.‹ Auch wenn Rilkes Intention der Abkürzung wohl eindeutig war – ›subrisio saltatorum‹ –, bleibt das Faktum, daß die Schrift hier, gerade aufgrund der Abkürzung, mehrdeutig ist. Das Wortzeichen »Saltat.« bedeutet Singular und Plural, Substantiv und Verb: Es ist – und darin spiegelt es das ganze Gedicht – universal. Die Aufschrift »Subrisio Saltat.« enthält das ganze Gedicht in nuce.

Das in der Urne ›verwahrte‹, man könnte auch sagen: das ›eingemachte‹ Lächeln der Springer stellt ein Konzentrat der ganzen »Artisten«-Elegie dar. Die Metaphorik des Gefäßes ist – ähnlich wie die topische Teppich-Metapher, nur vielleicht noch gebräuchlicher – eine poetisch selbstbezügliche Metapher für das Gedicht. Die »Urne«, welche das alles bedeutende »Lächeln« der Artisten verwahrt, wird in der Art und Weise der »Aufschrift«, welche den eigentlich dichterischen Akt meint (das Verb ›rühmen‹ läßt da keinen Zweifel), genauer reflektiert: Die ›Rühmung‹ des Lächelns, das heißt die ›Verwahrung‹ der Quintessenz des Gedichtes, geschieht in »blumiger, schwungiger Aufschrift«. Die Charakterisierung der ›Auf-Schrift‹ des Gedichtes als ›blumig‹ und ›schwungig‹ ist mit der Vorstellung einer schwungvollen Zierschrift nur oberflächlich erklärt. Denn ›blumig‹ ist eine rhetorische Metapher für die übertragene Ausdrucksweise überhaupt – eine Metapher für Metaphorik also, die auch im allgemeinen Sprachgebrauch in Wendungen wie ›etwas durch die Blume sagen‹ lebendig ist. Die imperativische Aufforderung zur ›blumigen Aufschrift‹ – die von Seiten des Dichters an den Engel ergeht – konkretisiert in einem sehr wörtlichen Verstande den Begriff der Dichtung als Diktat – dies übrigens in etymologisch korrekter Weise –, und sie kehrt den Topos der Inspiration schlicht um: Nicht etwa der Engel inspiriert den Dichter zur Niederschrift, sondern der Dichter ermuntert seinen Engel zur »Aufschrift«: Blumig soll diese Aufschrift sein und schwungvoll. ›Blumig‹, das heißt in Metaphern und Tropen und ›schwungvoll‹, das heißt mit

Figuren – also ganz im Stil der fünften Elegie. Die zentrale und hochkonzen-
trierte Selbstreflexion der Dichtung als Urnen-»Aufschrift« für die Ewigkeit
korrespondiert jedoch noch mit einer anderen Stelle im Gedicht, jener Stelle in
der ersten Strophe, wo vom »ewigen Aufsprung« der Artisten die Rede ist. Es gibt
offenbar auch eine Entsprechung zwischen Auf-Schrift und Auf-Sprung. Die
Verse 12-14 lauten: »Und kaum dort, / aufrecht, da und gezeigt: des Dastehns /
großer Anfangsbuchstab ...« Diese Passage zeigt eine auffällige formale Entsprechung zur Stelle mit der Aufschrift. Denn nur in Vers 12 und in Vers 62 werden die
Zeilen graphisch in Halbverse gebrochen.[16]

Die zitierte Passage (V. 12 ff.) ist aber auch in Hinsicht auf das Motiv der abge-
kürzten Schrift mit Vers 62 verbunden. Zunächst zeigt der Satz vom aufrechten
›Dastehn‹ des eben erst aufgesprungenen Springers eine ausgeprägte elliptische
Figürlichkeit: Der Augenblick der Bewegungslosigkeit, des bloßen ›Dastehns‹
wird in konzentrierten, asyndetisch gereihten Nominalsätzen ausgedrückt: »Und
kaum dort, / aufrecht, da und gezeigt: des Dastehns / großer Anfangsbuchstab ...«. Was der elliptische Springer aber – für einen kurzen Augenblick –
eigentlich ›zeigt‹, das ist eine Metapher der Schrift: »des Dastehns / großer
Anfangsbuchstab ...«. Wenn sich hier (nur) der große Anfangsbuchstabe des Dastehns zeigt, heißt das, daß das ›Dastehn‹ abgekürzt wird. Zugleich wird – und das
ist auch witzig – das Wort »Anfangsbuchstab« um seinen letzten Buchstaben – das
»e« – gekürzt.

Ob das, was der aufrecht dastehende Springer ›zeigt‹, wirklich als großes »D«
vorzustellen ist, wie das von einigen Kommentatoren mit Blick auf Picassos Gemälde vermutet wird, ist meines Erachtens nebensächlich beziehungsweise unentscheidbar. Entscheidend ist vielmehr der Sprung von der imaginären Ebene
des Textes auf seine symbolische, anders gesagt: aus dem Bereich des bildlich
Vorstellbaren in das Reich der Schriftzeichen. Im Moment der unterbrochenen
Bewegung bringt der Springer im Gedicht das Wesen der Schrift zur Darstellung – ihr reines Dastehn. Damit deutet der Text des Gedichtes buchstäblich auf
seine Lesbarkeit hin: Denn die erste Frage jedes Lesenden ist immer: »Was steht
da?«

Die Reduktion der poetischen Bildlichkeit auf die an sich bilderlose Schrift ist
bei Rilke Bestandteil seiner poetischen Sprache. Steiner zitiert im Kommentar
zur Stelle als Beleg für Rilkes Metaphorik des Buchstäblichen eine Briefstelle vom
15. Januar 1920, geschrieben an Dorothea Freifrau von Ledebur: »das Wohin?
steht mit so großem ›W‹ (Weh) und so riesigem Fragezeichen vor mir, daß es
keinen Moment zu übersehen ist.«[17]

V. Münze und Ort

Der utopische ›W-Ort‹ der Elegie wird nun in der Schlußstrophe (V. 87 ff.) imaginiert als jener andere Platz, nicht der »Schauplatz« in Paris, wo die allegorische »Madame Lamort« ihre »Schleifen erfindet«, sondern als der »Platz, den wir nicht wissen«. Hier – vor »unzähligen lautlosen Toten« – würden die Liebenden zeigen, was sie könnten. Sie erhielten dafür von ihnen, den »lautlosen Toten«, die »ewig / gültigen Münzen des Glücks«.

Die mythologisierende Schlußszene wird durch ein Bild bestimmt, das im Zusammenhang mit unseren Überlegungen zu Metapher, Schrift und Wörtlichkeit in besonderer Weise bedeutsam erscheint. Die letzten fünf Verse der Elegie lauten so:

> Würfen die dann ihre letzten, immer ersparten,
> immer verborgenen, die wir nicht kennen, ewig
> gültigen Münzen des Glücks vor das endlich
> wahrhaft lächelnde Paar auf gestilltem
> Teppich?

Der Schluß des Gedichtes legt nahe, daß es sich um die Form einer rhetorischen Frage handelt, doch ist auch denkbar, daß es um eine grammatische, also um eine sogenannte echte Frage geht. Aber schieben wir die Entscheidung darüber noch etwas auf.

Die Genitivmetapher von den »ewig / gültigen Münzen des Glücks« erscheint zunächst als das Wertäquivalent für das ›endlich wahrhafte Lächeln‹ des Artisten- *und* Liebespaars. Das »Lächeln« wiederum ist das Zeichen für den eigentlichen Gehalt der Elegie, die ›Quintessenz‹ der fünften Elegie. So betrachtet ist die Frage nach der Bedeutung der »Münzen« zugleich die nach der Bedeutung des ganzen Gedichtes.

Durch die Genitivkonstruktion: »Münzen des Glücks« ist das Wort »Münzen« als Metapher ausgewiesen. Auch die Münze ist eine topische Metapher. Denn es gibt eine lange Tradition in Poetik und Rhetorik, wonach die Münze als Metapher für das Wort an sich verstanden wird, eine Tradition, die Harald Weinrich schon 1958 in seinem Aufsatz »Münze und Wort« dargestellt hat.[18] Neben der evidenten funktionellen Analogie, wonach das kommunikative Wort ebenso ein Tauschmittel ist wie das Geld, ist es vor allem die Doppelseitigkeit der Münze, welche sie dem Wort als sprachlichem Zeichen strukturell vergleichbar macht: Die Münze trägt auf der einen Seite ein Bild, auf der anderen Seite eine Zahl, eine Wert-Referenz. Die Analogien und Vergleichsgründe zwischen Münze und Wort sind vielfältig – die Redewendung: ›ein Wort prägen‹, schreibt sich von der Münzprägung her –, dennoch kommt es mir hier mehr darauf an, daß mit diesen »Münzen des Glücks« in ihrer Funktion als Äquivalent der Kunst und des Lächelns der Artisten wiederum ein poetologischer Topos aufgerufen ist und daß diese letzte Metapher noch einmal das Motiv des Topischen, des Gemeinplatzes, in den Blick rückt – mit Hilfe einer topischen Metapher des Wortes an sich.

Rilkes »Artisten«-Elegie ist ein metaphysisches Gedicht über das Schicksal der modernen Künstler und ein ontologisierendes Lehrgedicht über Sinn und Transzendenz des Lebens – ungefähr so wurde der Text wohl meistens gelesen. Rilkes Elegie ist aber auch und mehr noch ein poetologisch performatives Gedicht über den Selbstzweck poetischer Kunstmittel. Und es ist auch ein virtuoses Gedicht über die Topoi, die Gemeinplätze der Dichtkunst. Die fünfte Duineser Elegie ist – in der emphatischen Thematisierung von »Stelle«, »Ort« und »Platz« – im wörtlichsten Sinne ein Gedicht über die Grundlagen von Dichtung. Die Thematisierung der poetischen Topik im Text – ausgehend vom Teppich, auf dem die Artisten ihre Kunst vorführen – begreift sich nicht nur als Reflexion auf den Ermöglichungsgrund von traditioneller Dichtung, sondern auch als Voraussetzung für eine neue, negative Poetologie. Gerade in der Aufnahme und der kritischen Verwendung topischer Poetik-Metaphern ermöglicht dieses poetisch transzendentale Gedicht, das die Bedingungen des Poetischen poetisch darstellt, seine Selbstüberschreitung zu einem transzendenten Text hin, der – als ein »unsägliche[r] Teppich« – noch gar nicht existiert.

Die Rede von den »letzten, immer ersparten, / immer verborgenen, die wir nicht kennen, ewig / gültigen Münzen des Glücks« bezeichnet die Utopie der ungekannten, weil »verborgenen« und »lautlosen« Worte, die an eine Stelle zu werfen wären, »wo Boden nie war«, – an jenen Ort, wo das Gedicht erst gelingen könnte. Dieser Ort wäre vielleicht die *Lektüre*. Erst hier kann sich entscheiden, immer wieder neu, ob die letzte Frage des Gedichtes rhetorisch ist – oder echt.

Anmerkungen

1 Zitate aus der fünften Elegie im Folgenden nach: RMR: *Duineser Elegien. Die Sonette an Orpheus.* Nach den Erstdrucken von 1923 kritisch hrsg. von Wolfram Groddeck, Stuttgart 1997, S. 22-26, hier S. 22.

2 Es existiert ferner auch noch ein Brief Rilkes, ebenfalls vom 14. Juli 1907, in dem er dieselbe Szene schildert und die Briefempfängerin daran erinnert, daß sie schon gemeinsam im Jahr zuvor die Artistenfamilie des Père Rollin betrachtet hatten. Nachweise in: RMR: *Werke. Kommentierte Ausgabe in vier Bänden.* Hrsg. von Manfred Engel, Ulrich Fülleborn, Horst Nalewski, August Stahl. Frankfurt am Main und Leipzig 1996, S. 654 [= KA].

3 Gert Mattenklott: »Die fünfte Duineser Elegie – Hinweise zum Verständnis«. In: *Rencontres Rainer Maria Rilke. Internationales Neuenburger Kolloquium 1992.* Hrsg. von Jürgen Söring und Walter Weber. Frankfurt am Main 1993, S. 79-94.

4 Ich verweise hier nur auf die Literaturangaben und die ausführliche Kommentierung durch Manfred Engel in KA II, S. 651-662.

5 Jacob Steiner: *Rilkes Duineser Elegien*. Bern, München 1962, S. 105.

6 Zitiert nach: Ulrich Fülleborn und Manfred Engel: *Materialien zu Rainer Maria Rilkes »Duineser Elegien«*. Frankfurt am Main 1980, 1982, Bd. 3, S. 195.

7 Vgl. auch die umfangreiche Studie von Michael von Albrecht: »Der Teppich als literarisches Motiv«. In: *Deutsche Beiträge zur geistigen Überlieferung*, Bd. VII. Heidelberg 1972, S. 11-89.

8 Frankfurter Hölderlin-Ausgabe. Hrsg. von D. E. Sattler. Frankfurt am Main 1977 ff., Bd. 5: *Oden*; S. 699.

9 Stefan George: *Der Teppich des Lebens und die Lieder von Traum und Tod. Mit einem Vorspiel*. Berlin 1932 (= Gesamt-Ausgabe der Werke. Endgültige Fassung, Bd. 5).

10 Else Lasker-Schüler: *Werke und Briefe. Kritische Ausgabe*. Hrsg. von Norbert Oellers, Heinz Rölleke und Itta Shedletzky. Bd. 1.1: *Gedichte*. Frankfurt am Main 1996, S. 130.

11 RMR: *Duineser Elegien, Die Sonette an Orpheus*, 1997, S. 101.

12 Vgl. zum Folgenden auch Wolfram Groddeck: *Reden über Rhetorik. Zu einer Stilistik des Lesens*. Frankfurt am Main und Basel 1995.

13 Marcus Fabius Quintilianus: *Ausbildung des Redners. Zwölf Bücher*. Hrsg. und übers. von Helmut Rahn. Darmstadt 1972, II 13, 9-11, Bd. 1, S. 225.

14 Fülleborn und Engel: *Materialien* (wie Anm. 6), Bd. 1, S. 284.

15 Steiner: *Rilkes Duineser Elegien* (wie Anm. 5), S. 317, Anm. 469.

16 Das sieht man nicht unmittelbar in den Drucken, wo aufgrund des Satzspiegels immer wieder zufällige Zeilenbrechungen auftreten, die nicht zum eigentlichen Schrift-Bild des Textes gehören; es läßt sich aber eindeutig erschließen.

17 Zitiert nach Steiner: *Rilkes Duineser Elegien* (wie Anm. 5), S. 315.

18 Harald Weinrich: »Münze und Wort. Untersuchungen an einem Bildfeld«. In: *Romanica. Festschrift für Gerhard Rohlfs*. Hrsg. von Heinrich Lausberg und Harald Weinrich. Halle / Saale 1958, S. 508-521. – Schon in einem Prosatext des frühen Rilke findet sich übrigens die Verwendung dieses Topos: »Die Knaben wachsen so stramm und stetig in ihr Mannsein hinein; auf einmal paßt es ihnen: du weißt nicht wie. Die Mädchen lassen plötzlich ihr Kinderkleid los und stehen furchtsam und frierend da am Anfange eines ganz anderen Lebens, in dem die Worte und die Münzen, welche sie gewohnt waren, nichts mehr gelten.« (SW V, S. 403)

AUFSÄTZE

AUFSÄTZE

Bernd Stenzig

»Die Landschaft ist ein Fremdes für uns«
Rilkes Monographie *Worpswede*

I.

Kein Werk von Rainer Maria Rilke ist lange Zeit so gründlich in Vergessenheit geraten wie die Monographie *Worpswede* (1903)[1], die doch immerhin ein richtiges dickes Buch ist, von denen Rilke nicht eben viele vorzuweisen hat, und die einer Phase entstammt, da sein Werk den Stempel des Gültigen gewinnt.[2] Den Grund für das auffällige Verschwinden des Worpswede-Buchs wird man wohl vor allem darin sehen dürfen, daß der Autor selbst mancherlei Weichen dafür gestellt hat. Rilke hat das Angebot zur Abfassung der Monographie Anfang 1902 erhalten und angenommen, als er ein erstes Mal und völlig überraschend mit der Notwendigkeit konfrontiert ist, seinen Lebensunterhalt selbst verdienen zu müssen.[3]

Seine Einstellung zu dem Buch ist von vornherein zwiespältig. Dem einen gegenüber ist die Monographie »ein lieber Plan«[4], dem anderen gegenüber eine Arbeit, die »halb nur Freude und halb Fron« ist und die er »zum Teil aus äußeren Gründen annehmen« mußte[5]. Als die Monographie heraus ist, wird sie ihm zusehends peinlich. Zwar war das Buch wichtiger Anlaß und Anstoß, »manches vom Schaffen zu sagen«, und deshalb ist es Rilke auch »so im Schreiben, lieb geworden«.[6] Unglücklicherweise hat sich aber der Gegenstand, anhand dessen er seine Anschauung von Kunst fixiert und zugleich als mehr oder weniger eingelöst dargestellt hat, binnen kurzem als kunsthistorische Marginalie erwiesen. Rilke hat mit *Worpswede* ein Szenario großer, der ganz großen Kunst entworfen und muß nun sehen, daß seine Gewährsleute in einem solchen Szenario gar nichts zu suchen haben und daß dieser Fehlgriff Zweifel an seiner künstlerischen Urteilsfähigkeit weckt.

Und so gibt er seine Helden preis – nicht indem er sein Urteil revidiert (was die Zweifel an seiner Urteilsfähigkeit nicht ausräumen würde), sondern indem er eigentlich immer schon anders geurteilt haben will. Als er beispielsweise 1905 erfährt, daß Harry Graf Kessler, an dem damals kein Weg vorbeiführt, sich ablehnend über seine Schriften zur Kunst geäußert habe, glaubt er sich sofort an seiner Achillesferse *Worpswede* getroffen – tatsächlich meint Kessler das Rodin-Buch (1903) – und behauptet rundweg, daß in der Monographie über die dort behandelten Künstler das ungefähre Gegenteil dessen stehe, was seine Überzeugung sei: »Sagte vieles, was mir auf dem Herzen lag unter dem Vorwand dieser Malereien, über die ich im Ganzen und in gewissen Einzelheiten nicht so denke wie mein Buch.«[7]

Besser: das Buch vergessen und vergessen machen. An der zweiten und dritten Auflage (1905 beziehungsweise 1910), die wohl nicht zu verhindern waren, wirkt Rilke nicht mehr mit – was in der dritten Auflage auch ausdrücklich vermerkt ist –, aus seinen *Gesammelten Werken* (1927) schließt er das Worpswede-Buch aus. In ihrer originalen Gestalt liegt die Monographie überhaupt erst seit 1987 wieder vor.[8] – Wie die Präsenz des Buches hat Rilke auch dessen Rezeption nicht gerade gefördert. In den zahlreichen, auf eine Veröffentlichung berechneten autoexplikativen Briefen gerade der zwanziger Jahre, mit denen er den Diskurs über sein Werk zu steuern sucht und in der Tat auch nachhaltig steuert, kommt bezeichnenderweise noch das entlegenste Frühwerk zur Sprache, nirgends aber das Worpswede-Buch.

Eine neuerliche Beschäftigung mit der Monographie wird keinen neuen Rilke zeigen, mag aber vielleicht doch den einen oder anderen Akzent hinzufügen. Vor allem aber dürfte sie Rilkes Entwicklung stärker mit der Erfahrung der Worpsweder Landschaft und der Worpsweder Kunst verknüpfen, als dieser später – alles an der Begegnung mit Rodin festmachend – es hat wahrhaben wollen.[9]

II.

Über Rilkes Anschauung von diesem und jenem zu sprechen, greift generell zu kurz ohne den Bezug auf sein Kunstkonzept, von dem her alles erst seine eigentliche Anordnung und Bedeutung erfährt. Das gilt auch und zumal für *Worpswede*. Rilke selbst betont – ziemlich exakt in der Mitte seines Buches –, daß »alle vorangehenden und alle folgenden Betrachtungen« auf einem ganz bestimmten Standpunkt in »Fragen der Kunst und des künstlerischen Schaffens« beruhten und daß er die Gefahr sehe, »mißverstanden zu werden oder überhaupt unverständlich zu bleiben«, sofern der Leser diesen »Schlüssel« nicht im Auge behalte (S. 98).[10]

Der Schlüssel ist gar nicht so leicht zu finden, auch weil er über das ganze Buch verteilt vergraben ist. Originär ist Rilkes Standpunkt als ganzer, das meiste für sich genommen dagegen altvertraut. Kaum ein Aspekt, der nicht Ahnen oder zeitgenössische Parallelen hätte – etwa im Symbolismus –, kaum ein Aspekt auch, der sich nicht schon anderswo bei Rilke selbst fände. Dem nachzuspüren soll hier nicht die Sorge sein. Auch kann es an dieser Stelle nicht darum gehen, die im Worpswede-Buch entfaltete Kunstlehre im einzelnen in Relation zu dem zu setzen, was meist erst als Ertrag der Pariser Zeit gilt.[11] Gelegentlich mag sich das Vorausweisende der Monographie auch so andeuten. Hier geht es um den Schlüssel – je handlicher, desto besser.

Im Worpswede-Buch finden sich – sehr schematisierend gesagt – zwei grundlegende Bestimmungen von Kunst. Danach soll das Kunstwerk zum einen die Subjektivität seines Schöpfers, dessen in der Wirklichkeit uneinlösbares inneres

Sein artikulieren, und zwar anhand von Bildern und Gleichnissen, die der Sphäre der Außenwelt, des sinnlich Wahrnehmbaren entstammen. Der Künstler spricht im Kunstwerk »sein innerstes Erleben« aus, »etwas Tiefeigenes, Einsames, etwas, was er mit niemandem teilt« (S. 97).[12] Und dieses innerste Erleben ›verwirklicht‹ er anhand von anschaulich gegebenen »Dingen« (S. 125), die ins Werk hineingenommen und hier zu Sinnbildern des Ich werden.

Zum anderen soll die künstlerische Verarbeitung eines Gegenstandes dessen tatsächliche Beschaffenheit nicht verändern. Im Gegenteil, erst das Kunstwerk kann das am herangezogenen Stoff Eigentliche und Wesenhafte freilegen und – weil darin in etwas Festes verwandelt – auch verewigen. Anders als das Theorem vom Kunstwerk als einem ›Geständnis‹ seines Schöpfers, das Rilke seit 1898 vertritt, ist diese zweite Bestimmung – das Artefakt fixiert das Allgemeine am Einzelwirklichen, »das Modell *scheint,* das Kunst-Ding *ist*«[13] – in Rilkes Argumentation noch fast ein Novum. Es wird auch nirgends eigens angesprochen, ist jedoch überall implizit präsent und zeigt sich etwa dort, wo von einem Maler gesagt wird, er gebe den »Extrakt der Landschaft« (S. 75), oder dort, wo es von einem Bild heißt, hier scheine es geglückt, »den Sturm selbst zu einem [Kunst-] Dinge zu machen« (S. 140).

Das Gelingen eines Kunstwerks, das gleicherweise die authentische Gestalt seines Schöpfers wie auch die des herangezogenen Stoffs offenbaren soll, hat zur Voraussetzung, daß der Künstler sich aus jenen alltäglichen Zusammenhängen herauslöst, die sowohl ihm als auch den Dingen ein zufälliges und zeitbedingtes Aussehen verleihen. Der Künstler darf nicht »Mensch im banalen Sinne« sein. Als solcher wäre er »Produkt« ganz bestimmter »Verhältnisse«, ihm haftete ›Privates und Zufälliges‹, »gleichsam das Bürgerliche« an (S. 76). Dem muß er sich entwinden, wenn er sein Innerstes und Eigenstes, seine Seele zur Sprache bringen will. Und wenn er zugleich auch das wahre Wesen der Dinge erreichen will. Denn der Mensch ›im banalen Sinne‹ verfehlt das Wesen der Dinge, weil er sie nicht unvoreingenommen sieht, sondern durch die Brille zeittypischer, ihm anerzogener Wahrnehmungs- und Bewertungsmuster (vgl. ebd.) und unter dem Einfluß gerade vorwaltender alltagspraktischer Bedürfnisse und Zwecke (vgl. S. 14-16). – Künstler sind also notwendig »Einsame« (S. 16), dem zeitlichen Kontext Entrückte. Nur so finden sie sich selbst, nur so gelingt ihnen jenes ›sachliche‹ Schauen (S. 82), welches die Dinge mit dem ihnen eigenen Maß mißt.

Anzufügen ist in diesem Zusammenhang noch, daß bestimmte empirische Gegebenheiten einer künstlerischen Verarbeitung stärker entgegenkommen sollen als andere. So fällt es dem Künstler leichter, »dem Fremdesten, Fernsten, das er gerade noch überschauen kann« (S. 97), gerecht zu werden – und ihm die »Zeichen« (ebd.) und »Vokabeln« (S. 98) für sein Inneres abzugewinnen –, als dem Nächsten und Vertrauten, das ihn umgibt und mit dem er umgeht. – Und weiter: Soll das Ich sich anhand von ›Dingen‹ aussprechen, so müssen diese ›Dinge‹ im Werk – ungeachtet ihrer Verwandlung in ›Kunst-Dinge‹ – als ›Dinge‹ kenntlich

bleiben, also ihre empirische Bestimmtheit behalten. Daraus ergeben sich zwei
Präferenzen. Zum einen sollten die herangezogenen ›Dinge‹ so weit als möglich
an sich schon »die Gegenständlichkeit und Wahrhaftigkeit wirklicher [Kunst-]
Dinge« haben (S. 125), sie sollten keine Masken aus »Zeit und Zufall« (ebd.) angelegt haben und gewissermaßen in der Realität schon fast so anzutreffen sein, wie
es ihrem wahren Wesen entspricht, so daß der Prozeß künstlerischer Verwesentlichung keinen radikaleren Eingriff in ihre empirische Erscheinungsweise erfor-
dert und ihre »dekorative Deutlichkeit« (S. 128) ins Artefakt hinübergerettet
werden kann. Zum anderen sollten die herangezogenen ›Dinge‹ je einzelne –
inselhaft – sein, »scharf umrissene Einzeldinge« (S. 75), die nicht erst – um erfaßt
werden zu können – aus kontextuellen Verschränkungen und Überblendungen
herauspräpariert werden müssen.

Die eigentliche Pointe von Rilkes Kunstkonzept liegt auf der Hand und wird
im Worpswede-Buch auch in kaum anderswo anzutreffender Direktheit ausgesprochen: das Kunstwerk versöhnt Ich und Welt. Rilkes eigentümliche Zwi-
schenstellung im Spannungsfeld zwischen Tradition und Moderne beruht ja
nicht zuletzt darauf, daß er im Hinblick auf sein Weltbild (und sein Subjektver-
ständnis) letztlich an tradierten idealistischen Vorstellungen von Totalität (und
Geschlossenheit) festhält, wie sehr die zunehmende Inkompatibilität von Innen
und Außen es auch zum Problem werden läßt, deren Einheit noch erfahrbar zu
machen.[14] Künstler und Kunstwerke können das. Das macht sie so einzigartig
und zu etwas quasi Religiösem. Denn indem das Kunstwerk einerseits das wahre
Wesen des Ich in sich aufhebt und ausspricht und andererseits auch das wahre
Wesen des stofflichen ›Vorwands‹, anhand dessen das Ich sich ausspricht, indem es
beides als gleichwertig, als ›äquivalent‹ ineinander spielt, ist es jenes einzigartige
und unvergleichliche »Medium«, »in welchem Mensch und Landschaft, Gestalt
und Welt sich begegnen und finden« (S. 16): »Unter diesem Gesichtspunkt
scheint es, als läge das Thema und die Absicht aller Kunst in dem Ausgleich
zwischen dem Einzelnen und dem All, als wäre der Moment der Erhebung [!],
der künstlerisch-wichtige Moment derjenige, in welchem die beiden Wagscha-
len sich das Gleichgewicht halten« (ebd.).[15]

III.

Die Konturen des Begriffs Landschaft sind in Rilkes Worpswede-Buch – wie
auch in dem Aufsatz *Von der Landschaft*, der als erste Fassung der Einleitung zur
Monographie gelten kann[16] – ausgesprochen changierend.[17] Meist ist jedoch mit
dem Begriff Landschaft ein bestimmtes Stück Natur gemeint, mit dem »die Menschen […] verkehren« (S. 12). Solcher Verkehr täuscht. Denn gerade die Landschaft wie überhaupt die große, weite Natur soll Rilke zufolge jenes ›Fremdeste,
Fernste‹ sein, das dem Künstler in besonderer Weise zum »Wortschatz« (S. 117)

taugt. Die »Landschaft ist ein Fremdes für uns« (S. 10), und »gerade dieser Umstand macht es möglich, sich der Natur als eines Wörterbuches zu bedienen« (S. 95).

Freilich muß die Fremdheit der Natur erst wieder entdeckt werden. Wie der Künstler sich prinzipiell aus den alltäglichen Zusammenhängen herauslösen muß, um die Dinge sachlich sehen zu können, so kann er auch der Natur gegenüber nicht der »gewöhnliche Mensch« bleiben (S. 14), der »mit dem voreingenommenen Auge des Einheimischen« sieht und »alles auf sich selbst und auf seine Bedürfnisse anwendet«[18]. Erst wenn er sich der Natur wieder entwöhnt hat, wenn er sie von sich fortgedrängt und gewissermaßen vergleichgültigt hat, kann er sie neu erfahren als das, was sie ist: als »das andere, das Fremde, das nicht einmal Feindliche, das Teilnahmslose« (S. 95).[19]

Das ganz Andere der Natur zeigt sich zum einen darin, daß sie den Menschen nicht wahrnimmt und nicht mit ihm kommuniziert, daß der Mensch, was er auch anstellt und was ihm auch widerfährt, die Natur nicht dazu überreden kann, sich ihm zuzuwenden (vgl. bes. S. 10-13). Klingt bei diesem Gesichtspunkt Zukünftiges mit – indem er die ehrwürdige utopische Vorstellung, der Mensch könne dereinst einer brüderlich behandelten Natur als Gegenspieler einer möglichen Interaktion begegnen (die Steine schlagen die Augen auf)[20], zugleich zitiert und dementiert –, so ist Rilkes zweites Argument für die Fremdheit der Natur ein restlos verflossenes. Denn sie soll sich nicht allein der Kommunikation mit dem Menschen entziehen, sondern auch seinen Versuchen, Macht über sie zu gewinnen. Daß dem Menschen mit der Natur eine unerschöpfbare und unermüdbare Übermacht gegenüberstehe, der er nichts anhaben kann und die umgekehrt ihm alles anhaben kann, daß wir allenfalls »die äußerste Oberfläche der Erde verändern« können (S. 12), während umgekehrt »die Kulturen von den Schultern der Erde fallen«, wenn es der Natur gerade wieder einmal einfällt, »gegen ihre kleinen Herren« aufzustehen (ebd.) – das ist eine Vorstellung, die nichts weiß und noch nichts wissen kann von einer Zukunft, in der der Mensch die Natur einerseits an den Rand der Zerstörung gebracht hat und andererseits zu ihrem ›großen Herrn‹ sich aufschwingt, der sie neu erfindet und damit auch den alten, auch für Rilkes Denken konstitutiven Gegensatz von Natur und Kultur zum Einsturz bringt.[21]

Gleichviel: Rilkes Begriff von Natur ist Teil von Überlegungen zu einer Kunst, die dem gleichen zeitlichen Horizont entstammt und insofern dieser Kunst auch potentiell adäquat. Zur Dichotomie von Natur und Kultur bei Rilke gehört nun noch ein weiterer wichtiger Aspekt. Die Natur ist anders verfaßt als die Kultur. Sie ist das »Ewige« gegenüber dem »Vergänglichen«, das »im tiefsten Gesetzmäßige« gegenüber dem »vorübergehend Begründeten« (S. 16). Mit anderen Worten: Sie kommt der künstlerischen Vergegenwärtigung des Ich abermals entgegen, indem sie nicht allein das ›Fremdeste, Fernste‹ ist, sondern auch ›Zeit und Zufall‹ von ihr abgetan sind und die Natur-Dinge im Prinzip schon so in Erscheinung treten, wie sie sind.

Das ›Ewige‹ und ›Gesetzmäßige‹ der Natur bedeutet nun nicht, daß sie sich als etwas immer Gleiches darbietet. Im Gegenteil. Kennzeichnend ist gerade die ausgeprägte Dialektik von zeitenthobener Regelhaftigkeit und je aktueller Fülle und Vielfalt. »Die Landschaft ist bestimmt, sie ist ohne Zufall, und ein jedes fallende Blatt erfüllt, indem es fällt, eines der größten Gesetze des Weltalls.« (S. 32) Und zugleich ist kein Blatt wie das andere, »seit Schöpfung der Welt [hat es keine] zwei Baumblätter gegeben, die einander gleich waren« (S. 31).

Genau an diesem Punkt schlägt Rilkes Argumentation den Bogen von der Landschaft im allgemeinen zur Worpsweder Landschaft, von der Kunst im allgemeinen zur Worpsweder Kunst. Die Worpsweder Landschaft ist nicht irgendeine Landschaft. Die Dialektik von zeitenthobener Regelhaftigkeit und je aktueller Fülle und Vielfalt erfährt hier eine unvergleichliche, nirgendwo sonst anzutreffende Steigerung – schier unabsehbar der Reichtum an Naturphänomenen, die sich dem Betrachter über Jahr und Tag in dieser Landschaft dartun, die nichts ist als Himmel und Ebene und die doch alles an Formen und Farben bietet, was man sich nur denken kann.

Und dieser Überfluß prädisponiert die Worpsweder Landschaft nun auch für eine besondere Form von Kunst, für die »moderne Kunst« (S. 98), womit gemeint ist: für eine dem modernen Bewußtsein adäquate Kunst. Denn »unsere Seele ist eine andere als die unserer Väter« (S. 34). Sie ist feiner und vielschichtiger, persönlicher und komplizierter geworden, sie kennt – so Rilke immer mit deutlichem Bezug auf das Selbstverständnis der Jahrhundertwende – Empfindungen und Gedanken, von denen gestern noch keiner etwas ahnte. Damit muß auch ihr Vokabular Schritt halten. Die »Wälder« von einst, die »Berge und Burgen«, die »Schlösser und Schluchten« sind als Ausdrucksmittel zu undifferenziert und uniform geworden, auch zu abgestanden – »wir fühlen uns wie in etwas altmodischen Zimmern« (ebd.) –, um das moderne Innere »bis in seine feinsten Nuancen hinein, sinnlich und sichtbar« sagen zu können (S. 98). Dazu bedarf es einer anderen Landschaft, einer Landschaft, in der Unerschöpfliches sich vollzieht – eben der Worpsweder Landschaft. Wer sich ihrer annimmt als Künstler, der wird reich entlohnt, der begegnet »auf seinen Wegen tausend Ausdrücken für tausend Erlebnisse seiner Seele« (S. 112).[22] – Und was den Fund vollkommen macht: In der Worpsweder Landschaft mangelt es auch nicht an jenen ›scharf umrissenen Einzeldingen‹ (S. 75), die nicht erst – um sich in ihrer Bestimmtheit zu zeigen – aus Kontexten herauspräpariert werden müssen. Eine Landschaft aus Himmel und Erde bedeutet auch und zumal: »Dinge, die einfach und wichtig vor dem Himmel stehen« (S. 35).

Damit wären also in der Worpsweder Landschaft die empirischen Phänomene so beschaffen – so fremd, so gesetzhaft und zugleich so vielfältig, auch so reich als je einzelne gegeben –, daß der Künstler – schaute er nur sachlich – sie lediglich aufzugreifen brauchte, um sowohl sich selbst als auch ihr Wesen aussagen zu können. Nicht ganz. Denn die Worpsweder Landschaft, so sehr sie sich als Inbegriff von Natur darbietet, ist doch auch Resultat menschlichen Handelns. Fast überall prägt die vor allem im 18. Jahrhundert systematisch und energisch vorangetriebene Moorkolonisation ihr Erscheinungsbild mit. Rilke übergeht die ›kulturelle‹ Seite Worpswedes nicht, vielmehr ist sein Blick für das historisch Gebildete und Umgebildete sogar ausgesprochen genau (vgl. bes. S. 35-40). Das betrifft das Tagwerk der Menschen, das allerdings noch ganz in die Natur eingelassen ist, das betrifft zumal auch die Schwere ihres Daseins, das nichts ist als »ein Leben aus Arbeit und Armut« (S. 37).

Die ›kulturelle‹ Seite Worpswedes muß den Künstler stören und gefährden. Er, der auf das ›Ewige‹ und ›Gesetzmäßige‹ ausgeht, sieht, der Natur so nahe als lich gekommen, diese doch wieder affiziert vom ›Vergänglichen‹ und ›vorübergehend Begründeten‹. Die Lösung der Worpsweder ist im Prinzip nicht neu, Rilke trifft auf das gleiche Muster quer durch die Geschichte der Kunst seit der Renaissance (vgl. S. 18-27): Die Worpsweder sehen »alles in einem Atem, Menschen und Dinge« (S. 40). Sie betrachten die Menschen und ihr Leben, als ob es sich um ein weiteres Stück Natur handelte. Das setzt voraus, daß sie »nicht unter ihnen leben« – in der Tat sind die ersten Worpsweder allesamt zugezogene Städter –, »sondern ihnen gleichsam gegenüberstehen, wie sie den Bäumen gegenüberstehen«, und es vollzieht sich in der Weise, daß sie die Menschen, »die nicht ihresgleichen sind, in die Landschaft hineindrücken« (ebd.). Und »das ist keine Gewaltsamkeit«, die »Kraft eines Kindes reicht dafür aus« (ebd.). Einerseits ist es also vonnöten, die Menschen der Worpsweder Landschaft, die wie alle Menschen der Geschichte angehören, in die Landschaft ›hineinzudrücken‹ und damit ihre Analogie zu den Naturphänomenen überhaupt erst zu schaffen. Andererseits geht dies ganz leicht, mit der ›Kraft eines Kindes‹, weil für die »Menschen, die in den Städten leben« (S. 23), weil aus der Perspektive der zeitgenössischen Gegenwart und im Verhältnis zu ihr das Leben in der Worpsweder Landschaft – weltabgeschieden, ganz dem Boden zugekehrt und von archaischer Einfachheit – vergangen genug und nah genug an der Natur ist (vgl. u. a. ebd.), um ohne ›Gewaltsamkeit‹ als ein uranfängliches Noch-in-der-Natur aufgefaßt werden zu können. Die Worpsweder Landschaft wird damit – obschon Menschen in ihr leben – doch wieder Natur schlechthin in dem genauen Sinne, daß sie eben dies als ein Konstrukt wird, das sich denkbar eng an die Realität zu halten vermag.[23]

IV.

Von Rilkes Beschreibung der einzelnen Worpsweder Künstler ist noch gar nicht die Rede gewesen, obschon dies doch das eigentliche Thema seines Buches ist. Der Grund liegt darin, daß ohne das bisher Vergegenwärtigte Rilkes Urteil über die Worpsweder kaum kenntlich werden könnte, mehr noch: daß kaum kenntlich werden könnte, daß er überhaupt urteilt. Denn vorgeblich tut er dies gar nicht. Sein Buch »vermeidet es zu richten«, heißt es an einer Stelle (S. 8), und an einer anderen, daß er die Worpsweder »nicht in Form einer Kritik« behandeln werde (S. 42). Und in der Tat erwecken die Kapitel über die einzelnen Künstler auf den ersten Blick auch den Anschein, als würden hier lediglich Sachverhalte dargeboten und erläutert. Wenn es aber beispielsweise von Overbeck heißt, er sei »kein Dichter« und habe in Worpswede keine eigene »Sprache« gefunden (S. 131), dann ist das vor dem Hintergrund von Rilkes Kunstlehre gerade kein (banaler) Sachverhalt mehr – das weiß doch jeder, daß er kein Dichter ist –, sondern schon fast eine Vernichtung. Und wenn am Schluß des Buches davon die Rede ist, daß in der Worpsweder Landschaft vieles noch nicht gemalt worden sei und daß sie auf jemanden warte, der »einsamer« sei (S. 230), dann steckt auch darin jetzt ein massiver Vorbehalt.

Den ›Schlüssel‹ in Händen wirft Rilkes Einschätzung der einzelnen Worpsweder Künstler kaum Probleme auf. Vielmehr überrascht die Konsequenz und fast schon Pedanterie, mit der er die Maler Mackensen, Modersohn, Overbeck, am Ende und Vogeler an seinen eigenen Kunstzielen mißt, ebenso wie die bei aller gelegentlichen Weitschweifigkeit fast schon wieder schematische Eindeutigkeit des Urteils.

Soll Kunst gleicherweise das Wesen des künstlerischen Ichs wie das des herangezogenen Stoffs offenbaren, so liegt bei Mackensen der Akzent mehr auf der gültigen Erfassung des Geschauten – dem qua landschaftlich aufgefaßter Figur erreichten »Extrakt der Landschaft« (S. 75) – und weniger auf der Selbstaussage. Wo Mackensen sich selbst ins Spiel bringt, besteht sogar die Gefahr, daß er dies als Mensch ›im banalen Sinne‹ tut, was eine objektive Sicht der Dinge durchkreuzen und ihrer Darstellung im Werk einen »gefährlichen Dualismus« verleihen muß (S. 76 f.) – halb Kunst-Ding, halb auch nur die private Meinung des Bürgers Mackensen über ein empirisches Ding.

Modersohns Kunst könnte den Idealen Rilkes entsprechen, wenn es ihm gelänge, zwei Stränge seiner Entwicklung zusammenzuführen. Modersohn steht der Worpsweder Landschaft am nächsten, wie ein Naturforscher hat er sich ihre Ausdruckswerte erschlossen. Der so erworbene Wortschatz ermöglicht es ihm, mit seinen – heute so genannten – ›Abendblättern‹, kleinen, meist nur handgroßen, konzentrierend vereinfachenden und zugleich das Sujet in Fluß versetzenden Kreide- und Rötelzeichnungen »immerfort das Innerste, Intimste« (S. 122) seines Ichs aussprechen zu können. Was diesen Blättern indes fehlt, ist jene »volle dekorative Deutlichkeit« des Gegenständlichen (S. 128), wie sie auf den ›gewissenhaften‹ Ölstudien nach der Natur erreicht ist (S. 119). Modersohns Kunst käme ins Ziel, wenn sie beides synthetisierte (vgl. S. 128). Modersohns große Bilder sind aber vorerst mehr Zeugnisse »der Zagheit und des Zweifels« (S. 119), eines Ausweichens vor dem Problem, gleichzeitig völlig persönlich und völlig sachlich dem Stoff gegenüber sein zu müssen.[24]

Besteht für Rilke die letzte Absicht der Kunst darin, daß sie »Gestalt und Welt«

aufeinander bezieht und deren verlorengegangene »Einheit« neu stiftet (S. 15), so findet er dieses Ziel im Prinzip auch und gerade bei Overbeck und am Ende. Wenn er sich diesen Malern gleichwohl mit stark herabgestuftem Enthusiasmus zuwendet – von am Ende, immerhin fast sein Nachbar in Worpswede, kennt er überhaupt nur »vier oder fünf von den Bildern« (S. 181) –, dann deshalb, weil in ihren Arbeiten zwar Person und Landschaft zusammenfließen, jedoch so, daß gerade nicht deren Essenz angestrebt und erreicht wird. Overbeck, seiner Erscheinung nach schwerblütig und schweigsam, sucht ein entsprechendes Außen, ein landschaftliches »Gegengewicht« (S. 131), und hebt es in sein Werk, ohne nach Wesen, Wahrheit und Objektivität zu fragen. Bei am Ende ist umgekehrt die Natur das Primäre, er ist »ergriffen von ihr, hingerissen, emporgehoben und hinabgezogen« (S. 192) – ein »Großstädter« (vgl. S. 195), der sich vom Wechselspiel der Landschaft in Stimmungen versetzen läßt und so schon gar nicht sich selbst und ein objektiv geschautes Ding in ein Kunst-Ding zu verwandeln vermag.

Ein Sonderfall ist Vogeler. Ist der – wie man mit Blick auf andere Schriften Rilkes ergänzen darf: zeitgenössische – Mensch zu seiner Vergegenständlichung auf die Kunst angewiesen, so gilt dies für Vogeler nicht. Ihm genügt seine reale Lebenswelt, seine eigene zweite kleine Wirklichkeit, die von ihm kreierte ›Insel der Schönheit‹ Barkenhoff; dort hinein »schreibt er seine Gefühle und Stimmungen wie in ein Buch« (S. 213).[25] Indem Vogeler so seine Umgebung in ein Spiegelbild seiner selbst verwandelt, kann auch seine Kunst in eine immer engere Wechselbeziehung mit seiner realen Umgebung treten, denn diese selbst steckt ja schon voller Sinnbilder für seine persönlichsten Empfindungen. Auf diese Weise werden »die Erfüllungen seines Lebens [...] der eigentliche Inhalt seiner Kunst« (S. 206). Die Kunst dokumentiert im Grunde nur noch den Prozeß der Transformation von Vogelers Innerem in das ihn umgebende Äußere. Das ist kein reiner Gewinn. Denn Vogelers Kunst kann damit auch nur mehr das Wesen dessen erreichen, was ihn in seiner eigenen kleinen Welt umgibt (vgl. besonders drastisch S. 230). Wirklich große künstlerische Ziele liegen jedoch »immer im Unendlichen« (S. 202), und so kann Vogelers Weg auch nicht der Weg wirklich großer Künstler sein. Wenn Vogeler seine Persönlichkeit in die Realität umzusetzen vermag, so nur deshalb, weil diese Persönlichkeit schlicht und »begrenzt« (ebd.) genug ist, um ihre Erfüllung in einem Leben zu finden, »das in einem kleinen Garten vergeht« (vgl. S. 230). Wirklich große Künstler sind von anderem Zuschnitt. Ihr inneres Erleben bewegt sich in Dimensionen, für die es (noch) keine irdische Heimstatt geben kann, sondern allein die Bilder der Kunst.

V.

Die Beschäftigung mit dem Worpswede-Buch mag dem Rilke-Bild des Einge-
weihten Nuancen hinzufügen. Interessant ist aber doch auch die Frage, ob die
Monographie auch dem unbefangeneren Kunstfreund weiterhelfen kann, ob
Rilkes Überlegungen zur Worpsweder Kunst auch dem etwas sagen können, der
ihre kunsttheoretischen Prämissen und Konnotationen überhört oder auch gar
nicht mitvollziehen will. Dafür spricht einiges. Denn in jedem Fall dürfte sich
abzeichnen, worin für Rilke der Grundgestus der ersten Worpsweder besteht.

Man hat die Worpsweder Malerei ja der Heimatkunst zurechnen wollen, man
hat in ihr Sozialkritisches finden wollen oder auch Präfaschistisches oder auch
bloß eine biedere Apotheose des Rustikalen, ohne daß all dies so recht aufgegan-
gen wäre. Rilke führt da weiter. In der Tat wird man den Grundgestus der
Worpsweder wohl darin sehen dürfen, der zeitgenössischen Gegenwart eine Art
Urbild irdischen Daseins entgegenzustellen, also gerade aus der Zeit herauszutre-
ten, statt einer ihrer Strömungen das Wort zu reden. Eine reale, geschichtlich
gebildete, zugleich auch wieder historisch überholte Landschaft – eben die
Worpsweder Landschaft – wird ins ›Ursprüngliche‹ und ›Ewige‹ transkribiert –
und zwar so, daß sie ihre topographische Handgreiflichkeit und Bestimmtheit
behält. Unter dem Strich ergibt sich die Fiktion, es rage doch noch ein Zipfel aus
der Welt der Väter und Vorväter hinein in die neue Zeit.

Anmerkungen

1 RMR: *Worpswede. Fritz Mackensen – Otto Modersohn – Fritz Overbeck – Hans am
  Ende – Heinrich Vogeler.* Bielefeld und Leipzig 1903 (= Künstler-Monographien
  64).
2 Davon abzuheben ist das Interesse, das Rilkes Worpsweder Zeit und die Monographie *Worpswede* seit je im Schrifttum aus und über Worpswede findet. Diesem
  Schrifttum ist keineswegs pauschal ein aufs Regionale verengter Horizont oder
  die Überbetonung sentimental ›menschlicher‹ Aspekte vorzuhalten, jedoch fehlt
  der rechte Austausch mit dem eigentlichen Rilke-Diskurs.
3 Die Sachangaben dieses Abschnitts folgen, sofern nicht anders angegeben, den
  Anmerkungen des Herausgebers in RMR: *Sämtliche Werke.* Hrsg. von Ernst Zinn.
  Bd. VI. Frankfurt am Main 1966, S. 1269-1286. (= SW)
4 Brief an Carl Vinnen vom 15. 1. 1902. In: RMR: *Briefe aus den Jahren 1892 bis 1904.*
  Hrsg. von Ruth Sieber-Rilke und Carl Sieber. Leipzig 1939 (= B92-04), S. 195.
5 Brief an Gerhart Hauptmann vom 1. 5. 1902. In: B92-04 (wie Anm. 4), S. 218.
6 Brief an Arthur Holitscher vom 26. 6. 1902. Zitiert nach SW VI, S. 1276 (wie
  Anm. 3).
7 Brief an Karl von der Heydt vom 11. 11. 1905. In: RMR: *Die Briefe an Karl und*

Elisabeth von der Heydt 1905-1922. Hrsg. von Ingeborg Schnack und Renate Scharf-fenberg. Frankfurt am Main 1986, S. 33-35, hier S. 34. Vgl. auch ebd. S. 294-296.

8 RMR: *Worpswede. Fritz Mackensen – Otto Modersohn – Fritz Overbeck – Hans am Ende – Heinrich Vogeler.* Frankfurt am Main 1987 (= insel taschenbuch 1011).

9 Vgl. in diesem Sinne bereits die bündige, vielleicht aber doch schon wieder zu weit gehende Bemerkung von Werner Kohlschmidt: »Das Worpswede-Buch enthält das Bekenntnis zu der neuen Pariser Stufe vor Paris.« (Ders.: *Rainer Maria Rilke.* Lübeck 1948, S. 77)

10 Seitenangaben im Haupttext beziehen sich auf die in Anm. 8 nachgewiesene Neuausgabe des Worpswede-Buchs.

11 Die wohl scharfsinnigste Analyse der Kunstlehre und der dichterischen Praxis des ›mittleren‹ Rilke bietet die Studie von Hartmut Engelhardt: *Der Versuch, wirklich zu sein. Zu Rilkes sachlichem Sagen.* Frankfurt am Main 1973. Unsere schematisie-rende Darstellung von Rilkes Auffassung von Kunst im Worpswede-Buch ver-dankt der Untersuchung von Engelhardt wesentliche Anregungen. Dabei mag schon die Tatsache, daß Engelhardts Befunde auf dem späteren Schaffen Rilkes beruhen und gleichwohl auf das Worpswede-Buch beziehbar scheinen, als ein kleines Indiz für das Vorausweisende der Monographie gelten.

12 Die Frage, inwiefern und inwieweit das im Artefakt ausgesagte Allerpersönlichste des Künstlers letztlich doch wieder überpersönliche Geltung und Bedeutung ha-ben soll – im berühmten Ibsen-Kapitel des Malte-Romans findet der Dichter beispielsweise »innerer als dort, wo je einer war«, gerade nicht nur sein, sondern »das Leben, unser Leben«, »unser Geschehen« –, kann hier nicht verfolgt werden. Zu pauschal, zu abgehoben vom konkreten Problem scheint aber in jedem Fall der in der jüngeren Forschung anzutreffende Lösungsversuch, daß im monisti-schen Denken zwischen All-Leben und menschlicher Innerlichkeit a priori kein Widerspruch bestehe und somit alles Partikulare ohnehin immer schon mit dem Allgemeinen identisch sei.

13 Brief an Lou Andreas-Salomé vom 8. 8. 1903. In: RMR – LAS: *Briefwechsel.* Hrsg. von Ernst Pfeiffer. Zürich und Wiesbaden 1952, S. 84.

14 Vgl. zu diesem Zusammenhang Andrea Pagni: *Rilke um 1900. Ästhetik und Selbst-verständnis im lyrischen Werk.* Nürnberg 1984.

15 Auf die in Rilkes Kunstkonzept enthaltenen Widersprüche, Aporien und ver-steckten Ideologeme kann hier ebenso wenig eingegangen werden wie auf die Schwierigkeiten und Probleme einer poetischen Praxis, die sich auf dieses Kon-zept beruft. Schon Rilkes Anspruch, die Kunst sei durch kein Wissen einholbare, eigentliche Erkenntnis- und Darstellungsform der Wirklichkeit, wird nur mehr subjektiv gestellt und etwa dort nur zu evident verfehlt, wo er historische Sujets ›verwirklichen‹ zu können glaubt, indem er gerade das Historische an ihnen tilgt.

16 RMR: *Von der Landschaft.* In: SW V, S. 516-522.

17 So kann mit dem Begriff Landschaft unter anderem auch ein Landschaftsgemälde gemeint sein (vgl. S. 17).

18 *Von der Landschaft* (wie Anm. 16), S. 521.

19 Daß die Natur und damit die Welt überhaupt sich dem Menschen als fremd darbietet, ist die zentrale Erfahrung Rilkes im Worpsweder Spätherbst 1900 (vgl.
unter anderem Pagni (wie Anm. 14), bes. S. 105-147). Diese Erfahrung zerstört
Rilkes Glauben an die Einheit alles Seienden nicht, verändert aber doch den
künstlerischen Ansatz. Die Kunst kann jetzt die Einheit alles Seienden nicht mehr
als etwas fraglos Gegebenes unterstellen, vielmehr wird es eine ihrer vornehmsten
Aufgaben, diese Einheit überhaupt erst erfahrbar zu machen (vgl. hier Abschnitt
2). Damit kann auch die Dingwelt nicht mehr pauschal als eine Ansammlung von
Erscheinungen aufgefaßt werden, auf deren Besonderheiten es gar nicht an-
kommt, da sie ohnehin allesamt von vornherein Verkörperungen des Absoluten
sind. Hingegen müssen die Dinge jetzt in ihrem konkreten Eigenwert erfaßt werden, wenn sie – und auch die fremdesten – sich doch wieder als Teile des Ganzen
erweisen sollen. Dies begründet – schon in Worpswede – Rilkes Programm des
›sachlichen Schauens‹.

20 Vgl. unter anderem Jürgen Habermas: »Technik und Wissenschaft als ›Ideologie‹«.
In: Ders.: *Technik und Wissenschaft als ›Ideologie‹*. Frankfurt am Main 1968, S. 57.

21 Vgl. dazu neuerdings zusammenfassend Hans-Jörg Rheinberger: »Repräsentatio-
nen der molekularen Biologie«. In: *Der Neue Mensch. Obsessionen des 20. Jahrhunderts*. Hrsg. von Nicola Lepp und anderen. Katalog zur Ausstellung im Deutschen
Hygiene-Museum Dresden 22. 4.-8. 8. 1999. Ostfildern bei Stuttgart 1999, S. 81-
89.

22 Die Mannigfaltigkeit der (Worpsweder) Landschaft macht sie nicht allein zum
adäquaten Ausdrucksmedium des modernen Bewußtseins, vielmehr wird dieses
sich selbst in seiner Mannigfaltigkeit überhaupt erst anhand der (Worpsweder)
Landschaft gewahr. Das unerschöpfliche Arsenal natürlicher Phänomene und
Zustände schließt den Fonds persönlicher Gedanken und Empfindungen über-
haupt erst auf:»Die Ebene ist das Gefühl, an welchem wir wachsen.« (S. 35) Rilkes
Auffassung individueller Entwicklung ähnelt der des zeitgenössischen Nativis-
mus. Danach tritt der Mensch als ein Bündel von Anlagen (Eigenschaften und
Fähigkeiten) in die Welt, die im Laufe der Lebensgeschichte aktualisiert werden
oder auch nicht. Im günstigsten Fall werden die Menschen schließlich mit ihren
Potentialen identisch, sie nähern sich, »je reifer sie werden, immer mehr ihren
Seelen […], bis sie endlich, an einem Höhepunkt ihres Lebens, mit ihnen eins
werden« (S. 123). Von solcher Entfaltung des anlagemäßig Bestimmten hebt Rilke
das bloß ›Zeitliche‹, ›Zufällige‹ und ›Bürgerliche‹ ab, das von außen hinzukommt
und das Wesen der Menschen durchkreuzt und verunklärt. So soll das Problem
des Malers Fritz Mackensen darin liegen, hier nicht klar unterscheiden zu können
oder zu wollen und in seinen Bildern oft neben dem ›Seelischen‹ auch das nur
›Private‹ sprechen zu lassen, was ihnen einen »gefährlichen Dualismus« verleiht
(S. 76f.). – Rilkes Persönlichkeitsmodell – läßt man sich überhaupt darauf ein –
reproduziert die Schwierigkeit, die generell in Rilkes Unterscheidung zwischen
dem Wesenhaften und Eigentlichen einerseits und dem ›Zeitlichen‹ und ›Zufälligen‹ andererseits liegt. Denn in letzter Instanz muß ungewiß und bloß spekulativ
bleiben, wo die Grenze zwischen den beiden Sphären zu ziehen ist.

23 Rilkes Begriff von Landschaft und sein Verständnis der Worpsweder Landschaft

sind von einiger Bedeutung für den Aufsatz »Landschaft (1963). Zur Funktion des Ästhetischen in der modernen Gesellschaft« des Philosophen Joachim Ritter (in: Ders.: *Subjektivität. Sechs Aufsätze*. Frankfurt am Main 1974, S. 141-163 und 172-190). Bei aller Scheu, an dieser großartigen, wahrhaft gelehrten Studie zu rühren, mag man dem Rilke-Verständnis von Ritter doch nicht in allem zustimmen. Ritter begreift die ästhetische Zuwendung zur Natur und die ästhetische Vergegenwärtigung von Natur als Landschaft in der neueren Dichtung und Bildkunst als Reaktion auf die wissenschaftliche Objektivierung und technische Ausnutzung und Ausbeutung der Natur. In dem Maße, in dem die Natur gesellschaftlich angeeignet und umgebildet wird, wächst auch das Verlangen nach einer ästhetischen (nicht praktisch vermittelten) Vergegenwärtigung der freien und wahren Natur. Dabei lösen die konkreten Landschaften, die dergestalt vergegenwärtigt werden, einander fortwährend ab. Denn einerseits werden immer weitere Bereiche der Natur gesellschaftlich angeeignet und umgebildet, so daß sie aus der Sphäre ästhetischer Repräsentation freier und wahrer Natur herausfallen. Andererseits wird jede ästhetisch vergegenwärtigte Landschaft über kurz oder lang zum ›vertrauten‹ und ›eingebürgerten‹ Klischee. An diesem Punkt greift Ritter auf Rilke zurück. Haben am Ende alle Landschaften ihr ästhetisches Potential eingebüßt, so weist Rilkes Worpswede-Buch einen denkbaren Ausweg darin, »daß gerade die Vertrautheit der heimischen Natur aufgehoben und diese als die fremde Natur gesehen wird« (ebenda, S. 184 f.). Dazu darf angemerkt werden, daß in der Tat ja die Negation der Vertrautheit (auch) der heimischen Natur bei Rilke eine zentrale Rolle spielt, dort jedoch ganz anders motiviert und situiert ist: Sie restituiert lediglich die eigentliche, im alltäglichen Umgang permanent überblendete Fremdheit der Natur. Das Von-sich-Fortrücken der heimischen Natur ist also bei Rilke nicht – wie Ritter meint – ein artifizieller Bruch mit etwas Vertrautem, sondern nur die Aufhebung der Illusion, die heimische Natur sei etwas Vertrautes.

24 Die Frage nach der Angemessenheit von Rilkes Urteil über die einzelnen Künstler kann hier nicht diskutiert und darüber hinaus auch nicht verfolgt werden, ob und in welchem Maße die von ihm porträtierten Künstler sich in seinem Urteil wiedergefunden haben. – Möglicherweise wecken Rilkes Ausführungen aber auch den grundsätzlichen Verdacht, er spreche nur über sich selbst, sein Kunstkonzept sei den Worpswedern völlig inadäquat. Zumindest dieser Zweifel – so grundsätzlich – läßt sich gerade anhand von Modersohn ausräumen. Dessen Anschauung von Kunst, wie er sie seit 1890 immer wieder niederlegt, gleicht – auch terminologisch – verblüffend der Rilkes. Das »Naturstudium« ist für Modersohn »gewissermaßen die Grammatik. Man muß die Grammatik einer Sprache beherrschen, wenn man sich in ihr ausdrücken will« (1895). Sein Ideal ist »eine Kunst, die über das optische Sehen fast hinausgreift, die den Gehalt, die Eigenschaft der Dinge erreichen will« (1890). Und zugleich: Die Kunst hat es »überall mit dem Sichtbaren zu tun [...], wodurch die unsichtbare Welt des Innern enthüllt werden soll« (1903). Auch das von Rilke angesprochene Problem Modersohns, Ich-Aussage und Verwesentlichung des Stoffs in ein und demselben Werk zusammenzuführen, kehrt bei Modersohn selbst wieder: »Bald rede ich von der Notwendigkeit der

Natur, bald von der Persönlichkeit [...]. Nur bei welchem das alles sich durch-
dringt, sich unlöslich verbindet, nur der ist wirklich Künstler.« (1902) (Zitiert
nach: *Otto Modersohn 1865-1943*. Katalog zur Ausstellung im Kunstverein Hanno-
ver und im Westfälischen Landesmuseum Münster 1979. Hrsg. vom Otto-
Modersohn-Nachlaß-Museum Fischerhude. Hamburg 1978, S. 70, 95 und 185.)
– Modersohns nachdrückliche Zustimmung zu Rilkes Monographie überrascht
nicht; Rilkes Worte berühren ihn »wirklich wie Klänge aus meiner Welt«, durch
sie erscheint ihm »diese Welt um ein Stück näher gerückt«. Vielleicht kann sogar
von einem Prozeß wechselseitiger Annäherung und Förderung gesprochen werden. So wie Rilke Modersohns Problem auf den Punkt bringt, zugleich völlig
persönlich und völlig sachlich dem Stoff gegenüber sein zu wollen, so könnte
Rilke selbst anhand dieses Problems größere Klarheit über sein eigenes – eben
analoges – Kunstkonzept gewonnen haben. Anders jedenfalls läßt sich Rilkes
bemerkenswerter Dank an Modersohn am Silvestertag 1902 aus Paris, also schon
aus einer ganz anderen Welt, kaum verstehen: »der Weg durch Ihr Werk führte
mich an vielen Stellen näher zu mir selbst; vieles wurde mir daran klar, vieles hängt
mir damit für immer zusammen, und ich kann wohl sagen, da ich es erkannte in
jenen Frühlingstagen: wuchs ich ein Stück daran entlang.« (Zitiert nach: »Briefe
Rainer Maria Rilkes mit Otto Modersohn [1900-1903]«. In: *Stader Archiv* N. F. 31
[1941], S. 121 u. 118.)

25 Wenn Rilke davon spricht, daß Vogeler »Stimmungen und Gefühle« in eine reale
Lebenswelt umsetze, dann führt dies auf die Frage, was man sich genauer unter
jenen Seelenzuständen vorzustellen habe, deren Gefäß gemeinhin allein die
Kunst sein kann. Hier wie auch in Rilkes frühen kunsttheoretischen Schriften
gewinnen die gedanklich-emotionalen Gehalte unverkennbar auch eine pragma-
tische Dimension: das Kunstwerk objektiviert Lebensenergien, die (noch) nicht
in reale Praxis übersetzt werden können. Andererseits und überwiegend auch im
Worpswede-Buch kann dagegen eher der Eindruck entstehen, als verwirklichte
und kommunizierte das Kunstwerk gerade gedanklich-emotionale Gehalte, die
von allen praktischen Zwecken geschieden sind. Die Frage kann hier nur benannt
und nicht weiter erörtert werden.

Charles de Roche
Nicht festgestelltes Tier
Prolegomena zum animalischen Sein bei
Heidegger und Rilke

Zu den Erschütterungen, die das überlieferte Selbstverständnis des Kulturwesens Mensch durch das Heraufkommen der Moderne in Philosophie und Literatur erfahren hat, gehört die seiner Selbstdefinition durch die Entgegensetzung seiner selbst als eines sprachbegabten Wesens, *zoon logon echon*, zum Tier als einem sprachlosen, *zoon alogon*. Die vorliegende Studie folgt exemplarischen Spuren dieser Erschütterung in einem philosophischen und einem poetischen Diskurs, jenen Heideggers und Rilkes. Sie geht von einer im unmittelbaren Kontext kaum verständlichen Stelle in Heideggers Trakl-Deutung *Die Sprache im Gedicht* aus, die das »blaue Wild« in einem Gedicht Trakls zum »nicht festgestellten Tier«, einer Formel Nietzsches für das Ungedachte im Menschenwesen feststellt. Im Rekurs auf das Mittelstück der Vorlesung *Die Grundbegriffe der Metaphysik Welt – Endlichkeit – Einsamkeit* von 1929/30, in der Heidegger das aristotelische Paradigma zur »Weltarmut« des Tieres versus »Weltbildung« des Menschen abwandelt, erweist sich die Möglichkeit der Feststellung qua Entgegensetzung beider »Sphären« als das zentrale erkenntnistheoretische Problem seiner Darstellung des tierischen Seins. Es verdichtet sich am Kriterium des »Vernehmens von Seiendem *als solchem*«, dessen Fehlen beim Tier einerseits die »Benommenheit« als Grundverfassung seines Seins, im gleichen Zug aber den Grund seiner Feststellbarkeit *als solches* durch ein Versetzen in ... seitens des Menschen, seine »Sphäre der Versetzbarkeit« konstituieren soll. Dieses Kriterium erweist sich, zu Beginn des zweiten, Rilke gewidmeten Teils der Studie, auch als explizite Verbindung zwischen den beiden Autoren: Anhand seiner kritisiert Heidegger in seinem Rilke gewidmeten Vortrag *Wozu Dichter?* Rilkes Auffassung des »Offenen«, das zu Beginn der achten *Duineser Elegie* als Domäne der Kreatur erscheint, die dem Menschen allein durch den Anblick des Tiergesichts zugänglich werden soll. Der Prüfung dieser Kritik widmet sich der Schlußteil der Studie in einer genauen, auf die Totalität der poetischen Struktur zielenden Lektüre von Rilkes Sonett *Die Gazelle* aus den *Neuen Gedichten*. Sie sucht darin den Nachweis zu erbringen, daß die Reflexion auf seinen animalischen Gegenstand in diesem Gedicht eine poetische »Sphäre« konstituiert, deren Struktur im Gegeneinanderstreben von »Benommenheit« als Entzogenheit und Zugänglichkeit als »Versetzbarkeit in ...« des Gegenstandes jener Indifferenz zum Vernehmen des Seienden *als solchen* zustrebt, die Heideggers *Metaphysik*-Vorlesung als Grundcharakter der »Sphäre« des tierischen Daseins charakterisiert. Das Gedicht – ein nicht festgestelltes Tier? ...

I.

Martin Heideggers große Trakl-Auslegung von 1953, *Die Sprache im Gedicht*,[1] entnimmt einer Vielzahl von Texten des Dichters eine Anzahl zentraler Motive, um an ihnen als ihren gemeinsamen »Ort« (S. 37) die Struktur einer seinsgeschichtlichen Landschaft abzulesen, die als jene des »noch verborgenen Abend-Landes« (S. 81) in ihren Grundzügen mit der seinsgeschichtlichen Erzählung des Philosophen konvergiert. Unter den von Heidegger interpretierten Motiven nimmt eines der bei Trakl häufigsten, dasjenige des Tiers oder »Wildes«, einen verhältnismäßig bescheidenen Platz ein. Erstaunen muß aber nicht nur, daß sich Heideggers umfangreicher Text nur an einer einzigen Stelle zentral mit dem Motiv des Tiers befaßt, erstaunen muß noch mehr die Weise dieser Beschäftigung. Heidegger zitiert aus dem Gedicht *Sommersneige* die Verse:

> Der grüne Sommer ist so leise
> Geworden und es läutet der Schritt
> Des Fremdlings durch die silberne Nacht.
> Gedächte ein blaues Wild seines Pfads,
>
> Des Wohllauts seiner geistlichen Jahre![2]

Schon die Auswahl der Verse, an denen sich Heideggers Zugang zum Tiermotiv bei Trakl orientiert, ist bezeichnend. Gewählt wird jene Stelle, an der das »Wild« in einen unmittelbaren Bezug zu einer anderen Leitfigur des Traklschen Werkes tritt, die im Unterschied zum Tier selbst auch in Heideggers Auslegung zentral ist: dem »Fremdling«. Der Fremdling orientiert die gesamte Bewegung von Heideggers Trakl-Auslegung, insofern sein »Schritt« (S. 43) durch die »heilige Bläue« (S. 44) der »geistlichen Nacht« (S. 48) in den »Untergang« (S. 51) die Topographie jenes Abend-Landes erschließt, durch das »der Fremdling in den *Beginn* seiner Wanderschaft eingeht« (S. 52), welcher Beginn der Heraufkunft einer neuen seinsgeschichtlichen Epoche – im Sinn einer Überwindung dessen, was Heidegger die Metaphysik nennt – entsprechen soll. Wenn Heidegger Trakls »blaues Wild« von vornherein in seinem Bezug zum Fremdling interpretiert, so geht es ihm um die Möglichkeit, die »Tierheit des Tieres« von vornherein im seinsgeschichtlichen Horizont situiert und verortet zu haben. Was diese Vorüberlegung nahelegt, belegt, mit nachgerade schockierender Ausdrücklichkeit, die folgende Interpretation der zitierten Traklschen Verse:

> »Wer ist das blaue Wild, dem der Dichter zuruft, es möchte doch des Fremd-
> lings gedenken? Ein Tier? Gewiß. Und nur ein Tier? Keineswegs. Denn es soll
> gedenken. Sein Gesicht soll ausschauen nach ... und hinschauen auf den
> Fremdling. Das blaue Wild ist ein Tier, dessen Tierheit vermutlich nicht im

Tierischen, sondern in jenem schauenden Gedenken beruht, nach dem der Dichter ruft. Diese Tierheit ist noch fern und kaum zu erblicken. So schwankt denn die Tierheit des hier gemeinten Tieres im Unbestimmten. Sie ist noch nicht in ihr Wesen eingebracht. Dieses Tier, nämlich das denkende, das *animal rationale*, der Mensch, ist nach einem Wort Nietzsches noch nicht fest gestellt.« (S. 45)

In eigenartigem Kontrast zum Gehalt der Gnome vom *noch nicht festgestellten* Tier, auf die sie zusteuert, vollzieht die Passage sozusagen den Gestus des Feststellens pur, nämlich die Feststellung, per Deklination und Exklusion, eines Sachverhalts, der *als solcher* nicht festgestellt werden kann: wer das »blaue Wild« in den zitierten Versen Trakls sei. Die Deklination beugt das Wild schrittweise unter seine Bestimmung zum *animal rationale*; die Exklusion schließt aus, daß das Wild sein könne, wofür es jede naive Lektüre des Traklschen Gedichtes nehmen würde: ein Tier und nichts weiter[3]. Ist einmal die Bestimmung zum *animal rationale* gewonnen und mit dem name-dropping Nietzsches, des Vollenders der »Metaphysik«, der seinsgeschichtliche Grundton der Interpretation angeschlagen, so hindert nichts mehr, das Traklsche Motiv vom »blauen Wild« in ihren vorgezeichneten Gang einzutragen und mit diesem in der folgenden Weise fortzufahren:

»Diese Aussage meint keineswegs, der Mensch sei noch nicht als Tatsache ›konstatiert‹. Er ist es nur allzu entschieden. Das Wort meint: Die Tierheit dieses Tieres ist noch nicht ins Feste, d. h. ›nach Haus‹, in das Einheimische ihres verhüllten Wesens gebracht. [...] Das in seinem Wesen noch nicht festgestellte Tier ist der jetzige Mensch.« (S. 45 f.)

Die Fortsetzung macht die implizite Zweideutigkeit der voraufgehenden Passage explizit und zwingt darin die Lektüre zur Entscheidung, wie die Zweideutigkeit zu nehmen sei: Man kann zunächst versuchen, die Passage selbst als Feststellung zu lesen, als Feststellung der seinsgeschichtlichen Tatsache, daß das »in seinem Wesen noch nicht fest-gestellte Tier« »der jetzige Mensch« ist. Man sieht leicht, daß hier Vollzug und Gehalt des Feststellens in einen Widerspruch geraten, der die Feststellung im besten Fall zum Versprechen ihrer selbst *als* Feststellung entstellt – zum Versprechen, genauer gesagt, der zukünftigen Supplementierung desjenigen Mangels, nämlich der Feststell*bar*keit ihres Gegenstandes, der sie *als* Feststellung zugleich unterhält und entstellt. In diesem Widerspruch *entspricht* andererseits die Feststellung ihrem(n) Gegenstand, indem für sie wie für diesen gilt, daß sie »noch nicht ins Feste«, das heißt noch nicht in das »Haus« der Sprache gebracht sind, das nach einer anderweitigen Formulierung Heideggers das des Seins sein soll[4]. Nimmt man noch hinzu, daß Heideggers Text die in ihm praktizierte Art des Feststellens ausdrücklich vom Konstatieren einer Tatsache abhebt – so daß der Mensch deshalb das noch nicht festgestellte Tier, weil er das *zu sehr*, »allzu entschieden«, festgestellte ist –, so wird deutlich, daß die Interpretation des Traklschen Motivs vom »blauen Wild«, entgegen dem ersten Augenschein, weni-

ger die gewaltsame Feststellung eines Unfeststellbaren als ein durch dieses ausge-
löster Traktat en miniature über die Frage: *Was heißt Feststellen?* ist. Verhält es sich
so, dann nimmt auch das Nietzsche-Zitat vom noch nicht festgestellten Tier eine
andere Färbung an: Seine Funktion im Kontext ist dann nicht mehr die, Trakls
blaues Wild zum *animal rationale* zu deklinieren, sondern die, in der Frage nach
dem Verhältnis seiner beiden semantischen Komponenten – Tier, noch nicht
festgestellt – auch die Frage nach der Gegebenheit und dem Fundament jener
Polarität zu aktualisieren, zu der das Verhältnis von *animal rationale* und »bloßem«
Tier in der abendländischen Tradition seit Aristoteles immer schon festgestellt
ist.

Innerhalb von Heideggers Werk vollzieht sich die Diskussion dieses Verhältnisses im Mittelstück der großangelegten dreiteiligen Vorlesung *Die Grundbegriffe
der Metaphysik Welt – Endlichkeit – Einsamkeit* von 1929/30. Heidegger transformiert darin die traditionelle Entgegensetzung zu dem Gegensatzpaar »Das Tier ist
weltarm« versus »Der Mensch ist weltbildend«[5] und exponiert die erstgenannte
These folgendermaßen:

>»Die Biene ist in all dem Treiben bezogen auf Futterstelle, Sonne, Stock, aber
>dieses Bezogensein darauf ist *kein Vernehmen* des Genannten *als* Futterstelle, *als*
>Sonne und dergleichen, sondern – möchte man sagen – als etwas anderes.
>Nein, überhaupt *nicht als etwas* und als Vorhandenes. Es ist kein Vernehmen,
>sondern ein *Benehmen*, ein Treiben, das wir so fassen müssen, weil dem Tier die
>Möglichkeit des Vernehmens von etwas als etwas *genommen* ist, und zwar nicht
>jetzt und hier, sondern genommen im Sinne des ›überhaupt nicht gegeben‹.
>Diese Möglichkeit ist dem Tier benommen, und deshalb ist es doch nicht
>einfach unbezogen auf anderes, sondern gerade davon hingenommen, be-
>nommen. [...]
>In der Benommenheit ist für das Benehmen des Tieres Seiendes *nicht offenbar*,
>nicht aufgeschlossen, aber eben deshalb auch *nicht verschlossen*. Benommenheit
>steht außerhalb dieser Möglichkeit. [...] Die Benommenheit ist das Wesen
>der Tierheit, sagt: *Das Tier steht als solches nicht in einer Offenbarkeit von Seien-
>dem. Weder seine sogenannte Umgebung noch es selbst sind als Seiendes offenbar.*«
>(S. 360f.)

Die Exposition der »Weltarmut« des Tieres kreist um die Begriffsfelder des *Nehmens* – Vernehmen, Benehmen, Benommenheit, hingenommen – einerseits, um
die postulierte *Gegebenheit*, als Offenbarkeit, von Seiendem *als solchem* andererseits. Dem Tier, so läßt sich die Quintessenz der Passage auseinanderschreiben, ist
die Möglichkeit *genommen* – darin besteht seine Gegebenheit als Tier, *als solches*,
wie es ausdrücklich heißt –, Seiendes als solches, nämlich als Gegebenes, zu (ver-)
nehmen. Mit anderen Worten, was dem Tier diese Möglichkeit nimmt, ist zugleich das, was die Gegebenheit des Tieres als eines solchen ausmacht, indem es
diese als solche *in Anspruch nimmt*: die *Feststellung* des Tieres zum *zoon alogon*, die
im gleichen Zug die Autokonstitution des die Feststellung Treffenden zum *zoon*

logon echon ist. Was Heideggers Text beschreibt – und nur in der Luzidität dieser Beschreibung markiert er hier zunächst eine gewisse Distanz zur Tradition –, ist die vollkommene Zirkularität der Selbstvoraussetzung des *zoon logon echon* im Gegenpol des *zoon alogon*.

Genauer als von Zirkularität wäre hier freilich von chiastischer Verschränkung der für den Schein des Zirkels konstitutiven Pole – Gegebensein und Nehmen, Benommenheit und Offenbarkeit – ineinander zu sprechen. Diese zweite und genauere Beschreibung des Verhältnisses macht deutlich, daß ihm eine es tragende *Mitte* zugrundeliegen muß, aus der die Polarität selbst, als durch die Autothesis des *zoon logon echon* vorausgesetzte, ihrer Möglichkeit nach erst hervorgeht. Diese Mitte ist offenbar das *als*, die Struktur des Vernehmens von etwas *als* etwas, die den Maßstab für die Unterscheidung von Benommenheit und Offenbarkeit des Seienden und damit der Sprachlichkeit von Tier und Mensch abgibt. Es ist entscheidend, daß dieser Maßstab in der Tat die *als*-Struktur des Vernehmens von Seiendem und nicht schlechthin die »als solche« vorausgesetzte Offenbarkeit des Seienden, als Gegebenen, selbst ist; denn aus dieser Differenz erschließt sich erst die der Heideggerschen Terminologie von »Weltarmut« des Tieres versus »Weltbildung« des Menschen gegenüber der traditionellen von *zoon logon echon* und *zoon alogon*. Was das Verhältnis von Tier und Mensch in Heideggers Beschreibung trägt und ausmacht, ist nicht eine einfache Entgegensetzung, sondern die *Berührung* zweier Sphären, deren Verhältnis sich keinem gemeinsamen Maßstab unterstellen läßt, weil dieser Maßstab – die *als*-Struktur des Vernehmens – nur der einen der beiden zur Verfügung steht. Gerade darin aber erweist sich der Maßstab, die Mitte der als Polarität gefaßten Beziehung, seinerseits als bedingter: bedingt durch die Inkommensurabilität der Sphären, die es nicht erlaubt, die Verfaßtheit der tierischen Sphäre einem einfachen Mangel zuzuschreiben, sondern in der Deklaration des Mangels immer zugleich den Mangel seiner Zugänglichkeit und Bestimmbarkeit *als* Mangel, die mögliche Unmöglichkeit der Subsumption des Mangels unter das Kriterium seiner Bestimmbarkeit *zum* Mangel einzugestehen zwingt.

Das erkenntnistheoretische Problem von Heideggers Beschreibung präzisiert sich damit zur Frage, ob und wie die Sphäre der Benommenheit als des Entzugs der Zugänglichkeit von Seiendem *als solchem* selbst *als* solches Seiendes zugänglich werden kann. Heideggers Vorlesung versucht dieser erkenntnistheoretischen Problematik an verschiedenen Stellen Rechnung zu tragen. So erörtert ein Kapitel eigens die »methodische Frage nach dem Sichversetzenkönnen in ein anderes Seiende« (S. 295) und postuliert als unfraglich, »daß das Tier als solches eine solche Sphäre der Versetzbarkeit mit sich gleichsam herumträgt« (S. 299). Das Tier *als solches* – eine Sphäre der *Versetz*barkeit: Die Formulierung exponiert unter der Hand die Janusgesichtigkeit dieser »Sphäre«, deren postulierte Gegebenheit für Heideggers Argumentation so entscheidend ist. Ihr zufolge soll das,

was für das Tier den »Umring« (S. 369) darstellt, auf den sich sein »Benehmen«
(S. 344) bezieht, ohne sich auf ihn *als* Gegebenes zu beziehen, zugleich der
Grund der Gegebenheit, als Beobachtbarkeit, des Tieres und seiner Benommenheit *als solcher* sein. Mit anderen Worten, die Offenbarkeit des Tieres *als
solchen entspringt* ganz direkt aus jener »Sphäre der Versetzbarkeit« – was aber eine
der beiden Schlußfolgerungen unabweisbar macht: Entweder ist das Versetzen in
… reine Selbstvoraussetzung der *als*-Struktur, Positionierung der »Sphäre« des
Tiers als der Grenzscheide, an der das Minus der »Benommenheit« des *als* etwas
Erscheinenden zugleich gesetzt und zur Bedingung des Plus seiner Offenbarkeit
im Vernehmen *als*… dekliniert werden kann. Oder aber, die *als*-Struktur ist
vorgängig ihrer Erscheinung und Zugänglichkeit *als solcher* in der »Sphäre der
Versetzbarkeit« schon angelegt – immer schon in sie versetzt und damit gleichsam
selbst eine derartige »Sphäre«. Trifft dies zu, so kann aber nicht nur die Sphäre des
Tiers nicht mehr zur Sphäre der schlechthinnigen Abwesenheit von Seiendem
als… erklärt werden, sondern, gravierender, die *als*-Struktur des Vernehmens
von Seiendem kann nicht mehr schlechthin zu derjenigen Gestalt erklärt werden, in der Seiendes als solches *offenbar* ist. Was das Tier als seine »Sphäre der
Versetzbarkeit« mit sich herum*trägt*, ist dann nichts anderes als die Untragbarkeit
der Autothesis des *als* als des Zuganges *kat exochen* zur Offenbarkeit von Seiendem.

    Eine frühere Stelle der Vorlesung, in der Heidegger im Hinblick auf seine
These von der Weltarmut des Tieres den Begriff der *Armut* expliziert, liefert für
die zweite Hypothese eine unerwartete Bestätigung. Heidegger postuliert für die
Existenz des *Menschen* einen ausgezeichneten Modus der Armut, der sein »Zu-
mutesein« betrifft und den er so bestimmt: »Armsein im Sinne der *Armmütigkeit* ist
nicht eine bloße Gleichgültigkeit gegen den Besitz, sondern gerade jenes ausgezeichnete Haben, als hätten wir nicht« (S. 288). Was aber ist dieses »Haben, als
hätten wir nicht« anderes als eine »Gleichgültigkeit« gegen den Modus der *Gegebenheit* des Besitzes, dagegen, sich der Verfügbarkeit des Besitzes *als* gegebenen zu
versichern? Zumindest würde diese Interpretation der »Armmütigkeit« die strukturelle Entsprechung zugänglich machen, um derentwillen Heidegger sie thematisiert, ohne doch die Entsprechung ausdrücklich zu machen: die Entsprechung
zur »Weltarmut« des Tieres, die sich dadurch konstituiert, daß dem Tier Seiendes
als solches »nicht aufgeschlossen, aber eben deshalb auch nicht verschlossen« ist.
Beiden Modi der Armut eignet, als ihr konstitutives Strukturmerkmal, die
Gleichgültigkeit, oder *Indifferenz*, gegen den Charakter der Offenbarkeit des Seienden *als solchen*. Erweist sich aber die Welt*armut* in dieser Perspektive weniger als
ein Wesensmerkmal der »Benommenheit« des Tieres denn als ein dem Vernehm-
men *als*… zu*grunde*liegender Modus des Nehmens dessen, was *als* Gegebenes
erschlossen oder verschlossen sein soll, so gilt modo inverso Entsprechendes für
die Welt*bildung* des Menschen: Welt*bildung* – *poiesis* – ist dann jenes ausgezeichnete Haben, als hätten wir … Die Autothesis der *als*-Struktur erweist sich in der

Weltbildung des Menschen als Auto*poiesis*, nämlich als Fiktion: als Fiktion der Gegebenheit dessen *als etwas*, was im Modus seiner Erscheinung als »Benommenheit« des oder Indifferenz zum *als* immer nur erscheint, *als ob* es gegeben wäre. Die Benommenheit als die Sphäre, der das »Haben, als hätten wir« und das »Haben, als hätten wir nicht« als alternative Modi ihres Vernehmens erst entspringen, beschränkt sich nicht auf den Schein der Gegebenheit des Tiers *als* Tier, sondern greift von ihm aus auf die Autothesis des Menschen in der *als*-Struktur selbst über. Die Benommenheit des Tiers setzt ihr Vernehmen als ... der Erfahrung *seiner eigenen* Benommenheit aus: der Entstellung des *als* als des Maßstabes der Offenbarkeit und Verschlossenheit von Seiendem zur dieser immer schon zu*grunde*liegenden, zur Gegebenheit von etwas *als* etwas indifferenten »Sphäre der Versetzbarkeit«.

Die Frage, inwieweit Heidegger in seiner Vorlesung die im vorigen exponierte Problematik der Darstellung des Bezugs von Tier und Mensch unter dem Kriterium des Vernehmens als ... gesehen und entfaltet hat, ist hier nicht zu erörtern.[6] Was mich im gegenwärtigen Kontext interessiert, ist die Möglichkeit, von der »Sphäre der Versetzbarkeit« aus, zu der sich das Verhältnis im älteren Text präzisiert, die kryptische Passage um das Zitat vom nicht festgestellten Tier in *Die Sprache im Gedicht* zu erhellen. Denn bestimmt sich das Verhältnis von Mensch und Tier auch im späteren Text implizit durch eine solche »Sphäre«, so muß sich von daher auch der augenfällige und irritierende Kontrast zwischen Gestus und Gehalt des Feststellens in diesem Text erschließen. Ist die Sphäre des Tieres der Bereich, in dem die Autothesis des Menschen durch die *als*-Struktur fundiert ist, der sie aber gerade deshalb *als* Autothesis erschüttert, so ist in der Wendung vom nicht festgestellten Tier a priori die Identität von Tier und Mensch, ihre Feststellbarkeit *zu* Tier und Mensch getroffen. Erst sekundär und von diesem Grundverhältnis aus erschließt sich dann der Gehalt der seinsgeschichtlichen Allegorie, die Heidegger dem Verhältnis zwischen dem »blauen Wild« und dem »Fremdling« in Trakls Gedicht entnimmt. In dieser Perspektive seien nochmals die Komponenten der Allegorie in Erinnerung gerufen.

Die Frage, wer das »blaue Wild« sei, »dem der Dichter zuruft, es möchte doch des Fremdlings gedenken«, wird so beantwortet:

»Ein Tier? Gewiß. Und nur ein Tier? Keineswegs. Denn es soll gedenken. Sein Gesicht soll ausschauen nach ... und hinschauen auf den Fremdling. Das blaue Wild ist ein Tier, dessen Tierheit vermutlich nicht im Tierischen, sondern in jenem schauenden Gedenken beruht, nach dem der Dichter ruft.«

Der erste Schritt, der das Tier in Heideggers Lektüre von seiner einsinnigen Gegebenheit *als* Tier entfernt, ist die Aktivierung des Doppelsinns seines *eidos*: Indem das »Aussehen« des Tieres »sich sammelt«, um »an sich haltend [...] in den ›Spiegel der Wahrheit‹ [...] zu schauen« (S. 45), bereitet sich für das Tier die Möglichkeit des Bezugs zum Fremdling, des Ausschauens nach ... und Hinschauens

auf ihn vor. Im Maß dieser Wandlung »schwankt [...] die Tierheit des hier gemeinten Tieres im Unbestimmten«; ein Schwanken, das, auf dem Sprung zur
Feststellung der Tierheit zu der des *animal rationale*, zwischen der Sichtbarkeit des
Tieres *als* Tier und seinem Ausschauen nach dem Fremdling *als Menschen* gleichsam verhofft.

Obwohl Heideggers Text jene Feststellung im unmittelbaren Anschluß an die
zitierte Passage vollzieht, bleibt ihm, auf den zweiten Blick, der Augenblick des
Verhoffens dennoch einbeschrieben. Das zeigt sich, wenn danach gefragt wird,
wer in Heideggers Sicht der »Fremdling« ist, dessen das Tier gedenken soll: Er
vollzieht jenen »Untergang«, der das »Verlassen« der bisherigen geschichtlichen
»Gestalt« des Menschen ist, die Heidegger die »verweste« (S. 46) nennt. Diese
Gestalt ist aber keine andere als die des *animal rationale*, das Tier, das deshalb das
noch nicht, weil es das zu sehr, »allzu entschieden«, festgestellte ist. Das *Verlassen*
dieser Gestalt verläßt mit ihrer Feststellbarkeit *zur* Gestalt zugleich das, was diese
Gestalt bisher definiert hat: die Autothesis des *animal rationale* durch die
als-Struktur. Damit ist auch gesagt, daß das *Gedenken* des Wilds an den Fremdling nicht des Fremdlings *als solchen* gedenkt – und darum die Deklination des
Wilds zum *animal rationale* nicht transportiert, sondern aussetzt –, sondern der
Bewegung seines Untergangs, die ihrerseits nichts anderes ist als dieses Gedenken ohne Gegenstand. Das Gedenken des Wilds und der Untergang des
Fremdlings berühren einander im Augenblick ihrer Indifferenz: dem Verhoffen
der Indifferenz gegen das *als*, das, vom Menschen aus gesehen, Abschied von
der Weltbildung und Einkehr in die Weltarmut des »Habens, als hätten wir
nicht«, vom Tier aus gesehen, Entstellung der Weltarmut von einem Mangel
von ... zur Indifferenz gegen ... eines »Habens, als hätten wir« ist. Der
Augenblick dieser Berührung ist das Jetzt dessen, was Heidegger in dem Satz
statuiert: »Das in seinem Wesen noch nicht fest-gestellte Tier ist der jetzige
Mensch«.

II.

Nimmt Heidegger in seinen Trakl-Interpretationen den Dichter in einem Ausmaß für seine Darstellung der Seinsgeschichte des »Abend-Landes« in Anspruch,
wie das sonst nur noch mit Bezug auf Hölderlin der Fall ist, so gesteht er Trakls
Zeitgenossen Rilke nicht den gleichen Grad der Freiheit von den Grenzen des
»metaphysischen« Denkens seiner Epoche zu. Interessanterweise vollzieht sich
Heideggers Distanzierung in dem Rilke gewidmeten Vortrag *Wozu Dichter?* von
1946 wesentlich anhand der Auffassung des Tiermotivs bei diesem Dichter. Ausgangspunkt der Distanzierung (von Heidegger nicht zitiert, sondern als bekannt
vorausgesetzt) ist der Preis der Kreatur zu Beginn von Rilkes achter *Duineser
Elegie*:

Mit allen Augen sieht die Kreatur
das Offene. Nur unsre Augen sind
wie umgekehrt und ganz um sie gestellt
als Fallen, rings um ihren freien Ausgang.
Was draußen *ist*, wir wissens aus des Tiers
Antlitz allein; denn schon das frühe Kind
wenden wir um und zwingens, daß es rückwärts
Gestaltung sehe, nicht das Offne, das
im Tiergesicht so tief ist.[7]

Heideggers Kommentar hebt die Rede vom »Offenen« als ein »Grundwort« von Rilkes Dichtung hervor und statuiert dazu:

»Was Rilke mit diesem Wort benennt, wird keineswegs durch die Offenheit im Sinne der Unverborgenheit des Seienden bestimmt, die das Seiende als ein solches anwesen läßt. Versuchte man das von Rilke gemeinte Offene im Sinne der Unverborgenheit und des Unverborgenen zu deuten, dann wäre zu sagen: Was Rilke als das Offene erfährt, ist gerade das Geschlossene, Ungelichtete, das im Schrankenlosen weiterzieht, so daß ihm weder etwas Ungewohntes, noch überhaupt etwas begegnen kann.«[8]

Was draußen *ist* ... das Seiende *als ein solches*: Die implizite Differenz – wenn es denn eine ist – in Rilkes und Heideggers Auffassungen der »Offenheit« des Tieres und des Menschen bestimmt sich, genau wie in Heideggers Metaphysik-Vorlesung von 1929/30, durch die *als*-Struktur des Vernehmens von Seiendem. Wenn Rilke einen Modus des »Wissens« um das, »was draußen *ist*«, postuliert, der aus dem Antlitz des Tiers stammen soll, so meint er seine Herkunft aus einer Offenbarkeit des Seienden, die seiner Fassung *zum* Seienden und zum Wissen darum voraufgehen soll und die für ihn die Sphäre des Tieres ist. (Damit ist auch gesagt, daß die Aussagestruktur von Rilkes gnomischer Feststellung mit ihrem betonten *ist* dem gleichen Widerspruch unterliegt wie Heideggers Applikation der Gnome vom nicht festgestellten Tier in *Die Sprache im Gedicht*.) Wenn Heidegger seinerseits die Sphäre dessen, »was Rilke als das Offene erfährt«, zum »Geschlossenen, Ungelichteten« erklärt, so aktualisiert er, indem sein Kriterium hier wie dort der Fehl des Vernehmens von Seienden *als solchem* ist, die Rede von der »Benommenheit« des Tieres in der Metaphysik-Vorlesung. Der Vergleich beider Thesen zeigt, daß sie sich *als* Thesen, nämlich in ihrer Auffassung der Beschaffenheit der tierischen und menschlichen Sphäre bezüglich der *als*-Struktur, nicht unterscheiden, sondern einzig in den je inversen Modi ihres Sich-Versetzens in ... die jeweilige Sphäre: Was Rilke Offenheit nennt, nennt Heidegger Geschlossenheit, was Heidegger Offenheit nennt, »verstellt« bei Rilke als »Falle« den »freien Ausgang«. In beiden Thesen aber bleibt das ungedacht, was ihnen *als* Thesen zugrundeliegt und was auch ihr spiegelbildliches Verhältnis zueinander bedingt: das Entspringen der Sphären von Tier und Mensch aus einer ursprünglicheren, die sich zur

Gegebenheit oder Entzogenheit der *als*-Struktur beider Sphären indifferent verhält. Die Frage nach dem »metaphysischen« Status von Rilkes Dichtung, die Heidegger am Kriterium der *als*-Struktur stellt, präzisiert sich von daher zur Frage nach ihrem Innewerden der Indifferenz in jener »Sphäre der Versetzbarkeit«, die auch für sie das Tier »mit sich herumträgt«; paradox formuliert, zur Frage nach der Fähigkeit von Rilkes Dichtung zur Benommenheit. Wird in ihr die vorsprachliche Offenheit des Tiers gegenüber dem Sein tatsächlich thetisch vertreten, ohne in dieser These den Widerspruch zwischen Gestus und Gehalt ihrer Feststellung zu sehen?

Zur Exemplifizierung dieser Frage wähle ich mit Absicht ein Gedicht, das nicht zum von Heidegger allein als »gültig« anerkannten Spätwerk der Elegien und der *Sonette an Orpheus*, sondern zu den *Neuen Gedichten* gehört:

DIE GAZELLE
Gazella Dorcas

> Verzauberte: wie kann der Einklang zweier
> erwählter Worte je den Reim erreichen,
> der in dir kommt und geht, wie auf ein Zeichen.
> Aus deiner Stirne steigen Laub und Leier,
>
> und alles Deine geht schon im Vergleich
> durch Liebeslieder, deren Worte, weich
> wie Rosenblätter, dem, der nicht mehr liest,
> sich auf die Augen legen, die er schließt:
>
> um dich zu sehen: hingetragen, als
> wäre mit Sprüngen jeder Lauf geladen
> und schösse nur nicht ab, solang der Hals
>
> das Haupt ins Horchen hält: wie wenn beim Baden
> im Wald die Badende sich unterbricht:
> den Waldsee im gewendeten Gesicht.[9]

Es dürfte unter den Gedichten des »mittleren« Rilke wenige geben, in denen die Dichtung sich unter dem *concetto* des Titelmotivs als Emblem ihrer Selbstreflexion in so expliziter, ja aufdringlicher Weise selbst vorführt wie in diesem. Und wüßte man nicht aus einem Brief des Dichters an Clara Rilke vom 13. 6. 1907, daß der Anlaß der Entstehung des Gedichts tatsächlich die Beobachtung von Dorkasgazellen im Jardin des Plantes war, so würden sich vielleicht die Interpreten des Gedichts noch weniger um das Schicksal der Gazelle in *Die Gazelle* gekümmert haben, als dies ohnehin der Fall war. So war denn das Thema der Interpretationen der Widerspruch zwischen dem Anspruch auf »sachliches Sagen«[10], der sich herkömmlich mit dem Dichter der ›Dinggedichte‹ in den *Neuen Gedichten* verbindet, und der mit allen Mitteln rhetorischer Virtuosität inszenierten Versprachlichung des Gegenstandes im Gedicht, die, wie stets gesehen wurde, im Endeffekt seinen Charakter *als* Gegenstand aus dem Text eskamotiert. Mit diesem Befund stellt sich das Gedicht, als *Tier*gedicht genommen, in den weitesten Abstand, aber zugleich auch in einen genauen Bezug – der im beiden Texten gemeinsamen Motiv des Tier*gesichts* manifest wird – zum Postulat der vorsprachlichen Offenheit des Tiers zum Seienden aus der Achten Elegie. Denn wird in diesem Text ein menschliches Wissen *über* jene Offenheit postuliert, das aus dem Anblick des Tiergesichts stammen soll, so konzentriert sich anscheinend im »gewendeten Gesicht« der Schlußzeile des Sonetts der Charakter der Offenheit des Tiers *für* die Sprache als einer grenzenloser Verfügbarkeit für potentiell unendliche metaphorische Transformationen. Der dichterische Zugang zum Tier als der Sphäre vorsprachlicher Offenheit zu dem, »was draußen *ist*«, erweist sich in dieser Perspektive als hemmungslose Ausbeutung der Ressourcen eines Defizits: der Unmöglichkeit, sich mittels der *als*-Struktur des Vernehmens von Seiendem als Medium eines *Urteils* über Seiendes in die Sphäre jenes Draußen zu versetzen. Die Doppeldeutigkeit des Tiergesichts, der von Heidegger beschworene Doppelsinn seines *eidos*, macht es in der Perspektive von Rilkes Dichtung zum Umschlagplatz – im doppelten Wortsinn – zweier Auffassungen des *als*: jener als Explikation der Kopula im Urteil über Seiendes und jener als Träger der Analogiestruktur in der Metapher. Die gleichsam schamlose Promiskuität beider, die allein dem Zugang zur *vor*sprachlichen Offenheit des Tieres als zu dem, was draußen *ist*, zugrundeliegen kann, gründet aber ihrer Möglichkeit nach in der Schamhaftigkeit einer Indifferenz: keiner anderen als jener Indifferenz des Tiers zur *als*-Struktur des Vernehmens, die Heidegger seine Benommenheit nennt. Indem der Blick des Tiers dem Blick des Menschen, der es *als solches* zu sehen sucht, *entgegenkommt*, schlägt in ihm die Indifferenz gleichsam die Augen auf: verhofft auf dem Sprung zum Entspringen des *als* und der Differenzierung – oder Vermischung, gleichviel – der Modi des *als* aus ihr. Im Angesicht des Tiers wird die Benommenheit ein Entgegenkommen: ein Abgrund von Höflichkeit, Wurzel und Blüte der Benommenheit *beider* Blicke, in dem sich die Intention des menschlichen Blicks auf seine Herkunft in der Selbstversicherung als Vernehmen als … verliert, ohne es zu wissen.

Ist der Grund des Entspringens *beider* Modi des *als* der nüchterne jener Indifferenz, so bleibt aber der Rausch metaphorischer Autopoiesis eines Gedichts wie *Die Gazelle* von ihr so wenig unberührt wie die Sehnsucht des intentionalen, etwas *als* etwas festzustellen suchenden Blicks in ihm. In dem Maß, als das Sprechen des Gedichts beider Berührungen – und der Berührung beider – eingedenk bleibt, ist das Gedicht *als solches* weder zum Dinggedicht, zum sachgerechten Reden *über* die Gazelle, noch zur metaphorischen Autopoiesis als (Wort)Gazelle feststellbar. Vielmehr konstituiert es eine Sphäre der Versetzbarkeit: eine Sphäre, in der die Modi des *als* und der reale wie der imaginäre Gegenstand der Intention auf das *als* entspringen, einander entgegen- und auf *sich* zurückkommen, ohne zustandezukommen:

DIE GAZELLE
Gazella Dorcas

Mit der in sich gedoppelten Doppelzeile des Titels beginnt nicht nur die Serie von Verdoppelungen – »Reimen« im weitesten Sinn –, die als sein auffallendstes Strukturmerkmal den Text von Anfang bis Ende durchziehen. Mit ihr beginnt das Gegen- und Ineinander von sachlichem und (auto)poetischem Sagen, von Sichtbarkeit des Produkts und Produktion der Sichtbarkeit im Gegenstand der dichterischen Rede. »Die Gazelle«, als Titel des Textes wie als Verweis auf die referentielle Identität seines Gegenstandes lesbar, enthält die Indifferenz beider Modi gleichsam unentfaltet; »Gazella dorcas«, der wissenschaftliche Artname der Dorkasgazelle, suggeriert als solcher die referentielle Überbestimmtheit des Titels, teilt aber den Schein dieser Suggestion gleich mehrfach. Denn »Gazella dorcas«, die Wendung, die als Artname den Referenten des Gedichts, die in ihm besungene Gazelle *als solche* spezifizieren sollte, verdoppelt und spektralisiert sie: Die Wendung fügt den lateinischen und den griechischen Namen der Gazelle aneinander und schreibt so die vertikale Doppelung des Namens in den beiden Titelzeilen in die Horizontale auseinander. Diese Tautologisierung des Namens der Gazelle im Artnamen teilt aber nicht nur die Form des Ensembles beider Zeilen, sondern auch ihre Funktion: Suggerierte der bestimmte Artikel der ersten die Aufgehobenheit der Gazelle als solcher auch und gerade in ihrem Doppelsinn als referentiell gegebener und als sprachlich produzierter Gegenstand des Gedichts, die prästabilierte Harmonie von empirischem Individuum und semantischer Klasse, so produziert die Gazelle, die »Gazella dorcas« heißt, einen Überschuß – Reversbild des Strebens nach semantischer *Über*bestimmtheit –, der in beiden unaufhebbar bleibt. Sie ist eine Gazelle *par excellence*: Mallarmé zu variieren, die Abwesenheit einer Gazelle, aber weder die Abwesenheit *dieser bestimmten* noch die bestimmte *einer jeden* Gazelle, sondern das Spektrum ihrer Indifferenz, dem die Möglichkeit beider Bestimmungen erst entspringt; paradox formuliert, die Gazelle, die eine Gazelle *ist* und gerade deshalb zur *als solche* – sei es sprachlich *und* vorsprachlich, sei es sprachlich *oder* vorsprachlich – gegebenen oder entzogenen nicht mehr bestimmt werden kann.

Indem die Verdoppelung des Namens in »Gazella dorcas« die Form des *onoma* in der Wendung von der Funktion ihres *rhema* scheidet, ohne sie zu trennen, kündigt sich in ihr jenes sprachliche Verfahren an, dem das Gedicht als ganzes entspringt, das es trägt und über sich *als* ganzes hinausträgt. Der Text selbst nennt dieses Verfahren den »Reim«; die Bezeichnung umfaßt mehr als die vorgeschriebenen Endreime der Sonettform, mehr auch als die gehäuften Alliterationen und Assonanzen, wenn diese auch zu den wesentlichsten Trägern des Verfahrens im Text gehören. Vor allem umfaßt sie mehr und anderes als die phonetische Magie, den »Zauber« des Reims, der als dritte magische Ebene des poetischen Sprechens zur Magie der Referentialität und zu der der Metapher hinzutreten und die Inkorporierung des Gegenstands *im* Gedicht, die im gleichen Zug seine Eskamotierung *aus* ihm ist, vollenden soll. Die Magie des Reims in Rilkes Gedicht ist ein nüchterner Zauber: Beschwörung einer Indifferenz zum Gegenstand, die auf jeder Ebene des Sprechens den Schein seiner Identität mit sich innerhalb und außerhalb des Gedichts verflüchtigt:

> Verzauberte: wie kann der Einklang zweier
> erwählter Worte je den Reim erreichen,
> der in dir kommt und geht, wie auf ein Zeichen.

Die Apostrophe dieser ersten Zeilen entwirft eine Beziehung zwischen dem Gedicht und seinem Gegenstand, die in eins die unüberbrückbarer Ferne und unhintergehbarer Nähe ist. Macht die rhetorische Frage den »Reim«, der die Bewegung der Gazelle tragen soll, zum unerreichbaren Vorbild, so tut sie dies im Zug einer metaphorischen Setzung, die formal den Primat der Beziehung der Sprache zediert. Die Metapher, die den Grund der Beziehung zwischen Gegenstand und Sprache des Gedichts etabliert, ist die ihrer eigenen Unzulänglichkeit; in dem Maß aber, als sie darin *als* Metapher zu kollabieren droht, nimmt sie, auf eher metonymische als metaphorische Weise, am begrifflich wie metaphorisch Unaufhebbaren jenes Grundes teil und affirmiert darin, nicht zwar den Primat der Sprache über den Gegenstand, aber, unter dem weder metaphorischen noch terminologischen Titel des »Reims«, die Sphäre ihrer Indifferenz, der beide erst entspringen.

Genau *die* Verzweigung, welche die Beziehung von Sprache und Gegenstand auf die Indifferenz ihres Grundes abgründet, teilt auch den »Reim« als die Metapher der Beziehung und präzisiert darin ihr metaphorisch Unzulängliches wie ihre metonymische[11] Unaufhebbarkeit. Was der Text den »Einklang zweier erwählter Worte« nennt, ist, als Bezeichnung für die in ihm realisierten Reime, zugleich eine für die Metapher, als die der Reim fungiert – aber ersichtlich für nichts als ihre Unzulänglichkeit, ist doch das, was in der Bewegung der Gazelle »Reim« heißt, weder Klang, noch einer von Worten, noch auf eine *Ein*heit von *zwei* Elementen reduzierbar. Was sich in der Bewegung der Gazelle reimt, ist weder als Element vorgängig der Bewegung gegeben, noch ist die Einheit des »Reims« je anders feststellbar als im Augenblick ihrer Konstitution *in* der Feststellung, die gleichursprünglich die ihrer Elemente *als solcher* ist. Die Bewegung der Gazelle ist ein Rhythmus ohne Metrum, in dem die Harmonie des »Reims« – darin aber seine metaphorische Feststellung *zum* Reim – ebenso spontan entsteht wie vergeht: Darum heißt es von diesem Reim, daß er »kommt und geht, wie auf ein Zeichen«. Das *wie* in der Wendung hält, noch im Augenblick des Entspringens der Metapher, die Gegenläufigkeit im Ursprung der Metapher fest: Um *als* Metapher legitim zu sein, muß sie in der Bewegung der Gazelle als einer fundiert sein, die *als solche* sprachlos ist und doch dem metaphorischen Transport der Sprache offensteht. Beide Eigenschaften können nur in dem Maß *zugleich* gelten, als sie, *einander* zu gleich, sich in der Indifferenz zur Sprachlichkeit oder Vorsprachlichkeit des *als* gegenseitig suspendieren: Der Gang der Gazelle, Ursprung seiner metaphorischen Fassung zum »Reim«, fundiert diese *wie* ein Zeichen, weil er selbst *wie* auf ein Zeichen entspringt.

Es ist klar, daß sich das Legitimationsproblem der Metapher *als solcher* damit nicht verliert, sondern ad infinitum perpetuiert. Perpetuiert wird damit aber auch der metonymische Grund dieser (Il)legitimität, das einzige Moment wirklicher Kontinuität zwischen dem Gang der Gazelle und dem Reim: der Rhythmus einer Wiederholung, die weder sich selbst *als* Wiederholung noch das, *was* sie wiederholt, *als solches* präjudiziert und trägt. In dem Maß, als sich der poetische »Reim« auf die mögliche Unmöglichkeit *seiner eigenen* metaphorischen Fassung zum »Einklang zweier erwählter Worte« hin öffnet, eröffnet sich ihm die Möglichkeit des »Erreichens« von, genauer aber der Indifferenz zu, jenem »Reim«, »der in dir kommt und geht, wie auf ein Zeichen«. Eben dies widerfährt aber in Rilkes Text *dem R*eim, der den »*E*inklang zwei*er* erwählter Worte« trägt: dem *ei*-Laut, der nicht nur, unüblich für die Sonettform, den vokalischen Anteil aller vier Endreime des ersten Quartetts und der ersten zwei des zweiten bildet, sondern auch in dreien dieser sechs Zeilen Assonanzpaare generiert. Die Perpetuierung des *ei*-Lauts im Text löst ihn nicht nur aus dem Schein seiner Fundierung sowohl im metrischen Schema als auch in der Wortform ab und überwuchert gleichsam beide, sondern macht ihn zum Vollzugsorgan eines ursprünglicheren »Reims«, oder Klangrhythmus, der sich im Zug der Perpetuierung als der indifferente Grund dessen zeigt, was ihm in der Aktualisierung von Formschema und Wortform *als solcher* erst entspringt. Der *ei*-»Reim« entspringt in Rilkes Text *wie* ein Zeichen, weil er die Gestalt jedes Zeichens, das ihn und das er im Text zu kommandieren scheint, im Erscheinen verdoppelt und spektralisiert.

Das Emblem dieses Sachverhalts ist dem Text in mindestens zwei Gestalten, einer expliziten und einer impliziten, einbeschrieben. Die explizite ist der Widerstreit zwischen Definition und Gestalt des »Reims« im »Einklang zweier Worte«: Indem die Serialisierung des *ei*-Lauts gerade mit dieser Wendung einsetzt, führt sie vor, daß das, was sie »Reim« nennt, weder Einklang von zweien, noch von Worten oder anderen selbstidentischen Entitäten, und darum als *Einklang* nur der Klang tautologischer Indifferenz zu sich selbst *als* Einheit ist. Implizit ist die Tautologie dem Text mit einem anderen »Reim« einbeschrieben, auf dessen Relevanz für Rilkes Gedicht H. Uyttersprot[12] zuerst aufmerksam gemacht hat: der Homophonie der *Gazelle* mit der arabischen Gedichtform des

Ghasels. Der zunächst naheliegende Einwand gegen Uyttersprots These, Rilke habe für sein Gedicht eine ganz andere Form, nämlich die des Sonetts, gewählt, verliert an Relevanz, wenn man in *Sonett* und *Ghasel* weniger bestimmte Gedichtformen als die Embleme jener beiden Tendenzen der Klanglichkeit und Sprachlichkeit des *Reims* sieht, die in Rilkes Gedicht aufeinanderstoßen. Steht das Sonett, durch seine Wortbedeutung wie durch seine formale Gestalt, für den rhetorischen und klanglichen Reichtum der Ressourcen der Poesie *als solcher*, die sie ebenso zum souveränen Herrn ihres Gegenstandes wie diesen für sie zum unerreichbaren Vorbild macht, so das Ghasel – in dem, wie Uyttersprot hervorhebt, »*ein* Reim« durch das ganze Gedicht herrscht – für die Armut der Berührung beider, in der sie, ein*ander* zu nahe, der Fassung *zu* Gedicht und Gegenstand entspringen. Der immanente Wettbewerb beider Prinzipien in Rilkes Text entscheidet, wie gesagt, über den *Zauber der Poesie* in ihm:

> Verzauberte …
> Aus deiner Stirne steigen Laub und Leier
>
> und alles Deine geht schon im Vergleich
> durch Liebeslieder, deren Worte, weich
> wie Rosenblätter, dem, der nicht mehr liest,
> sich auf die Augen legen, die er schließt:
>
> um dich zu sehen …

Auf den ersten Blick entwerfen diese Verse, Autothesis als -poiesis der Poesie auf engstem Raum, Legitimation, Deskription und Vollzug in einem des »Vergleichs«, von dem sie handeln und der sie konstituiert. Der Stirne der Gazelle entsteigen Gehörn und Gehör in Form der orphisch-apollinischen Emblemata von Laub und Leier; das Tier trägt so den Ausweis der Legitimität aller metaphorischen Transformationen, denen die Dichtung es unterwirft, in Form einer visuellen Metapher mit sich herum. Es konstituiert, Heidegger zu erinnern, eine Sphäre der Versetzbarkeit, in der Sprache und Sichtbarkeit so zu wurzeln scheinen, daß sie in jeder metaphorischen Metamorphose ihr Versetztsein ineinander aufs neue begehen können, ohne einander und ohne als solche verlorenzugehen. Das Emblem dieser glücklichen Versetztheit stellen die »Liebeslieder«, die als Liebes*lider – liber* einklammernd – dem Blick des Lesers die Sichtbarkeit des Gelesenen verschließen, nur um in der inneren Sicht – »um dich zu sehen« – ihre Einheit auf höherer Stufe zu restituieren.

Was aber ist es, das in dieser inneren Sicht *gesehen* wird? Die Teleologie des Textes, die im Gelenk zwischen Quartetten und Terzetten kulminiert, suggeriert das Sehen der Gazelle als Entzauberung der Verzauberten: Wird nicht mehr gelesen, sondern gesehen, dann erscheint dem Blick die Gazelle als Erscheinung dessen, was draußen *ist*. Die Autopoiesis der Poesie ist der Zaubertrick eines *esca-moteurs*: Das Gedicht generiert sich aus der Gazelle als Metapher seiner selbst, in deren Sichtbarkeit *als* Metapher es metonymisch wurzelt, um am Ende die Metapher aufgelöst zu haben und den Gegenstand rein *als solchen* zu besitzen. Die Gazelle wird in Rilkes Text zur Entzauberten verzaubert. Die Paradoxie dieses Vorgangs hält aber, auf den zweiten Blick, schon das eine Wort, die Apostrophe fest, mit der das Gedicht einsetzt: Verzauberte ... Denn in ihr bleibt unentscheidbar, ob die Verzauberte als das angesprochen wird, was sie *vor* der Verzauberung war, oder als das, was sie *nach* ihr ist; kann sie *Gegenstand* der Apostrophe nur in der Indifferenz beider Zustände sein, so bleibt ihr darin das Sein des ersten ebenso auf immer entzogen, wie das des zweiten auf immer an das Entzogene *als* Entzogenes gebunden bleibt. Indem der Zauber der Apostrophe den Augenblick der Verzauberung perpetuiert, wird sie in der Indifferenz zu ihm zur Unmöglichkeit ihrer selbst *als* Apostrophe verzaubert. Der Zauber des *Wortes* »Verzauberte« ist unauflösbar auf eine Entzauberung und unhintergehbar auf ein Vor der Verzauberung hin: Es verzaubert den *Blick*, der die Verzauberte zugleich als das, was sie *ist*, und als *Verzauberte* sehen will, und bannt ihn in die Benommenheit des *Zu gleich* der Indifferenz beider *als*.

Die Hemmung, die das erste Wort des Gedichts in den seinen Gegenstand zu sehen ersehnenden Blick einträgt, affiziert aber auch jenes Geschehen, das die Anfangszeile des zweiten Quartetts den »Vergleich« nennt und in dem die Sichtbarkeit der Gazelle als des poetischen Gegenstandes wurzeln soll. Im Vergleich fallen, situiert durch die Unsituierbarkeit einer Zeitangabe, »schon«, die Direktionen zweier Intentionen des Ver- und Entzauberns einander ins Wort: Die eine sucht, vorausgreifend auf die Anfangszeile der Terzette, im »schon« das *Vor* einer Entzauberung fundiert zu haben, für die im Text die antizipierte Abstraktion vom Text im Sehen mit geschlossenen Augen steht und für die der sprachliche Zauber des Vergleichs nur Durchgangsstation, Medium des semantischen Transports sein soll. Die andere aber, zurückgreifend auf das erste Quartett, perpetuiert im »schon« das unaufhebbare *Vor* der Materialität des Verglichenen *im* Vergleich, das der initiale Vergleich des ersten Quartetts den »Reim« nennt und in dem allein die implizit affirmative Antwort des zweiten Quartetts auf die rhetorische Frage des ersten fundiert sein kann. Das Ineinander beider Momente verunsichert nicht nur den Status des Vergleichs, der in Rilkes Text den Begriff des Vergleichs fundieren soll, sondern in seiner Folge aller Vergleiche, die diesen Status definieren: »Liebeslieder« und »Worte« sind weder mehr bestimmbar *zu* Liebesliedern und Worten noch zu Vergleichen für die sprachlichen Momente eines Vergleichs, noch zu solchen für die nichtsprachlichen eines Vorgangs, den der Text mit einem Vergleich vergleicht. Keiner dieser Vergleiche kommt *als* Vergleich zustande, weil jeder immer »schon« von einem Grund *getragen* ist, den, unisolierbar zum *tertium comparationis*, jedes seiner möglichen Glieder – Sprache und Vorsprachliches, Wahrnehmung und Gedicht, Tier und Geliebte, Subjekt und Objekt der *intentio* als des Begehrens – als den seiner Konstitution und Isolierbarkeit *zum* Glied schon impliziert. Darum ist aber auch der letzte Vergleich der Serie, der die »Worte« des Gelesenen »weich wie Rosenblätter, dem, der nicht mehr liest« »sich auf die Augen legen« läßt, mehr und anderes als die Rückübertragung ins Natürliche des metaphorischen Prozesses der Genese des Gedichts aus der Gazelle, die sie als begehrtes Objekt für die innere Sicht präpariert. Denn nicht nur bleibt im Doppelsinn der »Blätter« wie der »Li(e)der« das Ineinander von *physis* und *techne*, Lektüre und Wahrnehmung gewahrt; die Berührung beider kennzeichnet, *im* und *als* den Augenblick der Berührung, das *Entspringen* des Ziels des metaphorischen Prozesses, der *zu gleich* Autopoiesis und Selbstaufhebung des Gedichts sein soll, aus der Indifferenz des ihn tragenden Grundes. Das Entspringen, *hin*getragen, der Gazelle aus dem Schein ihrer reversiblen *Über*tragung, als Hin*über*gehn und Wiederkehren, aus der Phänomenalität in die Sprache in der autopoietischen Synthesis beider:

[…] die er schließt:

um dich zu sehen: hingetragen […]

Das durch Kola doppelt gestaute Gelenk zwischen Quartetten und Terzetten, Ursprung als Ziel der autopoietischen Sphäre des Gedichts, ist mit Sprüngen geladen: Rissen im teleologischen Gefüge des »um … zu« als der Sphäre des Umschlags zwischen Sprache und Vorsprachlichem, durch den das Gedicht sich konstituieren will. Was ihr entspringt, kommt weder als Erscheinendes noch als Entfliehendes zustande, *ent*springt noch dem *salto mortale* des metaphorischen U*m*sprungs zwischen Da und Fort, weil ihm die Indifferenz ihrer Berührung als die Unaufhebbarkeit jenes dritten Ortes, *Hin-*, eingeschrieben bleibt: als würde *meta-* durch *hin* weniger übertragen als noch über *sich* als übers Vor und Nach des Tragens hinaus so hingetragen wie -gehalten. *Hingetragen*, das Wort, das den Augenblick metaphorischer Selbstvollendung des Gedichts bezeichnen soll, geht an diesem Augenblick *vorüber*. Es *folgt* nicht aus dem teleologischen Oxymoron des Sehens mit geschlossenen Augen, das ihn konstituieren soll, sondern benennt – der graphische »Reim« des Kolons zwischen den Segmenten unterstreicht das – die Unaufhebbarkeit der Berührung von Sehen und Gesehenem oder Gelesenem, der er entspringt, *in* diesem Augenblick. Nicht ohne sie zu berühren, in der Berührung aber mitzunehmen, nämlich *hin*zutragen: Indem sie sowohl auf den Wahrnehmenden, »er«, als auf die Wahrgenommene, »dich«, referiert, perpetuiert die Bestimmung »hingetragen« syntaktisch die Berührung von *intentio* und *intentum*, Sprache und Gegenstand, realem und imaginärem Sehen, trägt sie aber über jede raumzeitliche, begrifflich-intentionale und textuell-poetische Ordnung ihrer Situierbarkeit hin*aus*. Alles, was im Gedicht auf die Bestimmung »hingetragen« noch folgt – ein doppelter, wieder durch den graphischen »Reim« des

Kolons segmentierter »Vergleich« –, dependiert nicht nur syntaktisch von ihr,
sondern expliziert sie in der Struktur der Vergleiche, unumwundener als in den
Quartetten, als den Grund ihrer Unübersetzbarkeit zu Metaphern. Die Vergleiche umschreiben als den Grund, dem sie entspringen, die Hemmung im Aufriß
ihres Zustandekommens: die Unisolierbarkeit des *vor*ersten dritten Ortes, *Hin-*,
zum *tertium comparationis*:

> : hingetragen, als
> wäre mit Sprüngen jeder Lauf geladen
> und schösse nur nicht ab, solang der Hals

> das Haupt ins Horchen hält:

Der Vergleich des ersten Terzetts wendet das Verhältnis von *intentio* und *intentum*,
gefaßt als semantische Sphäre der Versetzbarkeit, und das *Hin-* als Benommenheit
zu*grunde* dieser Sphäre so ineinander, daß sie sich wie Gefahr und Rettendes
zueinander verhalten: wie Zauber und Gegenzauber – aber nicht sowohl *Ent*zau-
berung als Hemmung der Komplizität von Ver- und Ent- in ihm –, Rausch und
Nüchternheit im metaphorischen Zauber des Vergleichs. Dessen Semantik inszeniert, indem sie erotische und Jagdmetaphorik konkurrieren läßt, den Zauber
der Metapher als Pandämonium der Intentionalität: Suggeriert der eine Strang
der Metaphorik die Reproduktion des Gegenstands durchs Gedicht als erotische
Konsummation der Indifferenz von *intentio* und *intentum*, so entstellt der andere
das Verhältnis beider zum gegenseitigen Zur-Strecke-Bringen. Was das Zustan-
dekommen beider Stränge aufhält, ist zunächst die Kraft der Faszination von
intentio und *intentum* durch einander, die zur gegenseitigen Verzauberung als zum
tendenziellen Austausch ihrer Attribute führt: Lädt sich der »Lauf« der Wahrge-
nommenen im Zug ihrer Transformation zum Gegenstand der Wahrnehmung
zur drohenden Erektion des Wissens auf, so hält dessen Absch(l)uß als ihre Entla-
dung einzig das gleichsam animalische Verhoffen des Wahrnehmenden auf dem
Sprung zwischen Flucht und Vollstreckung, Entspringen und *Ent*springen der
Wahrnehmung auf.[13] Denn auch den erotischen Vollzug der Verzauberung, nicht
weniger als den der Vereinigung, hemmt Benommenheit: Sie trägt in den seh-
nenden Blick der *intentio*, der Wahrnehmendes und Wahrgenommenes als solches
sei es festgestellt, sei es erst konstituiert haben will, die Nüchternheit der ersehn-
ten Berührung als ihre Indifferenz zum *als* ein, die das Sehnen zum Erlöschen
bringt, ohne es erfüllt zu haben. Indifferenz eines dritten Ortes, *hin-*, der Ursprung und Ziel im *Zu*einander der intentionalen Bewegung ineina*nder*wendet;
Benommenheit, in der die Wahrnehmung – »Horchen«, Verhoffen –, in der Indifferenz zu *sich* ihrer *selbst* benommen, wahrgenommen *bleibt*, aber ohne jeman-
des und ohne Wahrnehmung von etwas zu sein:

: wie wenn beim Baden
im Wald die Badende sich unterbricht:
den Waldsee im gewendeten Gesicht.

Indem der Vergleich des letzten Terzetts – von seiner syntaktischen Position her
vergleichsweise Bestimmung entweder des Umschlags von Sehen und Lesen im
»um-zu«-Gefüge zwischen Quartetten und Terzetten oder des »als wäre...« ein-
geleiteten Vergleichs im ersten Terzett, in jedem Fall aber der Bestimmung
»hingetragen«, die beide umschreiben – eine anscheinend völlig neue Metaphorik ins Gedicht einführt, macht er paradoxerweise die *Unterbrechung*, die sie
darstellt, als den tragenden Grund des metaphorischen Transports im ganzen Gedicht namhaft. Der Vergleich, von ihm her aber *a limine* alle vorhergehenden
Vergleiche, gehört dem Gedicht als dem Ereignis seiner metaphorischen Autopoiesis aus dem Gegenstand, genau genommen, nicht mehr an, sondern artikuliert sein Gedichtetes[14]: das Geschehen, in dem Gedicht und Gegenstand der
Indifferenz des Grundes entspringen, ohne zustandezukommen.

Die Indifferenz präzisiert an dieser Stelle die *Medialität* des Grundes, nämlich
zu der eines zu sich *als* Medium indifferenten, eines »reinen«[15] Mediums: un-
schuldig Wasser. Indem er die Materialität des Grundes zur medialen Passivität des
Wassers verflüchtigt, sucht sich der Vergleich anscheinend zur Selbst*reflexion* der
Autopoiesis des Gedichts, den Grund zum Reflexionsmedium gefaßt zu haben.
Damit korrespondiert der verführerische Schein der Nacktheit, dessen Suggestion das Bild der Badenden im Wald umgibt, als sei es als ihr entzauberter Kern,
befreit durch die Unschuld des Mediums, den Verzauberungen der Gazelle ent-
sprungen. Wie das Gedicht in den Wald rief – »Verzauberte« –, so blickt ihm sein
begehrter Gegenstand, aber entzaubert, nämlich gereinigt von den Entstellungen
seiner materialen Transformationen im »Vergleich«, aus dem Wasser zurück. Das
Gelingen der Reflexion als (Re)konstitution des Gegenstands *durch* die Indifferenz des Mediums setzt aber seine Feststellung *zum* Gegenstand als dessen
Immersion *in* ihr voraus: Die Nacktheit der Identität der Badenden mit *sich*, die
das Bild des Terzetts suggeriert, präzisiert sie, auf den zweiten Blick, weniger zur
entzauberten als zur ertrunkenen Gazelle: zur *nature morte*. Die Identität des Bilds,
das dem Blick der *intentio* als Reflex seines Begehrens aus dem Wasser zurück-
kommt, setzt seine Feststellung zum Bild als Stillstellung des Lebens im Abzubil-
denden, Stillstellung, mit einem anderen Wort, seiner *Animalität* voraus.

Genau diese Komplizität von Reflexion und Immersion, der Indifferenz
des Mediums mit seiner Bestimmung zum Reflexionsmedium und zum Mittel
der Identifikation als Mortifikation des Gegenstandes, wird aber durch die Unterbrechung unterbrochen, die der Vergleich des Terzetts als die seiner eigenen
Konstitution *zum* Vergleich darstellt. Rätselhafte Unterbrechung, weil der
Schein des Zustandekommens der Reflexion *von* ihr ausgeht, *in* ihr aber erlischt:
Suggeriert der Vorgang des Badens wirklich die unschuldige Identität von Refle-

xion und Immersion des Gegenstands, Materialität und Funktionalität des Mediums – das Wasser als Spiegel, *in* den sich versenkt, was sich in der Versenkung *als* das, was es ist, konstituiert –, scheint er darin den Grund des Gedichts zur Entsprechung nicht nur von Sprache und Vorsprachlichem, *intentio* und *intentum*, sondern zur Verdichtung noch dieser Entsprechungen in der Sichtbarkeit einer *Person*, der den Verzauberungen der Gazelle entsprungenen *menschlichen* Gestalt gefaßt zu haben. Die Entsprechung von Gedicht und Gegenstand wird als vollendeter Anthropomorphismus, nämlich als Autothesis der »Gazelle« als *zoon logon echon* im Vollzug ihrer *Selbst*reflexion im neutralen Medium des Wassers inszeniert. Was aber die Inszenierung trägt, unterbricht sie: der Schein der Wiederkehr der Selbstreflexion des gesehenen »Gesichts« der Badenden im sie – sei es mit geschlossenen Augen – *als solche* wahrzunehmen suchenden Gesicht. Indem sie wahrgenommen wird, unterbricht die Badende *sich*, nämlich ihre Feststellbarkeit zum Gegenstand der Wahrnehmung: »den Waldsee im gewendeten Gesicht«. Ins sehende Gesicht schreibt sich das Gesehene ein: aber nicht das gesehene *Gesicht*, noch das Gesehene *als solches*, sondern die Indifferenz des Mediums des Sehens zum Gesicht wie zum Gesehenen: der »See«, der das Sehen als den Umschlag beider inein*ander* trägt, ihre Konstitution als ihr Hervorgehen *aus*einander aber unterbricht. Die Indifferenz des Mediums reflektiert nicht das Gesehene, das Gesicht – oder Gedicht, gleichviel – zum Träger des Sehens *selbst* konstituiert zu haben, sondern perpetuiert im reflektierenden und reflektierten Blick ihre Unterbrechung durch das, was draußen *ist*: die Unaufhebbarkeit der Berührung, des Zugleich, von Wahrnehmung und Wahrgenommenem *in* der Wahrnehmung. Aus eben diesem Grund bleibt aber der Blick, das gesehene Gesicht der Badenden, ohne ins Tierische rückübersetzbar zu sein, zum menschlichen unfeststellbar: Das »Offene«, das in ihm »so tief« ist, wie es die Achte Elegie vom Tiergesicht postuliert, erzeugt im es wahrnehmenden Blick – der, aus eben diesem Grund, seinerseits zum menschlichen unbestimmbar bleibt – kein Wissen um das Sein des Draußen, sondern Benommenheit: Indifferenz zum Innen oder Außen, zur Gegebenheit oder Entzogenheit, Offenbarkeit oder Verschlossenheit des Seienden als solchen. Dem korrespondiert die Unsituierbarkeit des Blicks der Badenden in der Wendung, die ihr Gesicht vollzieht: Sie ist weder faßbar zur Selbstzuwendung, als Selbstbespiegelung, der Badenden, noch zur Zuwendung zum wahrnehmenden Blick, sondern wendet beide Direktionen von *sich* ab, ins unverortbare Draußen ihrer Berührung: da*hin*. *Hingetragen*, das axiale Wort des Gedichts, behält das letzte Wort in seinem letzten Vers, der darum zum Schlußvers unbestimmbar bleibt. Er bleibt *advers*: wendet die Umkehr der *Re*flexion, in der das sehnende Sehen des Gedichts den »freien Ausgang« seines Gegenstands zu um-, nämlich festzustellen suchte, unumkehrbar um.[16] Und trägt es dem Gegenstand, der zu gleich sein Außen und in ihm enthalten schien, als dem es tragenden, *hin*tragenden Beweggrund ein: das *Gedicht* ins *gewendete Gesicht*.

Anmerkungen

1 In: *Unterwegs zur Sprache*, Pfullingen 1959, S. 35-82. Zitate daraus werden im folgenden direkt im Text, mit Seitenzahl in runder Klammer, nachgewiesen.

2 Vgl. Georg Trakl: *Das dichterische Werk*. Hrsg. von Walther Killy und Hans Szklenar. München 1972, S. 75.

3 Damit soll nicht gesagt sein, daß sich für Heideggers Zögern über der Identifikation von Tier und Wild nicht Argumente finden ließen – etwa die Erinnerung an Hölderlins Ode *Blödigkeit*, den möglichen Prototyp aller Erwähnungen des »Wildes« in Trakls Gedichten: »Denn, seit Himmlischen gleich *Menschen*, ein einsam *Wild* / Und die Himmlischen selbst führet, der Einkehr zu, / Der Gesang und der Fürsten / Chor, nach Arten ...«. Vgl. Friedrich Hölderlin: *Sämtliche Werke*, Bd. 5. Hrsg. von D. E. Sattler und Michael Knaupp. Frankfurt am Main 1984, S. 699. (Hervorhebung im Zitat von mir.)

4 Vgl. *Brief über den Humanismus*. In: *Wegmarken*. Frankfurt am Main 1978, S. 311.

5 Martin Heidegger: *Die Grundbegriffe der Metaphysik Welt – Endlichkeit – Einsamkeit*. Hrsg. von Friedrich-Wilhelm von Herrmann. Frankfurt am Main 1983 (= Gesamtausgabe II. Abteilung: Vorlesungen 1923-1944, Bd. 29/30), S. 284 et passim. Weitere Zitate aus der Vorlesung werden mit runder Klammer im Text nachgewiesen.

6 Zum Aufbau der Vorlesung ist immerhin nachzutragen, daß ihr – im Offenen abbrechender – dritter Teil dem Versuch gewidmet ist, auf dem Weg einer kritischen Interpretation von Aristoteles' *De interpretatione* zu einer ontologisch *vor* der *als*-Struktur des Vernehmens situierten »vorprädikativen« oder »vorlogischen« Offenbarkeit des Seienden vorzustoßen.

7 RMR: *Sämtliche Werke*. Hrsg. vom Rilke-Archiv in Verbindung mit Ruth Sieber-Rilke. Besorgt durch Ernst Zinn. Bd I. Frankfurt am Main 1955, S. 714. (Im folgenden: SW I.)

8 Martin Heidegger: »Wozu Dichter?« In: *Holzwege*. Frankfurt am Main 1980, S. 280.

9 SW I, S. 506.

10 Zur Diskussion und Kritik dieses Anspruchs vgl. Hartmut Engelhardt: *Der Versuch wirklich zu sein. Zu Rilkes sachlichem Sagen*. Frankfurt am Main 1973 (zur »Gazelle« S. 80-91).

11 Ich beziehe den Begriff »metonymisch« hier nicht auf die rhetorische Figur der Metonymie, sondern auf die Berührung, die materiale Kontiguität der Termini, die ihr – nach manchen Auffassungen – zu*grunde*liegt (und sie dadurch, *a limine*, zur Figur möglicher Unmöglichkeit sowohl rhetorischer Figuren als Termini entstellt).

12 Vgl. H. Uyttersprot: »RMR, Die Gazelle«. In: *Der Deutschunterricht* 1962, S. 20-29.

13 Sowohl das Ineinander von erotischer und Jagdmetaphorik als auch die Möglichkeit des Rollentauschs durch Verwandlung zwischen Jäger(in) und Gejagter/m können als Evokationen eines mythologischen Subtextes, des Mythos von

Diana und Aktäon, aufgefaßt werden. Vgl. dazu David Wellbery: »Zur Poetik der Figuration beim mittleren Rilke: *Die Gazelle*«. In: *Zu RMR. Interpretationen.* Hrsg. von Egon Schwarz, Stuttgart 1983, S. 125-132.

14 Auf die bemerkenswerte strukturelle Entsprechung der von Walter Benjamin so genannten »Sphäre«, die als »Übergang« zwischen den »Funktionseinheiten« von »Leben« und »Gedicht« ihre poetische Beziehung ermöglicht, als *von* beiden unablösbare und *in* beiden unaufhebbare aber auch verunmöglicht, zu der in der Indifferenz zum *als* sowohl »Versetzbarkeit« als »Benommenheit« auslösenden tierischen in Heideggers Metaphysik-Vorlesung kann hier nicht mehr als hingewiesen werden (vgl. Walter Benjamin: »Zwei Gedichte von Friedrich Hölderlin ›Dichtermut-Blödigkeit‹«. In: *Gesammelte Schriften*. Hrsg. von Rolf Tiedemann und Hermann Schweppenhäuser, Bd. II/1, Frankfurt am Main 1977, S. 105 ff.).

15 Zum Versuch einer Unterscheidung von instrumentaler und »reiner« Medialität in der Sprache vgl. Walter Benjamin: »Über Sprache überhaupt und über die Sprache des Menschen«. In: *Gesammelte Schriften* Bd. II/1 (wie Anm. 14), S. 142 f.

16 Zum Verhältnis von Vers und Wendung in einem anderen der *Neuen Gedichte* Rilkes (*Orpheus. Eurydike. Hermes*) vgl. Thomas Schestag: *versi-*. In: *Interpretationen. Gedichte von RMR*. Hrsg. von Wolfram Groddeck. Stuttgart 1999, S. 74-85.

Rüdiger Görner

»Denken des Herzens«

Zugänge zu einem Motiv
in Rilkes Werk

Im Herzen steckt der Mensch, nicht im Kopf.
(Schopenhauer, *Die Welt als Wille und Vorstellung* II,19)

Man sieht nur mit dem Herzen gut.
Das Wesentliche ist für die Augen unsichtbar.
(Saint-Exupéry, *Der kleine Prinz*)

Für Angelica Schütz-Rott

I.

›Liebe‹, nicht ›Herz‹ bezeichnete Goethe als eines seiner orphischen Urworte, mithin das, was sich im Herzen bewegt. In Rilkes Dichtung dagegen entwickelte sich das ›Herz‹ zu einem Urwort und zum Namen eines Gefühlsraums, schließlich zum Schlüsselbegriff im Prozeß der Verwandlung. Das schloß durchaus ein, daß sich die Bedeutung des Wortes ›Herz‹ gleichfalls wandelte. Im Kontext der modernen, eher herzfremden Dichtung fällt Rilkes prononcierte, an die barocke Lyrik erinnernde Verwendung der Herz-Metapher besonders auf, so daß es gerechtfertigt erscheinen mag, in ihm einen letzten ›cordalen‹ Dichter zu sehen, in dem nicht nur der Beziehungsreichtum dieses Wortes noch einmal zu voller Blüte reifte, sondern auch die Aufgabe, die Sprache zu ›beherzen‹.

Vor welchem Sinnhorizont gilt es nun, den Gebrauch dieses Wortes bei Rilke zu bedenken? Da wäre zunächst einmal die schlichte Einsicht zu nennen, daß das Herz als zentrales Gefühlsorgan erst entdeckt werden mußte. Das traf bereits für das Buch der Bücher zu. In der Bibel, noch bis zur Zeit der *Neuen Gedichte* eine maßgebliche Quelle für Rilke, fällt auf, daß in den fünf mosaischen Büchern dem Herz keine eigenständige Bedeutung zukommt, ja, daß es so gut wie nie erwähnt wird. Sieht man von vereinzelten Stellen ab, etwa im Buch Josua oder im Buch der Richter, dann findet sich erst in den sogenannten biblischen Dichtungen, im Buch Hiob, den Psaltern sowie im Salomo-Epos das Herz in den Mittelpunkt des Glaubens und Empfindens, aber auch des Zweifels gerückt. Diese Stellen lesen sich wie Vorbereitungen auf das »reine Herz« der Bergpredigt, vor allem aber auf das, was Paulus im zweiten Kapitel seines Römerbriefes die ›Beschneidung des Herzens‹ nennen wird, eine »Beschneidung, die im Geist und nicht im Buchstaben« geschehe.[1] Nach Paulus könne diese Beschneidung nur bei offenen, bereiten, nicht aber in »verstockten und unbußfertigen Herzen« geschehen. Der im

Herzen beschnittene, so Paulus, sei der ›inwendig‹ geläuterte Jude. Eine solche Beschneidung werde laut Paulus nicht physisch ›vorgenommen‹; vielmehr vollziehe sie sich im Innern des Menschen.

Ästhetisch gesprochen, handelt es sich hierbei um eine Katharsis, eine Läuterung, die noch Rilke für die wesentliche Fähigkeit des Dichters hielt, wie sein Wort über Baudelaire zeigt, von dem er sagt, daß dieser den »Ruin [der Gefühle] gereinigt« habe.

Was aber hat es auf sich mit dem »Denken des Herzens«? Rilke gebrauchte diesen Ausdruck in einem Brief an Katharina Kippenberg vom August 1919. Er befindet sich im graubündischen Bergell und vermerkt ausdrücklich und für ihn eher ungewöhnlich, den Wochentag. Um einen Sonntag handelt es sich; und der Brief beschreibt eine quasi religiöse Meditation:

> »Gnade, daß Ihnen dies so rein erreichbar ist, diese An-Schauung, die gleich darauf Andacht wird, unmittelbarstes Denken des Herzens an unsere unendlichen Verwandtschaften, Anschluß an das bewußtlos Freudige von Wiese und Baum und Mond, das sich nie besinnt und erst gemeinsam, in Gott zu sich kommt.«[2]

Dieses cordale ›Denken‹ entspricht annähernd dem, was das Französische mit ›savoir par cœur‹ oder das Englische mit ›to know by heart‹ bezeichnet. Denn damit ist kein bloßes Auswendiglernen, sondern ein Inwendig-Können oder -Wissen gemeint. Rilke meint die denkende Anverwandlung des Angeschauten, aber auch das Sich-Bewußtwerden verborgener Zusammenhänge. Diese Bewußtwerdung setzt freilich »Gnade«, »Andacht« und ein quasi mystisches »In-Gott-Sein« voraus.

Schon die Vorsokratiker, Empedokles vor allem, sprachen von der Denkkraft als Herzblut. Und bei Gryphius vernehmen wir ein Jahrtausend später: »Wach auf, mein Herz, und denke!« Zeitverwandt sprach Montesquieu vom »Gedächtnis des Herzens«,[3] wogegen Descartes die Trennung von ›ratio‹ und ›anima‹ forderte und damit einen Dualismus begründete, der dem »Denken des Herzens« keine Bedeutung beimaß.

Anders Pascal, dessen religiös begründete Kritik am Rationalismus cartesianischer Prägung das Herz als eine »Erscheinungsform des Geistigen« verstand. Das Herz sah er als ein Organ der Erkenntnis, in dem sich der Zusammenklang von vergeistigender Liebe mit den Geboten der Vernunft im Sinne von Dantes »intelleto d'amore« ereigne.[4]

Zweifel an diesem intellektuellen Vermögen des Herzens meldete im vorigen Jahrhundert Fernando Pessoa mit der für ihn bezeichnenden Ironie an, mit der er Descartes' Ratio mit Pascals Empfindung versöhnte: »Könnte das Herz denken, stünde es still«.[5]

Das romantische Herz krankt, zerbricht gar am Weltschmerz. Dichter ist, wer angesichts dieser offenkundigen Lautkonstellation dem nahezu unvermeidlichen Reim ausweichen, und dennoch beide Wörter in einem Gedicht aufru-

fen kann. Man denke an das berühmte Beispiel des Gedichts *Der Atlas* von
Heine:

> Ich unglücksel'ger Atlas! Eine Welt,
> Die ganze Welt der Schmerzen, muß ich tragen,
> Ich trage Unerträgliches, und brechen
> Will mir das Herz im Leibe.
>
> Du stolzes Herz, du hast es ja gewollt!
> Du wolltest glücklich sein, unendlich glücklich,
> Oder unendlich elend, stolzes Herz,
> Und jetzo bist du elend.

Man muß sich diese poetischen Herz-Bilder vor Augen führen, um zu sehen, wie
weit sich Rilke von der romantischen Herz-Poesie gelöst hatte. Einzuräumen ist
freilich, daß auch die Romantik ihre Herz-Metapher vielfältig zu variieren
wußte. Sie reicht von Novalis' Befund, daß ein »sattes Herz« stets einer »leeren
Welt« gegenüberstehe, bis zur Entfremdung des Herzens vom Menschen in Wilhelm Müllers Zyklus *Die Winterreise*, in dem sich im Herz nur noch Trostlosig-
keit, allenfalls trügerische Hoffnungen spiegeln:

> Mein Herz ist wie erfroren,
> Kalt starrt ihr Bild darin;
> Schmilzt je das Herz mir wieder,
> Fließt auch ihr Bild dahin.[6]

Auch die Entgrenzung des Herzens kann unter diesen Umständen wenig anderes
erbringen als das Gefühl von Selbstentfremdung:

> Mein Herz sieht an dem Himmel
> Gemalt sein eignes Bild –
> Es ist nichts als der Winter,
> Der Winter kalt und wild![7]

Hatte Novalis noch dem ›geheimen Herz‹ des Menschen ohne weitere Qualifi-
zierung das metaphysische Horizonte eröffnende ›Herz des Himmels‹ gegenüberstellen können, so zeigt Wilhelm Müllers Beispiel (zu schweigen von
Schuberts Vertonung!) eine Welt in Herzstarre, der zu entkommen reine Selbst-
täuschung wäre. In der *Winterreise* entzaubert sich die Romantik und mit ihr das
Wesen des Herzens; es erweist sich nämlich mehr und mehr als Organ schierer
Verzweiflung. Und was in ihm an Liebe verblieben ist, relativiert, wie Heines
Beispiel belegt, die Ironie. In Baudelaires *Fleurs du Mal* sieht man dann das ›Herz‹
verblühen, gar verwesen.

II.

Zur poetischen Wiedergeburt des ›Herzens‹ kommt es in Rilkes Dichtung. Bereits in seinem Frühwerk zeichnet sich dieser Vorgang ab, jedoch keineswegs durch einen übermäßigen Gebrauch dieses Wortes. Das sonst verschwenderisch reimende Frühwerk Rilkes beläßt das Herz im Innern des Verses; als fürwahr verbrauchtes Reimwort dient es ihm nicht.

Was im *Larenopfer* noch konventionell klingt (»Die falben Felder schlafen schon, / mein Herz nur wacht allein«), erscheint in der Sammlung *Mir zur Feier* in einem schon gewagteren Sprachbild:

> Erst wenn, wie hingefällt von lichten Lanzen,
> die laute Menge tief ins Knieen glitt,
> dann heben sie die Herzen wie Monstranzen
> aus ihrer Brust und segnen sie damit.[8]

Diese kurz vor der Jahrhundertwende erschienene Gedichtsammlung Rilkes schließt mit einem Bekenntnis zum Herzen als dem Organ religiösen Wirkens:

> Du darfst nicht warten, bis Gott zu dir geht
> und sagt: Ich bin.
>   Ein Gott, der seine Stärke eingesteht,
> hat keinen Sinn.
>   Da mußt du wissen, daß dich Gott durchweht
> seit Anbeginn,
>   und wenn dein Herz dir glüht und nichts verrät,
> dann schafft er drin.
>
>   (KA I, S. 111)

Das ist eine bemerkenswerte Variante der Psalmen-Stelle, die in Luthers Version lautet: »Schaffe du mir, Gott, ein reines Herz und erneuere du mir einen neuen gewissen Geist.«[9]

Während die Psalmisten und Propheten (wie etwa Joël) ein »Zerreißen des Herzens« fordern, damit eine neue, reine Gesinnung entstehen könne, sieht der junge Rilke, mystisch gestimmt, in jedem zur Verwandlung bereiten Herzen Gott am Werke. Später wird er beim Anblick des bruchstückhaften steinernen Abbilds des Gottes Apollo zur Forderung verleitet: »Du mußt dein Leben ändern«. In den *Sonetten an Orpheus* steigert sich dies dann zum Imperativ: »Wolle die Wandlung«. Da ist von Gott nicht mehr die Rede, wohl aber vom »entwerfenden Geist, welcher das Irdische meistert«.

Bleiben wir vorerst noch beim frühen Rilke. Mit ein Grund dafür, daß er das

Herz-Motiv immer betonter in seiner Lyrik zur Geltung brachte, war seine
Überzeugung, einer jungen Dichtergeneration zuzugehören, die, wie er in seinem Versuch *Moderne Lyrik* (1898) sich ausdrückte, »ihr Herz auf der Zunge«
trage.[10]

Das inwendig Gereifte nach außen zu tragen, das innerste der inneren Organe
auch zu einem nach außen hin wirkenden Gefühlszentrum zu machen, das ist ein
Anliegen Rilkes, das insbesondere durch seine Verbindung des ›Herzens‹ mit be-
tenden, darbietenden oder weisenden Händen, den eigentlichen Instrumenten
des Schaffens zur Sprache bringt. Im zweiten Teil des *Stunden-Buches* etwa spricht
ein von Selbstentfremdung genesenes Ich über seine Sehnsucht nach »deines
Herzens großen Händen«; gemeint sind die Hände Gottes, denen Rilke wenige
Jahre später sogar ein eigenes Märchen widmet.

Herz und Hände verbinden sich für Rilke jedoch auch durch die Kraft der
Liebe. An Lou Andreas-Salomé richtet er das Wort: »Ich fasse Dich / Mit meinem
Herzen wie mit einer Hand.«[11] Die Umkehrung dieses Sprachbildes läßt nicht
lange auf sich warten: »Dank, / daß Du mein Herz in Händen hast, / Dank!«[12]

In den *Geschichten vom lieben Gott* (1904) lieferte Rilke im Märchentone die
Begründung:

»[Gott] war selbst überrascht, jenseits von seiner strahlenden Heimat ein begin-
nendes Dunkel zu finden, das ihn schweigend empfing, und er ging mit einem
seltsamen Gefühl immer weiter in dieser Dämmerung, welche ihn an die Herzen der Menschen erinnerte. Da fiel es [Gott] ein, daß die Köpfe der Menschen
licht, ihre Herzen aber voll eines ähnlichen Dunkels sind, und eine Sehnsucht
überkam ihn, in den Herzen der Menschen zu wohnen und nicht mehr durch
das klare, kalte Wachsein ihrer Gedanken zu gehen. Nun, Gott hat seinen Weg
fortgesetzt.« (KA III, S. 401)

Handelt es sich hier um verfinsterte Herzen? Oder hat ihr Dunkel nicht auch
etwas Bergendes? Dämmert es in diesen Herzen oder verbleiben sie im Gegensatz
zum aufklärerischen »Wachsein« des Denkens? Vor dem Hintergrund dieser Passage verstünde sich die eingangs zitierte Briefstelle Rilkes, die das »Denken des
Herzens« thematisiert, als Synthese eines ›hellen‹, reflektierten Bewußtseins und
eines düsteren, aber erwartungsvollen Zustands. In Rilkes religiöser Märchen-
prosa vermittelt Gott zwischen beiden Sphären; im Dichten des reifen Rilke fällt
diese Aufgabe dem Dichter zu. Genauer: Sie wird ihm wie eine Staffel vom ins
Irdische ein-gehenden Gott übergeben, von ihm, dem gehenden, zwischen Hell
und Dunkel wandelnden Gott, einem wotangleichen Wanderer, umnachtet im
Wesenskern seiner Geschöpfe.

Auf einer wenig bekannten Photographie, die Rilke im Garten von Muzot
zeigt, sieht man den Dichter im Halbschatten gehend, eine Briefschaft, eine Ma-
nuskriptseite vielleicht, in Händen, ein Gratwandler auf der Grenze zwischen
Hell und Dunkel, einer, der 1907 auf Capri folgenden Vers gedichtet hatte: »Da
geht das Herz und geht und sieht nicht her« (KA I, S. 381). Nicht daß wir im

Herzen ein und aus gingen: das Herz selbst scheint seinen eigenen Weg zu gehen, zunehmend unabhängig vom Ich der Ratio.

Dieser Gedanke hatte sich in Rilkes Dichtung seit längerem vorbereitet, etwa in einem im Jahre 1906 entstandenen Widmungsgedicht an Karl von der Heydt. Darin ist davon die Rede, daß die Dinge den Dichter »um dieses unbeirrte Gehn und Sagen« bitten und darum: »[...] nicht zu ruhn, ich fühlte denn / mein Herz in einem Turme gehn und schlagen« (KA I, S. 353).

Noch konnte dieses »Herz« vieles sein: »Behängt mit den Gewichten der Demut« und dabei hoch in den Mächten des Schicksals wie in einem übermächtigen Baum hängend; es konnte »Kelch« sein für gewisse Elfen, stets aber verbunden mit Händen, die ähnlich selbständig wirken, beinahe losgelöst vom Körper wie das Herz:

> Und meine Hände heben sich heraus
> und wehn auf meines Herzens dunklem Haus
> wie Fahnen, wartend.
>
> (KA I, S. 356)

Herz-Insel Capri. Die im Sog der Blauen Grotte in der Villa Discopoli geschaffenen Gedichte Rilkes versetzen das Herz wiederholt in die Landschaft; man könnte ebenso sagen, daß sie das Herz wie eine Landschaft erkunden. Zunächst setzt der Dichter »Gebirge, Gestein, / Wildnis, Un-Weg« ins Verhältnis zum ›Herzen‹, das er als Organ der Wahrnehmung vorstellt. Schon bald aber ist vom »Herzen der Luft, [...] dem Herzen des Hains« die Rede und davon, das »Herz« auf das »Hirn« zu türmen, darauf das »Sehnen«, darauf das »Einsamsein« (KA I, S. 373).

Die mit dem Herzen verbundene Problematik artikuliert Rilke in einem weiteren Capri-Gedicht in verschärfter Form:

> Wald meines Herzens, der sich bei dem Feuer
> aus meinen Sinnen hob, verschob und schuf
> Zuflucht der unverdrängten Abenteuer:
> wie wenig bin ich in dir; Gott ist treuer
> und macht es um dich immer ungeheuer
> und wiederholt sich wie ein Vogelruf
> [...]
>
> (KA I, S. 376)

Daß Gott wieder und wieder ins Herz eingeht, macht es für das Ich quasi unbewohnbar. Was an göttlich Ungeheuerem das Herz umgibt und durchwirkt, entfremdet es dem Ich. Von einer ›unio mystica‹, einer mystischen Vereinigung des Ichs mit Gott im Herzen kann somit keine Rede sein, eher von einem Erstaunen des Ichs über seine Selbstentfremdung.

III.

Was bewegt das Herz? Eine Absicht, eine Hoffnung: »[...] ich will mein Herz von
vorn beginnen« (KA I, S. 384), es neu schaffen, im Zeichen dauernder Verwandlung. So verstand Rilke die Arbeit an sich selbst auf dem Wege zu den *Neuen
Gedichten*, dem poetischen Herzstück seines ›Neubeginns‹ als Dichter einer religiös inspirierten Ding-Sprachkunst.

›Das Herz von vorn beginnen‹, das bedeutete für ihn auch, zurückzugehen zu
jener Empfindung, die ihn einst das Herz auf der Zunge orten ließ:

> Vor Zeiten, einst, ein Herz gewesen sein
> in langer mühsamer Metamorphose,
> und endlich nahe an der Fensterrose
> inständig stehen, um im Stein
>
> unsäglich unbeirrt mit langer Kraft
> weiterzutragen die beklommnen Wonnen
> und alles Wehe, das ja nur begonnen,
> nur aufgeschlagen war, anfängerhaft.
>
> (KA I, S. 401)

Hier nähert sich Rilke einem Vergleich, der, unumwundener ausgesprochen, zu
einem der bedeutenden Augenblicke in den *Neuen Gedichten* werden sollte:

> So griffen einstmals aus dem Dunkelsein
> der Kathedralen große Fensterrosen
> ein Herz und rissen es in Gott hinein.
>
> (KA I, S. 466)

Das nun stellt die Umkehrung dessen dar, was bisher in Rilkes Herz-Gedichten
gegolten hatte: Nun ist es nicht länger Gott, der im Herzen ›schafft‹; vielmehr sind
es Dinge, sakrale Kunstgebilde, Fensterrosen eben, die Gott Gewalt antun um
eines neuen Herzens willen, das sich primär in der Kunst verwirklicht und ›bei
sich‹ ist.

Damit ist nicht gesagt, daß Rilke die Liebe im Herzen um dessen Dinghaftig-
keit willen neutralisiert hätte. Vielmehr versuchte Rilke, der ›cordale Dichter‹,
gerade weil er darum bemüht gewesen ist, das Herz »neu zu beginnen«, ihm
Weite und Offenheit zu erhalten. Überdies: er läßt das Herz seine Sprache formen. Das ist es, was Rilke mit seiner essayistischen Besprechung der *Bücher einer
Liebenden* der Comtesse Anna de Noailles verfolgt hatte (1907), als er davon
sprach, daß ihr Herz in ihrem Dichtertum Raum finde.

»Nie ist das Herz einer Frau ausgebreitet worden über so viel Natur. Alle Hingabe, die wir kennen, scheint *seine* Hingabe zu sein; alle Inständigkeit und alles Glück der Kreatur, von dem keiner Besitz ergreift, fällt ihm, wie durch Verwandtschaft, zu. Und wenn dieses Herz leidet, so bricht das gleiche Leid wie eine Heimsuchung in ganzen Landstrichen aus, und in den plötzlich aussichtslosen Abenden hält sich seine Klage wie ein Vogelruf. Die Klage, die immer wieder kommt, die einzige ewige Liebesklage; die Klage von der zu großen Liebe, die über jeden Geliebten hinausgewachsen ist.« (KA IV, S. 649)
Man ist versucht, an dieser Stelle an Beethovens Wort über die *Missa Solemnis* zu erinnern: »Was von Herzen kommt, muß auch zu Herzen gehen«, ob Glücksempfindung oder Klage. Dichtend dem Herzen Gehör verschaffen, das war zu jener Zeit Rilkes poetische Maxime.

Bei aller Emphase: Das Herz erweist sich in Rilkes Dichtungen stets auch als Ort des Ambivalenten. So besonders in Malte Laurids Brigges Entwurf eines Briefes, in dem er versucht, eine erste Bilanz seines Paris-Erlebnisses und dessen Folgen für seine Welt- und Lebensanschauung zu ziehen. »Ich bin ein Anfänger in meinen eigenen Verhältnissen« (KA III, S. 505), gesteht Malte, wobei man sich an die Forderung, das Herz von neuem zu beginnen, erinnert fühlt. Tatsächlich folgt diesem Eingeständnis auch ein kleiner Exkurs über die Natur des Herzens, begleitet von einer organischen Metapher: Rilkes Malte spricht nämlich von den Kapillaren, den »äußersten Verästelungen« des »zahlloszweigigen Daseins« (KA III, S. 506). Die Rede ist aber nicht von einem wirklich neuen Herzen. Malte beklagt den Zustand zwanghafter Abgrenzung des Individuums, das an seinem mangelnden Innenraum und entsprechend geringer Aufnahmefähigkeit zugrunde geht.

»Besser vielleicht du wärest in der Dunkelheit geblieben und dein unabgegrenztes Herz hätte versucht, all des Ununterscheidbaren schweres Herz zu sein. Nun hast du dich zusammengenommen in dich, siehst dich vor dir aufhören in deinen Händen, ziehst von Zeit zu Zeit mit einer ungenauen Bewegung dein Gesicht nach. Und in dir ist beinah kein Raum; und fast stillt es dich, daß in dieser Engheit in dir unmöglich sehr Großes sich aufhalten kann […] Dein Herz treibt dich aus dir hinaus, dein Herz ist hinter dir her, und du stehst fast schon außer dir und kannst nicht mehr zurück. Wie ein Käfer, auf den man tritt, so quillst du aus dir hinaus, und dein bißchen obere Härte und Anpassung ist ohne Sinn.« (KA III, S. 506 f.)

Wichtig zu sehen ist, daß das Herz die innere Enge sprengt, die in einem Menschen herrscht, der sich nicht mehr auszusetzen sowie geistig und emotional zu erweitern in der Lage oder willens ist. Der herzlos gewordene Organismus erweist sich dann als haltlos. Die grauenerregende Käfer-Metapher nimmt vorweg, was Kafka zwei Jahre später seinem Gregor Samsa als Schicksal zuweist.

Dagegen versuchte Rilke die religiöse Dimension des Herzbereichs in seinem Versuch *Über den jungen Dichter* (1913) ein weiteres Mal zu begründen. Das Herz

(des Dichters und der Dichtung) darf, so scheint es, den Göttern bei aller Glau-
bensnot der Zeit vorerst noch Heimstatt bleiben. Nirgends seien sie sicherer als
dort, befindet Rilke.

Dieses Essay gilt im wesentlichen dem, wie Rilke sich ausdrückt, von »Ge-
walten bestürzten Herzen« des jungen Dichters (KA IV, S. 671), dessen Schaffen
entsprechend ›cordales Schaffen‹ ist. Die »Elemente« seien, so Rilke weiter, in
dieses Herz ›eingebrochen‹ und haben es in etwas ›Meteorisches‹ verwandelt. Der
wahre Dichter sei von früh dazu bestimmt, »in seinem Herzen auszuhalten und
dort [...] das Äußerste aufzuregen« (KA IV, S. 678). Damit behauptet Rilke nicht
nur die Notwendigkeit eines im Herzen wurzelnden Schaffens, sondern erhebt
auch die Forderung, das Herz im Schaffensprozeß in die Waagschale des Daseins
zu werfen.

Ein knappes Jahr nach diesem Versuch schickt er an Lou Andreas-Salomé sein
Gedicht *Wendung* und erklärt im Begleitbrief, daß es eine existentielle Wendung
darstelle. Es handelt sich um eine Wendung im Herzen und zum Herzen, um ein
Ja zur besitzlosen Liebe:

> Denn des Anschaun's, siehe, ist eine Grenze.
> Und die geschautere Welt
> will in der Liebe gedeihn.
>
> Werk des Gesichts ist gethan,
> thue nun Herz-Werk
> an den Bildern in dir, jenen gefangenen; denn du
> überwältigtest sie: aber nun kennst du sie nicht.[13]

Das Sehen-Lernen, ein Imperativ, der die *Aufzeichnungen des Malte Laurids Brigge*
bestimmt hatte, sieht sich hier relativiert. Bloße Gestaltwahrnehmung, sei es der
Großstadt, sei es des Leids, so Rilke im Juni 1914, genüge nicht. Hinzukommen
müsse die vom Herzen ausgehende Introspektion. »Herz-Werk«, das meint die
liebe-volle, von Liebe bestimmte Arbeit an den Bildern im Innern. Rilke erklärt
hier das Schauen für steigerungsfähig, sofern es Essenz des Herz-Werks ist. Ein
mit dem Herzen wahrgenommenes Ding zum Beispiel kann ›geschauter‹ sein,
weil Inbild geworden und damit in den Dichter hineingenommen worden.

In ihrer Antwort auf das Gedicht bemerkt Lou Andreas-Salomé, daß sich hier
ein neuer Rhythmus »der großen Liebe« zeige, in den der Herzschlag eingeschla-
gen habe; das wiederum ermögliche ein neuartiges Einen von »Außen und
Innen«.[14] Doch gerade dieses ›Einen‹, zumindest Vermitteln von äußeren und
inneren Erfahrungen sollte, durch die Zeitereignisse, den Ausbruch des Ersten
Weltkriegs, aufs radikalste gefährdet werden. Was Rilke in tief erschrockener bis
verstörter Ergriffenheit in der ersten Phase des Krieges zu Papier bringt, pflegt
man gewöhnlich, peinlich betreten, zu übergehen. Denn anscheinend dichtet

hier ein vom Siegestaumel zumindest kurzzeitig Irregeleiteter, der den Kriegs-Gott verherrlicht. Man sollte die für berüchtigt erklärten *Fünf Gesänge* vom August 1914 jedoch auch vom Standpunkt des »Herz-Werks« und der *Wendung* deuten. Denn es fällt auf, daß drei der fünf *Gesänge* in erster Linie die Vielgestaltigkeit und Mehrdeutigkeit des ›Herzens‹ aufgreifen. Dabei ging es für den Dichter vor allem um die Frage, welche Metapher das Ungeheuerliche der Zeitereignisse am sinnfälligsten ausdrücken könne. Rilkes Antwort enthalten die folgenden Verse:

> Andere sind wir, ins Gleiche Geänderte: jedem
> sprang in die plötzlich
> nicht mehr seinige Brust meteorisch ein Herz.
> Heiß, ein eisernes Herz aus eisernem Weltall.
>
> (KA II, S. 109)

Entfremdung als dramatisches Ereignis: Eine martialische Eisenzeit scheint angebrochen, deren Partikel sich niemand zu entziehen vermag. Der Krieg zwingt den Menschen in eine mörderische Gleichheit. Und indem diese eisernen Partikel ihn treffen, stählen und gleichzeitig verwunden, ist er nicht mehr er selbst. Sein Herz wird zu einer Art Sonde, durch die ihn eine externe Welt gewissermaßen fernsteuern kann.

Dagegen hält Rilke die Forderung, dieses »plötzlich zugemutete Herz« zu »endigen«, es aufzubrauchen. Auch hier geht es mithin um eine ›Wendung‹, um neues, anderes Herz-Werk, welches das ›Eisen‹ als Fremdkörper wieder ausscheidet. Rilke sucht nach einem neuen ›Eigenen‹; und er findet es im Bestehen der Gefahr, im Schmerz, in der ›reinen‹, also sprachlich klar gefaßten Klage. Den Kriegsgesängen folgt ein Prosagedicht, in dem der Gedanke mit seinen Möglichkeiten spielt, insbesondere mit einer Vision: »Offenheit eines Morgens sei in der Luft deines Herzens, nichts Erwehrendes, wollend jedes.« (KA II, S. 111)

Dieses Herz denkt noch nicht; sein Wirken ist Empfindung; es adelt, und zwar so, wie es auch der Sozialist Sénécal in Flauberts *L'éducation sentimentale* zugelassen hat, als er ausrief: »[...] höher ist man nur durch das Herz!«[15]

Dieses empfindende Herz weiß jedoch auch um das »Herz der Zeit« und seine Bedingtheiten. Alle Empfindung gründet demnach stets auch in einer spezifischen »Erinnerung des Herzens«, wie es in Benjamin Constants Roman *Adolphe* heißt,[16] welche gewissermaßen die Voraussetzung für das cordale Denken ist.

Wie erwähnt, hat Rilke in besagtem Prosagedicht zum ersten Mal das Potential eines Gedankens mit der wünschenswerten Öffnung des Herzens in Zusammenhang gebracht und so vorgezeichnet, was sich fortan ebenso mit seiner Verwendung der Herz-Metapher verbinden sollte wie das Werk-Tun und Empfinden.

Weil es liebt, sei dem Herzen, das leide, etwas Heiliges eigen, schrieb Constant im Vorwort zur dritten Auflage seines *Adolphe*. Rilkes poetische Anatomie des

Herzens ging über das bloße Konstatieren oder Schildern des Leidens und
Schmerzes in den Kammern des Herzens einen großen Schritt hinaus, indem er
fragte: »Heißt Herz-sein nicht Bewältigung?« (KA II, S. 128)

Damit ist denn auch der Inhalt des ›Herz-Werks‹ ausgesprochen. Es erfüllt sich
im Verwandeln des Leids. Mithin versteht sich das Herz auch als Ort einer dauernden seelischen Bewährungsprobe. Kein Gedicht Rilkes bringt diesen Gedanken radikaler zur Sprache als das folgende:

> Ausgesetzt auf den Bergen des Herzens. Siehe, wie klein dort,
> siehe: die letzte Ortschaft der Worte, und höher,
> aber wie klein auch, noch ein letztes
> Gehöft von Gefühl. Erkennst du's?
> Ausgesetzt auf den Bergen des Herzens. Steingrund
> unter den Händen. Hier blüht wohl
> einiges auf; aus stummem Absturz
> blüht ein unwissendes Kraut singend hervor.
> Aber der Wissende? Ach, der zu wissen begann
> und schweigt nun, ausgesetzt auf den Bergen des Herzens.
> Da geht wohl, heilen Bewußtseins,
> manches umher, manches gesicherte Bergtier,
> wechselt und weilt. Und der große geborgene Vogel
> kreist um der Gipfel reine Verweigerung. – Aber
> ungeborgen, hier auf den Bergen des Herzens ....
>
> (KA II, S. 115 f.)

Das Herz als Extrem. Identisch sein mit dem Zustand der Entfremdung. Eins
werden mit dem Nicht-Identischen, dem Disparaten. Ein letzter Blick zurück
auf Wort und Gefühl vor dem endgültigen Aufstieg ins Herzgebirge, in einen
Bereich jenseits der Gemüts- und Schmerzensgrenze, dorthin, wo das Wissen
nicht mehr hinreicht, um sich zu orientieren. Vorbild in diesem Bezirk des aufs
äußerste gesteigerten und auf die Spitze getriebenen Inneren ist das instinkt-
sichere Wild. Die letzte Zeile läßt jedoch bedenklich offen, ob das ins Unge-
schützte aufsteigende Ich diesem ›Vorbild‹ erfolgreich nacheifern kann. Das
Herz, das Innere ist, wie man sagt, mythopoetische Landschaft geworden, ein
riskantes Terrain, auf dem sich nur bewegen kann, wer sein Bewußtsein wach
zu halten vermag. Ausgesetzt – wie in mythischen Zeiten das Steinkind Grego-
rius auf seiner normannischen Insel, den Elementen, in Rilkes Gedicht der
›reinen Verweigerung‹, ausgeliefert. Was ist damit gemeint? In diesem Gedicht
›bewältigt‹ nicht mehr das Herz die Empfindungen; in der ›reinen Verweigerung‹ sieht sich das Herz selbst ›bewältigt‹, überwunden, kompromißlos objektiviert. Man muß überaus beherzt sein, um es wagen zu können, das menschliche Empfinden so zu entherzen.

Etwas scheint dieser ›Verweigerung‹ herkömmlicher Emotionalität auf den ›Bergen des Herzens‹ standgehalten zu haben: Das ›Singen‹ der Bergflora, sprich: die Artikulation des Unbewußten, die Musik. Folgerichtig führte Rilke in einem Anfang 1918 entstandenen Gedicht, ganz im Sinne Lou Andreas-Salomés, »Herzschlag und Rhythmus« zusammen:

AN DIE MUSIK

Musik: Atem der Statuen. Vielleicht:
Stille der Bilder. Du Sprache wo Sprachen
enden. Du Zeit,
die senkrecht steht auf der Richtung vergehender Herzen.

Gefühle zu wem? O du der Gefühle
Wandlung in was? –: in hörbare Landschaft.
Du Fremde: Musik. Du uns entwachsener
Herzraum. Innigstes unser,
das, uns übersteigend, hinausdrängt, –
heiliger Abschied:
da uns das Innre umsteht
als geübteste Ferne, als andre
Seite der Luft:
rein,
riesig,
nicht mehr bewohnbar.

(KA II, S. 158)

Musik, wie man sie nur auf den ›Bergen des Herzens‹ hören kann, eine Sprache jenseits der »letzten Ortschaft der Worte«. Rilke spricht hier von der Musik als einem Lot, das selbst dann noch Richtmaß sein kann, wenn sich die Herz-Werke aufgelöst haben. Musik ist für ihn »entwachsener Herzraum«, also Innerstes, das nach außen verabschiedet wird. Der Rhythmus der Musik eint jetzt nicht mehr »Außen und Innen«; aber er trennt sie auch nicht voneinander. Denn die nach außen drängende Musik, obzwar fremd werdend, enthält doch weiterhin den Atem des Herzraums, wie auch das Innere »als geübteste Ferne« das Außen in sich weiß. Obgleich in diesem Gedicht die Musik in extremen Zonen angesiedelt zu sein scheint, bleibt ihr diese, wenn auch eher indirekt vermittelnde Wirkung. Was bleibt unter diesen Umständen dem Herzen? Rilke geht darauf in einem *Sonett* vom November 1919 ein, einem der ersten Gedichte, das er im »Außen« seiner eigenen Existenz verfaßt hat, in der Schweiz, und das Aspekte der Sprache und des Gehalts der *Sonette an Orpheus* antizipiert:

O wenn ein Herz, längst wohnend im Entwöhnen,
von aller Kunft und Zuversicht getrennt,
erwacht und plötzlich hört, wie man es nennt:
»Du Überfluß, Du Fülle alles Schönen!«

Was soll es tun? Wie sich dem Glück versöhnen,
das endlich seine Hand und Wange kennt?
Schmerz zu verschweigen war sein Element,
nun zwingt das Liebes-Staunen es, zu tönen.

Hier tönt ein Herz, das sich im Gram verschwieg,
und zweifelt, ob ihm dies zu Recht gebühre:
so reich zu sein in seiner Armut Sieg.

Wer *hat* denn Fülle? Wer verteilt das Meiste? –
Wer so verführt, daß er ganz weit verführe:
Denn auch der Leib ist leibhaft erst im Geiste.
                                        (KA II, S. 163)

Das Herz im Zustand der Entfremdung. Es scheint sich selbst und seinen Schmerz überwunden zu haben, wie es das Herz-Werk gebietet. In Wirklichkeit aber hat es das Leid nur zurückgedrängt und sich im Verschweigen geübt. Zu sich selbst kommt es durch eine plötzliche Anrufung. Jemand nennt das Herz beim Namen; und erst dadurch findet es zu seinem Ton, zu seiner Sprache zurück. Die Worte ›verschweigen‹ und ›tönen‹ wiederholen sich in diesem Gedicht zweimal; sie bilden das kontrapunktische Grundgefüge dieses Sonetts und verweisen auf die widersprüchlichen Verhältnisse, mit denen das ›Herz‹ leben muß. Doch kann unter diesen Umständen auch Großes in der Liebe gelingen, nämlich die Verführung des Körpers zum Geist. In diesem Gedicht Rilkes stellt sich dies als die eigentliche Aufgabe des Herz-Werks dar, als sein Sinn und Ziel.
    Das ›Herz‹ in Rilkes Verständnis beschränkte sich jedoch nicht nur auf das zu leistende ›Werk‹; vielmehr eignete ihm stets etwas Umgreifendes:

Das Herz reicht weiter als die letzte Ferne.
Wenn du die eigne Stimme steigen hörst,
so singt die Welt, so klingen deine Sterne.
                                        (KA II, S. 166)

Was die Sterne zum Klingen bringt, ist die Stimme des Herzens, wobei Rilke bis zuletzt die Beziehungen zwischen ›Herz‹, ›Berg‹, ›Stern‹ und ›Zeit‹ vielfach variieren wird:

> Berge ruhn, von Sternen überprächtigt; –
> aber auch in ihnen flimmert Zeit.
> Ach, in meinem wilden Herzen nächtigt
> obdachlos die Unvergänglichkeit.
>
> (KA II, S. 178)

Dieses Herz ist demnach nichts in sich Ruhendes; vielmehr befindet es sich in einem Zustand des Aufgewühltseins; zeitweise beherbergt es Zeichen des Ewigen; dann wieder fühlt es sich den Elementen ausgesetzt, oder es dient selbst, wie gesehen, als Ort des Ausgesetztseins.

Rilke meinte, daß am ehesten die Erinnerung an die Kindheit das Herz ›zeitlos‹ erhalten könne, wobei sich immer die Frage stelle, ob das Herz noch genug Herz sei. Das im Aufruhr begriffene Herz, das sich stets zu verselbständigen droht (»mit eigenständigem Geschehen«), empfindet es als Aufgabe, es zu jener Stille zu bringen, »die Dingen eigen ist, zu reinem Warten«. In Rilkes vielleicht enigmatischstem Text mit dem Titel *Das Testament* hat er das Wort ›Herz‹, scheinbar in Form »kleiner sinnloser«, weil unzusammenhängender »Posten« neben die Begriffe ›Wespe‹, ›Kino‹, ›Kind‹, ›Trauer‹, ›Taufall‹ gestellt (KA IV, S. 725). Vor dieser bizarren Zusammenstellung findet sich der Satz: »Meinem Herzen ist eine fremde Schreckhaftigkeit geblieben, die es mir unkenntlich macht.« (KA IV, S. 722)

Da ist sie wieder, die Sorge der Herzentfremdung. Das Herz als Rätsel. Rilke fragt im *Testament*: »Was für Kräfte haben sich verabredet, in meinem Herzen zusammenzutreffen? . . . / Sie ziehen sich zurück, wenn sie es bewohnt finden.« (KA IV, S. 729)

Herzeleid und Herzensnot prägen diese testamentarischen Fragmente und eine Traurigkeit darüber, daß man »Geliebtsein und Lieben für nichts [. . .] in den wirklichen Abschlüssen« seines Herzens rechnen dürfe (KA IV, S. 730). Die Bilanz der Empfindungen, sie schlägt am Ende nicht zu Buche. Am Ende steht das Zwiespältige, das »Streben und Widerstreben« (ebenda), eben auch in der Liebe:

> »Mein Herz war aus der Mitte seiner Kreise herausgerückt, an die Peripherie, dorthin, wo es Dir am nächsten war –, dort mag es groß sein, fühlend, jubelnd oder beängstigt, – es ist nicht in *seiner* Konstellation, es ist nicht das Herz meines Lebens.« (KA IV, S. 734)

Das liebende Herz, könnte man sagen, gerät buchstäblich außer sich; es verrückt sich in Richtung der Geliebten. Die Liebe ex-zentriert das Herz.

Kaum eine Seite des *Testaments* ohne Herz-Bezug. Da ist von der »Herzensjahreszeit« die Rede, von den ›Ansprüchen des Herzens‹, dem Zwiespalt, in den das Herz geworfen sei, vom ›Verhängnis des Geliebtwerdens‹ für ein »leistendes Herz« (KA IV, S. 728). Was dieses Leisten bedeuten kann, illustriert Rilkes knappe Reflexion über Rimbaud:

»Einmal mit dem ungestümen Herzen an der Sprache rütteln, daß sie göttlich
›unbrauchbar‹ werde für einen Augenblick – und dann fortgehen, nicht zu-
rückschaun, Kaufmann sein.« (KA IV, S. 730)
Rimbaud selbst schien es anders empfunden zu haben. Sein Gedicht *Le Cœur volé*
spricht nämlich davon, daß die Sprache des Obszönen, Gemeinen an seinem
Herzen ›gerüttelt‹ und es schließlich ›gestohlen‹ habe. Verwandt mit Rimbaud ist
Rilke jedoch vor allem im Hinblick auf die (im Falle Rimbauds fraglos verzwei-
felte) Suche nach »pureté«, nach Reinheit. Und die folgende gleichfalls ins
Testament eingegangene Stelle aus einem ›Briefentwurf‹ mag indirekt auch auf
Rimbaud und dessen Schicksal anspielen:

»Sie sind nicht zahlreich, jene, deren Herzwurf in den Umarmungen nicht zu
Ende ist; verfolgten sie ihn weiter, – sie sähen vielleicht, wie seine Kurve jenseits eine merkwürdige Beschleunigung annimmt, die der Ungeduld, es
möchte auch dieses Glück schon überstanden sein. Und darüber hinaus verläuft sie ins Grenzenlose und bedeutet – weißt Du was? – Weg und Sehnsucht
derer, die nicht aufhören zu gehen – der russischen Pilger und jener bedouini-
schen Nomaden, die es treibt und treibt an ihrem Stabe aus Ölbaumholz…«
(KA IV, S. 727)

Der Herzwurf auf exzentrischer Bahn. Was aber bedeutet dieses Wort? Es kann
damit eine Projektion des Gefühls gemeint sein, ein über sich selbst hinausgehen-
des Empfinden, das sich verselbständigt. Ein knappes Jahr später wird Rilke in
einem Gedicht das Fangen des »Selbstgeworfenen« als »läßliche[n] Gewinn« bezeichnen und ihm als eigentlichen Wert das Fangen des vom Schicksal geworfe-
nen Balles gegenüberstellen.[17] Der ›Herzwurf‹ jedoch weist ins Nirgendwo, ins
unaufhörliche Weitergehen in der unabsehbaren Wüste; er kann jedoch auch als
Gefühls-*Ent*wurf ohne spezifischen Inhalt, es sei denn des Sehnens, verstanden
werden. Doch dieses ›Gefühl‹ wehrt sich gegen glückhafte Erfüllung.

Rilke variierte die Bedeutung der Herz-Metapher gleichsam herzrhythmisch:
Kontraktion und Entspannung, mit Goethe gesagt Systolé und Diastolé, prägen
ihren Sinn. Zum einen betont Rilke die Konzentration im Herzen, zum anderen
verweist er auf das Weite, Entgrenzende, Fernen in sich habende Herz, das über
jene Anspannung erhaben scheint: Konzentriertes systolisches Herz-Werk einerseits, weiter diastolischer Herzwurf andererseits. Dabei erweist sich, daß in Liebe
und Schmerz dem Herz beides zugleich widerfahren kann, exzentrische Entgrenzung und Herzinnigkeit.

Anders jedoch im eigentlichen und für Rilke alles entscheidenden Schaffensprozeß. Er setzt ein ›systolisches Herz‹ voraus. Rilke hat diesen Zustand in einem
unmittelbar nach Abschluß der *Duineser Elegien* an Lou Andreas-Salomé geschriebenen Brief mit folgenden Worten geschildert: »Deshalb schrieb ich Dir
nicht auf Deinen Brief, weil ich immer schon in diesen Wochen, ohne zu wissen worauf, auf *dieses* zuschwieg, mit immer weiter nach innen genommenem
Herzen.« (B II, S. 220)

Zuvor heißt es im selben Brief: »Jetzt *weiß* ich mich wieder. Es war doch wie eine Verstümmelung meines Herzens, daß die *Elegieen* nicht dawaren.« (B II, S. 219)

Das Herz ist nur dann mit sich selbst einig oder ›vollzählig‹, wie Rilke sagte, wenn es Werke hervorbringt und auf diese Weise überfließt. Inspiration war für ihn ein »Sturm aus Geist und Herz«, ein Wirbeln von Reflexion und Empfindung. Die *Duineser Elegien* selbst versammeln nahezu alle Bedeutungsebenen von ›Herz‹ in Rilkes Werk. Da ist das an Intensität nicht zu überbietende Herz des Engels, das »heimliche Herz« des zagen Ichs, das verschwenderische Herz der Liebenden, der Herzrand, von dem sich Verzweifelte in die Abgründe ihres Inneren stürzen. Da findet sich das Herz zwischen den »Hämmern« der Ereignisse, der Schicksalsschläge wohl, und besteht die Probe, übersteht die Seelennot, bis es sie »verwandeln« kann und »Hämmer des Herzens« aus diesen Verwandlungen hervorgehen. Die *Neunte Elegie* schließt jedoch mit Versen, die erklären, was im Zentrum der Herz-Metaphorik unverrückbar steht, der eigentliche Existenzgrund:

> Siehe, ich lebe. Woraus? Weder Kindheit noch Zukunft
> werden weniger . . . . . Überzähliges Dasein
> entspringt mir im Herzen.
>
> (KA II, S. 229)

Weder die *Sonette an Orpheus* noch die späten Gedichte haben dieses weite Bedeutungsfeld der Herz-Metapher noch wesentlich verändern können. Das Sinnspektrum des ›Herzens‹ war nunmehr gültig aufgefächert. Zwei Ausnahmen seien jedoch abschließend noch bedacht. Rilke spricht in einem Brief vom März 1922 davon, die »Dinge mit dem Karat des Herzens zu wägen«; und im Oktober 1924 wagt er sich in einem Gedichtentwurf mit dem Titel *Mausoleum* ein letztes Mal über seinen poetisch gesicherten Bedeutungsbestand des Wortes ›Herz‹ hinaus, in einem lyrischen Entwurf, der den gebrochenen Sprachduktus eines Paul Celan vorwegzunehmen scheint:

> Königsherz. Kern eines hohen
> Herrscherbaums. Balsamfrucht.
> Goldene Herznuß. Urnen-Mohn
> mitten im Mittelbau,
> (wo der Widerhall abspringt,
> wie ein Splitter der Stille,
> wenn du dich rührst,
> weil es dir scheint,
> daß deine vorige
> Haltung zu laut war . . .)
> Völkern entzogenes,

sterngesinnt,
im unsichtbaren Kreisen
kreisendes Königsherz.

Wo ist, wohin,
jenes der leichten
Lieblingin?
: Lächeln, von außen,
auf die zögernde Rundung
heiterer Früchte gelegt;
oder der Motte, vielleicht,
Kostbarkeit, Florflügel, Fühler…

Wo aber, wo, das sie sang,
das sie in Eins sang,
das Dichterherz?
: Wind,
unsichtbar,
Windinnres.

        (KA II, S. 384 f.)

In diesen Zeilen hat sich das eigentliche ›Denken‹ des Herzens aufgekündigt. Das Herz, von dem hier die Rede ist, man mag an die separat bestatteten Herzen habsburgischer Potentaten denken, dieses ›kreisende Königsherz‹ ist in erster Linie Wesenskern der Erinnerung, aber auch einer Selbsttranszendierung. Denn dieses Kreisen orientiert sich bereits an den Gestirnen; die ›Völker‹ berührt es nicht mehr.

»Wo aber …?« Mit diesem deutlich an Hölderlin erinnernden Frageduktus versucht Rilke das zu orten, was aus dem Königsherz hervorgegangen sein könnte: ›das Dichterherz‹, durch das alle Dinge und Erscheinungen ›in Eins‹ gesungen wurden. Das ›singende Herz‹, wie es Rilke in den *Sonetten an Orpheus* apostrophiert hatte, verstand sich noch auf Einheit; ohne dieses Dichterherz müßte sie weiter zerfallen. Was bleibt, ist der Wind, so unsichtbar wie das Kreisen des Königsherzens, das ›Windinnre‹, das so still, so unbewegt ist wie die Mitte einer Windrose.

Königsherz, Dichterherz, Windinnres. Was Kern war, gibt sich den Elementen zurück. Das Denken des Herzens hat sich in einen Hauch verwandelt und das Herz-Werk in das »uralte Wehn vom Meer«. Was uns daran berührt, ist das Unsägliche, Namenlose einer unstillbaren Sehnsucht.

Anmerkungen

1 Vgl. dazu Hans G. Adler: »Das Judentum als Religion des Gedenkens und die Orthodoxie des Herzens«. In: *Jahrbuch der Gesellschaft für niedersächsische Kirchengeschichte* 76 (1978), S. 13-29.

2 Zitiert nach: Horst Nalewski (Hg.): *Rainer Maria Rilke, Briefe in zwei Bänden*, Bd. 2. Frankfurt am Main und Leipzig 1991, S. 19 (soweit nicht anders vermerkt, beziehen sich alle Briefzitate auf diese Ausgabe = B I beziehungsweise B II).

3 Montesquieu: *Das Gedächtnis des Herzens*. Aufzeichnungen. Ausgewählt, übersetzt und mit einem Nachwort von Henning Ritter. München 1998.

4 Vgl. Romano Guardini: *Versuch über Pascal*. Berlin 1935, S. 26 ff.

5 Zum ideengeschichtlichen Kontext vgl. bes. Peter Gay: *Die Macht des Herzens*. München 1997.

6 Wilhelm Müller: *Die Winterreise und andere Gedichte*. Hrsg. von Hans-Rüdiger Schwab. Frankfurt am Main 1986, S. 46 (*Erstarrung*). In seiner Vertonung veränderte Schubert das Wort ›erfroren‹ in ›erstorben‹.

7 Ebenda, S. 54 (*Stürmischer Morgen*).

8 Alle Werkzitate erfolgen nach folgender Ausgabe: RMR: *Werke. Kommentierte Ausgabe in vier Bänden*. Hrsg. von Manfred Engel, Ulrich Fülleborn, Horst Nalewski und August Stahl. Frankfurt am Main und Leipzig 1996 (= KA). Hier: KA I, S. 71.

9 Vgl. dazu auch Adler: *Das Judentum als Religion des Gedenkens und die Orthodoxie des Herzens* (wie Anm. 1), S. 16 ff.

10 KA IV, S. 67.

11 RMR – Lou Andreas-Salomé: *Briefwechsel*. Hrsg. von Ernst Pfeiffer. Frankfurt am Main 1989 (= LAS), S. 26.

12 Ebenda, S. 36.

13 LAS (wie Anm. 11), S. 331. Briefkommentar Lous S. 332 f.

14 Ebenda, S. 333.

15 Gustave Flaubert: *Die Erziehung des Herzens. Geschichte eines jungen Mannes*. Deutsch von E. A. Reinhardt und anderen. Zürich 1979, S. 189.

16 Benjamin Constant: *Adolphe*. Aus dem Französischen von Eveline Passet. Zürich 1998, S. 140.

17 »Solang du Selbstgeworfnes fängst« (KA II, S. 195). Vgl. dazu Richard Exner und Ingrid Stipa: »Das Phänomen der Androgynie des Schaffensprozesses im späten Rilke«. In: Rüdiger Görner (Hg.): *RMR*. Darmstadt 1987 (= Wege der Forschung, Bd. 638), S. 350-383.

Rolf Selbmann
Rainers Widersprüche
Zu Rilkes Grabspruch »Rose, oh reiner Widerspruch«

Rilkes selbstverfaßter Grabspruch, 1925 in seinem Testament der Nachwelt vorgesetzt, gehört nicht nur zu den bekanntesten hinterlassenen Texten des Autors; er gilt auch als einer der kryptischsten:

> Rose, oh reiner Widerspruch, Lust,
> Niemandes Schlaf zu sein unter soviel
> Lidern.[1]

An ihm haben sich, seit Rilkes Tod 1926 und spätestens seit der Erstveröffentlichung 1927, eine Heerschar von Interpreten abgearbeitet. Allein bis 1972 sind »über zwei Dutzend Interpretationen« gezählt worden;[2] vermutlich ist bis heute das halbe Hundert längst überschritten.[3] Da gibt es besinnliche Betrachtungen in orientierungslosen Zeiten,[4] die Eingemeindung Rilkes in die Existenzphilosophie[5] oder das Christentum,[6] hilflos-wortklauberische Paraphrasen,[7] Worthäufigkeitsstatistiken und natürlich die beliebten Parallelstellenmethoden.[8] Anspruchsvollere Untersuchungen haben sich der Entstehungsgeschichte des Grabspruchs gewidmet, ihn aus seiner Funktion als Epitaph oder als Rilkes »letztes Wort« – was es nicht ist – zu erklären versucht oder kritisch an seiner Interpretationsgeschichte angesetzt.[9] Läßt man diejenigen Deutungsversuche beiseite, die unbegründete Behauptungen, freie Assoziationen und willkürlich ausgewählte Parallelstellen miteinander montieren, so bleibt noch genügend ernsthafter Aufwand für diese zwölf Wörter Rilkes übrig; ein ganzes Buch ist nötig, um allein die unterschiedlichen Interpretationsansätze zu sichten.[10] Der Ertrag freilich ist spärlich. Er erbringt entweder die geistvolle Resignation vor der Interpretationsaufgabe, die dann feststellt, Rilkes Grabspruch sei eine »Abstraktion«, ein »Absolutum im Wortsinne«, das eben »nicht aufgelöst werden« könne,[11] oder macht aus der Not eine Tugend. Rilkes Verse seien gar keine poetisch überformten Tiefgründigkeiten über Tod, Leben und Literatur, sondern müßten als »Resultat mehrerer Assoziationsreihen« gelesen werden, »sozusagen als Worte *und* Wörter«.[12] Der Text ähnle einem »Zauberwürfel«, dessen endlose Drehungen jeweils immer neue und letztlich immer gleichwertige Sinnvarianten ergäben.[13]

Erklärt, verstanden, gedeutet, entschlüsselt ist also noch nichts – im Gegenteil. Die »Paradoxien des Epitaphs«[14] bleiben unaufgelöst. Es sieht so aus, als habe die Flut der Interpretationen den Blick auf den Grabspruch eher verstellt als geweitet. Läßt sich dieses interpretatorische Durcheinander als methodische Chance verstehen, an einer (scheinbar) unlösbaren Interpretationsaufgabe die Möglichkeiten und Grenzen literaturwissenschaftlicher Untersuchung zu reflektieren? Am Ende stünde dann keine nochmalige (oder gar endgültige) Deutung mit Hilfe weiterer Parallelstellen, auch keine bloße Eingrenzung des Interpretationsspielraums auf eine »gewisse Bandbreite«, innerhalb der Deutungen zulässig sind, oder die Freigabe zu jedermanns beliebiger Selbstauslegung des Grabspruchs »auf eigene Gefahr«,[15] sondern eine Erweiterung der Perspektiven auf den Text.

I. Der Grabspruch als Text: Parallelstellen

Die banale Feststellung, daß der Grabspruch zunächst als Text und nur als ein solcher zu lesen sei, führt zu mehrfachen, philologisch unbestrittenen Übereinkünften der Forschung.

1. Der Grabspruch ist kein vollständiger Satz, sondern besteht aus einem expressiv aufgerufenen Nomen und zwei Appositionen. Ein finites Verb fehlt. Die Satzzeichen und Versbrüche isolieren »Rose« und »Lust«. »Niemandes« ist entgegen Rilkes Gewohnheit am Versanfang groß geschrieben, »Lidern« wird durch die Stellung als Einzelschlußvers bedeutungsschwanger hervorgehoben. »Rilke wird etwas damit bezweckt haben.«[16] Der zur Verwirrung beitragende Erstdruck des Grabspruchs als Zweizeiler ist inzwischen korrigiert.[17]

2. Die wichtigsten Parallelstellen sind längst aufgelistet, lassen sich aber vermutlich durch Findigkeit erweitern. Da ist zunächst einmal der Tonfall, die O-Anrede als eine Art »Evokativ«,[18] die bei Rilke zur Aufgabe des Rühmens und zum Sprechenlassen der Dinge aus sich selbst gehört. Die Aufmerksamkeit gilt sodann dem Bildfeld der Rose, das bekanntlich in Rilkes Gesamtwerk eine bedeutende Rolle spielt. Die *Sonette an Orpheus*, speziell das fünfte des ersten Teils, scheinen Vorgaben zu liefern, als sei der Grabspruch als Antwort darauf verfaßt oder als ihr Widerruf gemeint:

> Errichtet keinen Denkstein. Laßt die Rose
> nur jedes Jahr zu seinen Gunsten blühn.
> Denn Orpheus ists.[19]

Die Methode, Rilkes Gedichte als Steinbruch für die Zentralbegriffe des Grabspruchs zu verwenden, gelingt vor allem für den Zyklus *Les Roses*.[20] Dazu würden auch die textexternen Hinweise zu zählen sein wie Rilkes Entdeckung der Rosensorte Eglantine, die er als eine Art Ur-Rose ansah, in den Bauerngärten des Wallis, und die kolportierte Mitteilung, Rilke habe seine letzte Krankheit auf die Berührung mit dem Dorn einer Rose zurückgeführt.[21] Zweifellos steht die Rose – als Metapher, als Symbol? – in einer europäischen topologischen Tradition seit der Antike,[22] was freilich für den konkreten Text noch nicht viel erklärt. Schließlich gelingt über die Parallelstellensuche auch die Auflösung des gedank-

lichen Zusammenhangs zwischen Rose und Schlaf, sei dies nun ein »Widerspruch« oder nicht, aus früheren Textstellen wie der vom Juli 1914: »Schlaf der
tausend Rosenaugenlider«.[23]

    3. Der Wechsel des späten Rilke ins Französische darf als Sprung in eine andere
Redeweise angesehen werden. Direkt vor der Niederschrift des Grabspruchs ist
jenes französische Prosagedicht *Cimetière* entstanden, in dem sich nicht nur die
O-Anrede der Blumen wiederfindet (»Ô fleurs«), sondern auch die wörtliche,
freilich eben französische (und dort als Frage formulierte) Übereinstimmung mit
dem letzten Satz des Grabspruchs: »Sommeil de personne sous tant de paupi-
ères«.[24] Aber selbst diese schöne Parallelstelle hat mit mehreren Schönheitsflek-
ken zu kämpfen, nämlich der Großschreibung von »Niemandes« im Grabspruch,
die es bei Rilkes Versanfängen sonst nicht gibt, und inhaltlich gegenteiligen Aussagen Rilkes, die freilich erheblich früher gefallen sind.[25] Darf man also diese
französische Parallelstelle auch nur »als eine Art Wegweiser«[26] betrachten?

    4. »Je gründlicher wir uns mit der Interpretation des Grabspruchs befassen,
desto weniger wahrscheinlich wird es, daß er etwas Eindeutiges aussagt.«[27] Dieses
wenig hoffnungsfrohe Resümee mag ein Panorama disparater Deutungen ab-
schließen, deren Argumentationswege zugleich auch die Grenzen ihrer Über-
zeugungskraft nachzeichnen. Unerklärt bleibt weiterhin zum Beispiel, was die
»Lust«, wenn man den Begriff nicht gleich als metaphorischen Gebrauch mit
minderer Bedeutungshaftigkeit deklariert, auf einem Grabstein zu suchen hat,
noch dazu in einer so auffälligen syntaktischen Stellung als Gelenkstelle zwischen
der Rosen- und der Schlafaussage. Worauf bezieht sich der Begriff, auf beides?
Liefert »Lust« den in Nietzsches Sinn gesetzten ›dionysischen‹ Gegenbegriff zur
›apollinischen‹ »Rose«? Ist das der – auch druckgraphisch – ausbalancierte »reine
Widerspruch« des ersten Verses, den es im Grabspruch aufzulösen gilt? Bei so viel
Verwirrung kann es kein Zufall sein, daß die Dekonstruktion ausgerechnet Rilke
zum Modellfall eines poetischen Sprechens erhoben hat, das nur selbstbezüglich
funktioniere und auf keine Realität außerhalb seiner selbst verweise. Rilke liefere
mit seinen Gedichten nur »das Trugbild einer Beschreibung«. Seine Texte bezö-
gen sich auf einen Bedeutungsraum, den sie erst selbst erschaffen haben. Ein
Rekurs auf eine Realität außerhalb ihrer und damit eine Interpretation sei deshalb
sinnlos.[28]

II. Der Grabspruch als Haiku: Perspektivenwechsel

Sowohl der Ausweglosigkeit als auch der Beliebigkeit weiterer Deutungsversuche läßt sich jedoch entkommen, wenn man die Nahfixierung aufgibt und den
Grabspruch einmal aus einer anderen Perspektive als der des in sich abgeschlos-
senen, voraussetzungslosen Texts betrachtet. Herman Meyer hat überzeugend
nachweisen können, inwiefern Rilkes Beschäftigung mit dem japanischen Haiku
einen großen Teil seines Spätwerks strukturiert.[29]

Lesespuren und Anstreichungen, poetologische Übereinstimmungen und schließlich Rilkes eigene Haiku-Dichtungen zeugen von mehr als einer bloßen Wesensverwandtschaft zwischen den pointiert geistreichen, formal extrem verknappten japanischen Kurzversen und Rilkes Vorstellungen von der Präsenz der »völlig in sich selbst zentrierten und doch nicht aus dem Seinszusammenhang herausgerissenen Einzeldinge«.[30] Mit der japanischen Gedichtform des Haiku werden freilich auch die Denkformen des Zen-Buddhismus importiert. Von dessen Prinzip der »Dreiheit der inneren Vergleichung« aus, das zum Wesen des Haiku gehört,[31] fällt ein grelles Schlaglicht auf Rilkes Grabspruch, den man in seiner »Endgültigkeit« als »gemeißelte Form« und »als ein Haiku« verstehen müsse.[32] Sowohl die Blumenthematik des Grabspruchs[33] als auch die »elliptische Syntax«, das »emphatisch vorangestellte Substantiv«, die appositive Sinnkonstruktion[34] und erst recht »die Dreiheit der Vergleichungselemente« könnten den Grabspruch und damit auch die »Grundbedeutung des ›reinen Widerspruchs‹« hinreichend erklären.[35] Wenn Rilkes Grabspruch als Haiku konzipiert ist, läge das pointierte Schwergewicht der Aussage allerdings gattungsbedingt auf den »Lidern«.

An Meyers die Perspektive weitendem Ansatz wird kritisiert, daß damit Rilkes poetologische Mehrdeutigkeiten und weltanschauliche Widersprüchlichkeiten unzulässig glattgestrichen würden.[36] »Die Grabschrift ist aber kein Dinggedicht in diesem Sinne, sondern ein symbolistisches Gedicht, das vom Dichter, der Kunst, von Leben und Tod handelt und das auf alle Probleme, die in den Relationen zwischen diesen allen stecken, auf bewußt geheimnisvolle Weise anspielt.«[37]

III. Der Grabspruch als Palimpsest: »Letzte Worte«

In der Tat ist Rilkes Grabspruch ausdrücklich als Aufschrift auf einen Grabstein entworfen. Damit eröffnet sich eine kleine, selbsteingesehene Schwäche in Meyers Argumentation, daß der japanische Haiku zwar ein »Todesgedicht«, nicht aber ein »Grabspruch« sein kann, »weil die Japaner das Epitaphium auf dem Grabstein nicht kennen«.[38] Es ist deshalb nötig, den Grabspruch auch noch in andere Zusammenhänge einzurücken und zu untersuchen, ob und in welcher Weise dieses Vorgehen die Perspektive auf den Text erweitert. Ob haikuanalog oder nicht: Der Grabspruch ist eben kein bloßes Gedicht, sondern als Inschrift einer von Rilke selbst entworfenen Grabkonstruktion konzipiert. Durch seine Veröffentlichung im testamentarischen Zusammenhang ist der Epitaphtext aber *zugleich* auch Teil dieses Testaments. Im 4. Teil seines Testaments vom 27. Oktober 1925, *Einige persönliche Bestimmungen für den Fall einer mich mir mehr oder weniger enteignenden Krankheit,* erscheint der Grabspruch als materialisierter Endpunkt der letztwilligen Verfügung Rilkes:

»Nun verabscheue ich die geometrischen Künste der heutigen Steinmetzen; es
wird vielleicht möglich sein, einen alten Stein (etwa des Empire) zu erwerben
... Ebnet man die früheren Inschriften ab, so trage dieser dann: das Wappen
(: in der, von meinem Urgroßvater geführten älteren
Form, die das kürzlich aus Paris mitgebrachte silberne
Petschaft wiederholt),
den Namen
und, in einigem Abstand, die Verszeilen:
Rose, oh reiner Widerspruch, Lust,
Niemandes Schlaf zu sein unter soviel
Lidern.«[39]

Grabstein wie Testament stehen in der Tradition der letzten Worte, in denen
geistreich, vermächtnishaft und ewigkeitsgültig ein Wortdenkmal gesetzt werden
soll. Im Unterschied zu solchen immer höchst fraglichen letzten Worten – wer
weiß schon, ob sie, im vermutlich letzten Augenblick des Lebens gesprochen,
wirklich die letzten sind?[40] – markieren hier Grabstein wie Testament tatsächliche Vermächtnisse. Ihnen ist, das macht ihr Wesen aus, der Wille zur endgültigen und gültigen Bestimmung eingeschrieben. Auch Rilkes vermutlich letztes
Gedicht *Komm du, du letzter, den ich anerkenne*, gehört in diesen Zusammenhang.[41] Es ist zwar ein letztes (poetisches) Wort, jedoch in seiner Nicht-
Veröffentlichung durch Rilke kein als letztes Wort intendiertes Vermächtnis wie
Grabspruch und Testament.

Im Testamenttext streicht Rilke geradezu penetrant die historische Ausrich-
tung des geplanten Grabes durch direkte und indirekte Zeitangaben heraus. Rilke
formuliert seinen Abscheu gegenüber der zeitgenössischen Steinmetzkunst als
eine historische Differenz. Die Definition seines Grabsteins spannt er in einen
geschichtlichen Rahmen, der durch hochgradig aufgeladene, historische Begriffe
abgesteckt ist: das »Empire«, der »Urgroßvater«, das Petschaft ausdrücklich in der
»älteren Form«, wogegen das »kürzlich« besonders absticht, zuletzt der versteckte
Hinweis auf den jüngst verstorbenen Vetter in Wien. Diese geschichtliche Dimension enthält der Grabspruch selbst nicht, ja: er soll sie nicht enthalten!
Deshalb verlangt Rilke ausdrücklich einen »Abstand« zwischen den anderen
Grabzeichen und den dann folgenden Verszeilen des Grabspruchs.

Das Testament enthält also expressis verbis eine Denkform, mit der sich Rilke
sowohl familiengeschichtlich als auch kunstgeschichtlich historisch definiert.
Der Grabstein enthält hingegen eine solche Art der Identitätsstiftung durch Geschichte nur indirekt über das Testament. Innerhalb dieser Geschichtsorientie-
rung aber ist die Grabinschrift als mehrfaches Palimpsest angelegt.

1. Zunächst ist der Grabstein selbst, auf dem man »die früheren Inschriften«
nicht tilgen oder auslöschen, sondern ›abebnen‹ soll, ein steinernes Palimpsest:
Dieses Palimpsest kann jedoch nur sehr bedingt eine doppelte intertextuelle Lek-

türe erlauben.[42] Rilkes Grabstein nimmt die abgeschliffenen alten Inschriften zwar als Erinnerung an das »Empire« mit, bewahrt jedoch die Identität der früheren Namensträger nicht auf. Der Grabstein liefert daher nur einen vage historischen, jedoch ästhetischen Malgrund für Rilkes eigene Inschriften.

2. Auf einer anderen Ebene, im Sprung vom Testament zum Grabstein, schafft Rilkes Grabanordnung ein zweites Palimpsest, weil der Grabstein nur auf dem Untergrund des Prätexts Testament richtig verstanden werden kann.

3. Außerdem läßt sich sogar der Grabspruch als Palimpsest lesen, wenn man in ihm einen Hypertext über den Schlaf ›unter‹ einem Prätext über die Lider wahrnimmt.

4. Zuletzt ist zu bedenken, daß Rilke auch für den Kontext Sorge getragen hat, innerhalb dessen die Graberinnerung an ihn zu lesen wäre. Bekanntlich wollte Rilke nicht in Miège, dem für das Château de Muzot zuständigen Friedhof von Sierre, begraben sein, weil dort das Grab einer bekannten Mystikerin aus dem 18. Jahrhundert lag, in dessen christliche Konnotationen der Besuch des Rilkegrabes hätte geraten können. Statt dessen schuf Rilke mit der Wahl von Raron als Begräbnisort eine eigene Aura, in der sein erstes Erleben des Wallis in der Graberinnerung an ihn abgespeichert werden sollte:

»[...] ich zöge es vor, auf dem hochgelegenen Kirchhof neben der alten Kirche zu Rarogne zur Erde gebracht zu sein. Seine Einfriedung gehört zu den ersten Plätzen, von denen aus ich Wind und Licht dieser Landschaft empfangen habe [...].«[43]

Nicht nur die sorgfältige Wahl des Grabsteins, auch die des Ortes weitet den Ich-Bezug des Verstorbenen auf den Betrachter aus. Auch diese Bezugnahme mag man als eine Art Palimpsest betrachten. Durch die Höhenlage und die Weite des Blicks weist der Begräbnisort als »Einfriedung« den Besucher erneut auf Rilkes (gegen-christliche) Bevorzugung des ›Offenen‹ am Ende seines Lebens hin.[44] Wenn Rilkes Grab »neben«, nicht wie dann in Wirklichkeit, an der Mauer der »alten Kirche« zu liegen käme, bildete es einen sinnreichen Kommentar sowohl zum Christentum als auch zu der von ihr geprägten Geschichte.

IV. Der Grabspruch als Emblem: Medienwechsel

Bei dieser hochartifiziellen Einbindung eines zu entziffernden Textes in eine komplexe Struktur, die Teil seines Bedeutungshabitus ist, verwundert es, daß noch niemand auf den Gedanken gekommen ist, Rilkes Grabspruch emblematisch zu lesen. Sowohl Rilkes testamentarische Bestimmung als auch der tatsächlich errichtete Grabstein liefern exakt jene emblematische Dreiteilung aus der *Inscriptio* (Lemma, Motto, Devise – hier: Name), einer *Pictura* (Icon, Imago, Sinnbild – hier: Wappen) und der *Subscriptio* (Epigramm – hier: Grabspruch). Die (im obigen Abdruck übernommene) Textgestaltung des Testaments betont nicht nur

im Schriftbild diese klare Absetzung dreier Elemente: »das Wappen« – »den Namen« – »die Verszeilen«. In einer ersten Fassung der Grabschrift hat Rilke diese
durch zwei horizontale Bleistiftstriche abgegrenzt.[45] Als er den Text dann für das
Testament übernimmt, fordert er nicht nur einigen »Abstand« zu seinem Namen.
Zwei kleine Veränderungen sind sprechend. Der Doppelpunkt nach »Widerspruch« wird zum Komma, »niemandes« am Versanfang wird groß geschrieben.[46]
Ein beibehaltener Doppelpunkt hätte im Zusammenhang sowohl des Testaments
als auch des Grabsteins die offensichtliche emblematische Dreiteilung verwischt,
die Kleinschreibung von »niemandes« die graphische Einheitlichkeit der Versan-
fänge der *Subscriptio* aufgelöst. Beide Änderungen belegen also die präzise Aus-
richtung des Grabspruchs auf seinen Wirkungsort.

Eine emblematische Lektüre, die den Grabspruch nicht separat deutet, erlaubt
in der Kombinatorik der drei emblematischen Elemente eine erweiternde Perspektive und läßt »intermediale Konstellationen«[47] sichtbar werden. Sie erklärt
zum Beispiel die immer wieder verzeichnete Rätselhaftigkeit des Grabspruchs.
Dieser ist nicht nur als Epitaph und damit als Kommentar zu Tod und / oder
Jenseits zu lesen, sondern eben auch als Epigramm innerhalb eines Emblems, das
Rilke selbst zum Gegenstand hat. Diese Feststellung kann auch der Verwunde-
rung mancher Interpreten aufhelfen, daß Rilkes Grabspruch, wenn man ihn
isoliert betrachtet, keinen Ich-Bezug enthält. Er ist durch den emblematischen
Zusammenhang gegeben.

Emblematisch gelesen hat auch die auf dem Grabstein und im Testament erkennbare Vertauschung der Reihenfolge von *Inscriptio*, *Pictura* und *Subscriptio* ihre
Aussagekraft. Rilke definiert sich zuerst durch das Abbild seiner »adeligen« Ab-
kunft,[48] gerade weil dieser alte Adel eher eine forcierte Wunschvorstellung als ein
wirklicher Adel war, der sich in einem Adelstitel dargestellt hätte. Emblematisch
betrachtet ergäbe sich dann eine schöne Pointe. Rilke bemüht sich nicht nur, sich
selbst oder seine Gedichte zum überdauernden Kunstwerk zu machen. Er schafft
es sogar, seinen eigenen Grabstein zu einem historischen Orientierungspunkt zu
erheben. Auch von daher gewinnt Rilkes testamentarische Aussage, er verabscheue »die geometrischen Künste« der heutigen Steinmetze, eine zusätzliche
Sinndimension. Gegen heutige Steinmetze und ihre »geometrischen Künste« postuliert Rilke den Verzicht auf die dreidimensionale, bildhauerische Darstellung
von sich selbst, etwa ein veritables Dichterdenkmal auf seinem Grab. Statt dessen
betreibt er die Übernahme einer alten Unterlage und eine neue Einschreibung ins
Plane (Ab*ebnen*!). Die Bildzeichen seines Wappens, ausdrücklich aus der dreidi-
mensionalen »Petschaft« übernommen, erscheinen im realen Grabstein als Flach-
relief.

Der Wechsel von der Dreidimensionalität ins Zweidimensionale ist auch ein
Medienwechsel, der hellhörig machen müßte. Schließlich besteht Rilkes Grabspruch ausdrücklich aus Versen, so daß ein Mediensprung der Rose vom »Wider-
spruch« ins Akustische gestattet ist, der es erlaubt, »reiner« als Rainer und »Lider«

als Lieder phonetisch zu lesen. Letzteres ist in der Forschung schon immer geschehen,[49] ersteres aber erstaunlicherweise bisher noch nicht. Dieser Sprung
zwischen unterschiedlichen Wahrnehmungsebenen ist bei Rilke nichts Besonde-
res. Dazu braucht man nur sein berühmtes Programmgedicht *Archaïscher Torso
Apollos* zu zitieren, das beginnt: »Wir kannten nicht sein unerhörtes Haupt«.[50]

V. Ergebnisse? Helmut Kohl an Rilkes Grab

Die vorgeführten unterschiedlichen Perspektiven auf Rilkes Grabspruch zielen
auf keine weitere oder endgültige Deutung ab, sondern können neue Zugänge
abseits eingefahrener Wege legen. So nützlich es ist, der Blendung durch eine zu
fixierte Nahsicht auf Texte auszuweichen, so fragwürdig ist die Behauptung, »daß
Erkenntnis am Text immer nur um den Preis der Ausblendung früherer Einsichten zu haben ist«.[51] Vielmehr garantiert erst die Einblendung aller bisherigen
Erkenntnisse ein übersichtliches Spektrum. Knotenpunkte des Interpretationsin-
teresses und Schnittstellen des interpretatorischen Konsenses machen einen do-
minanten Lektüremodus plausibel, von dem aus erst Verrätselungsstrukturen
oder Doppel- und Mehrfachkodierungen zu orten sind.[52] Wenn es stimmt, daß
Rilkes Grabspruch »mit einiger Wahrscheinlichkeit weniger Ausdruck unmittelbaren Lebensgefühls als Glaubensbekenntnis« ist,[53] dann öffnet sich dennoch
nicht das Tor zur interpretatorischen Beliebigkeit. Etliche Lesarten sind zumindest begründet als falsch ausschließbar, andere enthalten wenig Erkenntnis-
gewinn. Neue Perspektiven erlauben eine neue Sicht auf alte Texte und
festgefahrene Deutungsbemühungen. Auch der kulturgeschichtliche Kontext,
sei er textuell oder außertextuell, enthält einen Mehrwert, der zum Verständnis
des Texts herangezogen werden kann. Zuletzt zeigt der gewollte Medienwechsel, daß die Sinnerwartungen von Rezipienten gezielt destabilisiert und neu
ausgerichtet werden können.

Dieser Prozeß ist in der Wirkungsgeschichte von Texten tendenziell unab-
schließbar. Als Helmut Kohl als Bundeskanzler anläßlich eines Besuchs in der
Schweiz 1989 auch das Grab Rilkes besuchte, wurde an der Kirche in Raron eine
kleine Bronzetafel zur Erinnerung an dieses Ereignis angebracht. Der Kontrast
zwischen der dunklen Bronze in Augenhöhe und dem weißen Grabstein Rilkes
markiert nicht nur eine ästhetische Differenz innerhalb desselben Wahrneh-
mungsmodus. Er benennt auch eine ungewollte Fortschreibung des Dichterge-
denkens über den Willen des Dichters hinaus bis in die Gegenwart. Aus dem
vermutlich zufälligen Besuchsjahr 1989 ist längst ein historischer Epochenein-
schnitt geworden, der zunächst mit Rilke nichts zu tun hat, dann aber doch. Die
Erinnerung an den Dichter wird in eine Zeit vor den großen weltpolitischen
Veränderungen zurückgeschoben. Umgekehrt wandert das Dichtergedenken
dann doch noch in den Geschichtsprozeß ein, um dort mit zusätzlichen, teils

hybriden Aufladungen versehen zu werden. Wenn es stimmt, daß Medienge-schichte eine (selbstreflexive) Geschichte des Beobachtens ist,[54] dann liefert Rilkes Grabspruch ihr bestes Paradigma. Rilkes Grab, Dichtererinnerung jenseits des Dichterdenkmals, Grabstein und doch kein »Denkstein«[55], dient heute, 75 Jahre nach Rilkes Tod, natürlich auch dem Medium Fremdenverkehr. Der Walliser Ort Sierre hat seit 1984 sein veritables Rilkedenkmal, einen Bronzekopf im Stadtpark. Doch der Ort wirbt heute zweisprachig mit Rilkes Château de Muzot als einem »lieu emblématique de la littérature«, auf deutsch: »wo Dichtung ihren Ort hat«.[56] Der Ort des Dichters als der Ort der Dichtung: In der Erinnerung an Rilke, abseits des Grabsteins, ist eine literarische Topographie entstanden, die alle Formen zukünftiger Fortschreibung zuläßt.[57]

Anmerkungen

1 RMR: *Werke. Kommentierte Ausgabe in vier Bänden.* Hrsg. von Manfred Engel, Ulrich Fülleborn, Horst Nalewski und August Stahl. Frankfurt am Main und Leipzig 1996 (= KA). Hier: KA II, S. 394.

2 Joachim Wolff: »Rilkes Grabschrift«. In: *Blätter der Rilke-Gesellschaft* 1 (1972), S. 3.

3 Als Beispiel der jüngsten Verstiegenheiten vgl. Martin W. Wierschin: »Zur stilisti-schen Metamorphose eines Lyrikers. Rilkes Epitaphium und Rosen-Symbol als ›reiner Stil‹«. In: *German studies review* 22 (1999), S. 215-224.

4 Dieter Bassermann: *Der späte Rilke.* München 1947, S. 9-15: »Rose, o[!] reiner Widerspruch. Besinnliches um Rilkes Grabspruch«.

5 Otto Friedrich Bollnow: *Rilke.* Stuttgart ²1956 (zuerst 1951), S. 389-402.

6 Richard Reichart: »Rilkes Grabinschrift«. In: *Südostdeutsche Vierteljahresblätter* 15 (1966), S. 35-41.

7 Anneliese Volkmann-Schlick: »Rilkes Grabspruch«. In: *Literatur für Leser* 1985, S. 27-28.

8 Zur Kritik der Anwendung vgl. Wolff (wie Anm. 2), S. 9-20.

9 Vgl. Sigrid Bauschinger und Susan L. Cocalis (Hgg.): *Rilke-Rezeptionen.* Tübin-gen 1995.

10 Joachim Wolff: *Rilkes Grabschrift. Manuskript- und Druckgeschichte, Forschungsbe-richt, Analysen und Interpretationen.* Heidelberg 1983 (= Poesie und Wissenschaft, Bd. 26).

11 Käte Hamburger: *Rilke. Eine Einführung.* Stuttgart 1976, S. 35.

12 Wolfgang Leppmann: *Rilke. Sein Leben, seine Welt, sein Werk.* München 1981, S. 451.

13 Ders.: »Zauberwürfel«. In: *Frankfurter Anthologie,* Band 5. Frankfurt am Main 1994, S. 571-574.

14 So Manfred Engel im Kommentar zum Grabspruch; KA II, S. 854.

15 Wolff (wie Anm. 10), S. 183.

16 Wolff (wie Anm. 2), S. 8.

17 Vgl. Wolff (wie Anm. 10), S. 21–26.

18 Vgl. Ulrich Fülleborn: *Das Strukturproblem der späten Lyrik Rilkes*. Heidelberg
    1960; dazu Herman Meyer: »Rilkes Begegnung mit dem Haiku«. In: Ders.: *Spie-
    gelungen. Studien zu Literatur und Kunst*. Tübingen 1987, S. 147–186, hier S. 168.

19 KA II, S. 243.

20 Die Vielseitigkeit der Bezüge, die der Rose eigen ist, verzeichnet Herman Meyer
    (wie Anm. 18), S. 165.

21 Jacob Steiner (Hg.): *RMR und die Schweiz*. Zürich 1992, S. 76.

22 Vgl. Beatrice Susanne Bullock-Kimball: *The European Heritage of Rose Symbolisms
    and Rose Metaphors in View of Rilke's Epitaph Rose*. New York, Bern, Frankfurt am
    Main, Paris 1987 (= American University Studies I, 68); Susanne Kimball: »Rilke's
    Last Rose«. In: *Germanic Notes* 21 (1990), S. 16–21.

23 Zitiert nach Engel, KA II, S. 854.

24 SW II, S. 611, zitiert nach Engel, ebenda.

25 Ebenda.

26 Wolff (wie Anm. 10), S. 172.

27 Wolff (wie Anm. 2), S. 19.

28 Paul de Man: *Allegorien des Lesens*. Frankfurt am Main 1988 (= edition suhrkamp
    1357), S. 70. – Notgedrungen verkürze ich de Mans Argumentation.

29 Meyer (wie Anm. 18).

30 Ebenda, S. 161.

31 Ebenda, S. 164.

32 Ebenda, S. 177.

33 Ebenda, S. 179.

34 Ebenda, S. 182.

35 Ebenda, S. 183.

36 Wolff (wie Anm. 29), S. 103.

37 Ebenda, S. 104.

38 Meyer (wie Anm. 18), S. 185.

39 Zitiert nach: *RMR 1875 · 1975*. Katalog der Ausstellung des Deutschen Literatur-
    archivs Marbach 1975, S. 328. Der Einzug im Abdruck folgt allerdings der
    Handschrift, abgebildet bei Wolff (wie Anm. 10), S. 18.

40 Vgl. Karl S. Guthke: *Letzte Worte. Variationen über ein Thema der Kulturgeschichte des
    Westens*. München 1990.

41 Vgl. Herbert Lehnert: »Rilkes letztes Gedicht«. In: *Heinrich-Mann-Jahrbuch* 10
    (1992), S. 193–208.

42 Zur theoretischen Diskussion und Begrifflichkeit vgl. Gérard Genette: *Palimpse-
    ste. Die Literatur auf zweiter Stufe. Aesthetica*. Frankfurt am Main 1993 (= edition
    suhrkamp 1683).

43 Zit. nach: *RMR 1875 · 1975* (wie Anm. 39), S. 328.

44 Wolff (wie Anm. 10), S. 169.

45 Vgl. ebenda, S. 21.

46 Vgl. ebenda, S. 22.

47 Wilhelm Voßkamp: »Medien – Kultur – Kommunikation. Zur Geschichte em-
    blematischer Verhältnisse«. In: Martin Huber und Gerhard Lauer (Hgg.): *Nach der*

Sozialgeschichte. Konzepte für eine Literaturwissenschaft zwischen Historischer Anthropologie, Kulturgeschichte und Medientheorie. Tübingen 2000, S. 324.

48 Vgl. die Gedichte *Jugend-Bildnis meines Vaters* (KA I, S. 483) und *Selbstbildnis aus dem Jahre 1906* (ebenda, S. 483 f.), wo dieser Mechanismus offensichtlich wird.

49 Vgl. Wolff (wie Anm. 10), S. 60, 91, 116-125.

50 KA I, S. 513. – Eine genauere Untersuchung zur Funktion des Medienwechsels bei Rilke bereite ich vor.

51 Wolfram Groddeck: »Blendung. Betrachtung an Rilkes zweitem Apollo-Sonett«. In: Ders. (Hg.): *Gedichte von Rainer Maria Rilke.* Stuttgart 1999, S. 90.

52 Vgl. Voßkamp (wie Anm. 47), S. 328.

53 Wolff (wie Anm. 10), S. 167.

54 So Voßkamp (wie Anm. 47), S. 320 f.

55 Wie Anm. 19.

56 Ungezeichnetes Werbeblatt, ausgegeben im Rilke-Gedenkzimmer, Sierre o. J.

57 Vgl. meinen Beitrag: »Dünen in München. Fremde Topographie und vertraute Geschichte«. In: *Vom Baltikum zum Balkan. Literaturbeziehungen Deutschland – Osteuropa.* Dillingen 2000, S. 81-98.

DOKUMENTATIONEN

X »Am Liebsten würde ich mich, an Ruths Stelle, bei Ihnen in die Lehre geben«

Rilkes Brief an die Gräfin Anna Bernstorff vom 3. April 1921*

Mit einer Einleitung von Martina Gaux-Lorenz und Otto Lorenz

Der nachfolgend wiedergegebene vierseitige Brief Rilkes an Gräfin Anna Bern-storff gehört zu den bisher noch unveröffentlichten und befindet sich in Privat-besitz (Göttingen).[1] Der Brief ging direkt von der Briefempfängerin an die Schwiegermutter des jetzigen Eigentümers über, die den Brief ihrem Schwieger-sohn weitervermachte. Rilkes Schreiben ist wohl das einzige an Gräfin Bernstorff erhaltene. Ein Gegenbrief ist nicht bekannt.

1. Biographische Notiz zur Briefempfängerin Gräfin Bernstorff

Die Gräfin Anna Thekla Elisabeth Emma Bernstorff wurde am 5. Oktober 1877 in Sonderburg geboren. Nach den »überlieferten Adressbüchern für Weimar«[2] und Mitteilungen des Neffen, Graf A. von Bernstorff, lebte die Gräfin 1921, also bei Erhalt des Briefes, in Weimar. Dort leitete sie einen »Wirtschaftsbetrieb für Haus- und Gartenwirtschaft« in einer alten Mühle (Windmühlenstraße 19), das von großen Gartenbauanlagen umgeben war.

Zunächst war sie Hofdame bei der Großherzogin Caroline in Weimar, die 1903 Großherzog Wilhelm-Ernst heiratete. Nach dem Tode Carolines 1905 wurde Gräfin Bernstorff 1907 (bis 1912) Hofdame der Fürstin-Witwe zu Waldeck in Arolsen. Im Jahre 1920 wird sie als »Schulfräulein« des Klosters Uetersen ge-führt. Von 1938 bis 1953 ist Gräfin Bernstorff Leiterin des Harzhauses in Elend im Harz, das der deutsch-evangelische Frauenbund unterhielt. Am 13. Februar 1960 starb sie in Weimar.[3]

2. Kurzkommentar zum Brief

Gräfin Bernstorff, öfters bei Nanny Wunderly-Volkart zu Gast und mit ihr wohl befreundet, war für Rilke keine Unbekannte. In mehreren Briefen an Nanny Wunderly-Volkart erwähnt Rilke sie;[4] im Brief vom 13. April 1921 kommt sogar der hier vorgelegte Brief zur Sprache: »[…] an Gfn. Bernstorff schrieb ich am 3. April.«[5]

Rilke verknüpft sein Bedauern, die Gräfin in Meilen nicht getroffen zu haben, wo sie sich von Mitte bis Ende Januar 1921 befand,[6] mit dem Dank, daß sie sich nach seiner Tochter Ruth (1901-1972) erkundigt habe, wohl mit der Absicht, sie zu sich einzuladen. Den Grund für Rilkes Absage an Gräfin Bernstorff, Ruth betreffend, deutet er in seinem Brief vom 30. März 1921 an Nanny Wunderly-Volkart an:

* Streichungen durch die Briefschreiber stehen in den beiden folgenden Beiträgen in [ ], editorische Einfügungen in ‹ ›.

»Das ist sehr lieb, daß die Gräfin B. auf Ruth würde rechnen wollen! Ich ant-
worte ihr selbst, daß Ruth zuhause durch Haus und Garten festgehalten sei, was
ja die Wahrheit ist –, nun steckt allerdings noch ein weit größeres Hindernis
dahinter, das aber noch im Vertraulichsten bleiben soll: Ruth hat sich kurz vor
Ostern verlobt mit ihrem Jugendfreunde Otto B., und die sehr jungen Leute
wollen ehestens heirathen; sie werden in Hamburg wohnen. Das nur im Vertraulichsten, außerhalb der beiden betheiligten Familien, soll es zunächst noch
niemand erfahren!«[7]

3. Der Brief
[1]

Schloß Berg am Irchel
Kanton Zürich
Schweiz,
        am dritten April 1921
(Sonntag)

Gnädigste Gräfin,
mein Bedauern, Sie damals, in Meilen, nicht gesehen zu haben, war immer recht
groß, aber es hat nun eine neue Lebhaftigkeit angenommen, da ich aus einem
Brief von Frau Wunderlÿ erfahre, mit wie aufmerksamer Güte, Sie nach meiner
Tochter fragen, die ich so gerne dem kleinen Kreise angeschlossen haben würde,
den Sie um das verläßliche

[2]
Vorbild [einer] Ihrer ländlichen Thätigkeit mit schöner Auswahl und Freude versammelt haben.

Aber, nach den Nachrichten, die mir von Ruth kommen, sehe ich genau, wie
sehr sie von dem kleinen Haus und Anwesen, das sie tant bien que mal aus dem
Stehgreif versorgt und verwaltet, gebraucht und festgehalten ist. Sie thut das, was
ich sie so gerne bei Ihnen hätte erlernen sehen, sozusagen avant la lettre, und
Jahreszeit und Verhältnisse halten sie gleichermaßen an der Stelle fest, für deren
Gedeihen sie ganz allein verantwortlich ist; denn ihre Mutter, durch ihre skulp-
turalen Arbeiten, ist entweder überhaupt zu Aufträgen nach Bremen berufen,
oder, soweit sie doch zuhause ist, muß ihr das Atelier wichtiger und gegenwärtiger sein

[3]
als das übrige Haus, und die Erde geht sie dann nur insoweit an, als sie, unter
feuchten Tüchern, bildsam erhalten wird. – So ist leider an ein Abkommen meiner Tochter in diesem Jahre nicht zu denken. Aber es bereitet mir lebhafte
Genugthuung, Sie, Gräfin, für das junge Mädchen interessiert zu haben. Am

Liebsten würde <u>ich</u> mich, an Ruths Stelle, bei Ihnen in die Lehre geben –, aber dessen würden Sie sich ja auf alle Fälle verwehren! Leider leider; wenn ich auf den Gütern meiner Freunde oder jetzt hier in dem einsamen Berg, Garten, Landschaft und Land=Wirtschaft mit so ungeübten Augen ansehen muß, so ist mir das jedesmal ein eindringlicher Vorwurf, nicht familiärer mit allem umzugehen und auf das Errathen und Empfinden angewiesen zu sein, von dem

[4]
ich immer meine, daß es noch unendlich vielfältiger und berechtig<t>er wäre, stünde es auf den Grundlagen eines praktischen Umgangs mit Boden, Luft und den Geheimnissen des Wachstums, soweit sie nur einzeln erfahrbar sind. Denn das Errathen setzt ja immer <u>dort</u> ein, wo das Wissen aufhört und man verringert das Bereich der Errathung und Ahnung nicht, wenn man die Wissensgrenzen so weit wie möglich absteckt.

Ob Sie nun auch diese Serie unerhört klarer Tage haben, man kann sagen Sommer=, Hochsommerhimmel spannen sich über der unter ihnen zurückbleibenden Natur! Dem werden Sie, gartenwirtschaftlich, nicht ohne Sorge zurufen : was soll denn der Sommer bringen und wo bleibt der nöthige Regen?

Und leider für Frau Wunderlÿ, athmen wir hier, in der Schweiz, was jetzt nach Sizilien gehörte, und sie, in Taormina, muß sich mit Regen, Sturm und Kälte abfinden. – Empfangen Sie, gnädigste Gräfin, Dank und stete Ergebenheit

Ihres

Rainer Maria Rilke.

Anmerkungen

1 Name und Adresse des Eigentümers und seiner Frau sind den Editoren bekannt.
2 Brief des Thüringischen Hauptstaatsarchivs vom 6. Juli 1994 an den Eigentümer. (Materialsammlung der Editoren)
3 Mitteilungen des Grafen A. von Bernstorff und Informationen des Thüringischen Hauptstaatsarchivs. (Materialsammlung der Editoren)
4 Vgl. RMR: *Briefe an Nanny Wunderly-Volkart*. Im Auftrag der Schweizerischen Landesbibliothek und unter Mitarbeit von Niklaus Bigler besorgt durch Rätus Luck. Frankfurt am Main 1977, S. 119, 350, 380, 382, 965, 973.
5 Ebenda, S. 406.
6 Vgl. ebenda, S. 380 (Brief vom 17. 1. 1921) und S. 382 (Brief vom 26. 1. 1921).
7 Ebenda, S. 400: Die Verlobung wurde wenig später gelöst. Ruth Rilke heiratete 1922 Carl Sieber.

Schloss Berg am Irchel
Kanton Zürich
Schweiz,

am dritten April 1921
(Sonntag)

Gnädigste Gräfin,

mein Bedauern, Sie damals, in Meilen, nicht gesehen zu haben, war immer recht groß, aber es hat nun eine neue Lebhaftigkeit angenommen, da ich aus einem Brief von Frau Wunderly erfahren, mit wie aufmerksamer Güte, Sie nach meiner Tochter fragen, die ich so gerne dem kleinen Kreise angeschlossen haben würde, den Sie um das unablässliche

Vorbild ..... Ihrer ländlichen Thätigkeit mit
schöner Ausmaße und Freude nachermeßt haben!

Aber, nach den Nachrichten, die mir von Ruth
kommen, sehe ich genau, wie sehr sie von den kleinen Haus und Anwesen, daß sie tant bien
que mal aus der Nachgicht versorgt und verwaltet, gebraucht und festgehalten ist. Sie thut
das, was ich sie so genau bei Ihnen hätte erlernen
sehen, sozusagen avant la lettre, und Jahreszeit und Verhältnisse halten sie gleichermaßen
an der Stelle fest, für deren Gedeihen sie ganz
allein verantwortlich ist; denn ihr Mutter,
durch ihre bildnerischen Arbeiten, ist entweder
überhaupt zu Aufträgen nach Bremen berufen,
oder, soweit sie doch zuhause ist, mußte ihr
das Atelier wichtiger und gegenwärtiger ...

als das übrige Haus, und die Poet geht sie dann
nur insoweit an, als sie, unter günstigen Bedingungen,
billigen erhalten wird. — So ist leider an ein Abkommen meiner Tochter in diesem Jahr nicht zu
denken. Aber es bereitet mir lebhafte Genugthuung,
Sie, Gräfin, für das junge Mädchen interessiert
zu haben. — Am Liebsten würde ich mich, an
Ruths Stelle, bei Ihnen in die Lehre geben —,
aber dessen würden Sie sich ja auch alle Falls ver-
wahren! Leider leider; wenn ich auf den Gütern
meiner Freunde oder jetzt hier in dem niegänzem
Berg, Garten, Landschaft und Land-Wirthschaft
mit so ungeübten Augen ansehen muß, so ist mir
das jedesmal ein eindringlicher Vorwurf, nicht familiärer mit Ihnen umzugehen und auf das
Sorgfalt und sorgenden angewiesen zu sein, von dem

ich immer meine, daß es noch unendlich vielfältiger und berechtigter wäre, stünde es auf den Grundlagen eines practischen Umgangs mit Boden, Luft und den Geheimnissen des Wachsthums, soweit sie uns einzeln unfaßbar sind. Denn das Erahnen setzt ja immer dort ein, wo das Wissen aufhört und man verringert den Bereich der Erahnung und Ahnung nicht, wenn man die Wissensgrenzen so weit wie möglich absteckt.

Ob Sie nun auch hier unerhört klare Tage haben, man kann sagen Sommer-Hochsommerhimmel spannen sich über der unter ihnen zurückbleibenden Natur! Dem werden Sie, gartenwirthschaftlich, nicht ohne Sorge zusehen: was soll denn der Sommer bringen und wo bleibt der nöthige Regen?

Und leider für Frau Wunderly, ahnen wir hier, in der Schweiz, was jetzt nach Sizilien gehörte, und sie, in Taormina, muß sich mit Regen, Sturm und Kälte abfinden. – Empfangen Sie, gnädigste Gräfin, Dank und stete Ergebenheit

Ihr Rainer Maria Rilke

Ein Briefwechsel Rainer Maria Rilkes mit Waldemar von Wasielewski

Mit einer Einleitung von Michael von Wasielewski

Waldemar von Wasielewski wurde am 10. Dezember 1875 als Sohn des Königl. Musikdirektors und Musikhistorikers Wilhelm Joseph von Wasielewski (1822-1896) in Bonn geboren, war also gleichaltrig mit Rilke. Nach dem Studium der Naturwissenschaften, der Literaturgeschichte, Kunstgeschichte und Philosophie an den Universitäten Bonn und Berlin promovierte er 1899 zum Dr. phil. im Fach Botanik. Anschließend habilitierte er sich an der Universität Rostock (Privat-Dozent 1899 bis 1905).[1] Studienreisen führten ihn in den Jahren 1906 bis 1911 nach Italien, Frankreich und England. Militär- und Kriegsdienst leistete er von 1915 bis 1918. Im Jahr 1916 heiratete er Maria von Bloedau, die er bei seinen telepathischen Studien kennen gelernt hatte.[2] In seiner Tätigkeit als freier Schriftsteller widmete er sich neben naturwissenschaftlichen Themen dem Okkultismus[3], der Goethe-Forschung[4] und vor allem musikhistorischen Fragen[5]. 1909 wurde bei Piper, München, ein Gedichtband von ihm veröffentlicht.[6] Von 1935 bis 1945 war Waldemar von Wasielewski Sekretär der Luther-Akademie. Er starb am 28. Februar 1959 in Sondershausen.

Seine ersten Begegnungen mit dem Gebiet des Okkultismus sind in das Jahr 1912 zu datieren. Hier ist vornehmlich die Lektüre des Buches *The Survival of Man* von Sir Oliver Lodge (1851-1940) zu nennen, in dem von Erscheinungen seelischer Übertragung (Telepathie) berichtet wird. In seiner frühesten Veröffentlichung zum Themenkreis[7] bemühte sich Waldemar von Wasielewski um die wissenschaftliche Aufarbeitung von okkulten Phänomenen. Diese erfuhren seit Ende des 19. Jahrhunderts eine zunehmende Aufmerksamkeit, folgt man den Publikationen der entsprechenden Fachorgane.[8]

Als Konsequenz aus diesem Bedürfnis, okkulte Erscheinungen wissenschaftlich zu deuten oder gar zu belegen, ist von Wasielewskis Hauptwerk *Telepathie und Hellsehen* zu betrachten. Darin werden mittels streng wissenschaftlicher Versuchsanordnungen, vor allem mit seiner späteren Ehefrau Maria von Bloedau (1883-1963), telepathische Fähigkeiten kritisch überprüft. Bestätigt wurden diese vom Arzt und Parapsychologen Rudolf Tischner (1879-1961), der den Experimenten teilweise beiwohnte.[9]

Die Korrespondenz zwischen Rilke und von Wasielewski erfolgte als Reaktion des Dichters auf die Lektüre von *Telepathie und Hellsehen*, nicht lange nach der Vollendung der *Duineser Elegien*. Vermittelt wurde der erste Kontakt durch den Verlag Carl Marhold in Halle. Die drei Briefe Rilkes befinden sich im Besitz der Familie von Wasielewski.[10] Die Gegenbriefe sind im Rilke-Archiv in Gernsbach erhalten und konnten dank dem freundlichen Entgegenkommen von Frau Hella

Sieber-Rilke hier mitgeteilt werden. Eine weiterführende Korrespondenz über die vorliegenden Briefe hinaus oder eine Begegnung zwischen Rilke und von Wasielewski ist nicht nachzuweisen.[11]

Rilkes Interesse an spiritistischen und okkulten Wahrnehmungen ist hinreichend bekannt. Man denke an die *Protokolle der vier Séancen* (Duino, Herbst 1912), die Teilnahme an derartigen Versuchen im Freundeskreis um Albert Rapp in München während des Ersten Weltkrieges und die Erscheinung des Grafen C. W. auf Schloß Berg am Irchel Ende November 1920. Die ältere wissenschaftliche Literatur zum Thema verzeichnen Ritzer (K 1353-1356) und von Mises (Katalog Nr. 1050, 1275 und 1320); an neueren Arbeiten ist die Kölner Dissertation von Hans Boventer mit dem Titel *Rilkes Zyklus Aus dem Nachlaß des Grafen C. W.*, Berlin 1969, zu nennen.

Anmerkungen

1 a) *Über Fixierungsflüssigkeiten in der botanischen Mikrotechnik*. Diss. Bonn vom 29. Juli 1899. 48 S. – b) *Theoretische und experimentelle Beiträge zur Kenntniß der Amitose*. Habil.-Schrift Rostock vom 3. November 1902. Leipzig 1902. 46 S.

2 Waldemar von Wasielewski: *Telepathie und Hellsehen. Versuche und Betrachtungen über ungewöhnliche seelische Fähigkeiten*. Halle a. S. 1921. IV, 276 S. Gr.-8° (2. Auflage 1922: IV, 224 S.); Dritte durchgesehene Auflage 1922, S. 5 ff. – Das von Rilke angeführte Zitat steht hier auf S. 217 in folgendem Kontext: »Vom Hellsehen gilt umgekehrt, daß es an der Verbindung der Menschen untereinander keinen wesentlichen Anteil hat, dagegen wohl an unserm Verhältnis zur Welt. Hierdurch mag es vielleicht einmal zu großer Bedeutung berufen sein, indem es uns eine ganz neue Möglichkeit an die Hand gibt, unsere Kenntnisse von den Dingen zu erweitern. Diese beiden großen und schönen Kräfte der menschlichen Seele ergänzen einander also in ihren Leistungen in der vollkommensten Weise. Schon diese Seite ihrer Bedeutung, obwohl sie gar nicht die wesentlichste ist, verdiente unser aufmerksamstes Studium und, soweit das Hellsehen in Betracht kommt, unsre ausdauerndste Förderung an Stelle des platten Leugnens, des billigen Spottes und bestenfalls des nachlässigen Beiseiteschiebens als bedeutungslose seelische Kuriositäten.«

3 *Was muß Jedermann vom Okkultismus wissen?* Leipzig 1915. (II), 83 S. Brosch. (= Bibliothek für psychische Forschung, Bd. 6).

4 a) *Goethes meteorologische Studien*. Leipzig 1910. VIII, 89 S. – b) *Zur Farbenlehre*. Berlin und Leipzig 1928.

5 Herausgeber der Werke von W. J. v. Wasielewski: a) *Robert Schumann. Eine Biographie*. Leipzig [4]1906. XXVII, 532 S. – b) *Die Violine und ihre Meister*. Leipzig [7]1927. XVI, 745 S. – c) *Das Violoncell und seine Geschichte*. Leipzig [3]1925. VI, 289 S.

6 *Der Regenbogen. Gedichte*. München 1909. 244 S.

7 Siehe Anm. 3.

8 *Psychische Studien*. Leipzig 1874-1925.

9 Vgl. Bonin: *Lexikon der Parapsychologie*. München 1988.
10 Die Briefe sind, nebst Umschlägen, faksimiliert in: Eberhard von Wasielewski: *Sondershausen. Nachklang einer Jugend*. Arnstadt 1992, S. 144-159.
11 Persönliche Auskunft von Eberhard von Wasielewski, München, Sohn von Waldemar von Wasielewski.

[1] RAINER MARIA RILKE AN WALDEMAR VON WASIELEWSKI

> CHÂTEAU DE MUZOT
> SUR SIERRE (Schweiz)
> VALAIS
> am 13. März 1922

Verehrter Herr D᪷ von Wasielewski,
es darf nicht meine Absicht sein, Sie ausführlicher mit der Freude zu beschäftigen, die mir Ihre wichtige Publikation über Telepathie und Hellsehen während dieser letzten Abende bereiten konnte; nur der Forscher, der Ihre außerordentlichen Untersuchungen und Erfahrungen zugleich durch zugehörige Beiträge zu unterstützen vermöchte, dürfte Ihre Aufmerksamkeit mit Recht länger beanspruchen.

Wenn ich gleichwohl meinem Antrieb soweit nachgebe, Ihnen (durch die Güte Ihres Verlages) wenigstens dieses kleine Blatt zukommen zu lassen, so geschieht das im Sinne eben jener überaus freudigen prinzipiellen Zustimmung:

seit zwei Jahrzehnten war es meine Hoffnung, die[se] Erscheinungen, von denen Sie mit so vollendeter Sorgfalt und Genauigkeit berichten, endlich unter diejenigen aufgenommen zu sehen, die Achtung und – bei oberflächlich Betheiligten – mindestens ein stilles ernstes Abwarten verdienen. Erst durch Ihr entscheidendes Buch scheint mir Allem in diesen Bereich Gehörigen eine solche Stellung endgültig zugestanden und gesichert zu sein. Nun erst wird ein wahrhaftiges Auffassen dieser Phänomene beginnen dürfen, seit sie aus der Sphäre des Zweideutigen fortgerückt sind in die des (zunächst) Unerklärlichen; aus der trüben Verfassung des Mißtrauns in die fruchtbare des reinen Staunens...

Es erfüllt mich irgendwie mit einer persönlich bewegten Dankbarkeit, daß Sie, bekenntnishaft, gegen des [sic] Ausgang Ihrer Schrift von den Gegenständen Ihrer Betrachtung und Bemühung, als von diesen »beiden großen und schönen Kräften der menschlichen Seele« sprechen. Damit sind allem künftigen Einsehen helle und weite Wege ermöglicht.

Mögen günstige Fügungen Ihnen eine vielfältige Fortsetzung Ihrer Forschungen verstatten; Sie würden mich (wenn das anzumerken, nicht unbescheiden ist) sehr verpflichten, wenn Sie mir das Erscheinen neuer Publikationen jedesmal wollten gütigst anzeigen lassen: denn (vorläufig) im Ausland wohnend,

vermag ich mich nicht durchaus unterrichtet zu halten und wünsche doch dringend, was Sie aus Ihren Beobachtungen und Ergebnissen der Öffentlichkeit nach
und nach mittheilen werden, nicht zu versäumen.

Empfangen Sie, verehrter Herr von Wasielewski, den Ausdruck meiner Theilnehmung und Ergebenheit

Rainer Maria Rilke.

Recommandée
Herrn D͞r Waldemar von Wasielewski,
(durch die Güte der Verlagsbuchhandlung
des Herrn Carl Marhold)
      [Halle ᵃ·/ₛ.]
(Deutschland.)   Sondershausen
      Göldnerstraße
[Post-Stempel:] SIERRE 13. III. 22 · 18 (SIDERS)
    FRANKFURT 14. 3. 22
    SONDERSHAUSEN 16. 3. 22

[2] WALDEMAR VON WASIELEWSKI AN RAINER MARIA RILKE

        Sondershausen, 23. 3. 22.
        Göldnerstr. 5

Sehr verehrter Herr Rilke,
durch Ihren mir dieser Tage zugegangenen Brief haben Sie mir eine ganz außerordentliche Freude gemacht. Es ist so schön und so selten, ein derartiges unmittelbar veranlaßtes Händereichen zwischen Menschen, die einander noch nie
gesehen, ja, deren einer, und gerade der Gebende, von dem Dasein sogar des
anderen, bis zur Stunde nichts gewußt hat. Sie natürlich sind bei uns kein Fremder – meine Frau ist Ihnen sogar vor Jahren einmal, im Mendelssohnschen Hause,
flüchtig persönlich begegnet; und wenn mich etwas an Ihrem Briefe noch besonders freut, so ist es das, daß der gefeierte Dichter des »Stundenbuches« meinen –
notgedrungen! – genugsam pedantischen Bestrebungen um die »großen und
schönen Kräfte der Seele« nicht nur gelesen hat, sondern sogar von einer dabei
gehabten Freude spricht! – Verse von Ihnen – die Mädchenlieder, es war in Rom,
vor manchen Jahren – die ersten, die ich kennen lernte, sind mir seit damals in der
Seele lebendig geblieben, und überblicke ich das seither Hinzugekommene und
was es mir gegeben hat, so verstehen Sie mein Gefühl, wenn ich angesichts Ihres
lieben Zurufs aus der Ferne sage: nun hast Du dem Dichter [auch] deinerseits eine
kleine Gegenfreude gemacht!

Ihre Anteilnahme an diesen Dingen selbst wundert mich natürlich nicht. Sie wissen, daß dies und noch viel mehr wahr ist. Aber es ist so sehr kennzeichnend für unsre Zeit, daß selbst ein Verwalter der heiligen Mysterien sich freut, wenn dem hellen Alltagsverstande ein Zugang zu diesen Dingen gebahnt wird. Aber ich glaube, Sie haben Recht. Der Ring <u>aller</u> menschliche[r]n Kräfte muß sich einst wieder schließen, und gerade die höchsten Probleme sind gut genug, unsrer Vollendung in diesem Sinne zu dienen.

Ich möchte Sie gern einmal sehen und mit Ihnen über manches sprechen, was Ihr Brief in mir aus halbem Schlummer geweckt hat. Haben Sie nochmals Dank und lassen mich hoffen, daß obiger Wunsch mir einmal erfüllt wird. – Übrigens kann ich nicht enden, ohne zu sagen, daß mein Buch sich bescheiden an viele treffliche Arbeiten – besonders in englischer Sprache – anreiht, sodaß wenigstens ein Teil Ihres Lobes unverdient ist!

In aufrichtiger Verehrung
Waldemar v. Wasielewski.

[Briefumschlag:]
<u>Schweiz</u>
Herrn Rainer Maria Rilke
Château de Muzot
sur <u>Sierre</u>
Valais
[Post-Stempel:] SONDERSHAUSEN 23. 3. 22
Absender
v. Wasielewski
Sondershausen
Deutschland

[3] RAINER MARIA RILKE AN WALDEMAR VON WASIELEWSKI

CHÂTEAU DE MUZOT
SUR SIERRE (Schweiz)
VALAIS
am 5. April 1922

Verehrter Herr D<u>r</u> von Wasielewski,
von einer kleinen Reise zurückkommend, fand ich Samstag abend Ihren Brief unter der inzwischen angesammelten Post und las ihn vor allen übrigen. Es bereitet mir, zu der früheren, nun eine schön ergänzende Freude, daß Sie meiner Zustimmung eine so gute Aufnahme bereiten und sie bei so lebhaft Empfundenem einordnen konnten. Ich trage Ihre Adresse in mein Correspondenz-Buch ein, als eine der bleibenden, und fühle eine aufmerksame Zuversicht für alles, was uns einander künftig, ab und zu, durch die Jahre verbinden möchte. Auch mir geht es übrigens so, daß ich mir besonders viel von einer Begegnung verspreche,

vieles, was wir brieflich weder absehen noch anregen könnten, käme da zur Geltung und zum ergiebigsten Austausch. Ich darf ja leider, bei der jeden an seinen Platz bindenden Valuta, nicht voraussetzen, daß ich Sie in meinen walliser Umgebungen eines Tages begrüßen kann –, und für eine Hinausreise meinerseits besteht zunächst nur geringe Aussicht. Entschlösse ich mich aber zu ein[er]iger Beweglichkeit, so würde eine eigenthümlich in mir wirkende Erinnerung mich wahrscheinlich vor Allem in Ihre Nähe führen.

Wenn doch dieser Sommer der Fortsetzung Ihrer Forschungen günstig wäre; so schlecht im übrigen wissenschaftliche[s] Erfahrung (ebenso wie künstlerisches Gestalten) und Ungeduld sich vertragen –, indem beide Thätigkeiten recht eigentlich auf Geduld beruhen –, den Erscheinungen gegenüber, die Sie beschäftigen, käme man fast in die Lage, ungeduldig zu sein; weil es sich ja auf diesem Gebiet oft darum handeln wird, Entdeckungen – gewissermaßen – nachzuholen, die längst möglich gewesen wären, ohne jene so viele Einflüsse ausschließende oder verdächtigende Einstellung. Was für ein Umsturz des ganzen Lebens, wenn plötzlich alles dieses Abgelehnte, Angezweifelte und Verhöhnte rein, als Kraft, hinzukäme! Ich muß gestehen –, ich erwarte mir nur von diesem Zuwachs verkannter und [ganz] unterschlagener Kräfte die uns Allen mehr und mehr unentbehrliche Veränderung; und wenn ich bedenke, was mich zu künstlerischer Leistung verpflichtet hat, so ist unter allen anderen (zum Theil namenlosen) Antrieben ein mächtigster diese, mich, seit meiner Kindheit, erfüllende Vermuthung, es müsse – als Correctur wesentlicher Irrthümer – gerade im traditionnel [sic] Un-Heimlichen das uns tief Heimliche und Einheimische zu entdecken sein.

Ich lobe herzlich die von Ihnen erwähnte Fügung einer früheren Begegnung, die mir gestattet, auch Frau von Wasielewski meine Ergebenheit darzubringen –, und grüße Sie mit allen guten Wünschen meiner dauernden und vertrauenden Theilnehmung.

Ihr
R. M. Rilke.

Einschreiben
Herrn D<u>r</u> Waldemar von Wasielewski,
Sondershausen
(Deutschland.)   Göldnerstrasse 5.
[Post-Stempel:] SIERRE 5. IV. 22 · 17 (SIDERS)
Env: R. M. Rilke
Château de Muzot ^{sur}/Sierre (Valais) Suisse

[4] Waldemar von Wasielewski an Rainer Maria Rilke

Sehr verehrter Herr Rilke,

für Ihren lieben und werten Brief von Anfang April zu danken, war mir längst Bedürfnis; ich hoffe, daß mich die Absicht, ein hastiges Tempo zu vermeiden, nicht allzulange hat zögern lassen, zumal letzthin allerlei Abhaltungen hinzu kamen. Es freut mich aufrichtig, unter die Zahl Ihrer Korrespondenten eingereiht zu sein und Sie einmal persönlich kennen zu lernen! Möchte dies bald der Fall sein: so verschlossen uns derzeit die Schweiz ist, so offen steht Ihnen unser freilich unerfreuliches Land.

Wenn Sie dem freundlichen Wunsche Ausdruck geben, daß die nächste Zukunft der Fortsetzung meiner Arbeiten günstig sein möge, so darf ich dazu bemerken, daß ja leider jede planmäßige Erforschung dieser Dinge von geeigneten Versuchspersonen abhängig ist. Hoffentlich kommt mir mal wieder eine in den Weg! Derzeit beschäftigen mich die Beziehungen des okkulten Komplexes zu‹r› theoretischen Biologie und allgem. Philosophie; ohne daß ich sagen könnte, ob sich diese Studien zu etwas Veröffentlichungswertem verdichten werden. –

Nach abermaliger Unterbrechung komme ich erst heute zum Abschluß dieser Zeilen und zwar mit einer geschäftlichen Angelegenheit. Mein Verleger, der kürzlich hier war, möchte durchaus Einiges aus Ihren Briefen für Ankündigungen der eben in Druck gehenden 3. Auflage [für] im Buchhändlerblatt verwenden. So sehr ich dem Buche und damit der Sache eine derartige Empfehlung gönnen würde, so ungern möchte ich aus Ihren Briefen Reklamefetzen geschnitten sehen, habe also einstweilen nichts herausgerückt. Wäre es zuviel verlangt, wenn ich anfrage, ob Sie vielleicht wenige Zeilen direkt für den genannten Zweck aufschreiben möchten, die gleichzeitig geeignet wären, ganz oder teilweise auf einem, den Exemplaren der Neuauflage nach modernem Gebrauch umzulegenden Streifbande wiederholt zu werden? – Falls nicht, so möchte ich anfragen, ob Sie gestatten, daß ich selbst mit der gebotenen Rücksichtnahme einige Wendungen Ihrer Briefe zu diesem Zwecke aneinanderreihe.

Ich überlasse Ihnen die Entscheidung in jedem Sinne, auch wenn Sie überhaupt nicht öffentlich mit dem Buche genannt zu sein wünschen, was ich durchaus verstehen würde. Ich wollte aber meinem Verleger gegenüber, den ich sehr schätze, diesen Schritt nicht unterlassen haben. Sie verzeihen freundlichst die ungewollte Belästigung!

In der Hoffnung, daß diese Zeilen Sie bei Wohlbefinden und in schaffender Tätigkeit antreffen, bin ich

Ihr aufrichtig ergebener
W. v. Wasielewski.

Sondershausen,
d. 16. 6. 22.

[Briefumschlag:]
<u>Schweiz</u>
Herrn Rainer Maria Rilke
Château de Muzot
sur <u>Sierre</u>
Valais
[Post-Stempel:] SONDERSHAUSEN 16. 6. 22

[5] RAINER MARIA RILKE AN WALDEMAR VON WASIELEWSKI

CHÂTEAU DE MUZOT
SUR SIERRE
VALAIS
am 20. Juny 1922

Verehrter Herr D^r von Wasielewski,
nun scheint auch zwischen uns eine leichte Telepathie wirksam zu sein, oder
wofür soll ich es nehmen; daß ich neulich mit geographischen Überlegungen
über die Lage von Sondershausen aufwachte, ja sogar, zu meiner eigenen Überraschung, den Namen dieser Stadt laut vor mich hinsagte –; und daß, eine Stunde
später, Ihr Brief, den eben jetzt zu erwarten ich ja durchaus keinen Grund haben
konnte, in meinen Händen war.
   Ich danke Ihnen heute nur kurz für diese gütigen, unsere Verbindung fort-
setzenden Zeilen, und eile umso mehr mit meiner Erwiderung, als Sie mir eine
Frage zur Beantwortung stellen. – Ich gestehe, daß – um die Sache gleich bei
der Mitte zu fassen – jene in Gebrauch und Mißbrauch gekommenen »Streif-
bänder« wenig Sympathie bei mir finden, besonders dort, wo sie sich heraus-
nehmen, Bücher dichterischer Gattung mit einer lauten Außenseite auszustat-
ten; auch die Verwendung von Briefstellen für Ankündigungszwecke ist eines
jener vielzuvielen Anzeichen einer Zeit, die mit nichts mehr beschäftigt scheint,
als wie sie die Grenzen des Persönlichen und Privaten zu Gunsten des um sich
greifenden Öffentlichen verschiebe oder verwische. Übrigens sagt mir Ihr Brief,
daß wir in diesen Dingen einer Meinung sind. Umso leichter dürfen wir uns
vereinbaren, diesmal, [zu] um Ihrem Verleger angenehm zu sein, eine jener
Ausnahmen zuzugeben, durch die (wenigstens entschuldigt man sie so) die Regel an Recht gewinnt. Finden sich in einem meiner Briefe gültigere Stellen, die
nach Meinung Ihres Verlegers, dem Buche irgendwie nützlich werden könnten,
so steht es ihm frei, jeden Gebrauch davon zu machen, den er für angezeigt hält.
Sein[e] Name bürgt uns dafür, daß diese Anwendung in den Grenzen eines
gewissen Geschmackes bleiben wird. Um selbst ein paar bezeichnende Worte
zusammenzustellen, fehlt es mir augenblicklich an Sammlung: auch ist vielleicht, was ich spontan nach der ersten Lesung angemerkt habe, vom über-

zeugend[e]sten Zeugnis; so daß ich Ihnen (da ich obendrein Ihr Buch für ein paar Wochen verborgt habe) wirklich die Mühe zumuthe, die zu übernehmen Sie selber vorschlagen: nämlich jene Auswahl einiger geeigneter Wendungen. –

Wenn ich meinem neulich mit Sondershausen beschäftigten Erwachen glauben soll, so wäre eine nahe oder doch nicht zu ferne Reise durch Deutschland im Bereich meiner nächsten Wahrscheinlichkeiten; wenn nicht der Sommer, so müßte der Herbst schließlich eine derartige Unternehmung mit sich bringen; es sind nun genau drei Jahre geworden, daß ich in der Schweiz wohne, und über solcher Frist haben sich Anlässe verschiedenster Art gehäuft, die alle zusammen verdienten, daß ich meine Immobilität, für ein paar Wochen mindestens, überwände. Ehe ich meine Daten festsetze, würde ich mir erlauben, sie Ihnen mitzutheilen; denn nichts würde mir empfindlicher sein, als das Mißgeschick, Sie, zur Zeit meiner Reise, etwa gerade nicht anzutreffen.

Schade, daß die alles hemmenden allgemeinen Verhältnisse jede Beweglichkeit in's Freiere einschränken; sonst hätte die Möglichkeit, sich einmal hier, in diesem ebenso unbekannten als wunderbaren Land – ich meine nicht die Schweiz, die bekannt genug ist, sondern meine engere, große und großgestaltete Umgebung, das Wallis – zu begegnen, verdient, Ihnen und Frau von Wasielewski herzlich empfohlen zu sein.

Vielleicht doch für später!

Ihr
aufrichtig ergebener
R. M. Rilke.

Einschreiben
Herrn D̲r̲ W. von Wasielewski,
          Sondershausen
(Deutschland.)
[Post-Stempel:] SIERRE 20. VI. 22 · 17 (SIDERS)

[6] WALDEMAR VON WASIELEWSKI AN RAINER MARIA RILKE

Sondershausen, 29. 6. 22.

Sehr verehrter Herr Rilke, herzl. Dank für Ihren Brief vom 20. – Hinsichtlich der Reklamestreifen pp stimme ich völlig mit Ihnen überein, ebenso über die Zulässigkeit gelegentlicher Ausnahmen. Ich werde also die Sache machen, wie Sie vorschlagen, und dem Verlag ausdrücklich Mäßigung empfehlen.

Es ist wirklich eine uns sehr erfreuende Aussicht, Sie vielleicht bald hier zu sehen! Führen Sie doch den Plan bald aus und teilen Sie uns rechtzeitig die Daten

mit. Voraussichtl. sind wir im September auf dem nahe gelegenen Gute eines
Freundes; der Termin mag sich aber noch etwas hin- und herschieben.

Telepathie zwischen uns scheint mir gar nicht unmöglich: es deutet wohl Ver-
schiedenes auf e. gewissen seelischen Zusammenhang hin. Jedenfalls hat uns das
kl. Erlebnis sehr gefreut. Mit herzl. Grüßen auch von m. Frau

Ihr
aufrichtig ergebener
W. v. Wasielewski

[Postkarte:]
Herrn
Rainer Maria Rilke
Château de Muzot
sur Sierre
Valais
[Post-Stempel:] SONDERSHAUSEN 30. 6. 22.

REZENSIONEN

August Stahl
Marginalien zur Rilke-Forschung

Rilke hat die zentralen Positionen seiner Gegenwart und des vor ihm liegenden Jahrhunderts, das dann das unsere wurde, wahrgenommen, überzeugend voraus-geahnt und umgesetzt. Und auch dies ist festzuhalten: Es sind nicht die Antwor-ten, die Rilke gegeben hat und nicht die Lösungen, die er verkündete, sondern die Verunsicherungen, die Weigerungen, es ist seine Sensibilität für die Verluste und Verstörungen, es sind die Negationen, die ihm die Zuständigkeit eingebracht haben:

nicht ist die Liebe gelernt (*Die Sonette an Orpheus* I, 19, SW I, S. 743)

Wer spricht von Siegen? (*Requiem für Wolf Graf von Kalckreuth*, SW I, S. 664)

Oh, *nicht*, weil Glück *ist* (*Die neunte Elegie*, SW I, S. 717)

eines Kindes weises Nicht-Verstehen (Brief an Kappus, 23. 12. 1903)

Solche Sätze, solche Infrage-Stellungen und Negationen fallen einem ein und bestätigen: Fähigkeit und Kraft zum Eingeständnis der Schwäche, die Rilkes Stärke waren. Und dazu zählen auch seine Weigerungen, sein Schweigen gegen-über der sich unübersehbar gebenden Größe. Rilke hat beispielsweise, als er nach Paris kam, offenbar nicht wahrnehmen wollen, was bis heute ein Wahr-Zeichen der Stadt geblieben ist, unübersehbar: La Tour Eiffel. In seinem Baedeker hätte er es nachlesen können, daß er höher ist als »der Obelisk von Washington, der Köl-ner Dom, die Kathedrale von Rouen und die große Pyramide von Ägypten«. Er aber hat ihn, den »allenthalben sichtbaren und in der ganzen Welt durch Abbil-dungen oder Modelle bekannten Turm«,[1] konsequent übersehen, er hat ihn nie erwähnt. Es wäre ein abendfüllendes Thema: Rilke und der Eiffelturm.

Wer sich die Rilke-Bibliographien Stefan Schanks ansieht und zuletzt die in Band 23 der *Blätter der Rilke-Gesellschaft* für die Jahre 1996 bis 1998 erschienene mit ihren beinahe 800 Nummern, für den gibt es kaum noch einen Trost, ge-schweige denn irgend einen Grund zur Zuversicht. Und dabei muß man sich noch hüten, bei aller ganz gewiß berechtigten Freude wegen der Übersichtlich-keit des dargebotenen Materials, aller Freude über die Ordnung und die Nütz-lichkeit der beiden Register, man muß sich sogar noch davor hüten, sich durch all das beruhigen und verleiten zu lassen, das Vorgezeigte mit dem Gegebenen, das »Zuhandene« mit dem »Vorhandenen« (Martin Heidegger) zu verwechseln. Die

Bibliographie ist, so umfangreich und gründlich sie auch in ihrer ganzen Fülle
sein mag, nicht einmal vollständig. Wie sollte sie! Ich gebe ein paar Beispiele, auf
die ich, zufällig nicht, aber doch auch nicht auf allgemein gangbarem Wege,
aufmerksam wurde, oder genauer gesagt aufmerksam gemacht wurde, und ich
bedanke mich dafür bei Frau Ada Brodsky, Frau Dr. Brigitte von Witzleben und
bei meinem belesenen Freund Guido König. Die Rilke-Bibliographien der
letzten Jahre weisen keine Publikationen aus Israel auf, und auch die Rubrik I, b)
(= Ausgaben in fremden Sprachen) der Bibliographie von Stefan Schank enthält
keinen Titel in hebräischer Sprache. Aber 1998 erschien in Israel eine zweisprachige Ausgabe der *Duineser Elegien* und der *Sonette an Orpheus*[2] und 1999 eine
ebenfalls von Ada Brodsky besorgte kommentierte Übersetzung ausgewählter
Gedichte[3] Rilkes. Es wäre natürlich ein Problem, die hebräischen Schriftzeichen
zu setzen, wenn man sie denn überhaupt entziffern kann. Ich bin auch sehr froh
und bin auch dankbar, daß ich die zweibändige Rilke-Monographie[4] von Frau
Brodsky aus dem Jahr 1994 besitze, obwohl ich sie nicht lesen kann. Gelegentlich
blättere ich darin, ungewöhnlich genug für mich, von hinten nach vorne (ver-
kehrt herum, wie unsereins meint) und von rechts nach links auch noch. Bei den
Bildern hält man sich da etwas länger auf und ist auf diese Weise immer in der
Chronologie des vorgestellten Dichterlebens. Nicht viel besser ist der hiesige
Leser mit den latinisierten kyrillischen Buchstaben der Bibliographie dran. Von
Frau Elena Lysenkowa aus Magadan besitze ich einen Rilke-Band, von dem ich
mit bestem Willen nicht mehr sagen kann, wovon darin die Rede ist, ganz zu
schweigen von der koreanischen Dissertation des Herrn Kwang-Chin Chun[5], in
die ich immer wieder gerne hineinschaue, ohne mehr zu verstehen als die deutschen Namen in den Anmerkungen. Man bewundert schon, daß in der Bibliographie die für einen deutschen Leser kaum durchschaubaren finnischen oder
ungarischen Buchstabenfolgen zuverlässig reproduziert sind, wie Stichproben ergaben[6]. Drei Editionen in finnischer Sprache weist die letzte Bibliographie auf
und sieben ungarische. Wenn man sich die Rilkebibliographien von Ferenc Szász
und Cornelius Ouwehand anschaut zu *Rilke in Ungarn* beziehungsweise *Rilke in
Japan*, dann verdienen und brauchen gerade die Finnen ein wenig unsere för-
dernde Aufmerksamkeit. Darum muß unbedingt die schon 1993 in Helsinki
erschienene Ausgabe der *Briefe an einen jungen Dichter*[7] erwähnt werden, auch
wenn sie, oder gerade weil sie mittlerweile vergriffen ist. Die von Frau von Witzleben an der Universität in Vaasa vorgelegte Dissertation[8] belegt die im hohen
Norden herrschende philologische Kompetenz. Erlauben Sie mir an dieser Stelle,
wo es um die *omissa aesthetica* geht, drei bibliographisch nicht erfaßte[9] (wie soll
man sagen) intensiv-nachdenkliche Rilkekommentare Hans Blumenbergs zu erwähnen, auf die mich gleichfalls mein lektürekundiger Freund Guido König
aufmerksam gemacht hat. Von den drei Meditationen Blumenbergs erschien die
eine schon vor mehr als zehn Jahren in dem Band *Matthäuspassion*,[10] die beiden
anderen in der Sammlung *Begriffe in Geschichten*[11]. Auch die in diesem Band ab-

gedruckten Artikel müssen schon vor etwas längerer Zeit entstanden sein, möglicherweise im Zusammenhang mit einem bis ins Jahr 1985 zurückreichenden
Projekt der *Frankfurter Allgemeinen Zeitung*. Zwei der Überlegungen haben Briefe
Rilkes an Nanny Wunderly-Volkart zum Gegenstand. Der eine Artikel: *Rilke als
Hörer der Matthäuspassion gehört* beschäftigt sich mit Rilkes Brief an Nanny Wunderly-Volkart vom 22. März 1920, und in ihm, ich sage einmal beschreibt,
obwohl das viel zu wenig gesagt ist, ›beschreibt‹ Rilke den Besuch einer Auffüh-
rung der Mätthäuspassion in Basel, und der andere mit dem Titel: ›*Geworfenheit*‹
ist mit dem Brief an Nanny Wunderly-Volkart vom 2. April 1924 nach Tunis
befaßt. In diesem Brief erläutert Rilke im Bild des Würfelspiels und des Würfels
seine Vorstellung von der Gleichwertigkeit unterschiedlicher Lebensformen und
Lebensschicksale. Die Überlegungen Blumenbergs zeigen, welch außerordent-
lich hoher Rang den Briefen Rilkes in weltanschaulicher, kunsttheoretischer und
auch in ästhetischer Hinsicht zusteht. Man kann, dies ist der Eindruck, an die
Briefe dieselben Maßstäbe anlegen wie an alles andere, was Rilke geschrieben hat.
Die Arbeiten von Joachim W. Storck[12] und Konstantin Imm[13] über den Briefschreiber Rilke im allgemeinen und über die Cézanne-Briefe im besonderen
dürfen neu hervorgenommen werden. Abgesehen einmal von den ganz zentralen Fragen, die da vermittelt werden zu Rilkes Verhältnis zum Christentum und
zur christlichen Heilsgeschichte und der Spannung zwischen gläubiger Hingege-
benheit und künstlerischer Distanz, »ununterbrochen geübtem Glauben und
unermüdlich gekonntem Handwerk«, zwischen Fiktion und Wirklichkeit, der
Aufhebung ungleich verteilter Daseinschancen im Begriff der Vollzähligkeit, alle
dem, was Blumenberg den Rilkeschen »Daseinsmythos« (›*Geworfenheit*‹, S. 79)
nennt, finden sich auch präzise Kommentare zu Eile und Umfang des Briefes und
der Schwierigkeit der Lektüre, die sich aus dem fehlenden Part des anderen ergibt. Die Rilke 1920 noch bevorstehende und 1924 gerade geleistete intensivste
Auseinandersetzung mit der christlich-abendländischen Tradition, die in den *Elegien* umgesetzte Gegenwärtigkeit der Verluste liest der Philosoph zusammen aus
Rilkes Beschreibung der Basler Bach-Abende und seiner eigenen Deutung der
allerersten Elegienverse:

> »Von Gott und Engeln zu reden, als gäbe es sie zuverlässig *nicht*, dieses Kunst-
> mittel der lyrischen Inkompatibilität, das den Dichter vor dem Schmerz
> bewahrt, es *sein* zu müssen, was er doch nur *bedeuten* mag, ist auf den Evange-
> listen projiziert – [...].
> Sogar Rilkes Reserve – seine Rücksicht auf sich selbst – durchbricht das Werk *in
> den größten Stellen*, an denen Bach *seine schlichtesten und strengsten Erfahrungen
> in Gebrauch nahm: ein unermüdlich gekonntes Handwerk und einen ununterbrochen
> geübten Glauben*. Rilke setzt den Punkt, wo er fortfahren könnte – weil er
> doppeldeutig angesetzt hatte mit dem ununterbrochen Geübten – als dem
> Glauben an dieses ›unermüdlich gekonnte‹ Handwerk. Da ist etwas von der
> Überlebenskraft dieses Kunstwerks gesagt, wie sie auf seinem wesentlichen

›Anachronismus‹ beruht – genauso beruht wie Rilkes *Duineser Elegien,* denen ungeglaubte Engel nichts anhaben können, weil sie doch für den Schreienden taub sind: *Wer, wenn ich schriee, hörte mich denn aus der Engel Ordnungen?* Wer hätte dieser Konjunktivverschachtelung nicht angesehen, daß sie zweierlei Antwort zulassen und sich aufheben lassen soll: Warum dann *noch* schreien? Und: Warum dann *nicht* schreien?«[14]

Nicht so einlässig wie die Rilke-Lektüre Hans Blumenbergs, aber genauso eindrucksvoll sind die Rilke-Erinnerungen in zwei Short stories des »herausragenden amerikanischen Erzählers« (*Süddeutsche Zeitung*) Raymond Carver. Die Erzählungen, die bereits 1976 in Amerika gedruckt wurden, sind eben in deutscher Sprache erschienen in dem Sammelband *Würdest du bitte still sein, bitte.*[15] Die eine Geschichte (*Die Frau des Studenten*) beginnt mit dem Satz: »Er hatte ihr etwas von Rilke vorgelesen, einem Dichter, den er bewunderte, als sie, mit dem Kopf auf sein Kissen, in Schlaf gesunken war.« In der anderen Geschichte (*Eintreiber*) erzählt ein aufdringlicher Verkäufer einem Arbeitslosen während der Vorführung des Gerätes über das Summen des Staubsaugers hinweg: »Rilke lebte auf einem Schloß nach dem andern, sein ganzes Erwachsenenleben hindurch. Wohltäter, sagte er mit lauter Stimme über das Summen des Staubsaugers hinweg. Er fuhr nur selten in Automobilen; er bevorzugte die Eisenbahn.« Ich will mich nicht einlassen auf das durch die Einblendungen vermittelte Rilke-Bild, aber es sieht ganz so aus, als bestätigten die Erzählungen Carvers mit den in ihnen dargestellten Beziehungstragödien Rilkes lebenslange Zurückhaltung gegenüber zwischenmenschlicher Nähe. Die bei der Rilke-Lektüre eingeschlafene Frau des Studenten wird schließlich nach der schlaflos und in leidender Einsamkeit verbrachten Nacht vor dem Bett, in dem der Mann schläft, auf die Knie fallen und erschöpft und verzweifelt um Hilfe flehen: »›Gott‹, sagte sie. ›Lieber Gott, wirst du uns helfen, Gott?‹« Nicht nur an dieser Stelle des Bandes fallen einem Rilkes berühmte Verse aus dem Liebes-Lied der *Aufzeichnungen* ein: »Sieh dir die Liebenden an, / wenn erst das Bekennen begann, / wie bald sie lügen.« (SW VI, S. 936)

Der Hinweis auf Vergessenes und Übersehenes, nicht Erfaßtes, soll nur die Fülle bestätigen, die die Bibliographie der letzten Ausgabe der *Blätter* ausweist. Wegen dem gelegentlich festgestellten »Abbruch der Breitenrezeption« Rilkes,[16] den ich so einfach nicht bestätigen kann noch widerlegen, möchte ich ein Buch erwähnen, das eher das Gegenteil verkündet: nämlich die außerordentliche Beliebtheit Rilkes bei den Interpreten.

Vor kurzem erschien im Ferdinand Schöningh Verlag ein *Fundbuch der Gedicht-Interpretationen.*[17] In diesem *Fundbuch* sind Interpretationen deutscher Gedichte bibliographisch erfaßt (insgesamt so um die 10.000).

Die Interpretation eines einzelnen Gedichtes im Sinne einer in sich geschlossenen Abhandlung scheint eine Textsorte des 20. Jahrhunderts zu sein, ja im großen und ganzen sogar eine Angelegenheit der Zeit nach dem Zweiten Weltkrieg. Selbst zu so berühmten Gedichten wie Goethes *Erlkönig*, Fontanes *Die Brück' am Tay* oder Rilkes *Der Panther* stammen die frühesten Interpretationen erst von 1956, 1969 beziehungsweise 1946. Systematisch erfaßt in dem *Fundbuch* sind die Gedichtinterpretationen bis ins Jahr 1994; aber auch viele Interpretationen aus den folgenden Jahren '95 und '96, also bis zur Drucklegung des Bandes, sind ebenfalls noch aufgenommen. Die Präsentation ist übersichtlich gestaltet, geordnet nach den bewährten Prinzipien der Chronologie und des Alphabets, durch Register (Gedichttitel, Gedichtanfänge, Interpreten, Fundorte) erschlossen und zugänglich gemacht. Unter den jüngeren Autoren steht Paul Celan (15 Seiten) an erster Stelle, weit vor allen anderen, vor Günter Eich zum Beispiel (3 Seiten) oder Ingeborg Bachmann (4 Seiten). Die Autoren der frühen Neuzeit sind (von Luther einmal abgesehen) kaum vertreten, der Meistersinger aus Nürnberg immerhin mit zwei Interpretationen, der Neulateiner Petrus Lotichius Secundus wenigstens mit der Interpretation seines Gedichts *Das unglückliche Mädchen*. Die meisten Einzelinterpretationen sind (und ich war da wirklich mehr als erstaunt) für Rilke nachgewiesen. Mit 23 Seiten übertrifft er selbst Goethe (20 Seiten), ganz zu schweigen von Hölderlin (11 Seiten), Trakl (11 Seiten) oder etwa Bertolt Brecht (11 Seiten). Durch den unbeabsichtigten Einblick in die Dichte und Häufigkeit der Interpretationen wird das *Fundbuch* zu mehr als bloß einer bibliographischen Hilfe, es wird zu einem Dokument der Rezeption deutscher Lyrik, und der Rilkeschen Lyrik natürlich auch, in der zweiten Hälfte des gerade vergangenen Jahrhunderts.

Nach dem Wegfall des Copyrights mit dem 70. Todestag des Dichters erschienen auch außerhalb des Insel Verlags Ausgaben einzelner Werke (der *Aufzeichnungen des Malte Laurids Brigge* zum Beispiel[18]) oder Werkgruppen (Erzählungen und Roman): bei Reclam in Stuttgart, bei Manesse in Zürich, im Goldmann Verlag. Zu erwähnen wäre als jüngstes die nun dritte Ausgabe eines kommentierten *Malte* in der Suhrkamp Basisbibliothek[19], die der ehemalige Redakteur der *Blätter*, Hansgeorg Schmidt-Bergmann, besorgt hat. Die Besonderheit der Reihe besteht vor allem in der bequemen Vermittlung der Informationen und Kommentare. Kürzere Worterklärungen und Daten sind meist am Rand vermerkt, und im Text selbst ist durch ein Sternchen auf die Erläuterung verwiesen; die längeren finden sich im Anhang, aber auch auf sie ist im Text hingewiesen. Wen diese Zusätze bei der Lektüre stören sollten, der darf sich damit trösten, daß er nicht mehr blättern muß. Die Tradition, die mit der kommentierten Ausgabe im Insel Verlag begonnen hat, ist demnach in kürzester Zeit schon auf drei Stationen gekommen: Stahl – Insel Verlag, Engel – Reclam, Schmidt-Bergmann – Suhrkamp. Von Manfred Engel zum Beispiel konnte ich lernen, daß Rilke den Ausdruck »das Helmzerbrechen« aus dem Lexikon von Ersch und Gruber hatte, von Herrn Schmidt-Bergmann, daß ich vielleicht doch besser erklärt hätte, was mit »Gottes strengem Ärar« gemeint ist.

Der nächste Kommentator aber wird es besser haben als wir alle drei, wenn ich

die Mittel bedenke, die ihm zur Verfügung stehen werden. Unter allen Textaus-
gaben, die zugänglich sind im Augenblick, wird keine so sehr der Forschung und
dem versierten Leser helfen, wie die CD-ROM-Ausgabe der *Deutschen Literatur
von Lessing bis Kafka*,[20] die 1998 in der »Digitalen Bibliothek« für nur 98,00 DM
erschienen ist. Ich erwähne den Preis, weil die 70.000 Seiten deutsche Literatur
»mit illustrierten Biographien und bibliographischen Notizen zu jedem Werk«,
die die CD bringt, gewissermaßen geschenkt sind. Um es einmal umzurechnen:
Die von Karin Wais und Walter Simon besorgte Ausgabe des VII. Bandes der
Sämtlichen Werke (1414 Seiten) mit Rilkes Übertragungen würde da nicht mal
2 DM kosten. Dabei stehen wir erst am Anfang, und das in zweierlei Hinsicht.
Erstens haben die CDs der neuen Generation bereits mehr als die 10fache Spei-
cherkapazität, und die Weiterentwicklung und Verfeinerung der Software kann
man sich gar nicht großartig genug vorstellen. Es wird nicht mehr lange dauern,
und uns steht der ganze Rilke, Werke, Lyrik, Prosa und Briefe und alle Sekundärliteratur, auf Abruf zur Verfügung. Man braucht kein Register mehr, keins mehr
zur Lyrik, nicht mehr zum *Malte*, zu den theoretischen Schriften nicht: alles gespart. Die umständlich zu benutzende und dazu über 400 DM teure Verskonkor-
danz von Ulrich Goldsmith, alles gespart in Zukunft, zu schweigen von der Zeit,
die die Doktoranden sparen beim Lesen und Nachschlagen. Ich gebe ein Beispiel
selbsterlebter Nützlichkeit. Es ist bekannt seit nunmehr 75 Jahren, Witold Hulewicz hatte Rilke einen Fragebogen zu den *Aufzeichnungen* geschickt. Der Übersetzer hatte Probleme mit bestimmten sprachlichen Wendungen, die er nicht
verstand, aber auch beispielsweise mit der als Zitat gekennzeichneten Formulierung ›das Amt der Engel verrichten‹. Die Stelle findet sich im 57. Abschnitt der
Aufzeichnungen, in dem von Bettinas Briefen an Goethe die Rede ist. »Es gab keine
Wahl dieser Stimme gegenüber«, heißt es da, »die ›das Amt der Engel verrichtete‹;
die gekommen war, ihn einzuhüllen und zu entziehen ins Ewige hinein.« (SW VI,
S. 898) Am 10. November 1925, also gut 15 Jahre nach der Niederschrift der
Aufzeichnung, antwortete Rilke im erwähnten Brief an Hulewicz: »Woraus zitiert? – Ich glaube aus Bettinas Aufzeichnungen, wahrscheinlich dem ›Briefwechsel mit einem Kinde‹.« So steht es seitdem in allen Kommentaren zu der
Textstelle. Aber es steht da nicht! Bettinas *Briefwechsel mit einem Kinde* habe ich
wenigstens zweimal durchgesehen, und zweimal habe ich das Zitat nicht gefunden. Aber den Mut hatte ich nicht, Rilke zu widersprechen. Eher zweifelte ich an
der Sorgfalt meiner Lektüre als an Rilkes Gedächtnis. Nicht einmal die Erwähnung der anderen möglichen Quelle in den Briefen an Sidonie Nádherný von
Borutin konnte mich irre machen. Auch nicht Rilkes eigene Einschränkung. Er
hatte ja seine Auskunft immerhin durch ein »wahrscheinlich« in der Schwebe
gelassen, und hatte recht, wie man nun dank PC und CD leicht ermitteln kann.
Also ich lege die CD ein und schicke den Computer auf die Suche durch die
Deutsche Literatur von Lessing bis Kafka. Die Brentanos und Arnims stehen im
Alphabet ja ganz vorne. Innerhalb von wenigen Sekunden habe ich es schwarz auf

weiß. Es gibt zwei Belege für ›das Amt der Engel verrichten‹. Erstens Bettina von
Arnims Briefroman *Die Günderode* und zweitens Rilkes *Die Aufzeichnungen des
Malte Laurids Brigge*. Beide Stellen markiert, die Seiten im Bildschirm und ausge-
druckt. Eine lange Suche ist erledigt in Sekunden. Ich konnte mich den ganzen
Tag nicht beruhigen. Jetzt entdeckt man auch, daß Rilke im zeitlichen Kontext,
in dem er ›das Amt der Engel verrichten‹ zitiert, mehrmals die Lektüre des Ro-
mans *Die Günderode* erwähnt, in den Briefen an Sidonie Nádherný von Borutin,
natürlich auch bei Frau Schnack (*Rainer Maria Rilke. Chronik seines Lebens und
Werkes*) angegeben unter dem Datum vom 15. Februar 1909.

Die CD bringt die Texte nach Ernst Zinns *Sämtlichen Werken*, mit Band und
Seitenzahl. Die lyrischen Zyklen sind aufgenommen vom *Stunden-Buch* an, *Die
Aufzeichnungen des Malte Laurids Brigge*, einige Erzählungen, die *Zwei Prager Geschichten*, *Generationen*, die *Geschichten vom lieben Gott*, *Frau Blahas Magd* und im
übrigen genau die, die Vera Hauschild unabhängig davon für die einmalige Jubi-
läumsausgabe ausgesucht hat: *Ewald Tragy*, *Die Turnstunde*, *Der Drachentöter*, *Der
Totengräber*. Auch sehr viele der ästhetischen Schriften sind aufgenommen von
Worpswede über *Auguste Rodin* bis zum *Brief des jungen Arbeiters*. Über eine Fund-
stellensuche zum Begriff ›Armut‹ und die entsprechende Fundstellenliste, die das
Programm im Nu erstellt, war mit einem Blick zu sehen: Der Begriff ›Armut‹
kommt in dem Corpus 29mal vor und ist mit einer Ausnahme (für die *Sonette an
Orpheus*) auf das Werk bis in die Pariser Jahre beschränkt, intensiv belegt im *Malte*
(5 Belege) und in den *Rodin*-Arbeiten (6 Belege). Ich will mich nicht weiter
hinreißen lassen, aber man versteht sofort, wieso die Doktorarbeit von Michaela
Kopp über *Rilke und Rodin*[21] mit einem Kapitel schließt, das den Titel hat: *Lob der
Armut*.

Bislang unbekannte beziehungsweise nicht veröffentlichte Texte Rilkes sind
wenige bekannt geworden, nehmen wir einmal die Briefwechsel Rilke – Ilse
Erdmann[22] und Rilke – Claire Goll[23] und den eben erschienenen Briefwechsel
mit Magda von Hattingberg[24] aus.

Der Briefwechsel zwischen Ilse Erdmann und dem Dichter ist eines der aufre-
gendsten Dokumente, nicht nur weil von den insgesamt 19 Briefen Rilkes bislang
erst 4 und von denen auch noch zwei nur stark gekürzt zugänglich waren, sondern vor allem, weil sie hier zum ersten Mal im Zusammenhang mit den Briefen
der Partnerin wiedergegeben sind. Dadurch wird die ganze Dramatik des Schrift-
wechsels erst erkennbar. Die Leiderfahrungen der jungen Frau und ihre Ein-
wände und Fragen sind eine große Herausforderung für den Dichter und sein
feierliches »Ja« zum Leben.[25] Am 6. März 1914 schrieb sie an Rilke:

>»Vor einigen Tagen hatte ich noch einmal alles da, was ich für den Arzt hatte
>aufschreiben müssen. Und dann las ich in einer der Nächte wieder das Re-
>quiem für den Grafen Kalckreuth.[26] Da habe ich denken müssen, wenn Sie
>alles wüßten von meinem Leben, alles, was gehindert hat und zerstört, all das
>Viele, das man nicht verarbeiten und lösen kann, das häßlich und zufällig

bleibt, und wenn Sie die Mühsal wüßten, die durch soviel Körperliches kommt, in dem keine Notwendigkeit war und die es macht, daß man in Wochen nur eine lebendige Stunde hat, vielleicht würden Sie dann denken, daß es manchmal das Natürliche sein kann, selber fortzugehen.«

Erfahrungen wie diese hat Rilke nie beiseite geschoben, seine Überlegungen gelegentlich der Matthäuspassion im oben zitierten Brief an Nanny Wunderly-Volkart, die *Duineser Elegien* werden sich eben der Frage stellen, ob es nicht »manchmal das Natürliche sein kann, selber fortzugehen«, und der *sensus moralis*[27] seines ganzen Werkes ist der Versuch einer Antwort. Und diese wird immer lauten: das Leid darf kein Einwand sein gegen das Leben (»Nie versagt ihm die Stimme am Staube«, *Sonette an Orpheus*, I, 7). Der letzte Brief Ilse Erdmanns trägt das Datum vom 29. Januar 1922. Rilke hat ihn also kurz vor dem »Sturm« von Muzot[28] empfangen, und er beantwortete ihn am 24. Februar, also nach Abschluß der Sonette.[29] Man hat den Eindruck, daß die rasche Antwort nicht nur eine Höflichkeit war, sondern so etwas wie ein Dank dafür, daß die junge Frau ihn jahrelang, eigentlich die ganzen Jahre hindurch, in denen er den Abschluß der *Elegien* erhoffte, daß sie ihn mit jener Wirklichkeit in Verbindung hielt, die als Einwand überwunden werden mußte, daß sie wie »der Älteren eine, der Klagen« der Zehnten Elegie sich seiner ›angenommen‹ und ihn durch die »Gassen der Leid-Stadt« geführt hatte und »durch die weite Landschaft der Klagen«.[30]

Die meisten Briefe hat Rilke, wie wir wissen, an Frauen geschrieben, und es ist daher nicht verwunderlich, daß zwei weitere Briefwechsel, von denen diesmal zu berichten ist, ebenfalls Briefwechsel mit Frauen sind.

Briefwechsel Rilke / Claire Goll:

Der Band enthält mehr als nur die zwischen Rilke (1875-1926) und Claire Goll (1890-1977) gewechselten Briefe. Er dokumentiert die Beziehung von Rilkes erstem Brief (München, 17. 11. 1918) an die damals gerade geschiedene Claire Studer bis zu Claire Golls gefühlvoll feierndem Aufsatz *Rilke et les femmes*, der kurz nach Rilkes Tod in *Les Nouvelles Littéraires* (27. 2. 1927) erschien. Aufgenommen ist beispielsweise auch Claire Studers Gedichtsammlung *Gefühle*. Von den insgesamt 27 Gedichten waren bislang nur drei veröffentlicht, und das Ganze galt lange als überhaupt verschollen. Claire Studer hatte die Gedichtfolge am 24. Juli 1919 an Rilke gesandt, der sie als Berater des Insel Verlags, der er damals offiziell war, mit zurückhaltenden Worten an die Frau des Verlegers weiterleitete (Brief vom 11. 8. 1919), und selbst der Autorin gegenüber äußerte er mehr Bedenken als Anerkennung (Brief vom 5. 8. 1919: »Nicht alle sind mir gleich lieb; der Reim thut ihnen zuweilen Abbruch«). Er verweigerte zudem seine Zustimmung zu einer Widmung an seine Person. Nach der Lektüre versteht man die Rilkesche Reserve und die so späte wie bündige Reaktion Katharina Kippenbergs: »Studer – nein!« (6. 4. 1921) Die Briefe Rilkes sind bis auf wenige Ausnahmen zwar bekannt, aber in ihrer Gesamtheit nur mehr schwer zugänglich. Die Briefe Claire Golls sind hier zum ersten Mal veröffentlicht. Trotz der sicher vorhandenen Lücken im Briefbestand wird eine sehr intensive Liebesgeschichte wahrnehmbar, die, typisch für die meisten Beziehungen Rilkes, nur eine kurze Zeit der Nähe kennt, aber dann doch anhält bis an sein Lebensende. Der Band ist ausgezeichnet kommentiert, mit einem Nachwort versehen und durch zwei Register (Gedichte, Namen) erschlossen und nutzbar gemacht.

Briefwechsel mit Magda von Hattingberg:

Der Briefwechsel Rilkes mit Magda von Hattingberg geht wie die persönliche Begegnung und Beziehung dem Briefwechsel mit Claire Goll voraus. Die letzten Briefe zwischen Rilke und Magda von Hattingberg sind längst gewechselt, als der Dichter Claire Studer(-Goll) in München zum ersten Mal begegnete. Das Ende der Beziehung zu Magda von Hattingberg fällt ungefähr mit dem Beginn des Ersten Weltkriegs zusammen und die Begegnung mit Claire Studer(-Goll) mit den revolutionären Ereignissen nach dem Kriege.

In beiden Fällen ging die Initiative von den Frauen aus. Während aber im Falle der Claire Studer(-Goll) zwischen dem ersten Brief (16. 11. 1918) und der ersten Begegnung (17. 11.) nur ein Tag lag und nur ein Brief, wurden zwischen Paris und Wien beziehungsweise Berlin an die 40 Briefe gewechselt, bevor es nach etwas mehr als vier Wochen am 27. Februar 1914 zur ersten Begegnung kam, in Rilkes Hotel ›Hospiz des Westens‹, einen Tag nach seiner Ankunft in Berlin. Die vor der persönlichen Bekanntschaft ausgetauschten Briefe spiegeln alle Stadien einer Liebesgeschichte: Werbung, Klage, Glückserwartungen, Erfüllung und Trennung. Die Geständnisse (»l'angoisse de ne pouvoir pas aimer«, S. 52), die Offenlegung der eigenen Seelen- und Lebensgeschichte (»lieblose Liebe und gärende Qual«, S. 97), der Bindungsängste, Kindheitserinnerungen und Lektüren (Augustinus, Marcel Proust), die Schaffenskrise, die Leiderfahrungen verbinden sich schließlich mit den Bedrohungen durch den Krieg: »Das Geschehen liegt da wie ein riesiges gefährliches Gebirg und unser aller Zukunft liegt, wie unerreichbar, dahinter.« (2. 9. 1914)

Der Band wurde noch von der großen Rilke-Philologin Ingeborg Schnack mitbetreut, und die Edition wurde von ihrer langjährigen Freundin und Mitarbeiterin Renate Scharffenberg abgeschlossen, unauffällig gediegen und zuverlässig wie alles, was je aus der Dürerstraße in Marburg geliefert wurde und hoffentlich noch lange kommen wird.

Was sonst Zeugnisse Rilkescher Produktivität angeht, so ist die Erstveröffentlichung der Erzählung *Der Rath Horn* besonders hervorzuheben, die jetzt im Zusammenhang mit der bereits in der kommentierten Ausgabe erschienenen *Was toben die Heiden?*[31] herausgekommen ist. Wenn ich mich richtig erinnere, so gehören beide Geschichten zu einem Manuskriptbestand von insgesamt 14 Geschichten, von unterschiedlicher Qualität. Ich hatte gelegentlich das Vergnügen, diese Geschichten mit Frau Hella Sieber-Rilke durchzusehen, und ich stimme mit ihr darin überein, daß *Der Rath Horn* zu den besten gerechnet werden muß. Es ist die furchtbar traurige Geschichte eines Schriftstellers, der nach Abschluß seines ganz großen Werkes erschöpft, aber erleichtert einen Spaziergang macht und bei der Rückkehr erleben muß, daß die Arbeit seines Lebens in den Flammen seines brennenden Hauses untergeht.

Abgesehen von den Schätzen in Gernsbach und in Bern gibt es noch andere Manuskripte, deren Publikation ich noch gerne erlebte, an deren Publikation ich mich gerne beteiligen würde oder die ich doch wenigstens gerne einsehen möchte. Dazu zählen zum Beispiel Rilkes Briefe an Valerie David-Rhonfeld und die 55 Briefe von Rilkes Mutter an ihre Freundin Olga Theurner aus den Jahren zwischen 1908 und 1927. Daß diese Briefe an der Harvard-Universität aufbewahrt sind, erfahre ich aus einer Anmerkung in dem Buch von Judith Ryan: *Rilke. Modernism and Poetic Tradition.*[32] Die Erwähnung der 55 Briefe Phia Rilkes geschieht in der Arbeit von Frau Ryan in einem Kontext der Aufwertung der Person, wofür es auch andere Zeugnisse aus dem englischsprachigen Raum gibt.

Zum hundertsten Jahrestag ist in Kalifornien eine Prachtausgabe der Aphorismen Phia Rilkes, der *Ephemeriden*,[33] erschienen, eine Art Denkmal der Wiedergutmachung ganz offensichtlich.

Sophie (Phia) Rilke ist bekanntlich als Schuldige längst ausgemacht, von ihrem berühmten Sohn Rainer Maria, der sich sein Leben lang beklagte (»Ach wehe, meine Mutter reißt mich ein«) und der nie, bis zuletzt nicht, ein unverkrampftes Verhältnis zu ihr entwickeln konnte, und auch von der Rilke-Forschung, besonders der psychologisch orientierten von Erich Simenauer (1953) bis David Kleinbard (1993). Egozentrisch, rücksichtslos, ausbeuterisch, so lernt man sie kennen. Wenige haben zu ihren Gunsten plädiert wie etwa der Rilke-Biograph Wolfgang Leppmann (1981). Darum allein ist diese Ausgabe zu begrüßen. 100 Jahre nach dem ersten Erscheinen der *Ephemeriden* legen die beiden amerikanischen Herausgeber die Aphorismen Phia Rilkes in einer schönen zweisprachigen Ausgabe vor, mit einer Einleitung versehen, die für eine neue Sicht und Wertung Phia Rilkes wirbt und einmal ihre Tugenden vorzeigt, ihre Bildung (Antike, Bibel, Schiller), ihre Sprachkenntnisse (Französisch), ihre Willensstärke und ihre Unabhängigkeit. (»After all, it was Phia Rilke who wanted to end the marriage that to her had become intolerable.«) Die *Ephemeriden* werden so zu einem Dokument emanzipatorischer Auflehnung gegen überkommene Rollenzuweisungen und frauenfeindliche Verhaltensmuster, und Phia Rilke selber wird zu einer Repräsentantin, die weit über das Persönliche hinausweist auf Mißstände und Zwänge ihrer Zeit (»the mores of her time and social class«). Es fiele nicht schwer, die Weigerungen ihres Sohnes damit in Zusammenhang zu bringen. Es trifft sich gut, daß der Insel Verlag die Erinnerungen Hertha Koenigs und ihre im ganzen sympathische Zeichnung der Mutter Phia Rilkes neu herausbringt.[34]

Die Diskussion um eine neue Sicht der Mutter Rilkes gibt es schon seit längerem. Erinnert sei dabei an die feministisch ausgerichteten Arbeiten zum »Fall der Sophie Rilke-Entz« (»the case of Sophie Rilke-Entz«)[35]. Aber diese Diskussion erhält nun ungewöhnlichen Zuspruch aus ganz neuer methodologischer Sicht. Ein Musterbeispiel dafür ist die schon erwähnte intertextuell ausgerichtete Studie von Judith Ryan.

Rilke hat in seiner mittleren Schaffensperiode (*Neue Gedichte, Die Aufzeichnungen des Malte Laurids Brigge*) programmatisch und erklärtermaßen ›vor der Natur‹ arbeiten wollen wie die bildenden Künstler, die er sich in diesen ersten Pariser Jahren zu Vorbildern genommen hatte (Rodin, Van Gogh, Cézanne). Das Konzept ist bekannt als Poetik der »harten Sachlichkeit« oder des »sachlichen Sagens«. Aber es wird immer deutlicher, daß sein Blick, daß Schauen und Sehen (»Ich lerne sehen«), nicht frei sind von Einflüssen und daß sein Gedicht und seine Prosa nicht nur die Wirklichkeit spiegeln, sondern sie auch interpretieren (»it is an interpretation of reality, not a simple transcription«, S. 13). Die Entstehungsgeschichte dieser besonderen Sicht auf die Welt hat die Verfasserin nachgezeichnet, die Elemente zusammengetragen, die die Wahrnehmung und die Darstellungskunst des Dichters geleitet haben könnten von der Wahl der Themen und Motive bis hin zum bildlichen Einfallsreichtum seines Stils (»fanciful analogies«, S. 50) und seinem Begriff vom Dichter. An weithin bekannten Gedichten (*Blaue Hortensie* oder dem ersten der *Sonette an Orpheus*) und an für Rilke typischen Themen (wie der Kindheit etwa) wird paradigmatisch gezeigt, in wie dichten ›intertextuellen‹ Beziehungen die poetischen Zeugnisse gesehen und gedeutet werden können. Die zahlreichen Klagen Rilkes über leidvolle Kindheitserfahrungen werden da beinahe unabhängig von der Biographie verständlich als Antwort auf zeitgenössische Denkmodelle und Lektüreerfahrungen des Dichters (Sigmund Freud, Ellen Key, Jens Peter Jacobsen, Herman Bang, Franziska Reventlow). Rilkes Mutter Phia muß man da nicht mehr verdächtigen. Vieles ist einfach nur ›in‹, sehen lernen ist weitgehend, wenn nicht zu ersetzen, so doch zu ergänzen durch ›lesen lernen‹. Der *Malte* ist nicht nur ein Buch über das ›sehen Lernen‹, sondern ebenso ein Buch übers Lesenlernen: »a book about the process of learning to read« (S. 42). Das ist wahr, und die ›Einflüsse‹ (wie man früher sagte), die Frau Ryan etwa zusammengetragen hat zum intertextuellen Verständnis der *Blauen Hortensie*, sind erdrückend.

Aber doch habe ich Rilke immer für einen ›nominalistischen‹ Dichter gehalten, einen, dem die eigene Erfahrung immer wichtiger war als alles Vermittelte. Man wird die Diskussion sorgfältig beobachten. Ich bin noch nicht fertig mit der Nachricht, daß es einen Gedichtband gab, 1896 in Paris erschienen, von Robert de Montesquiou-Fezensac, mit dem Titel: *Les hortensias bleues* (Die blauen Hortensien). Ich hatte den Band noch nicht in der Hand.

Bei der Gelegenheit muß ich unbedingt auf ein Buch zu sprechen kommen, das mit einem Kapitel über Rilkes »Heillose Unbeholfenheit im Lesen« beginnt und das einen ganz großartigen Abschnitt über die Lesebilder hat. Gemeint sind die bekannten Bilder, Photographien meist, die Rilke lesend zeigen, zum Beispiel die Photographie vom August 1897, auf der Rilke zusammen mit Professor An-

dreas, dem Architekten August Endell und Lou zu sehen ist (Schnack, S. 73[36]),
oder die vom Sommer 1906: Clara Rilke, ihren Mann modellierend auf der Terrasse von Schloß Friedelhausen (Schnack, S. 126). Die Bilder werden beschrieben wie Ikonen bewußt inszenierter Selbstdarstellung. Ich meine hier die
Doktorarbeit von Michaela Kopp über *Rilke und Rodin*.[37] Eine überzeugende
Arbeit, gewinnend geschrieben und schwungvoll. Ihre entscheidende These ist
die, daß Rilkes Rodin-Buch in allererster Linie als ein poetischer Entwurf des
eigenen Schreibens gelesen werden müsse. Folgt man den Ausführungen von
Michaela Kopp, dann entdeckt man einen Rodin, den man in Rilkes Monographie vergeblich sucht oder nur auf Umwegen kennenlernt. Einen Zug, den Frau
Kopp besonders hervorhebt, die ausschweifende Sinnlichkeit und das »pornogra-
phische Potential« dieses mächtigen »Pans« (S. 86) und »Schwerenöters« (S. 95),
den nach ihrer Meinung der Altmeister der Rodinforschung allenfalls »mystifi-
ziert« habe (S. 93), hat auch Rilke übersehen, jedenfalls in seiner Rodin-Mono-
graphie nicht erwähnt. (Wenn ich es richtig sehe, wird der im Insel Verlag
angezeigte Band *Auguste Rodin – Rainer Maria Rilke – Augenblicke der Leidenschaft*[38] diesen Zusammenhang herstellen.) Man darf freilich bei diesem Dichter
nicht den Fehler machen und sein Schweigen unterschätzen. Jedenfalls wird man
nicht davon ausgehen dürfen, er habe, was er nicht erwähnt, auch nicht gemerkt.
Ganz offensichtlich ist sein Schweigen ein weit aussagekräftigeres Argument (*ar-
gumentum e silentio*) als bei anderen die offene Kritik. Es findet sich bei Rilke kein
Hinweis auf den Rodinschen »Werkstatt-Betrieb« (Kopp, S. 78-86), seine Ge-
schäftstüchtigkeit, die von ihm erfundene »ars multiplicata« (S. 83), seine Gesel-
ligkeit, seinen unglaublichen Ruhm gerade um 1900. Auch vom Eiffelturm, der
doch unübersehbar war (zumal er ganz in der Nähe von Rodins Atelier in der Rue
de l'Université stand), hat Rilke, ich sagte es bereits, nie gesprochen.[39] Rilkes
Desinteresse am Eiffelturm hat Michaela Kopp erfreulicherweise registriert, und
sie stellt es in den größeren Zusammenhang, in den es gehört:

> »Die Inkunabel aller Errungenschaften des technikbesessenen Jahrhunderts
> und herausragende Touristenattraktion, der Eiffelturm, scheint Rilke ebenso
> wenig interessiert zu haben wie die großen Konsumtempel der Stadt. Als *Con-
> naisseur des peintres de la vie moderne* übersieht er deren urbane Motive vor Ort:
> die Bahnhöfe, die Passagen, die Warenhäuser, die Ausstellungspaläste aus Eisen
> und Glas und das modernste aller Fortbewegungsmittel der Zeit, die soeben
> eröffnete *Métro*.« (S. 96)

Die Wahrnehmung der Fakten, der Blick an Rilke vorbei oder über ihn hinweg,
die Einbeziehung abweichender Urteile: das vergleichende Verfahren Michaela
Kopps führt zu einer genaueren Wahrnehmung der eigentlichen Leistung Rilkes.
Indem sie die Differenz aufzeigt zwischen dem ›anderen‹ Rodin und Rilkes Bild
von ihm, wird die Identität des Rilkeschen Stiles erkennbar. Seine Zeichnungen
und Beschreibungen werden durchschaubar als kreative Leistungen des eigenen
Selbst, für das die Wirklichkeit der Stadt und selbst der große Rodin kaum mehr

sind als Hilfen bei der »Suche nach der wahren Art des Schreibens« (so der Untertitel des Buches), die die eigene werden sollte.[40]

Als 1936 die Rilke-Monographie von Joseph-François Angelloz[41] erschien, da gab es noch Probleme, die wir heute nicht mehr haben. Im Gegenteil, was damals, 1936, irritierte, ist heute eine Tugend. So ändern sich die Zeiten. Das Buch von J.-F. Angelloz war die erste große zusammenfassende Monographie über Rilke, l'homme et l'œuvre, wie man sagte, und die Arbeit hatte ein großes Echo. Ein nachgerade ebenfalls berühmter Rilke-Forscher, Eudo C. Mason, ein Schüler von Hermann August Korff, und Helmut Wocke widmeten der Arbeit ausführliche Würdigungen, in *Dichtung und Volkstum*[42] der eine, der andere in der *Germanisch-Romanischen Monatsschrift*[43]. Mit einem deutlich kritischen, jedenfalls mißbilligenden Unterton konstatierte Wocke die »Wärme«, mit der Angelloz Rilkes Distanz zum Nationalen beschrieben habe, oder mit Mason gesprochen, das »International-Kosmopolitische bei Rilke sehr stark in den Vordergrund stellt, und zwar so, daß er ihn fast mehr der französischen als der deutschen Dichtung zugehören läßt«.[44] Dabei ist festzustellen, daß Angelloz Rilke immer einen »poète allemand« sein läßt und nie den Versuch unternimmt, aus ihm einen Österreicher zu machen, einen Tschechen oder Schweizer (oder, wie man heute zu sagen pflegt, einen Dichter deutscher Sprache). Einen »poète français« allerdings macht er aus ihm ganz unbefangen gelegentlich seiner Vorstellung der Rilkeschen Dichtungen in französischer Sprache.

In der Sache hat sich wenig geändert, eigentlich nichts, aber um so mehr in der Bewertung. Heute wird das »International-Kosmopolitische« Rilkes, seine Aufmerksamkeit für fremde Kulturen, Rußlands, Skandinaviens, Frankreichs, Spaniens, für den Islam, für Japan und Indien, seine Aufgeschlossenheit für die russische Malerei, für die italienische Renaissance, seine Offenheit gefeiert und mit Bewunderung beschrieben. Die beiden Sammelbände *Rilke und die Weltliteratur*[45] und *Rilke – ein europäischer Dichter aus Prag*[46] sind dafür Beweis genug. Lesen Sie nur als Einführung und um den Unterschied zu den Ängsten und Bedenken Masons und Wockes zu fühlen, Joachim W. Storcks schwungvollen und mitreißenden Artikel: *Rilke als Europäer.*

Noch ein Buch zum Schluß, nur noch eins, weil ich doch einmal zum Ende kommen muß, und gerade dies, weil es ein Geburtstagsgeschenk ist für den langjährigen Vize-Präsidenten unserer Gesellschaft, der für viele beinahe mit ihr identisch ist. Ich meine den Sammelband *Korrespondenzen. Festschrift für Joachim W. Storck aus Anlaß seines 75. Geburtstages.*[47] Der Band muß hier erwähnt werden, weil in ihm neben vielem anderen um die 20 Beiträge sich mit Rainer Maria Rilke und seinem Werk befassen. Damit wurde auch und entschieden das Verdienst des Forschers J. W. Storck um die Gestalt und das Werk eines der größten Künstler des zu Ende gegangenen und zu Ende gehenden Jahrhunderts gewürdigt.

Wem das nun alles zu viel ist, wem das zu viele Meinungen sind, dem will ich mit dem Geistlichen in Franz Kafkas Roman *Der Prozeß* sagen: »Du mußt nicht zuviel auf Meinungen achten. Die Schrift ist unveränderlich und die Meinungen sind oft nur ein Ausdruck der Verzweiflung darüber.«[48]

Anmerkungen

1 So im französischen Baedeker von 1894 und im deutschen von 1900.

2 RMR: *Duineser Elegien. Die Sonette an Orpheus.* Hrsg. und übersetzt von Ada Brodsky. Printed in Israel 1998.

3 RMR: *Ausgesetzt auf den Bergen des Herzens. Ausgewählte Gedichte.* Übersetzung und Kommentar von Ada Brodsky. Printed in Israel 1999.

4 Ada Brodsky: *RMR. Pathway of a Poet.* Printed in Israel 1994 (in hebräischer Sprache, 2 Bde., 657 Seiten, mit zahlreichen Abbildungen).

5 Die Arbeit von 1979 bringt allerdings auf den Seiten 247-263 eine deutschsprachige Zusammenfassung unter dem Titel: *Die Struktur und der symbolische Raum der Rilkeschen Dichtung.* – Jüngst erschienen ist RMR: *Frühe Erzählungen.* Übersetzt von Ada Brodsky (*Ewald Tragy, Die Turnstunde*) und Jaakov Gottschalk (*Generationen, Das Ereignis, Das Familienfest, Wladimir der Wolkenmaler, Wie der alte Timofei singend starb*). Tel Aviv 2000.

6 Die Nr. 93 der Bibliographie ist nicht ganz vollständig im deutschen Text: Es müßte heißen: *Stunden-Buch* (Hetkien kirja). *Gedichte aus den Jahren 1899-1908* (Runoja vuosilta 1899-1908).

7 RMR: *Kirjeitä nuorelle runoilijalle.* Suomentanut ja toimittanut (= ins Finnische übersetzt und herausgegeben) von Liisa Enwald, Helsinki 1993.

8 Brigitte von Witzleben: *Untersuchungen zu Rainer Maria Rilkes »Die Aufzeichnungen des Malte Laurids Brigge«. Studien zu den Quellen und zur Textüberlieferung.* Vaasa 1996.

9 Die in den *Blättern der Rilke-Gesellschaft* (Heft 16/17, 1989/90) publizierte Bibliographie von Karl Klutz führt allerdings die Bemerkungen Blumenbergs zur Gestalt des Papstes Johannes XXII. an. Hans Blumenberg: *Ein Vorbehalt für die Seligen. Hinführung auf einen Nebengedanken des Malte Laurids Brigge.* In: Hans Blumenberg: *Die Sorge geht über den Fluß.* Frankfurt am Main 1987, S. 159-162.

10 Hans Blumenberg: *Rilke als Hörer der Matthäuspassion angehört.* In: Ders.: *Matthäuspassion.* Frankfurt am Main 1988, S. 70-75.

11 Hans Blumenberg: ›Geworfenheit‹ und *Auf der via negationis.* In: Ders.: *Begriffe in Geschichten.* Frankfurt am Main 1998, S. 74-82 und S. 227.

12 Joachim W. Storck: *Rainer Maria Rilke als Briefschreiber.* Freiburg im Breisgau 1957.

13 Konstantin Imm: *Rilkes Briefe über Cézanne.* Frankfurt am Main 1986.

14 Blumenberg: *Matthäuspassion* (wie Anm. 10), S. 71 f.

15 Raymond Carver: *Würdest du bitte still sein, bitte.* Erzählungen. Aus dem Amerikanischen von Helmut Frielinghaus. Berlin 2000.

16 Manfred Engel: »Rilke-Forschung heute. Einige Überlegungen zum Verhältnis von Autoren-Forschung und Fachgeschichte anläßlich einer Sammelrezension«.

In: *Internationales Archiv für Sozialgeschichte der deutschen Literatur*, Bd. 24 (1999), 1. Heft, S. 106-131; hier S. 109. Meine Zurückhaltung gilt auch gegenüber Engels Kritik und Wertung der Sekundärliteratur.

17 Wulf Segebrecht (Hg.): *Fundbuch der Gedichtinterpretationen.* Paderborn, München, Wien, Zürich 1997; darin die Bibliographie der Rilke-Interpretationen, S. 273-296.

18 RMR: *Die Aufzeichnungen des Malte Laurids Brigge.* Hrsg. und kommentiert von Manfred Engel. Stuttgart 1997.

19 RMR: *Die Aufzeichnungen des Malte Laurids Brigge.* Mit einem Kommentar von Hansgeorg Schmidt-Bergmann. Frankfurt am Main 2000.

20 *Deutsche Literatur von Lessing bis Kafka.* Directmedia Berlin. (Die jüngste Ausgabe kostet 149 DM, bietet aber 175.000 Seiten Text.)

21 Michaela Kopp: *Rilke und Rodin. Auf der Suche nach der wahren Art des Schreibens.* Frankfurt am Main u. a. 1999; hier S. 216-219.

22 *RMR – Ilse Erdmann. Ein Briefwechsel.* Hrsg. von Wilhelm Kölmel. Waldkirch 1998.

23 »*Ich sehne mich sehr nach Deinen blauen Briefen*«. RMR – Claire Goll: *Briefwechsel.* Hrsg. von Barbara Glauert-Hesse. Göttingen 2000.

24 RMR: *Briefwechsel mit Magda von Hattingberg.* Hrsg. von Renate Scharffenberg und Ingeborg Schnack. Frankfurt am Main und Leipzig 2000.

25 Vgl. etwa *Die neunte Elegie*: »Erde, du liebe, ich will.« (SW I, S. 720)

26 Siehe *Requiem für Wolf Graf von Kalckreuth*, SW I, S. 657-664, entstanden am 4. und 5. November 1908 in Paris. Kalckreuth hatte Selbstmord begangen.

27 Nach Luther ist der *sensus moralis* der oberste Sinn aller Schrift.

28 Rilke an Marie von Thurn und Taxis am 11. Februar 1922: »Alles in ein paar Tagen, es war ein namenloser Sturm, ein Orkan im Geist (wie *Damals* auf *Duino*), alles, was Faser in mir ist und Geweb, hat gekracht, –« (TT II, S. 698).

29 *Die Duineser Elegien* wurden zwischen dem 7. und dem 14. Februar vollendet, die *Sonette an Orpheus* entstanden zwischen dem 2. und dem 23. Februar 1922 auf Château Muzot.

30 *Die zehnte Elegie*, SW I, S. 723, 721 und 724; S. 723: »Aber dort, wo sie wohnen, im Tal, der Älteren eine, der Klagen, / nimmt sich des Jünglinges an, wenn er fragt: –«.

31 RMR: *Der Rath Horn. Was toben die Heiden? Zwei Erzählungen aus dem Nachlaß.* Hrsg. von Moira Paleari. Frankfurt am Main und Leipzig 2000.

32 Judith Ryan: *Rilke, Modernism and Poetic Tradition.* Cambridge 1999; hier S. 243, Anm. 20.

33 Phia Rilke: *Ephemeral Aphorisms.* Translated and Introduced by Wolfgang Mieder and David Scrase. Riverside, California 1998. – Im Insel Verlag werden Phia Rilkes *Ephemeriden*, herausgegeben von Hella Sieber-Rilke, im März 2003 vorliegen, mit einigen unveröffentlichten Briefen Rilkes an die Mutter übrigens.

34 Hertha Koenig: *Erinnerungen an Rainer Maria Rilke und Rilkes Mutter.* Hrsg. von Joachim W. Storck. Frankfurt am Main und Leipzig 2000 (= insel taschenbuch 2697).

35 Vgl. Hubertina Ritmeester: *Rilke and the ›Motherhood Debate‹: A Feminist Perspec-*

tive an the Young Rilke. Michigan 1987, und Tineke Ritmeester: »Heterosexism, misogyny, and mother-hatred in Rilke-scholarship: the case of Sophie Rilke-Entz (1851–1931)«. In: *Women in German. Yearbook. Feminist studies and German culture*, 6 (1991), S. 63–81.

36 Ingeborg Schnack: *RMR. Leben und Werk im Bild*. Frankfurt am Main 1973.

37 Michaela Kopp: *Rilke und Rodin. Suche nach der wahren Art des Schreibens*. Frankfurt am Main u. a. 1999.

38 *Auguste Rodin / RMR: Augenblicke der Leidenschaft. Aquarellierte Zeichnungen und Texte*. Mit einem Nachwort von Annette Ludwig (Textauswahl Vera Hauschild). Frankfurt am Main und Leipzig 2000.

39 Vgl. dazu Rilkes Preis der kindlichen Unwissenheit im Brief an Franz Xaver Kappus vom 23. 12. 1903: »Warum eines Kindes weises Nicht-Verstehen vertauschen wollen gegen Abwehr und Verachtung, da doch Nicht-Verstehen Alleinsein ist, Abwehr und Verachtung aber Teilnahme an dem, wovon man sich mit diesen Mitteln scheiden will.«

40 Kopp: *Rilke und Rodin* (wie Anm. 37), S. 137: »Diese Strategie macht die Rodin-Studie zu einer hermetischen, ausgesprochen artifiziellen Literatur, die mitunter an Rodin und seiner Kunst vorbeischreibt.«

41 Joseph-François Angelloz: *RMR. L'évolution spirituelle du poète*. Paris 1936.

42 Eudo C. Mason: »J.-F. Angelloz: RMR – l'évolution spirituelle du poète. Paris 1936. Eine französische Rilke-Deutung«. In: *Dichtung und Volkstum*. NF des Euphorions, 38 (1937), S. 371–390.

43 Helmut Wocke: »Rilke und Frankreich«. In: GRM XXIV (1936), S. 336–343.

44 Mason: *J.-F. Angelloz* (wie Anm. 42), S. 371.

45 Manfred Engel und Dieter Lamping (Hgg.): *Rilke und die Weltliteratur*. Düsseldorf und Zürich 1999.

46 Peter Demetz, Joachim W. Storck und Hans Dieter Zimmermann (Hgg.): *Rilke. Ein europäischer Dichter aus Prag*. Würzburg 1998.

47 Rudi Schweikert (Hg.): *Korrespondenzen. Festschrift für Joachim W. Storck aus Anlaß seines 75. Geburtstages*. St. Ingbert 1999.

48 Franz Kafka, *Der Prozeß*. Neuntes Kapitel: *Im Dom*.

Silvia Henke

Mit kleinem Bleistift gegen große Blöcke:
Rilkes Begegnung mit Rodin

Rainer Maria Rilke / Auguste Rodin: Der Briefwechsel und andere Dokumente zu
Rilkes Begegnung mit Rodin.
Hrsg. von Rätus Luck. Frankfurt am Main und Leipzig: Insel Verlag 2001
Rainer Maria Rilke: Tagebuch Westerwede · Paris 1902 (Taschenbuch Nr. 1).
Faksimile der Handschrift und Transkription. Aus dem Nachlaß hrsg. von Hella
Sieber-Rilke. Frankfurt am Main und Leipzig: Insel Verlag 2000

Aus Rilkes Studien zu Rodin aus den Jahren 1902 und 1907 kann man entnehmen, daß Rilke in Rodin den Künstler suchte. Nur den Künstler, nicht den Menschen und auch nicht den Mann Rodin. Rilke hat in Rodins Werk etwas entdeckt, was ihm mehr als alles entgegenkam und wonach er selber ein Leben lang strebte: die Vollkommenheit als Gegenbegriff zur Leere. »Es gab keine Leere« – so lautet einer der ersten ebenso einfachen wie folgenschweren Sätze, die Rilke über das Geheimnis der rodinschen Skulptur formulierte. In seiner unbedingten Suche nach dem Grundelement der Kunst hat er dieses Ideal und Geheimnis der Vollkommenheit auf den Künstler ausgeweitet, er hat sich mit Rodin ein Vorbild errichtet, einen »starken Meister«, bei dem Hand und Herz, Schaffensprozeß und Lebensführung eins sind. Diese Identifikation von Künstler und Werk enthält eine wunderbare Anmaßung von Rilke, in der das Scheitern seiner Begegnung mit Rodin bereits vorgezeichnet ist.

Am Anfang steht mithin eine absolute Bewunderung, die er dem verehrten Meister als Dichter-Jünger entgegenbringt. Diese Verehrung ist der Grundton seiner Briefe, und sie erhält in diesem neuen, von Rätus Luck herausgegebenen Band zu Rilke und Rodin alle Valenzen. Denn nicht nur versammelt er alle Briefe Rilkes an Rodin (erstmals in deutscher Übersetzung), sondern er ergänzt die direkte Korrespondenz durch sämtliche Briefe Rilkes, in welchen Rodin vorkommt. Wir haben als Textcorpus mithin die Briefe *an* Rodin wie auch die Briefe über Rodin, zudem einzelne Zeugnisse von Dritten. Die Briefe Rodins sind bis auf wenige Ausnahmen nicht erhalten; sie wurden 1915 bei einer Wohnungsräumung in Paris, in Abwesenheit Rilkes, zusammen mit Büchern, Erbstücken und anderen Korrespondenzen versteigert. Aufgrund der wenigen überlieferten Briefe kann man allerdings sagen, daß der Verlust nicht immens ist: Rodin hat sich nicht im Medium des Briefs offenbart, Briefe waren für ihn in erster Linie ein funktionales Instrument der Verständigung. Deshalb ist das Interessante der Begegnung zwischen den beiden Männern nicht in einem Briefwechsel dokumentiert, sondern in den Erkenntnissen, die Rilke in Rodins Nähe gewinnt und an andere Briefpartner weiterleitet. Rodins Figur bleibt eine übergroße Silhouette im Hintergrund, ein Berg, an dem der junge Rilke sich abarbeitet. Und man muß hier mit Rilkes Verleger Kippenberg fragen, wie es möglich war, daß Rodins mächtiges Werk die zarte Hand des Dichters nicht niedergeschmettert hat, um zu sehen, mit welchem Einsatz sich Rilke in dieses Lernverhältnis begeben hat.

Toujours travailler

Als Rilke Rodin 1902 kennenlernt, ist er in einer verzweifelten Lebenslage. In seinem Pariser Tagebuch, das sich als Parallellektüre anbietet, weil es in die Zeit dieser Begegnung fällt, notiert er: »Ich bin wie ein verlorenes Ding. Wie ein Thier, das keinem gehört, wie eine Fahne über einem leeren Haus: so bin ich – so einsam, so hilflos einsam und arm.« Er hat keine Arbeit, die finanzielle Unterstützung vom Vater ist eingestellt, er hat eine Frau und ein kleines Kind, für die er nicht sorgen kann, und, vor allem, er ringt um seine Aufgabe als Dichter. Hin und her gerissen zwischen dem Elend der Pariser Straßen, der Schönheit der Gärten und der Bilder Manets und Monets, verbringt er »Wartetage« und schreibt Briefe. Er wartet darauf – wie noch oft in seinem Leben, arbeiten zu können, er wartet auf die »Brutalität« des ersten Wortes, das das Schweigen bricht. Bevor er also bei Rodin ein poetologisches Prinzip finden wird, in dem sich Skulptur und Dichtkunst, Figuralität und Sprache nähern, trifft er bei ihm auf einen Begriff von künstlerischer Arbeit, der ihn nachhaltig, wenn nicht lebenslänglich prägt: das Prinzip des Immer-Arbeitens – als künstlerisches Prinzip wie als Lebensprinzip. Ein Wort Rodins hierzu wird Rilke wie eine Gebetsformel immer wiederholen: »Oui, il faut travailler, rien que travailler. Et il faut avoir patience.« Daß der Künstler immer auf dem Weg zur Kunst ist, daß jede Pause und jede andere Form von Leben wieder der Kunst zugute kommt und immer schon ein Unterwegssein zum Werk bedeutet, formuliert einen ganz und gar unzeitgemäßen Begriff von Arbeit, den sich Rilke zeitlebens als Maßstab gesetzt hat. Arbeit, die immer unter dem Druck einer inneren Notwendigkeit steht, meint eine Art selbstverständlicher Anstrengung, in der Leben und Arbeit synonym sind. Sie meint aber auch, daß das Leben, das nicht in Form von Anstrengung kommt, sondern zum Beispiel in Form von Genuß und Glück, ausgeschlossen ist: »Entweder Glück oder Kunst. [...] Die großen Menschen, alle haben ihr Leben zuwachsen lassen wie einen alten Weg und haben alles in ihre Kunst getragen. Ihr Leben ist verkümmert wie ein Organ, das sie nicht mehr brauchen«, schreibt er im September 1902 an seine Frau Clara. Religiöser Selbstzwang, Künstleraskese, geniale oder wahnsinnige Selbstverausgabung, alles klingt in diesem Satz an, der Versprechen und Verhängnis ist, denn: wem das Leben wie ein unnötiges Organ im Dienst der Kunst abstirbt, dessen Körper wird leiden, er wird krank – so wie Rilkes Körper lebenslänglich krank war. Den ersten Hinweis auf diese Kränkung des Körpers, die das neue Arbeitsethos auslöst, findet sich ein Jahr später in einem Brief an Lou Andreas-Salomé. Daß er krank geworden sei bei Rodin, erklärt Rilke nun aus der

Unvereinbarkeit zweier Kunstwelten. Er hatte der Arbeit des Bildhauers und der Nähe von harten, großen Blöcken, Stein und Hammer, körperlich nichts entgegenzusetzen: »die Unmöglichkeit, körperlich zu bilden, ward Schmerz an meinem eigenen Leib«. Rodins Welt war zu physisch, zu voll, zu plastisch für die Abstraktheit der Kunst, die der junge Rilke mit kleinem Bleistift schaffen wollte. Rilke setzt das Mißverhältnis einmal in ein Bild: »Rodin empfingen jeden Morgen die großen Blöcke, an denen er seine Arbeit beginnen konnte, bei mir lag ein kleiner Bleistift auf dem Tisch.« Das Ethos des Toujours-Travailler erfährt hier allein durch die Verschiedenheit der künstlerischen Medien eine Spezifizierung: Während für den bildenden Künstler ›immer arbeiten‹ bedeutet, im Kontakt zu sein mit Stoff, Materie und Körper, heißt es für den schreibenden Künstler Trennung vom Stofflichen und vom Körper. Vielleicht wäre diese Erfahrung des körperlichen Ungleichgewichts zwischen Bildhauer und Schriftsteller sogar verallgemeinerbar und insofern ein Schlüssel zur Hypochondrie des Schriftstellerkörpers.

Brüche und Neuanfänge

Es ist mithin konsequent, daß Rilke den Bruch mit Rodin herbeiführen wird, um seine *Neuen Gedichte* zu schreiben. Auch wenn Rilke viele Versionen verbreitet über diese Trennung und sie von Rodin in Form einer Kündigung vollzogen wurde, auch wenn klar ist, daß Rodin Rilke als Sekretär ausgenützt und als Dichter nicht wahrgenommen hat, es ist ebenso einleuchtend, daß Rilke seine Gedichte nicht im Schatten der großen Blöcke schreiben konnte. Rilkes Abschieds- und Rechtfertigungsschreiben an Rodin bleibt zwar devot; die Einsicht, daß Rodin mit Menschen verfährt, wie es ihm gerade nützt, ohne zwischen freundschaftlichen und funktionalen Beziehungen zu unterscheiden, kann Rilke nicht gebrauchen. Er stilisiert sich lieber zum verlassenen Apostel und Rodin zum strafenden Gott. Doch ist die durch den Meister erfahrene Kränkung einmalig und schwer. Als Rodin ein Jahr später die Versöhnung anbietet, geschieht es zunächst aus geschäftlichen Gründen: Rilke hat ihm eine Ausstellung vermittelt. Zudem ist Rilkes Vortrag über Rodin erschienen; Rodin ließ ihn sich übersetzen und mußte von nun an Rilke als Künstler anerkennen. Auch wenn er seine Bücher – das *Stunden-Buch*, *Die Weise von Liebe und Tod des Cornets Christoph Rilke* und die ihm gewidmeten *Neuen Gedichte* – nicht lesen kann (er konnte kein Wort deutsch), gründet ihr künftiges Verhältnis, das bis zum erneuten Bruch 1913 nochmals sechs Jahre dauern wird, auf einer Ebenbürtigkeit. Rodin nimmt ihn auf in die Avantgarde des 20. Jahrhunderts: »Wir sind an einem Punkt angelangt, wo wir unbesiegbar sind und herausgetreten aus den Einwirkungen der Mode des 19. Jahrhunderts«, schreibt er ihm im Januar 1908 und bietet ihm erneut ein Atelier in Meudon an. Rilke zieht es vor, nicht in die alten Verhältnisse zurückzukehren, und bezieht Räume in einem Nebengebäude des Hôtel Biron, in dem Rodin eine Reihe von Sälen gemietet hat. Es folgt eine Zeit intensiven Austauschs, eine

Zeit von Freundschaft und gegenseitigem Respekt, bis das Verhältnis wiederum
abkühlt und dann ganz abbricht. Wiederum ließen sich die Gründe bei Rodin
suchen – er wird immer eitler, immer erfolgsverwöhnter, immer unkooperati-
ver –, was darin gipfelt, daß er Photographien, die Rilke für einen Bildband über
Rodin bei Kippenberg ausgesucht hat, zurückziehen läßt. Interessanter aber ist
die Distanzierung, die von Rilke ausgeht, und in der sich Schritt für Schritt nachvollziehen läßt, wie ein Vorbild zerfällt. Weil Rilke in Rodin als einem, der immer
arbeitet, die vollkommene Verbindung von Kunst und Leben sah, hat es ihn
zutiefst erschüttert zu sehen, daß auch bei Rodin die Arbeit einmal aufhört. Und
mehr noch: daß dort, wo sie aufhört, auch bei Rodin Langeweile und Leere ist,
daß er am »Feierabend«, wenn er seine Mätressen aufsucht, genau so ist »wie jeder
andere alte Franzose«. Rilkes Enttäuschung über diesen menschlich-männlichen
Rodin, über sein primitives Verhältnis zu den Frauen, über die Unruhe seiner
letzten Jahre, über seine Unzufriedenheit und Todesangst, auf die auch sein Werk
für ihn keine Antwort hatte, all dies erschrickt ihn zutiefst, und er faßt den
Schrecken in einem Satz: »Was in den Werken lag, hatte das Leben nicht durchdrungen.« Das war es, was Rilke bei Rodin suchte, was er für sich weitersuchte,
dieses höchste Ideal eines Lebens als Werk. Mehr noch: als Kunstwerk. Ein Leben
mithin, das sich weder durch die Triebe noch durch Alter, Krankheit und Tod
anfechten läßt, oder anders: ein Werk, das mit allen Anfechtungen des Lebens
fertig werden kann. Ob es das geben kann, ob die Kunst wirklich an allem schöp-
ferisch zu werden vermag, ob sich das, was als schlicht Menschliches zwischen
Leben und Werk liegt, ganz aufheben lässt, ist die eine Frage. Ob Rilkes Lebens-
Werk selber dafür einsteht, ob sein ewig leidender Körper durch das Ideal nicht zu
sehr gestraft war, die andere. Aber von diesem Wunsch nach dem Vollkommenen
zu lesen, zu lesen, was sich einer als Dichter einmal vorgenommen hat und daß
dies noch keine hundert Jahre zurückliegt, berührt seltsam – in einer Zeit, in der
die meisten irgendwie Kunst machen und vor allem: irgendwie leben.

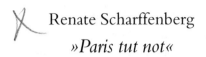 Renate Scharffenberg
»Paris tut not«

»Paris tut not«. Rainer Maria Rilke – Mathilde Vollmoeller: Briefwechsel.
Hrsg. von Barbara Glauert-Hesse. Göttingen: Wallstein Verlag 2001

»Paris thut noth« – um es in Rilkes Schreibweise zu zitieren – steht mit vollem Recht über seinem Briefwechsel mit der Malerin Mathilde Vollmoeller, so oft auch die Briefe aus anderen Städten Europas datiert sind. Paris bleibt bis zum Schluß – 1920 – der zentrale Ort.

In den fast hundert Briefen stehen sich der Dichter und die Malerin, sie waren fast gleichaltrig, in Augenhöhe gegenüber. Ihr Interesse an Bildern und deren Ausstellungen, an Büchern und Landschaftseindrücken verbindet sie, von ihren Arbeiten ist allerdings nicht die Rede. So bleiben sowohl die *Neuen Gedichte* Rilkes unerwähnt wie *Die Aufzeichnungen des Malte Laurids Brigge*, die doch zwischen 1906 und 1910 in Paris entstehen, von den ersten *Elegien* ganz zu schweigen, und Rilke spricht mit der Freundin von all seinen Büchern nur über *Die fünf Briefe der Nonne Marianna Alcoforado* (am 31. 10. 1907, die in seiner Übertragung erst 1913 erscheinen) und sendet ihr 1911 die französische Fassung des Sermons *Die Liebe der Magdalena*, die 1912 in seiner Übersetzung herauskommt (s. S. 87 und Anm.). Der nur wenig jüngeren schwedischen Malerin Tora Vega Holmström dagegen, auch sie traf Rilke in Paris wieder, schenkte er am 13. 6. 1908 seine Übertragung von Elizabeth Barrett-Brownings *Sonette nach dem Portugiesischen* und am 5. 11. 1913 sein *Marien-Leben*.[1] Es bleibt ganz offen, was Mathilde Vollmoeller gekannt hat, ob zum Beispiel das *Requiem* auf Paula Modersohn-Becker? Aber auch von ihren Bildern wird in den Briefen nicht gesprochen – von deren Aufnahme in Stuttgart und bei den Ausstellungen deutscher Künstler in Paris erfahren wir in den ausführlichen und weitgespannten Erläuterungen der Herausgeberin (S. 193) und in ihrem begleitenden Essay (S. 248/49).

Man mag dies für einen Mangel halten, es ist jedoch ein Teil der Diskretion, die bei der Lektüre nie den Eindruck entstehen läßt, man sei Zeuge sehr persönlicher Mitteilungen – das gilt auch angesichts der eher sparsamen Äußerungen zur jeweiligen Lebenssituation der Schreibenden. Auffallend ist auch das in Rilkes Korrespondenzen ganz ungewöhnliche Fehlen von Anreden, das sich beim ersten Brief vielleicht daraus erklären läßt, daß es sich um einen innerstädtischen Rohrpostbrief, ein »pneumatique«, handelt. Der Antwortbrief bezieht die Anrede in den ersten Satz ein und wie auf Grund einer stillschweigenden Übereinkunft bleibt es dabei bis zum letzten Brief vom 3. 10. 1920. Hier heißt es zum ersten Mal: »Verehrte Freundin«. Nachweisen läßt es sich an den der ersten Ausgabe von 1993 beigegebenen Handschriftenfaksimiles (S. 136, 138 und 140), die in der vorliegenden Ausgabe leider fehlen.

Am 12. Juni 1906 las Rilke, wie er seiner Frau berichtete, »in einem Atelier (rue Campagne Première) [...] für sechs junge Menschen« seinen Rodin-Vortrag. Es wird dies nicht (wie in der *Chronik* noch angenommen) das Atelier Mathilde Vollmoellers gewesen sein, da sie erst am 1. September 1907 dort einzog, sondern vermutlich das von Dora Herxheimer, die Rilke schon länger kannte. Für Rilke und Mathilde Vollmoeller war dies eine zweite Begegnung, denn bereits 1898 hatten sie beide an einer Lesung Stefan Georges im Hause Lepsius in Berlin teilgenommen. Damals war auch der künftige Schriftsteller und Kosmopolit Karl Gustav Vollmoeller, ein jüngerer Bruder Mathildes, zugegen, der seit 1904 ebenso wie Rilke Autor des Insel-Verlags wurde: mit einer Übertragung aus dem Englischen – *Liebesbriefe eines englischen Mädchens*. An dieser Arbeit war die Schwester beteiligt, auch wenn sie ungenannt blieb.

Die Erinnerung an diesen Abend in Berlin konnten die Geschwister bei einem Besuch Rilkes in Florenz, wo Karl Vollmoeller inzwischen lebte, vom 25. bis 30. April 1908 heraufrufen, zumal auch der Maler Reinhold Lepsius dort gerade zugegen war, bei dem George vorgetragen hatte. Damals befand Rilke sich auf der Rückreise von seinem zweiten Aufenthalt in Capri nach Paris, wo ihn diesmal das Atelier Mathilde Vollmoellers erwartete, das ihm für die nächsten Monate zur Verfügung stand. Am 13. 5. 1908 schrieb er aus Paris an Kippenberg: »Durch eine sympathische Fügung konnte ich für einige Zeit eine fertige Wohnung übernehmen, die ich brauchen kann so wie sie ist. Ein Atelier und ein kleines Schlafzimmer. Unter diesen Umständen werde ich Ihnen beim nächsten Anlaß hoffentlich schon schreiben können, daß ich in lauter Arbeit bin. Zunächst: ich bin in Paris, und dies ist, wie Sie wissen, die denkbar beste Voraussetzung.« (Zit. S. 158)

Tatsächlich spielt dies Atelier in den Briefen eine bedeutende Rolle – von allen seinen Pariser »Unterkünften« war ihm diese die liebste, und noch als er in der rue de Varenne im späteren Musée Rodin wohnte, sehnte er sich in die rue Campagne-Première (Nr. 17) zurück. Seine letzte Pariser Wohnung bezog er dann 1913 in eben diesem Haus. Diese Wohnung ist es, die er 1914 ahnungslos verläßt und deren Inhalt (allein sieben Bücherkisten und alle Möbel) versteigert wird, weil er die Miete im Kriege schuldig bleibt. Zu diesem Sachverhalt bringen die Briefe des Jahres 1915 (die hier zum ersten Mal erscheinen) wichtige Aufschlüsse. Im Gegensatz zu Purrmanns (Mathilde Vollmoeller war seit Januar 1912 mit dem Maler Hans Purrmann verheiratet) war es Rilke nicht gelungen, seine Miete in Paris weiter zu bezahlen, obwohl die Möglichkeit dazu bestanden hätte. Sein Brief vom 17. 9. 1915 gesteht dies Versäumnis ein. Er konnte nicht wissen, daß die Concièrge Madame Cordier wenigstens seine persönlichen Papiere in zwei Koffern gerettet hatte, die er durch die Vermittlung André Gides nach dem Krieg zurückerhielt, Briefe vor allem, auch die von Mathilde Vollmoeller. Für Madame Alice, die Zugehfrau, bemühten sich Frau Purrmann und Rilke, den Aufenthalts-

ort ihres jungen Verwandten Pierre Mauger aufzuklären, der in deutscher Kriegs-
gefangenschaft vermutet wurde, zum Glück dann aber in Frankreich aufgefun-
den wurde.

Geht man den Briefband der Reihe nach durch, so findet sich ein erster
Schwerpunkt in den Sommerreisen des Jahres 1906, die Mathilde Vollmoeller in
die Bretagne und Rilke nach Flandern führten. Nach längerer Pause – Rilke
kommt erst am 31. 5. 1907 nach Paris zurück – tritt die große Cézanne-Ausstellung im Salon d'Automne in den Mittelpunkt des gemeinsamen Interesses. Im
Oktober sehen sich die beiden fast täglich bei den Bildern des Malers. In dieser
Zeit entstehen die sieben großen Briefe Rilkes über Cézanne, die er an Clara Rilke
schreibt. Ihr rühmt er auch, wie sehr ihn die Freundin zu sehen lehrte (12. 10.
1907, zit. S. 151). Unmittelbar vorher überließ Mathilde Vollmoeller Rilke für einige Tage eine Mappe mit Van-Gogh-Reproduktionen, die sie aus Amsterdam
mitgebracht hatte – auch dies Anlaß zu gemeinsamer Betrachtung (siehe Rilkes
Brief an Clara Rilke vom 2. 10. 1907, zit. S. 149/50, in dem er zugleich verdeutlicht, wie wohltuend der Umgang mit Mathilde Vollmoeller für ihn ist).

1908, während Rilke das Atelier 17, rue Campagne-Première bewohnt, hält er
sie nicht nur über die häuslichen Belange auf dem laufenden, sondern berichtet
von dem Einzug seiner Frau ins Palais Biron, 77, rue de Varenne, wo er im Herbst
dann auch Quartier nimmt. Und natürlich von Paris: »[...] wir haben so kühle
Tage, daß auch das eine Hülfe ist zu unaufhörlichem Am-Stehpult-Stehen. Allerdings auch kalten Regen, der die braunen Kastanienblätter frühzeitig abschlägt,
und den Akrobaten des Quatorze Juillet, die ich sorgfältig wieder aufgesucht
habe, viel Unrecht gethan hat.« (20. 7. 1908; für Dora Herxheimer beschrieb
Rilke in diesen Tagen die »Saltimbanques« des »Père Rollin«.)

Im Jahr 1909 beginnen die Reisebriefe zu überwiegen, Mathilde Vollmoeller
hält sich in Cassis am Mittelmeer auf, zweimal in diesem Jahr mühsamer Arbeit
am *Malte* fährt Rilke für einige Tage in die Provence und sucht Erholung im
Schwarzwald, von woher er ihr seinen Aufstieg im Straßburger Münster schildert: »Fast am Schönsten wars, im Aufwärtskreisen die Ausschnitte wahrzunehmen, die sich ergaben und unten, krokodilenfarben, alle die alten Dachschup-
penmassen sich auf- und abhebend zu sehen, zusammenhängend und altstädtisch
ineinandergeschoben...« (2. 9. 1909, S. 62).

Doch auch unterwegs denkt Rilke für die Freundin zurück nach Paris, so wenn
er aus Elberfeld, wo er aus seinen Werken liest, von der Cézanne-Ausstellung bei
Bernheim jeune berichtet, die gerade eröffnet werden sollte. Er verschob seine
Abreise: »und war am Nachmittag vorher noch zwei Stunden vor den Cézanne,
die Fénéon mir ruhig und langsam gegenüberstellte, eines nach dem anderen,
vielleicht an zwanzig Bilder. Die Frau im rothen Fauteuil war dabei [...], das eine
Kartenspielerbild aus dem Salon und eine der Nature-morte, die damals zu sehen
waren. Und dann vieles mir ganz Neue, nicht Unerwartete, aber doch die große
Erwartung weit Übertreffende; Landschaften, sehr weit geführte Porträts; alles,

mit einem Wort. Und wieder entstand, kaum daß da zehn Bilder auf einmal nebeneinanderstanden, die gewisse Luft, die von ihnen ausgeht, die Atmosphäre, die das Geheimnis ihrer Einheit enthält; ich sage es schlecht jetzt, aber Sie werden wissen, was ich meine« (10. 1. 1910, S. 71).

So beginnt ein unruhiges Jahr für Rilke, das mit der Reise nach Nordafrika endet – nur vorübergehend hält er sich in Paris auf, und auch 1911 kommt es nur zu einer kurzen Begegnung dort, da er erst im April zurückkehrt. Während Mathilde Vollmoeller in Stuttgart bei ihrem erkrankten Vater ist, berichtet Rilke von Ausstellungen, und erst nach einer langen Pause nimmt er die Korrespondenz wieder auf: aus Duino (20. 12. 1911), und schreibt ausführlich über die Bilder El Grecos, die ihn nicht loslassen, bis er ihnen dann in Toledo leibhaftig gegenübersteht. Inzwischen hat die Freundin geheiratet und lebt in Ajaccio auf Korsika.

Im November 1912 ist es soweit, Rilke reist nach Spanien, schreibt aus Toledo einen großen Brief, der allein schon die Lektüre des Briefwechsels lohnen würde, und dann aus Ronda. 1913 sind beide zurück in Paris, Mathilde Purrmann-Vollmoeller mit ihrer kleinen Tochter, man sieht sich, und zu Weihnachten schenkt Rilke der Freundin die Handschrift seines Gedichtes *Sankt Christofferus*, das beginnt: »Die große Kraft will für den Größten sein«, aus dem April dieses Jahres (SW II, S. 58). Man bedauert, daß es in den Anmerkungen steht und nicht im Text der Briefe, wo es viel besser zur Geltung käme. Denn in gewisser Weise bildet es einen Einschnitt, 1914 haben sich die Wege beider doch von einander entfernt, zu der Tochter ist ein kleiner Sohn gekommen – Rilke dagegen wird vom Briefwechsel mit Magda von Hattingberg und den folgenden gemeinsamen Reisen mit ihr absorbiert, und bald nachdem er tief ernüchtert nach Paris zurückgekehrt ist, macht er sich, ebenso wie die Familie Purrmann, zu einer Sommerreise nach Deutschland auf. Rilkes letzter Brief aus Paris an die Freundin ist vom 15. Juni 1914, schon nach ihrer Abreise.

»Paris tuth noth« könnte auch über dem letzten Brief Rilkes überhaupt stehen, den er an die ›verehrte Freundin‹ am 23. Oktober 1920 aus Genf schrieb: »Aber nun denken Sie: seit vorigem Mittwoch besteht die erstaunliche Aussicht für mich, vielleicht um die Mitte Oktober für zehn oder vierzehn Tage selbst nach Paris zu gehen [...] Ins Musée Rodin zu gehen: mein Gott, oder auch nur die rue de Seine hinauf, es wäre eines wie das andere, keines wichtiger und jedes unbeschreiblich beglückend...« (S. 126/27).

Die Ausgabe dieser Briefe wird von der Herausgeberin sorgfältig begleitet durch einen Anhang, der alle nötigen Auskünfte *Zu dieser Edition* gibt. Hier sind die Schicksale der Briefhandschriften nachgezeichnet, von denen 15 seit dem Erscheinen der ersten Ausgabe hinzugefunden werden konnten. Vielleicht finden sich eines Tages auch die bisher fehlenden noch ein. Es folgen eine *Bibliographie* und die umfangreichen *Anmerkungen*, die berücksichtigen, daß viele der Rilke-Briefausgaben heute nicht mehr oder schwer zugänglich sind. Sie eröffnen den Blick auf das, was sich neben den Briefen für Mathilde Vollmoeller und für

Rilke abgespielt hat und von dem der Briefwechsel einen wichtigen, aber doch schmalen Ausschnitt zeigt.

Unser Band enthält eine Anzahl schöner Bildbeigaben, Porträts von Mathilde Vollmoeller (zu fragen ist, warum sie auf dem Schutzumschlag seitenverkehrt abgebildet erscheint – wohl um Rilke nicht den Rücken zuzukehren?) und Rilke, dabei neben weniger bekannten Aufnahmen auch ein bisher unveröffentlichtes Bleistiftporträt Rilkes von der Hand der Malerin, wenn auch leider keins ihrer Ölbilder wie in der ersten Ausgabe, aber immerhin zwei Zeichnungen und eine Radierung.

Schließlich bietet Barbara Glauert-Hesse in ihrem Essay *»Paris tut not«. Zum Briefwechsel zwischen Rainer Maria Rilke und Mathilde Vollmoeller* alles dar, was zum genaueren Verständnis vor allem der Lebensumstände Mathilde Vollmoellers notwendig ist. Eine Bemerkung sei gestattet. Es heißt da: »Es sind die Erfahrungen zweier Ausländer mit Paris. Beide, Mathilde Vollmoeller wie Rilke, sind von Kindheit und Jugend her fest in ihrer Heimat verwurzelt...« (S. 236). Das mag für die Malerin stimmen, für Rilke stimmt es so nicht – es sei denn, man bezieht sich allein auf seine Sprache, in der er zu Hause war. Und selbst sie gehörte ihm am ehesten, wenn er in einer anderssprachigen Umgebung arbeiten konnte. Heimat im engeren Sinne gab es für Rilke nicht. Aus Prag hatte er sich früh und endgültig gelöst, Deutschland, dem Deutschen Reich, stand er überaus kritisch gegenüber, ebenso Österreich. Das Rußland, in dem er sich heimisch fühlte, war gewiß nicht das wirkliche, sondern ein von dem jungen Dichter erträumtes. Wenn Rilke irgendwo hingehörte, dann in das Europa der Vorweltkriegszeit. Und nach Paris.

Anmerkung

1 Vgl. Ingeborg Schnack: *RMR. Chronik seines Lebens und seines Werkes*, Bd. 2. Frankfurt am Main 1990, S. 1354 und 1364.

Joachim W. Storck

Rilke und »Liliane« – Briefe, Fakten und Legenden

»Ich sehne mich sehr nach Deinen blauen Briefen«. Rainer Maria Rilke – Claire Goll: Briefwechsel.
Hrsg. von Barbara Glauert-Hesse. Göttingen: Wallstein Verlag 2000

Auf eine sorgfältige Edition dieses Briefwechsels, wie sie hier vorliegt, hat man lange gewartet. Bislang waren in extenso nur die Briefe Rilkes bekannt – zwei Briefe blieben, aus unerfindlichen Gründen, ausgenommen –: durch die 1944 im amerikanischen Exil von Victor & Jacob Hammer gedruckte Publikation des Aurora Verlags New York, die Richard von Mises in einer Auflage von 125 Exemplaren unter dem Titel *Briefe an eine Freundin* herausgegeben hatte. Aus den Gegenbriefen der Korrespondentin hat die jetzige Herausgeberin erstmals 1976 in ihrem Beitrag ›Liliane‹. *Rainer Maria Rilke und Claire Studer in ihren Briefen 1918-1925* wenigstens Auszüge veröffentlichen können (*Börsenblatt für den Deutschen Buchhandel*, Nr. 7, 23. Januar 1976: *Aus dem Antiquariat*, I, S. A1-A11). Nun liegt, soweit erhalten, der gesamte, verglichen mit anderen Korrespondenzen der beiden Briefpartner nicht sehr umfangreiche Bestand vor: 26 Briefe Rilkes und 32 Briefe von Claire Goll (bis 1921 Claire Studer). Trotz des zahlenmäßigen Übergewichts der – mehrheitlich kurzen – Briefe von Rilkes Briefpartnerin sind ihre Briefe aus den ersten Monaten der Beziehung nicht erhalten; erst nach dem neunten Brief Rilkes liegt dann der Brief-Wechsel vor. Später dürften noch 3 oder 4 Briefe von Claire Goll, wie die Herausgeberin nachweist, verloren gegangen sein; zwei weitere Briefe wurden durch knappe Herausschneidungen verstümmelt. Die Evidenz, daß dies von der Hand der Briefempfängerin geschah, eröffnet bereits einen Einblick in größere Zusammenhänge, in denen dieser Briefwechsel seine erweiterte Bedeutung gewinnt. Sie erschließt sich erst ganz, wenn man die vorangegangenen verdienstvollen Editionen der Herausgeberin – die Briefwechsel zwischen Claire und Iwan Goll (*Meiner Seele Töne*, Mainz / Berlin 1978) sowie zwischen Iwan Goll und Paula Ludwig (*Ich sterbe mein Leben*, Frankfurt am Main / Berlin 1993) –, ferner die von Barbara Glauert-Hesse in ihren Kommentaren kritisch herangezogenen »Erinnerungen« Claire Golls (*La Poursuite du Vent*, Paris 1976) und die jüngst von Barbara Wiedemann besorgte und kommentierte, ebenso gründliche wie erregende Dokumentation *Paul Celan – Die Goll-Affäre* (Frankfurt am Main 2000) in das Bedenken mit hineinnimmt.

Beschränkt man sich zunächst auf die Lektüre des vorliegenden Briefwechsels, so enthüllt dieser, wie man bereits aus den *Briefen an eine Freundin* von 1944 erschließen konnte, eine kurzfristige Liebesbegegnung aus den Münchner Revolutionswochen im November 1918, die sich alsbald in eine durch sporadische Briefe unterhaltene Freundschaft wandelte. Sie konnte sich auf nicht unwichtige Gemeinsamkeiten gründen: die Liebe zu Frankreich, zur französischen Sprache und Literatur, die bei beiden deutschsprachigen Autoren in den Jahren des Ersten Weltkriegs eine entschiedene Kriegsgegnerschaft zur Folge hatte; desgleichen die anfänglichen Hoffnungen auf gründliche revolutionäre Veränderungen in einem Deutschland, zu dem sich beide in kritischer Distanz wußten. Dies ließ auch den Altersunterschied zwischen beiden eher unwesentlich erscheinen. Claire, die Rilke nach ihrem zweiten Namen »Liliane« nannte, war fünfzehn Jahre jünger; so konnte er sie gelegentlich »mein Kind« nennen, während sie in ihren Briefen den älteren Partner mehrfach zu »vergöttlichen« trachtete. Insgesamt sind ihre Briefe, auch die vielen kurzen, ihrem Temperament entsprechend überschwänglicher, drängender; überhaupt dürfte die »Initiative« in der erotischen Begegnung von ihr ausgegangen sein. Die 1890 in Nürnberg geborene Claire Aischmann hatte 1911 in München den Schweizer Verleger Dr. Heinrich Studer geheiratet, von dem sie 1917 geschieden wurde; die 1912 geborene Tochter blieb bei seiner Familie. Damals war die junge Mutter bereits von München in die Schweiz übersiedelt, wohin sich zahlreiche kriegsgegnerische Autoren aus Deutschland wie aus Frankreich geflüchtet hatten. In Genf traf sie den fast gleichaltrigen, aus Lothringen stammenden Dichter Iwan Goll, der bereits vor 1914 mit ersten expressionistischen Dichtungen bekannt geworden war und mit dem Claire Studer von da an zusammen lebte; erst in Zürich, dann in Ascona. Von dort fuhr sie nach dem Ausbruch der deutschen Novemberrevolution 1918 nach Deutschland – was Iwan zu diesem Zeitpunkt noch nicht wagen wollte. Die Erreichung eines ihrer Ziele hatte sie zuvor bereits durch die Übersendung ihres ersten, 1918 im Verlag *Die Aktion* erschienenen Gedichtbandes *Mitwelt* an den von ihr seit ihren Schuljahren bewunderten Dichter des *Buchs der Bilder* und der *Neuen Gedichte* vorbereitet, dem sie nun auch »schweizer Grüße« auszurichten hatte. Obwohl von den Tagen zwischen dem 17. und dem 26. November (am Abend des 17. November hatte Rilke noch die Revolutionsfeier im Nationaltheater besucht und der Ansprache des Ministerpräsidenten Kurt Eisner beigewohnt) nur Briefe und Billets von Rilke erhalten sind, konnte dieser der neuen Freundin am 23. November bestätigen, daß »immerfort […] Herzliches« von ihr zu ihm komme. Anfang Dezember fuhr »Liliane« bereits nach Berlin weiter, um sich dort in den literarischen wie politischen Tumult zu stürzen und Mitte Januar 1919 nach Ascona zu Iwan Goll zurückzukehren. Daß es am Abend des 26. November nicht nur beim Deklamieren von Versen blieb – zwei dabei gelesene, schon 1913 entstandene Gedichte, *Die Geschwister*, schrieb Rilke am folgenden Tag für die Freundin ab –, läßt Rilkes am 29. Dezember 1919 nach Berlin gesandter Brief erkennen, den er mit einer subtil erotischen Imagination beschließt, während er am Anfang bereits sein »Liebes-Staunen« in eine »elegische« Konsequenz zu verwandeln wußte: »Hab ich denn so Helles in Dir angefacht? Solchen Herz-Brand? / Liebes Kind, und fühlst nun zu mir zurück, – statt weiter fort ins Offene, wohin es Dich doch hinreißt, auch mit *dieser* Kraft, auch mit der Kraft zu mir!« Er konnte allerdings nicht ahnen, daß »Liliane« – wenn man ihren Erinnerungen trauen darf – zu dieser Zeit in Berlin bereits mit der Erfahrung konfrontiert war, daß »die Liebesglut [Ferdinand] Bruckners [...] jedes übliche Maß« sprenge.

Danach hat es nur noch drei weitere, jeweils kurze Begegnungen der beiden Briefpartner gegeben; die erste in den Anfangswochen von Rilkes Schweizer Aufenthalt, am 23. Juli 1919 in Zürich, als Rilke Claire und Iwan Goll dort besuchte. »Wie war es gut, mit Euch zu sein, in dem hohen Atelier, immer noch freuts mich, sooft mir einfällt, daß das mein Abschluß in Zürich war«, bestätigte er freundschaftlich am 5. August aus Soglio. 1924 kam dann, trotz längerer postalischer Vorbereitungen, ein gewünschter Besuch Lilianes in Muzot nicht zustande; und erst während Rilkes letztem, mehr als halbjährigen und schon von seiner Todeskrankheit überschatteten Aufenthalt in Paris – wo Claire und Iwan Goll seit dem 1. November 1919 wohnten – kam es zweimal, am 26. Februar und am 8. August 1925 zu brieflich vorbereiteten Zusammentreffen mit der Freundin.

Obwohl im Verlauf des Briefwechsels – der allerdings, vor allem zwischen 1920 und 1923, längere Pausen aufweist – immer wieder leise erotische Signale, zumal in Lilianes Briefen, aufblitzen, treten doch nun die poetischen Themen in den Vordergrund. Während Rilke schon seinen frühen Briefen »Übersetzungs-Proben« beilegt (Cassiani, Mallarmé – den »Fächer von Mademoiselle Mallarmé« übrigens für Iwan Goll bestimmt), schickt ihm Liliane im Juli 1919 eine ganze Sammlung neuer Gedichte unter dem Titel *Gefühle* zu; zur Begutachtung und mit der Bitte, ihnen Rilkes »leuchtenden« Namen voransetzen zu dürfen. Die Antwort des Beschenkten ist ein Meisterstück abwägender, auch die Autorin selbst charakterisierender Beurteilung: »ich habe heute Deine Gedichte gelesen, die aus der Begeisterung hervorgehen, alle, aus einer Begeisterung Deines ganzen Körpers und Daseins, wirklich aus dem *Körpergefühl*; in einem aus jeder Stelle des Leibs miterbauten Bewußtsein kommen sie zu sich, und von den schönsten darf man sagen, daß sie dort eine freie, durchsichtige Wohnung haben.«

Nach einer solchen Einleitung war es möglich, auch einige kritische Einschränkungen anzubringen: »Nicht alle sind mir gleich lieb; der Reim thut ihnen zuweilen Abbruch, weil dann die Wortperle zur Schließe wird, und die Schließe hat einen Nebensinn, ihr fehlt der Perle in sich ruhende Vollkommenheit [...] Auch sagen mir die, die, aufrufhaft, etwas wirken wollen, weniger zu. Das mag an mir liegen.« Trotz dieser Vorbehalte versprach Rilke der Freundin, das Manuskript den »Kippenbergs« zukommen zu lassen; bat allerdings, seinen Namen, den er »so ungern irgendwo stehen« sehe – »höchstens am Rande einer meinigen Arbeit« –, wegzulassen. Mit der Bitte um »Ihre Meinung« – und »ohne mehr zu sagen« – sandte er Katharina Kippenberg Claire Studers Gedichttyposkript –: »einige sehr zeitgenössische Gedichte, Frauengedichte, aus einem sehr vollkommenen Körpergefühl, wie ich es ausdrücken möchte, hervorgewachsen und in

einer lebhaften Geistesgegenwart innerlich angeordnet«. Katharina Kippenberg
antwortete abwartend, die Gedichte »gut« findend, jedoch mit dem »unerbitt-
lichen Nachgefühl«, daß sie erschienen »als im Boden der Zeit steckend, zwar in
seiner besten Materie, aber doch werden sie mit ihr beim nächsten Wetter hin-
weggewaschen werden, das vom ewigen Himmel kommt«. Erst 1921 erhält der
Übermittler eine endgültige Absage. Das Gedichtmanuskript verblieb in der
Rilke-Sammlung von Anton und Katharina Kippenberg und gelangte mit dieser
in das Deutsche Literaturarchiv in Marbach; dort wurde es von der Herausgeberin wiederentdeckt und im ausführlichen Anhang des vorliegenden Briefwechsels erstmals veröffentlicht.

Auch in der Zeit, da sowohl Rilke im Wallis als auch Claire Goll in Paris französische Gedichte zu schreiben begannen, kam es zu einem Austausch neu
entstandener Verse in der »langue prêtée«. Liliane, »qui pense à lui, / comme on
pense à Dieu«, sandte dem bewunderten Dichter zu Weihnachten 1923 eine
Reinschrift ihres Gedichts *Le boulevard nostalgique*; Rilke bedankte sich dafür mit
der in ein kleines Heft eingetragenen Auswahl von sieben poetischen »improvi-
sations« aus seinem Taschenbuch, die später in seinen Gedichtband *Vergers* (1926)
und andere Gedichtsammlungen Eingang finden sollte. »Je n'ose pas dire que ce
soit du français; c'est un élan du souvenir vers une langue entre toutes aimée.« Ein
Exemplar der *Sonette an Orpheus* war bereits 1923 an die Freundin nach Paris
gegangen. Deren Vorschlag allerdings, eine befreundete Übersetzerin für den
Cornet zu gewinnen, begegnet Rilke mit Reserve: »– c'est si loin et si peu de
chose…, wenn das Original durch die Jugendlichkeit seiner Allüre eine Art Geltung behält, ist *die* hinüberzuretten in die Verwandlung und lohnts überhaupt?«

Der Briefwechsel klingt mit einem Brief von Claire Goll Anfang September
1925 aus; der kranke Dichter hat ihn nicht mehr beantwortet. Doch schon bald,
nachdem am 1. Januar 1927 die *Nouvelles Littéraires* durch einen Artikel von Maurice Martin du Gard und wenig später auch mit Würdigungen von Maurice Betz
und Jean Cassou des am 29. Dezember 1926 verstorbenen Dichters gedacht hatten, meldete sich auch Claire Goll zu Wort. Am 7. Februar 1927 erschien in der
gleichen Zeitschrift ihr Gedenkaufsatz *Rilke et les femmes*. Die Verfasserin hat ihn
1952 für eine damals nicht zustandegekommene Ausgabe ihres Briefwechsels mit
Rilke ins Deutsche übertragen. Dankenswerterweise hat die Herausgeberin diese
Fassung in den vorliegenden Band eingefügt. Nimmt man die in dem ausführlichen Kommentarteil mitgeteilten Auszüge *späterer* Äußerungen von Claire Goll
hinzu, die jeweils an dem Aussagewert der Briefe selbst zu überprüfen sind, so
wird man, abgesehen von zahlreichen Erinnerungsverschiebungen, ja erkennba-
ren Unwahrheiten, eine erschreckende »Tendenzwende« festzustellen haben, die
sich allerdings keineswegs auf Rilke beschränkt. Was diesen betrifft, finden sich
bereits in dem Gedenkaufsatz von 1927 einige Irrtümer; neben der Behauptung,
daß das 1913 erschienene *Marien-Leben* die sechzehnjährigen Schulmädchen von
1906[!] besonders begeistert hätte, stehen gewichtigere Falschheiten: etwa daß in

den Tagen der ersten Begegnung mit Rilke in dem »von der Revolution durch-
tobten München« – wo allerdings während der Ministerpräsidentschaft von Kurt
Eisner Ende November 1918 noch nicht »die Maschinengewehre knatterten« –
Rilke, »sooft wir uns trafen«, »eben entstandene Gedichte« vorgelesen habe – es
entstanden damals keine! Wenig später heißt es im Hinblick auf Paul Valéry, daß
Rilke ihr »eines Tages« (dies hätte nur 1925 in Paris sein können) »seine Übersetzung eines Fragmentes der ›Jeune Parque‹ vorgelesen« habe. Gerade *dieses* Gedicht Valérys hatte Rilke aber für unübersetzbar gehalten und daher auf seine
Übertragung verzichtet. Erst Paul Celan hat sich dann dieser Aufgabe unterzogen
und sie gemeistert (1959). Ferner: nicht 1921, sondern 1922 begann für Rilke in
der Schweiz »eine neue Blütezeit«; und – wie der Briefwechsel beweist – nicht
1922, sondern 1924 hatte Rilke der Freundin einige »Erstlinge seiner ›Vergers‹«
übersandt.

Viele Ergänzungen zu biographischen Sachverhalten in dem sorgfältigen Er-
läuterungsapparat der vorliegenden Edition entstammen, soweit auf Claire Goll
selbst zurückgehend, jenen »Erinnerungen«, die Iwan Golls Witwe, Rilkes ein-
stige Briefpartnerin, in ihren letzten Lebensjahren auf Tonbänder gesprochen hat
und die der französische Journalist Otto Hahn 1976, ein Jahr vor dem Tode von
Claire Goll, bearbeitet und unter dem Titel *La Poursuite du Vent* herausgegeben
hat. Sie erschienen 1978 unter dem vereindeutigenden Titel *Ich verzeihe keinem.
Eine literarische Chronique scandaleuse unserer Zeit* in deutscher Übersetzung. Daß
hier von Rilke selbst, aber auch von jeder anderen Persönlichkeit aus dem weit
verzweigten Freundes- und Bekanntenkreis der Autorin, ein völlig verändertes
und verzerrtes Bild präsentiert wird, müßte jeden kritischen Leser jeglicher Aussage gegenüber mißtrauisch machen. Ein langjähriger Freund von Iwan und
Claire Goll, Dr. Lee van Dovski, schrieb über dieses Buch erschüttert: »In diesem
Memoirenwerk ist der Haß aufgebrochen, der in den früheren autobiographischen Romanen untergründig geschwelt hatte. Mitleidlos wird eine lange Reihe
bedeutender Zeitgenossen unter die Lupe genommen und karikiert, die beiden
Gatten Heinrich Studer und Yvan Goll, Marc Chagall, Picasso, Dali, James Joyce,
Gustav C. Jung, jeder bekommt seinen Peitschenhieb, wie einst die sadistische
Mutter stürzt Claire Goll alle Götter ihres Lebens von ihren Piedestalen« (*Derni-
ères Nouvelles d'Alsace*, 1978).

Von Marc Chagall, dem engen Freund des Dichterpaares Yvan und Claire, der
so viele Bücher der Autorin illustriert hatte und dessen berühmtes Doppelporträt
der beiden ihren Grabstein auf dem Pariser Friedhof Père Lachaise ziert, heißt es
in diesem »Memoiren«-Werk neben anderen Insinuationen: »Wenn es einen Nobelpreis für Schmierenschauspielerei gäbe, hätte Chagall unbedingt den Sieg
davongetragen«. Über ihren Mann Yvan schreibt sie an anderer Stelle: »Wie der
Gott Schiwa, der mit seinen sechs Armen durch die Luft rudert, tanzte Goll im
entfesselten Aufruhr seines dreißigfachen Geschlechtstriebs.« Über ihren angeb-
lichen Onkel Max Scheler liest man: »Jedesmal, wenn er die Religion wechselte,

wechselte er auch die Ehefrau.« Von ihrer engen Freundin Elisabeth Bergner, die im Briefwechsel mit Rilke mehrfach auftaucht, behauptet die Autorin, daß sie mit dem Bildhauer Wilhelm Lehmbruck »zusammenlebte«, obwohl doch gerade die Zurückweisung des in sie Verliebten ein Grund für dessen schwere Depression gewesen ist. Den Schweizer Mäzen Rilkes, Werner Reinhart, den Claire Goll übrigens mit dessen Bruder Oskar, dem Kunstsammler, verwechselt – beide waren Teilhaber an der dem Indien- und Ostasienhandel gewidmeten Winterthurer Firma Gebrüder Volkart –, bezeichnet die Memoiren-Schreiberin in erneuter Verwechslung, diesmal mit dem Oerlikoner Waffenfabrikanten Bührle, als »milliardenschweren Kanonenfabrikanten«; ja sie findet die zynische Formulierung: »Von dem milliardenschweren Kanonenlieferanten und Mäzen Oscar Reinhardt[!] unterstützt, verwandelte Rilke das Blutgeld in Oden und Elegien.«

Nun also Rilke – »Deiner kleinen Liliane« einstiger »lieber gütiger Rainer« –, wie er sich (gleich den anderen) im Lügengewebe dieser »Chronique scandaleuse« verwandelt hat: ein »Salonlöwe«, der »seine letzten Lebensjahre am Tisch jener Aristokraten, die er so liebte«, verbrachte; unfähig, »die Probleme seiner Epoche zu erleben, für oder gegen dieses industrielle und kriegerische Deutschland Stellung zu beziehen« [man vergleiche die *Briefe zur Politik*!]; »während des Krieges hatte er sich in seine Romantik eingesponnen und nur der Poesie gelebt«; er besaß »keinerlei Beziehung zur Malerei«[!] und »hatte nur Sinn für Baukunst«; war verheiratet mit Clara Westhoff, »einer auf den geschmacklosesten Kitsch spezialisierten Künstlerin«; »hatte dem Bildhauer [Rodin] beim ersten[!] Besuch selbst vorgeschlagen, als sein Sekretär zu arbeiten«; am 1. August 1914 »war Rilke jedoch in Paris gewesen« – das habe genügt, »ihm [1919] seinen deutschen[!] Paß abzunehmen«; »als heimatloser Pilger zog er in der Schweiz von einem Schloß zum anderen«; und so weiter. In diesem Kontext findet sich dann auch, was die »alte Dame«, der »zum Schluß fast nur noch Gift und Galle« übrig geblieben sei (Lee van Dovski, 1978), über den »Geliebten ungezählter Frauen« zu sagen hatte, dessen »abgeschirmte Klause« im Münchner Winter 1918/19 »stets von Frauen belagert war«. Schon die Behauptung der autobiographischen Erzählerin, daß sie mehrere Tage, ja Wochen bei Rilke in seiner Wohnung gelebt habe, läßt sich, allein anhand der Briefe, widerlegen. Nach ihrer Ankunft um den 16. November stieg sie erst im Hotel Regina Palast ab, um dann nach einigen Tagen zu ihrer Freundin Henriette Hardenberg, die mit Alfred Wolfenstein verheiratet war, überzusiedeln. Auch die Herausgeberin des Briefwechsels bezweifelt einen »Umzug« zu Rilke; schon angesichts der ständigen Anwesenheit von Rilkes »resoluter Haushälterin« Rosa Schmid, einer »oesterreichischen Köchin«, die »mit einigem Hausrath« zu ihm »übergegangen« war (an Marie Taxis, 24. 4. 1919). Anfang Dezember reiste Claire Studer bereits nach Berlin weiter. Komisch mutet es an, wenn die Memoirenschreiberin vor dem »Frauenverführer« zitterte, bei dem sie dann doch den »Zeitverlust« für »eine Liebesnacht [...] auf ein Mindestmaß herabzusetzen« suchte. Wiewohl fünfzehn Jahre jünger als Rilke, besaß sie

längst ihre »Erfahrungen«. Nach zweijähriger Ehe mit dem »spießbürgerlichen«
Heinrich Studer hatte sie bereits die »Qual der Wahl eines Liebhabers«; sie fand
diesen in Kurt Wolff. Nach einiger Zeit »beschloß« sie jedoch, »Mann und Geliebten zu verlassen und nach Berlin zu gehen«. Und »kaum in Berlin angekommen«, fand sie »einen neuen Liebhaber, den Baron Viktor von Wolff«. So lesen
wir in ihren Erinnerungen. Aber erst die Begegnung mit Iwan Goll Anfang 1917
brachte ihr – und das ist gut und gern zu glauben – die (wenngleich von Zeit zu
Zeit arg angefochtene) Erfüllung.

Ausführlicher, als hier nur angedeutet, hat Helmut Naumann (dessen Namen
die Herausgeberin des Briefwechsels leider als »Baumann« verlesen hat) in seinem
Beitrag »Claire Golls Erinnerungen an Rainer Maria Rilke« (*Blätter der Rilke-
Gesellschaft* 19/1992, S. 187-200) die Rilke betreffenden Widersprüche in ihrer
»Autobiographie« aufgezeigt. Zurückhaltend blieb er nur hinsichtlich der in die-
sem Kontext verstörendsten, zugleich für Feuilleton-Rezensenten wie für Bio-
graphen sensationsträchtigsten, als späte Enthüllung dargebrachten Behauptung
Claire Golls, sie habe von Rilke ein Kind erwartet und diesem dies mitgeteilt.
Entzieht dies sich aber wirklich »jeder Nachprüfung«? Zunächst: die behauptete
Schwangerschaft hätte ja auch, in der gegebenen Zeit-Konstellation, von Iwan
Goll verursacht sein können, den Claire Mitte November verlassen hatte und zu
dem sie im Januar aus Berlin zurückgekehrt war. Daher aber *erfindet* die Autorin –
wie es dem kritischen Leser unabweisbar erscheinen muß – einen Streit zwischen
den beiden potentiellen Vätern, ja eine längere Korrespondenz zwischen ihnen,
die beide nichts von dieser »bloßen Möglichkeit« hätten wissen wollen und
schließlich übereingekommen seien, »alle Spuren zu verwischen« (sie selbst habe
dann »abgetrieben«). Der Leser möge selbst anhand des Briefwechsels (oder anhand aller übrigen, in Korrespondenzen, Ingeborg Schnacks Rilke-Chronik oder
anderen Quellen niedergelegten Daten) überprüfen, *wann* oder *wie* dies im Winter 1918/19 hätte stattfinden können. Im Text des Erinnerungsbuches selbst
widersprechen sich die Fakten auf absurde Weise. Da sollen während des Münchner Aufenthaltes von »Liliane« in Rilkes Wohnung, der sich in Wirklichkeit eher
auf Stunden denn auf Tage reduzieren läßt, »Tag für Tag« Briefe von Iwan eingegangen sein. »›Rilke oder ich!‹ stand in jedem Brief« – so behauptet die Memoi-
ren-Erzählerin, die man höchstens, mit viel Wohlwollen, nach einem früheren
autobiographischen Buchtitel als »Traumtänzerin« bezeichnen möchte. Hätte
Rilke sich, nach solchen (chronologisch nicht unterzubringenden) Vorgängen
wenige Monate später über das Zusammensein mit Claire und Iwan so freuen
können? Und hätte Liliane wenige Tage nach der Zürcher Begegnung an Rilke
schreiben können: »Goll liebt Dich jetzt gemeinsam mit mir«? Wenn die »keinem
verzeihende« alte Dame behauptet, Rilke habe nie »die leiseste Anspielung auf
seine [Iwan Golls] Gedichte und andere Schriften« verlauten lassen, so wird dies
durch mehrere Briefe Rilkes in dem Briefwechsel klar widerlegt (9. 3. 1919, 5. 8.
1919).

Wenn Barbara Glauert-Hesse in ihrem gründlichen Kommentar, trotz ihrer vorsichtigen Zurückhaltung gegenüber den Erinnerungen der »fünfundachtzig-jährigen Autorin«, Claire Golls *spätere* Aufschrift auf das Konvolut ihrer Briefe an Rilke »Betr. Meine Abtreibung von Rilke's Kind« ernst nehmen möchte (obwohl *diese* Briefe alles, nur nicht ein werdendes Kind und eine Abtreibung bezeugen), so scheint ihr das durch einen auszugsweise von ihr zitierten Brief Claire Golls an die Pariser Rilke-Sammlerin Jenny de Margerie, die Frau des zeitweiligen französischen Botschafters in Bonn, Roland de Margerie, vom 13. Februar 1969 bezeugt zu sein (zitiert nach einer Kopie – Abschrift oder Xerox? – in der Bibliothèque Municipale in Saint-Dié-des-Vosges); ein in der Tat gewichtiges Dokument. Wie ist es zu erklären? Das in diesem Brief angeführte »Ereignis, das Sie [Jenny de Margerie] so sehr gegen mich erbittert«, betrifft den Einführungsessay von Georges Cattaui in dem Claire Goll gewidmeten, 1967 erschienenen Bändchen der Serie *Poètes d'aujourd'hui* 167 der Editions Pierre Seghers. In diesem Essay, der auf persönliche Mitteilungen der Dichterin zurückgeht und der immerhin be-zeugt, daß am 17. Oktober 1917 »Claire et Yvan contractèrent un mariage sans formalités légales, se faisant un serment de fidelité«, findet sich zum ersten Mal die unüberprüfbare Behauptung: »Claire allait concevoir de Rilke un enfant qui ne devait pas vivre, mais qui allait survivre dans le ressentiment de Goll qu'elle con-sentit finalement à rejoindre.« Dieser Behauptung gehen andere, ebenfalls un-richtige Darstellungen voraus: »Leur première liaison devait durer quelques semaines[!]«. Von dem Abdruck einer französischen Übersetzung von Rilkes Gedicht *Die Geschwister* heißt es: »Au deuxième soir de leur amour, Rilke écrivit pour Liliane ce poème«. Jeder Aspekt dieses Satzes ist falsch. Desgleichen der folgende Satz: »Mais le cœur de Claire demeurait partagé entre Goll et le poète allemand, qu'après une éclipse d'un an[!] elle allait revoir en Suisse en 1920.« Und mit dem folgenden Satz wird dieses, von Claire Goll inspirierte Gewebe an Fäl-schungen vervollständigt: »Dans l'intervalle« [also 1919!], »Rilke lui avait envoyé un petit livre de sa main [...]« – es handelt sich um die Sendung der sieben fran-zösischen Gedichte vom 5. Februar 1924. Kein Wunder, daß Jenny de Margerie all dies mit Verbitterung las.

Auffallenderweise lenkt Claire Goll in ihrem Brief auf ein Buch ab – die Bio-graphie *Rilke. Man and Poet* von Nora Wydenbruck[-Purtscher] (London 1949) –, worin sie bei einem Besuch in New York »ganze Seiten mit Enthüllungen und Indiskretionen aller Art« gefunden habe, weshalb sie Georges Cattaui auch er-laubt habe, »die Wahrheit in dem Band *Claire Goll* zu veröffentlichen«. Eine schillernde Wahrheit, wie die obigen Beispiele zeigen. Was Nora Wydenbruck in ihrem Buch schrieb, war nichts anderes als Auslegungen jener *Briefe an eine Freun-din*, die 1944 in den USA erschienen waren. Es enthielt also keinerlei damals unbekannte »Intimität«, außer derjenigen, welche die Briefe selbst suggerierten. Lediglich die Vermutung, daß »Liliane«, die inzwischen mit Yvan (wie er sich seit dieser Zeit schrieb) in Paris lebte, Rilke bei seinem ersten Nachkriegsbesuch in

Paris (23.-30. 10. 1920) die dortigen Umstände erleichtert haben könnte (»facili-
tated matters for him«), blieb unbewiesen – und gewiß nicht die einzige Speku-
lation in dem Buch der Gräfin.

Als, zunächst 1967 in dem Essay von Cattaui, sodann, 1976, durch ihre »skan-
dalösen« Erinnerungen, die sensationelle Mär von der Rilke-Schwangerschaft
gezielt in die Öffentlichkeit lanciert wurde, strebte die berüchtigte »Goll-Celan-
Affäre« ihrem Höhepunkt zu. Sie begann, zunächst, seit 1953, »nicht im eigentlichen Sinn privat, aber auch noch nicht wirklich öffentlich« (Barbara Wiedemann), mit den bekannten, längst als unsinnig erkannten Plagiatsvorwürfen
gegen Paul Celan, mit denen sie leider Yvan Goll – der, auch editorisch, eine
bessere Pflege seines Andenkens verdient hätte – durchaus geschadet hat. Durch
eine verleumderische Zuschrift an die Zeitschrift *Baubudenpoet* (April 1960), mit
der sie den damaligen Büchnerpreis-Träger beschädigen wollte, entfesselte sie
auch öffentlich jene Kampagne, die für den hochsensiblen Lyriker physisch und
psychisch katastrophale Folgen hatte; von der sie aber auch nicht abließ, als das
Gebäude ihrer und ihrer kleinen Gefolgschaft Anschuldigungen gegen Celan
nach und nach zusammenstürzte. Ihre Verfolgungsjagd nahm mehr und mehr
pathologische Züge an; man weiß: der Haß – selbst der »gegen Niedrigkeit« –
»verzerrt die Züge«. In dieser zunehmenden Verzerrung – die auf andere Weise
auch das »Rilke-Bild« in Claire Golls »Erinnerungen« prägte – fand die entfesselte
Einbildungskraft immer neue Ansätze zur Entblößung. So enthüllt ihr Brief an
Celans Wiener Freund Klaus Demus vom 25. Mai 1961 erstmals, was bereits eine
gewisse Nähe zum »Fall« Rilke erkennen läßt: »Mein heftiges persönliches Ressentiment ist auf eine starke, durch ihn hervorgerufene menschliche Erschütterung zurückzuführen, die mich in der nach Yvans Tod entstandenen Intimität bis
in die Wurzeln traf. Celan wird nicht reden. Ich auch nicht.«

In einem Beitrag für *Westermanns Monatshefte* vom April 1975, dem Jahr von
Rilkes 100. Geburtstag, wird Celans Verfolgerin, fünf Jahre nach dessen Tod,
noch deutlicher. Damit habe, wie Wolfgang Hädecke in einem Leserbrief formulierte, die Verleumdungskampagne »nun endgültig die Ebene der Widerwärtig-
keit erreicht«. Claire Goll scheute sich nicht, dem Objekt ihres (transitiven)
Verfolgungswahns eine versuchte »Vergewaltigung« anzudichten. Ein Auszug
möge genügen: »In der dritten oder vierten Nacht [nach Golls Tod!] [...] sah ich
im Schein der kleinen Nachtlampe ein von Leidenschaft verzerrtes Gesicht über
mir. Bevor Celan mich an sich ziehen konnte, gab ich ihm eine schallende Ohr-
feige und befahl ihm sofort das Zimmer zu verlassen. [...].« Wer den eher scheuen
Celan damals gekannt hat, wird Barbara Wiedemanns Schlußfolgerung bestätigen können: »Wie aus den Daten und dem Ton der zwischen CG und PC im März
1950 gewechselten Briefe hervorgeht, hat die im Folgenden zum erstenmal ge-
schilderte Episode, deren Publikation in der eher biederen Monatszeitschrift
mehr als erstaunt, keinerlei Grundlagen in der Realität. Auch die chronologische
Einordnung [...] widerspricht den durch die Briefe geschaffenen Tatsachen.« Bei

aller Unterschiedenheit der Situation frappiert nun doch die strukturelle Analogie in dem graduellen Enthüllungsvorgang bei Rilke und Celan, der auch zeitlich in dem Steigerungsprozeß eines, die Phantasie überhitzenden Verfolgungseifers parallel verläuft. So überrascht es nicht, daß die Celan unterschobene »Intimität« gleichfalls in die Spät-Erinnerungen Claire Golls Eingang gefunden hat; allerdings nur in das französische Original *La Poursuite du Vent*; denn in der deutschen Übersetzung wurde diese Stelle bezeichnenderweise weggelassen!

Unter den zahlreichen Liebesaffären der Autorin, mit denen *La Poursuite du Vent* gespickt ist, ragen zwei heraus; die letzte, welche die Greisin mit einem jugendlichen Liebhaber in Paris erlebt: weil sie darin ihren ersten Orgasmus kennengelernt zu haben behauptet; die kurze mit Rilke, weil dieser in ihrer Sicht der »prominenteste« ihrer Partner gewesen sein dürfte. So konnte sie auch in ihrem eigentümlich ambivalenten Brief an Rilkes Tochter Ruth vom 11. 12. 1952, den die Herausgeberin auszugsweise zitiert, etwas großsprecherisch vom »umwälzendsten Erlebnis« ihres Lebens schreiben, von dem sie »bis jetzt« die es betreffenden Briefe »geheimgehalten« – also nicht vernichtet – habe. Es gibt aber nur *die* Briefe, die jetzt in extenso veröffentlicht worden sind und deren Herausgabe die Briefschreiberin wohl erreichen wollte (mit dem Hinweis auf die »amerikanische Veröffentlichung« wurde ihr dies von der Rechtsinhaberin verwehrt). Jene zwei Briefe, die 1944 noch »der Veroeffentlichung entzogen« bleiben mußten und auf die hier spekuliert wird, haben sich als inhaltlich harmlos herausgestellt. Was überhaupt »Lilianes« Umgang mit Briefen betrifft: Barbara Glauert-Hesse hat schon vor Jahren aufzudecken vermocht, daß Claire Goll als Herausgeberin in ihren Briefwechsel mit Yvan Goll Briefe als an sie gerichtet eingeschmuggelt hat, die in Wirklichkeit der langjährigen Geliebten Yvans, Paula Ludwig, gegolten hatten.

Der genaueste und gerechteste Biograph Rilkes, Donald Prater, hat im Hinblick auf Claire Golls Enthüllungs-Memoiren, soweit sie Rilke betrafen, 1986 das folgende Resümee gezogen, dem auch heute nichts hinzuzufügen ist: »›Liliane‹ behauptete in ihren (von anderer Hand geschriebenen) Memoiren, eine Schwangerschaft nach dieser Verbindung sei auf Betreiben Rilkes wie Iwan Golls unterbrochen worden, der auch dafür sorgte, daß alle Briefe über die Affäre vernichtet wurden. [...] Das Fehlen weiterer Beweise und die unangenehme Effekthascherei des Buches erwecken jedoch Zweifel. Elisabeth Bergner schrieb in einem Brief an den Verfasser (26. Mai 1983), Claire habe ihr nie von einer Schwangerschaft erzählt. ›Sie schrieb wohl nicht viel Wahres, denn ... sie sagte auch nicht viel Wahres.‹«

Sieglinde Grimm
Rilke im weltliterarischen Kontext

Rilke und die Weltliteratur. Hrsg. von Manfred Engel und Dieter Lamping.
Düsseldorf und Zürich: Artemis und Winkler 1999

In dem von Dieter Lamping und Manfred Engel herausgegebenen Sammelband *Rilke und die Weltliteratur* geht es nicht allein um das ›Europäertum‹ Rilkes und seine weltliterarische Bedeutung als moderner Autor, Leser und Übersetzer, sondern auch um seine Rezeption im europäischen und außereuropäischen Ausland. Viele dieser Wirkungen und Wechselwirkungen sind bekannt, so zum Beispiel sein Verhältnis zu Paul Valéry, zu André Gide, zu Paul Celan oder Marina Cvetaeva, wie dies auch die nach ›Kultur- und Sprachräumen / Ländern‹ geordnete Auswahlbibliographie des Bandes zeigt. Darüber hinaus stellt der Sammelband jedoch den Anspruch, einen neuen »komparatistischen Zugang zum Werk Rilkes zu finden« (S. 10), wofür den einzelnen Analysen Modellcharakter zukommen soll.

Ausgehend von einem kultur- und religionsgeschichtlichen Zugriff wirft Fülleborns Differenzierung zwischen Rilkes Abwehrhaltung gegenüber dem Christentum, etwa in den ›Christusvisionen‹ oder auch im *Stunden-Buch*, und seine Übereinstimmung mit dem altjüdischen Glauben der Prophetengedichte in den *Neuen Gedichten* ein klärendes Licht in die bestehende Forschung. Spörl führt diesen weitgefaßten Zugang in seiner Untersuchung der Antike-Rezeption Rilkes fort, für die insbesondere die Plastiken Rodins und das (allerdings zu Unrecht) von Nietzsche abgeleitete Primat des apollinischen Kunstprinzips[1] ausschlaggebend wirkten. Seine Analyse der antiken Liebesdichterin Sappho als Prototyp der ›großen Liebenden‹ verschenkt jedoch einen wesentlichen Aspekt, nämlich die Herleitung der Liebe aus dem platonischen Liebesverständnis.[2]

Um Rilkes Rezeption einzelner Autoren geht es im nächsten Komplex. Monika Ritzer beobachtet in Rilkes Haltung gegenüber Maeterlinck die Ablehnung der weltfernen und dekadent-passiven Seelenmystik des frühen Maeterlinckschen Symbolismus einerseits und sein späteres Interesse für Maeterlincks Integration des Schicksals andererseits, durch das letzterer zur »Massivität eines ›großen, primären Gefühls‹ (KA IV, S. 177)«[3] gelangt. Gründe für diesen Übergang von der Dekadenz zum Aufbruch werden jedoch nicht genannt. Anthony Stephens weist Analogien von Rilkes *Malte* zu den Prosagedichten Baudelaires nach, wie etwa das Fehlen einer ästhetischen Einheit des Textsinnes oder die Aussparung der sexuellen Dimension in der Liebeskonzeption. Eine Antwort auf die in Rilkes Werkplan zum *Malte* aufgeworfene Frage »il [Malte] surpasse Baudelaire« (S. 86)[4], nämlich worin Malte Baudelaire übertrifft, bleibt er schuldig. Zu

denken wäre hier an die Umdeutung des Elends als Gottesbeweis am Beispiel
Karls VI. oder an den Umschlag vom »Triumph des Todes« zum »Mysterium der
Liebe« (KA III, S. 606), wodurch Malte zu einem neuen Selbstverständnis findet.
Zwar erscheinen auch in Baudelaires *Petits poèmes en prose* die Niedrigen und
Elenden als Träger einer Epiphanie,[5] aber dies führt nicht, wie im *Malte*, zu einem
neuen Verhältnis der Figuren zu Gott, sondern zu ihrem Untergang. Judith Ryans
Versuch, mit den Konzepten von Pastiche und Kontrafaktur das Feld der literarischen Lektüren Rilkes auf Eichendorff, Hölderlin, Goethe, Shakespeare, Valéry
und andere auszuweiten, ist verdienstvoll, jedoch sind manche der Bezüge
von bloßen Wortspielen schwer zu unterscheiden. Ob Rilke in dem Gedicht *Als
ich die Universität bezog* Fausts Rede im Studierzimmer »pastichiert« (S. 111) oder
schlichtweg den alten Topos des Universitätenstreits aufgreift, ist kaum zu
sagen.

Manfred Schmelings Beitrag, der in den Themenkomplex von Rilkes überset-
zerischer Tätigkeit einführt und in der Bearbeitung des Gleichnisses vom Verlorenen Sohn im *Malte* und in Gides Fassung »perspektivisch gefilterte Meinungen,
dialogische Prozeduren« sowie »Formen der Dezentralisierung des Ichs« erkennt
(S. 140 f.), argumentiert von einem ›postmodernen‹ Standpunkt aus, der die Unzulänglichkeit nicht nur der Übersetzung, sondern auch der Sprache im allgemeinen feststellt. Gerade aber die »Ausbruch- / Heimkehr-Thematik« (S. 140), die
Schmeling im Zentrum der Rilkeschen Übersetzung sieht, birgt Entwürfe einer
neuen, existentiellen Form der Subjektivität, die mit der Suche nach neuen
sprachlichen Mitteilungsweisen einhergeht.

Wenn Bernard Dieterle die Gründe für Rilkes Beschäftigung mit Michelan-
gelo in der Thematik des Unvollendeten, des ›non finito‹, erkennt, so läßt sich
fragen, ob dies in dichterischen Selbstzweifeln begründet liegt, wie Dieterle
meint, oder vielmehr Ausdruck der Begrenztheit des menschlichen Daseins gegenüber dem Absoluten ist. Die Beobachtung, daß in Rilkes Übersetzung der
Gedichte auf den Tod des jungen Bracci ein Leben nach dem Tod – im Gegensatz
zu Michelangelos Text – als kaum haltbare Vorstellung erscheint, spricht jedenfalls für letzteres.[6] In diesem Sinne ist auch die von Andreas Wittbrodt beobach-
tete Reduzierung des (ins Transzendente gehenden) petrarkistischen Bezugs in
Rilkes Übersetzungen der Sonette Elizabeth Barrett Brownings und Louise Labés
zu verstehen. Aber Wittbrodt läßt sie unbegründet. Offensichtlich beruht die
Tilgung der Amor-Allegorien oder ihr Ersatz durch ›Liebe‹ oder ›Gott‹ in den
späteren Übersetzungen der Lyrik Labés auf Rilkes Ablehnung der Liebe als einer
vermittelnden Instanz zwischen Mensch und Gott, da diese seiner Konzeption
einer besitzlosen Liebe widerspricht.

Die Untersuchungen von Jürgen Söring und Winfried Eckel zu Rilkes Bedeutung im Kontext der Moderne stellen die Abstraktion als dichterisches Verfahren
in den Mittelpunkt. Söring unterlegt diesem Verfahren einen naturwissenschaftlich und kulturgeschichtlich begründeten Abstraktionsprozeß, der einen »fort-

schreitenden Prozeß der *Entdinglichung*« (S. 201) mit sich bringt und von Rilke
mit der Suche nach »sichtbare[n] Belege[n]« beantwortet wird.[7] Sörings offen
bleibender Frage, ob dies einen Rückfall gegenüber der Abstraktion beinhalte, ist
entgegenzuhalten, daß Rilke das Sichtbare aus dem Inneren mittels der ›Poetik
der Vorwände‹ motiviert.[8] Eckels Untersuchung verfolgt dieselbe Stoßrichtung,
sie geht jedoch vom Kunstwerk selbst aus, das durch den Einfluß von Musik,
Architektur und Tanz mit dem Anspruch der Mimesis bricht. Demnach beginnt
bei Rilke erst mit der Krise des Anschauens die Entdeckung der Musik als »figu-
rale[r] Dimension« (S. 248), die dann zu einer ordnenden Kraft wird. Dabei
ergibt sich eine Steigerung der Abstraktion vom Frühwerk zur späten Lyrik, wie
der Vergleich der Sonette *Spanische Tänzerin* (1906) und *Tänzerin: O du Verlegung*
(1922) zeigt. Zuzustimmen ist dem Ergebnis, zu dem Söring und Eckel im Hinblick auf die Bedeutung der Abstraktion kommen, nämlich daß gerade durch die
Abstraktion die Verbindung zu einer in der Moderne gleichwohl veränderten
Natur erhalten werden kann.

      Wolfgang G. Müller etabliert den modernen Kontext durch einen Vergleich
von Rilkes Dinglyrik mit Husserls Phänomenologie. Während der Ausgangspunkt, nämlich die Parallele zwischen der phänomenologischen Maxime ›zu
den Sachen selbst‹ und Rilkes Hinwendung zum ›sachlichen Sagen‹[9], überzeugt,
fordert seine weitere Argumentation Widerspruch heraus. Rilkes Präsentation
der »Ansichten der Dinge« entspreche »den ›Abschattungen‹ der Dinge« nach
Husserl, demzufolge, so Müller in einem Referenzzitat, der »wahrgenommene
Gegenstand [...] als Phänomen in die Immanenz des Bewußtseins«[10] gehöre
(S. 223). Diese Entsprechung stellt Müller gegen Käte Hamburgers Parallele
zwischen der Rilkes Dinglyrik unterlegten ›Wesensschau‹ und Husserls ›phäno-
menologischer Reduktion‹. Der Gegensatz läßt sich jedoch kaum halten: Das
›Wesen‹ nämlich kristallisiert sich gerade in den ›Abschattungen‹ heraus;[11] und
in diesen wiederum wird das Gegenständliche als Gegebenheit des Bewußtseins faßbar.[12] Die ›phänomenologische Reduktion‹ oder Epoché zielt, wie
Müller zutreffend feststellt, darauf, »den Blick für die Phänomene als reine Be-
wußtseinsgegebenheiten zu öffnen« (S. 225). Damit aber steht sie nicht
im Gegensatz zu den ›Abschattungen‹, sondern bildet für sie die Voraussetzung.

      In der letzten Aufsatz-Trias von Jürgen Lehmann, Heather Hahn Mathusen
und Mizue Motoyoshi weitet sich der Blick auf Rilke-Rezeptionen und -Über-
setzungen insbesondere im außereuropäischen Ausland. Während die Beiträge
von Lehmann und Mathusen den Begriff der ›Überschreitung‹ ins Zentrum der
Übersetzungsproblematik rücken, hat Motoyoshis Darstellung über die Rilke-
Rezeption in Japan eher dokumentarischen Charakter. In der Rilke-Rezeption
der russischen Lyrikerin Marina Cvetaeva betrifft das Überschreiten neben dem
geographischen Raum und der sprachlichen Nationalität die Liebe, die Cvetaeva
»als einen sich durch Offenheit, Freiheit und Besitzlosigkeit auszeichnenden ›rei-

nen Bezug«« (S. 267) ganz im Sinne Rilkes versteht, und es betrifft das poetische
Verfahren, in dem Lektüre und Übersetzung der Dichtung Rilkes mit eigenen
Texten synthetisiert werden. Rilke wird stilisiert zum neuen Orpheus, ja zu einem
Gott, der nicht mehr personifiziert, sondern nur noch »reiner Bezug, unendliches
›Verhältnis‹« und »ewiger Prozeß« ist (S. 270). Nicht mehr um ›Rezeption‹ geht
es, sondern um Inkarnation. Dabei leitet Lehmann das Konzept der Überschreitung einseitig von Cvetaeva her, obwohl sich ein Vergleich mit Rilkes Auffassung
des Überschreitens im Kontext der Subjektproblematik anböte.[13] Mit ähnlichen
Zielsetzungen verteidigt Mathusen die Rilke-Übersetzungen des amerikanischen Schriftstellers Robert Lowell gegen die Analysen Hartmut Heeps, der dies-
bezüglich von ›imitations‹ als »minderwertigere Form des Übersetzens« spricht
(S. 286), und sie versucht, Lowells Abweichungen der Übersetzung durch den
anderen kulturellen, das heißt amerikanischen Hintergrund des Übersetzers zu
legitimieren. Diese beiden innovativen Übersetzungsbegriffe beinhalten nicht
die unerläßliche Unterscheidung zwischen beabsichtigter dichterischer Umar-
beitung von Texten durch einen anderen Autor und den Anspruch von Text und
Übersetzung auf Objektivität.

Die Sammlung vielfältiger Aspekte, die Rilke im weltliterarischen Kontext
situieren, macht den Wert des Bandes aus. Zu kurz kommen – mit Ausnahme von
Stephens' Aufsatz – Analysen zur Sprachproblematik, wohl weil deren Diskussion sich auf den deutschsprachigen Raum konzentriert, während die Herausgeber Rilke in einem globalen weltliterarischen Licht darstellen wollen.

Anmerkungen

1 Spörl bezieht sich dazu auf Jürgen Sörings Beitrag im selben Band. In der *Geburt
der Tragödie aus dem Geiste der Musik*, in der Nietzsche das Begriffspaar ›apolli-
nisch-dionysisch‹ mustergültig ausarbeitet, ist jedoch von paritätischen, »sich
gegenseitig steigernd[en]« Prinzipien die Rede. Gegenstand der Kritik Nietzsches
ist der Primat des Apollinischen in der Klassik. (In: *Kritische Studienausgabe* in 15
Bänden. Hrsg. von Giorgio Colli und Mazzino Montinari [nach den Original-
drucken und -manuskripten auf der Grundlage der *Kritischen Gesamtausgabe*,
Berlin / NewYork 1967 ff. und 1988] Berlin / New York 1988, Bd. 1, S. 9-156,
hier S. 41.)
2 Rilke wird spätestens durch Rodin auf Platon und das Platonische Konzept des
Eros aufmerksam. Vgl. KA IV (siehe Anm. 3), S. 476 und 500. Zu Rilkes Verarbeitung des Platonischen Eros in den ›großen Liebenden‹ und Sappho vgl. meinen
Aufsatz »›… denn die Herrlichkeit ist nur ein Augenblick‹. Rilkes *Malte Laurids
Brigge* und Kierkegaards Deutung von Ewigkeit und Zeitlichkeit«. In: Annette
Simonis und Linda Simonis (Hgg.): *Zeitwahrnehmung und Zeitbewußtsein der Moderne*. Bielefeld 2000, S. 407-431, hier S. 427 f.
3 Rilke wird zitiert nach: RMR: *Werke. Kommentierte Ausgabe in vier Bänden*. Hrsg.

von Manfred Engel, Ulrich Fülleborn, Horst Nalewski und August Stahl. Frankfurt am Main und Leipzig 1996 (KA).

4 Brigitte von Witzleben: *Quellenstudien zu RMRs: Die Aufzeichnungen des Malte Laurids Brigge*. Masch. Abo 1970, S. 3.

5 Der Taschenspieler glänzt »comme un dieu«, und dem Narren gelingt es, »le divin et surnaturel« mit seinen Possen zu vermengen. (Charles Baudelaire: *Œuvres complètes*. Texte etablie, présenté et annoté par Claude Pichois. Bd. I, Paris 1975 (Bibliothèque de la Pléiade), S. 296 und S. 321.)

6 In diesem Sinne versteht Rilke den Tod nicht als »Gegenteil«, sondern vielmehr als »Ergänzung zur Vollkommenheit« des Lebens. (Brief an Gräfin Margot Sizzo-Noris-Crouy, 6. 1. 1923. In: RMR: *Briefe*. Hrsg. vom Rilke-Archiv in Weimar in Verbindung mit Ruth Sieber-Rilke. Besorgt durch Karl Altheim. Wiesbaden 1950 u. ö., S. 807.)

7 Brief an Witold von Hulewicz, 10. 11. 1925. In: RMR: *Briefe* (wie Anm. 6), S. 890.

8 Im Brief an seinen polnischen Übersetzer erläutert Rilke die Technik der Vorwände mit dem Verlangen des »jungen M. L. Brigge, das fortwährend ins Unsichtbare sich zurückziehende Leben über Erscheinungen und Bildern sich faßlich zu machen; er findet diese bald in den eigenen Kindheits-Erinnerungen, bald in seiner Pariser Umgebung, bald in den Reminiszenzen seiner Belesenheit.« (Ebenda, S. 890f.)

9 Vgl. den Brief an Clara Rilke vom 19. 10. 1907, in dem Rilke, anknüpfend an Baudelaire und Cézanne, eine »Entwicklung zum sachlichen Sagen« vorschlägt. (Ebenda, S. 195.)

10 Müller zitiert hier zustimmend Ernst Wolfgang Orth: »Beschreibung als Symbolismus«. In: Gottfried Boehm und Helmut Pfotenhauer (Hgg.): *Beschreibungskunst – Kunstbeschreibung. Ekphrasis von der Antike bis zur Gegenwart*. München 1995, S. 595-605, hier, S. 599.

11 Zum Verhältnis von ›Wesen‹ und ›Abschattung‹ führt Husserl aus: »Die *Wesens*einsicht meine ich da zu haben, daß ein solcher Gegenstand überhaupt nur in derartigen Erscheinungsweisen, nur mittels solcher Abschattungsfunktionen, [...] angeschaut sein *kann*.« (Edmund Husserl: »Ideen zu einer reinen Phänomenologie. Erstes Buch. Allgemeine Einführung in die reine Phänomenologie« (nach Husserliana II/1 und V). In: Ders.: *Gesammelte Schriften*. Hrsg. von Elisabeth Ströker. Hamburg 1992, Bd. 5, S. 173.)

12 Husserl erklärt: »Es ist eine jederzeit erreichbare, weil unmittelbare Wesenseinsicht, daß vom gegenständlich Gegebenen als solchem aus eine Reflexion möglich ist auf das gebende Bewußtsein und sein Subjekt.« (Ebenda, S. 175.)

13 Die Thematik des Überschreitens ist ein alter Topos der Rilke-Forschung; vgl. die Darstellung von Jürgen Söring: »Zur Methode poetischer Wirklichkeits-Erfahrung in Rilkes *Aufzeichnungen des Malte Laurids Brigge*«. In: Jürgen Söring und Walter Weber (Hgg.): *Rencontres RMR. Internationales Neuenburger Kolloquium 1992*. Frankfurt am Main 1993, S. 11-35, bes. S. 19.

Ulrich Fülleborn
Replik

Replik auf die in den *Blättern der Rilke-Gesellschaft*, Bd. 23/2000, S. 105-114, wiedergegebene Besprechung der *Kommentierten Ausgabe* von Rilkes Werken (KA) durch Wolfram Groddeck (zuerst erschienen in: *Text. Kritische Beiträge*. Heft 5. Textgenese 1. Frankfurt und Basel 1999, S. 197-209)

Die im vorigen Band der *Blätter der Rilke-Gesellschaft* aus der Zeitschrift *Text* wiederabgedruckte Rezension scheint aus gewichtigen Gründen ungeeignet, ein offenes ›Forum‹ für die Rilke-Forschung und -Rezeption zu eröffnen. Es handelt sich um einen dezidiert polemischen Angriff auf die erste kommentierte Rilke-Ausgabe, deren Erscheinen sich dem Einsatz engagierter Mitglieder der Rilke-Gesellschaft verdankt, die alle als Herausgeber mitwirkten, nämlich Manfred Engel, Ulrich Fülleborn, Horst Nalewski und August Stahl, nicht zu vergessen Vera Hauschild, die Lektorin. Mag die Polemik gegen die Personen vielleicht ursprünglich weniger in der Absicht des Rezensenten gelegen haben, so verlangt sie, nachdem sie in den *Blättern* zugänglich wurde, doch eine entsprechende Zurückweisung.

Wer die Hintergründe der Groddeckschen Rezension nicht kennt, dürfte große Schwierigkeiten haben, die Motive für die ungerechtfertigt heftig wirkenden Attacken gegen die KA und ihre Herausgeber zu verstehen und sich ins rechte Verhältnis zu den sachlichen Argumenten zu setzen, die natürlich, wie jede Kritik, Anspruch auf Gehör haben. Ist man jedoch mit dem, was in der Germanistik seit langem an editionstheoretischen und -programmatischen Kämpfen ausgetragen wird, etwas vertraut, so wird ohne weiteres deutlich, daß mit der für eine auf Editionsprobleme spezialisierte Fachzeitschrift geschriebenen Rezension ein einseitiger Stellvertreterkampf inszeniert wurde. Und zwar als ein Angriff, geführt aus der um jene Zeitschrift gescharten Editorenzunft der (wie man sie genannt hat) ›Radikalphilologen‹ heraus und zielend auf die Rilke-Herausgeber als Vertreter jener Kommentatorengruppe, die der Suhrkamp-Verlag mit dem Großprojekt der *Bibliothek deutscher Klassiker* (und nun eben auch der Insel Verlag) geschaffen hat. Dabei geht es wieder einmal um die ›reine Lehre‹: nämlich um die Durchsetzung der Prinzipien der historisch-kritischen Editionstechnik nach dem Muster der Frankfurter Hölderlin-Ausgabe D. E. Sattlers, Groddecks und anderen gegenüber dem »Genre der kommentierten Klassiker-Ausgabe« mit ihrem »philologisch ungeklärten und verunklärenden Genre des pseudo-editorischen Kommentars«, so Groddeck (S. 113). Inzwischen gibt es zwar Vermittlungsversuche über den Graben hinweg, der sich hier aufgetan hat – einen Graben, der sein Vorhandensein wissenschafts- und politikgeschichtlichen

Bedingungen (Verlag Roter Stern) verdankt. Mögen die vermittelnden Argumente noch so klug und umsichtig dargeboten werden, wie zum Beispiel von Ulfert Ricklefs in dem Aufsatz *Zur Erkenntnisfunktion des literaturwissenschaftlichen Kommentars* (in: *Probleme der Kommentierung.* Kommission f. germ. Forschung der DFG, Mitteilung 1, Bonn-Bad Godesberg 1975, Nachdr. Weinheim 1987, S. 33–74): sie bleiben auf beiden Seiten ziemlich folgenlos. Als Angehöriger jener Generation, die sich nie mehr für irgendeine ›Partei‹ einspannen lassen mochte, muß ich mich vor allem dagegen verwehren, daß der entschieden parteiliche Rezensent den Herausgebern der KA zutraut, die von ihm aufgeworfenen generellen Probleme der kommentierten Ausgaben nicht zu kennen, oder es gar für möglich hält, daß sie ihr philologisches Gewissen um der Mitarbeit an einer solchen Ausgabe willen suspendiert hätten, mit Groddecks Worten: daß sie sich, obgleich »fachlich ›durchaus‹ bewährte Forscherpersönlichkeiten, […] aus welchen Gründen auch immer auf die systematische Kommentierung von ganzen Werkzusammenhängen eingelassen haben« (S. 113).

Zum tatsächlichen Sachverhalt bedarf es zunächst nur einer kurzen Klarstellung: Seitens des Verlages ging es von vornherein um die beiden Fragen: 1) Gibt es derzeit ein Interesse für eine kommentierte Rilke-Ausgabe nach dem Muster des Klassiker Verlags, was ich bejaht habe und was sich inzwischen vielfach bestätigt hat. 2) War eine solche Ausgabe noch innerhalb der Schutzfrist für die Rilke-Texte, also zum 70. Todestag Rilkes 1996, zu erarbeiten, was implizierte, daß sie nicht zugleich eine kritische oder gar historisch-kritische werden konnte. Ich habe, und mit mir die übrigen Herausgeber, diese Terminvorgabe akzeptiert, da der Verlag das Projekt sonst fallengelassen hätte; die Sache war uns die ungewöhnlichen Anstrengungen, die die Realisation mit sich bringen würde, wert. Dazu kam vom Verlag die Auflage, generell Ernst Zinns Text der *Sämtlichen Werke* zu benutzen und im einzelnen auf die Erstausgaben als die Textgrundlagen hinzuweisen, aber die Überprüfung und eventuelle Korrekturen der Zinnschen Textherstellung künftigen kritischen Ausgaben zu überlassen.

Diese Einschränkung schien insofern philologisch vertretbar, als Zinn sich durchaus an die von Rilke selbst verantworteten Erstdrucke hielt, wenn er ihnen auch nie unkritisch folgte (diplomatischer Abdruck galt früher nicht schon als editorische Leistung); vielmehr suchte er in jedem Fall mit Hilfe seines altphilologisch geschulten Verstandes höchst gewissenhaft den Autorwillen, auch bei den nie fehlerfreien Erstdrucken, zu ermitteln. Daß er dabei in seiner Entdeckerfreude auch einmal zu weit gehen konnte, zeigt seine von Groddeck zum philologischen ›Sündenfall‹ schlechthin gemachte Berücksichtigung der von Rilke für den deutschen Staatssekretär des Äußeren Richard von Kühlmann handschriftlich zusammengestellten Gedichtauswahl (abgeschlossen erst 1918/19) bei der Herstellung des Textes der *Neuen Gedichte* in den *Sämtlichen Werken*. Groddeck legt genüßlich dar, daß die KA auch hierin Zinn nachfolgte. Daß es jedoch nicht blind geschah, hat etwas Gutes gebracht (woran Walter Simon als

Verwalter von Zinns Erbe mitwirkte): Im Text des *Liebes-Lieds* steht bei uns wieder »Und welcher Spieler hat uns in der Hand?« statt des unseligen »Geigers« aus der Kühlmann-Handschrift.

Um über Ernst Zinns Herausgebertätigkeit angemessen zu urteilen, sollte man stets bedenken, daß ihm die Rilke-Erben und der Insel-Verlag nie einen wissenschaftlichen Apparat zur Begründung seiner Textgestaltung genehmigt haben. Auch die vielen Texte, die er erstmals aus Rilkes Nachlaß edierte, mußte er mehr oder weniger gegen die Tendenzen des Verlages ans Licht bringen. Eine Großtat unter diesen Bedingungen war die Edition der *Gedichte 1906 bis 1926* (Insel, Wiesbaden 1953). Bis zur Aufhebung der Schutzfrist hat sich in der Beziehung, also auch für die Editoren der KA, nicht viel geändert. Zur Klärung (und meinetwegen Kritik) dieses Sachverhalts hätte es in einer Rezension nur weniger Sätze bedurft.

Was nun die Wünschbarkeit, die Möglichkeiten und unaufhebbaren Grenzen einer kommentierten Ausgabe für einen noch immer schwer verständlichen Autor betrifft, so habe ich dazu propädeutische Überlegungen im *Insel-Almanach auf das Jahr 1994* angestellt und manches davon in der Ausgabe wiederholt. Daraus ergibt sich das Konzept der KA, denke ich, deutlich genug. Wäre der Rezensent genauer darauf eingegangen, hätte die Auseinandersetzung auf sachlicherer Grundlage stattfinden können. Denn daß sich bei einem modernen Autor die Frage der Kommentierung mit besonderer Dringlichkeit und in ganz anderer Weise stellt als bei den älteren Klassikern, dürfte unbestreitbar sein. Ebenso, daß im vorliegenden Fall eine kommentierte Ausgabe ganz neue Möglichkeiten der Rilke-Lektüre eröffnet. Über den Umfang einer Kommentierung läßt sich natürlich immer diskutieren, aber das entscheidende Urteil geben schließlich die Benutzer ab. Inzwischen liegen zur KA in der Beziehung durchaus zustimmende Rückmeldungen vor, nicht nur aus literaturwissenschaftlichen Seminaren, sondern auch aus der Vortragspraxis, zum Beispiel von dem Schauspieler Edgar Selge, der eine bedeutende Einstudierung der *Duineser Elegien* erarbeitet hat, sowie aus der Rilke-Kritik (siehe unter anderem Hans-Albrecht Koch, ebenfalls in den *Blättern* 23/2000, S. 140 f.).

Die wichtigste Zielvorgabe der KA hat Groddeck gänzlich übersehen: Ein Kommentar müßte – so heißt es im *Insel-Almanach 1994* (S. 115) – »bei modernen Texten seine höchste Rechtfertigung darin finden, daß er die Freiheit der Lektüre nicht einschränkt, sondern eher vermehrt, indem er Spielräume des interpretierenden und meditierenden Umgangs mit der Dichtung eröffnet«. Entsprechend wurde in der Ausgabe zweimal ein Abschnitt über die ›Freiheit des Lesers‹ eingefügt (KA I, S. 600 f. und II, S. 714-717). Eine derartige Berücksichtigung, ja Respektierung des Lesers sollte ein ausreichendes Korrektiv gegen jede angebliche »hermeneutische Naivität« sein sowie gegen die von Groddeck ebenfalls behauptete Gefahr, daß Kommentierung »über kurz oder lang in didaktische Banalität« absinkt (S. 108, 113).

Ohne weiter auf einzelnes einzugehen, sei nur noch gesagt, daß in der KA mit dem neuen Prinzip der Chronologie (in den gebotenen Grenzen) etwas eingeführt wurde, was dem kritischen und interessierten Leser ungewohnte Lektüren ermöglicht. Die Einzelgedichte 1906 bis 1910 zum Beispiel, in ihrer zeitlichen Folge kommentiert und in Beziehung gesetzt zu den gleichzeitig entstandenen *Neuen Gedichten* und *Aufzeichnungen des Malte Laurids Brigge* wie zum Konzept der *Duineser Elegien*, erbringen entstehungsgeschichtlich durchaus überraschende Einsichten.

Im übrigen plädiere ich nachdrücklich dafür, daß in absehbarer Zeit eine historisch-kritische Ausgabe der Werke Rilkes in Angriff genommen werde. Aber ebenso halte ich es für erforderlich, daß mehr kommentierte Ausgaben moderner Autoren entstehen. Ihre Form würde sich dabei zugleich differenzieren und festigen. Manfred Engel arbeitet gerade an einem fünften Band der KA, der Rilkes französische Gedichte sozusagen nachliefern wird, und zwar mit Kommentaren und genauen Prosaübersetzungen – ein so dringendes wie altes Desiderat. Daß hier noch größere Schwierigkeiten zu überwinden sind, als es bei den vier vorliegenden Bänden der Fall war, ist kein Grund, davon zu lassen. In bezug auf kommentierte und textkritische Ausgaben kann es, wie sonst meist auch, kein puristisches Entweder-Oder geben, sondern nur ein Sowohl-Als-auch.

MITTEILUNGEN

NACHRUFE

Karl Klutz (1906-2000)

Am 13. Oktober 2000 ist Dr. Karl Klutz, Ehrenmitglied der Rilke-Gesellschaft, im Alter von 94 Jahren gestorben; wenige Monate, nachdem ihm seine geliebte Frau Liesel in den Tod vorangegangen war und seine Verwandten, Freunde und Bekannten noch die bewegenden Worte im Herzen trugen, mit denen der Witwer ihnen in einem Rundbrief dies mitgeteilt hatte. Karl Klutz gehörte der Rilke-Gesellschaft seit ihrer Gründung an; er war eines ihrer wichtigsten Mitglieder, eine unentbehrliche Stütze für ihr publizistisches Organ, die *Blätter der Rilke-Gesellschaft*. Denn er begründete für das Jubiläumsjahr 1975 die regelmäßige *Rilke-Bibliographie*, die erstmals in Heft 5/1978 erschien und die er dann, weit über sein 80. Lebensjahr hinaus, bis zum Doppelband 16/17-1989/90 kontinuierlich, mit großer Sorgfalt und Kompetenz, erarbeitet und geführt hat. Ohne diese Bibliographie, die immer den Schlußteil der einzelnen Hefte oder Bände bildete, hätten die *Blätter* nicht das zentrale Informationsorgan der Rilke-Forschung werden können, das sie geworden sind. Diese mühsame, nur von einem versierten Fachmann zu leistende Arbeit ward ehrenamtlich geleistet – eine Ausnahmeerscheinung in unserer gewinnsüchtigen Zeit –; und es war nicht die einzige, der sich Karl Klutz in den Jahrzehnten nach seiner Pensionierung (1971) gewidmet hat. Die andere galt seiner eigentlichen Lebensaufgabe, der Betreuung und beständigen Erweiterung seiner Rilke-Sammlung, zu der er bereits in seinen Studienjahren (1934) den bibliophilen Grundstein gelegt hatte und die er mit der Zeit zur größten privaten Rilke-Sammlung in Deutschland ausgestalten konnte. Zu ihrem Nutzen unterhielt er eine ausgedehnte Korrespondenz mit Rilke-Freunden und Rilke-Kennern in aller Welt, von denen viele ihn auch in seinem Heim in Bad Ems besuchten, um die Schätze und die Möglichkeiten der weithin bekannt gewordenen *Rainer Maria Rilke Sammlung · Karl Klutz* zu betrachten und zu nutzen.

Zu solchen Leistungen – und dies außerhalb des täglichen Berufslebens – konnte nur jemand befähigt sein, für den eine solide Fachausbildung die praktische und gleichsam »technische« Voraussetzung bilden konnte. Auf eine solche konnte Karl Klutz, der am 13. Februar 1906 in Andernach am Rhein geboren wurde, mit Selbstbewußtsein zurückblicken. Nach einer Schulzeit in Koblenz und Umgebung genoß er zunächst eine zweijährige Fachausbildung im graphischen Gewerbe und in Zeitungsbetrieben. Danach studierte er Geschichte, Germanistik und Zeitungswissenschaft in München und Berlin. Dort promovierte er 1937 mit einer Dissertation über die Bistumsbesetzungen in Deutschland unter Rudolf von Habsburg. Der Anfang einer beruflichen Laufbahn wurde als-

bald durch den Kriegsausbruch unterbrochen. Es folgten Kriegsdienst, Verwun-
dung und Gefangenschaft. Nach 1946 zuerst nach Berlin zurückgekehrt, wirkte
Dr. Klutz, nun im Öffentlichen Dienst, seit 1947 beim Ausbau des Statistischen
Landesamts des neugegründeten Landes Rheinland-Pfalz mit, das damals in Bad
Ems eingerichtet wurde und wo er schließlich Leiter der Präsidialabteilung
Druck und Verlag wurde. Dort, in Bad Ems, hatte er mit seiner Frau, die ihm zwei
Töchter schenkte, eine neue Heimat gefunden; und dort gelang es ihm nun, seine
Sammeltätigkeit zielstrebig fortzusetzen und die Sammlung selbst systematisch
auszubauen. Schon im ersten Heft der *Blätter*, 1972, konnten die Leser von Karl
Klutz einen *Bericht über den Stand der Rilke-Bibliographie und über zwei Rilke-
Sammlungen* lesen, der einen Einblick in seine Interessen gewährte. 1977 hielt er
auf der Jahresversammlung der *Gesellschaft der Bibliophilen*, der er viele Jahre lang
angehörte, einen Vortrag »Über meine Rilke-Sammlung«, worin er von deren
Entstehen berichtete und deren neuesten Bestand ausführlich schilderte. Der
Text, in dem er auch allerlei Ratschläge über seine Strategien der Erwerbung gab,
wurde anschließend in der Beilage »Aus dem Antiquariat« des *Börsenblatts für den
Deutschen Buchhandel* vom 29. 11. 1977 veröffentlicht.

Erst im hohen Alter, Ende der achtziger Jahre, mußte der unermüdliche
Sammler, der treue Mitarbeiter der *Blätter*, nach mehreren Krankheiten seine
Tätigkeiten drastisch reduzieren. Die Teilnehmer an den Jahresversammlungen
der Rilke-Gesellschaft vermißten nun seine Anwesenheit, sein stets lebendiges
Interesse, seine Ratschläge, sein freundliches Wesen. Sie erfuhren von seiner
Übersiedlung – gemeinsam mit seiner Frau Elisabeth – zu der Tochter nach Osnabrück; und zuvor schon von seinem Entschluß, die große Rilke-Sammlung,
sein wichtigstes Lebenswerk, zu veräußern. Um sie nicht auf Auktionen in alle
Winde zu zerstreuen – für einen Bibliophilen und Sammler immer ein besonders
schmerzliches Ereignis –, gab es viele Bemühungen, auch von Freunden aus der
Gesellschaft, um für die geschlossene Sammlung einen geeigneten Ort der Auf-
bewahrung und Nutzung zu finden. Manche Pläne zerschlugen sich; und als
am Ende doch noch die sinnvollste Lösung gefunden wurde und realisiert
werden konnte, hatte der Tod den zum Witwer Gewordenen bereits zu sich
genommen. Doch der Bücher- und Literaturfreund dürfte es noch geahnt haben,
daß seiner für ihn zeugenden Sammlung am Ende eine »Heimkehr« ganz nach
seinem eigenen Herzenswunsch ermöglicht wurde: eine Heimkehr in die »letzte
Landschaft« des Dichters, in die Nähe des Schlößchens Muzot und des Grabes an
der Kirchenwand von Raron; in die Gegend schließlich, wo 1971 auch die Rilke-
Gesellschaft gegründet worden war. Zu Sierre, in der Maison de Courten, dem
Sitz der *Fondation Rainer Maria Rilke*, wird die Sammlung nun das Museum und
die Bibliothek wertvoll ergänzen und alle künftigen Besucher und Benutzer
an den erinnern, der sie ein Leben lang getreulich zusammengetragen hat: an
Dr. Karl Klutz.   *Joachim W. Storck*

Hella Montavon-Bockemühl (1923-2000)

Am 5. Dezember 2000 ist Hella Montavon-Bockemühl, ein frühes und treues Mitglied der Rilke-Gesellschaft, bei ihrer Tochter in Delémont an den Folgen eines unheilbaren Tumors gestorben. Sie kam am 17. Januar 1923 in Werther, einer Kleinstadt am Teutoburger Wald in Westfalen, als Tochter von Elisabeth, geb. Sandau gen. Niemann, und Rudolf Bockemühl, Veterinär, zur Welt. Ihre hugenottischen Wurzeln prädestinierten sie – nach eigenem Empfinden – für ein Leben im Grenzraum von deutscher und französischer Sprache und Kultur.

Nach Abschluß der Mittelschulen in Versmold und Osnabrück studierte sie in Heidelberg und Hamburg deutsche und französische Literatur und absolvierte nebenher eine Dolmetscherausbildung. Ihre Studien setzte sie zwischen 1948 und 1953 in Fribourg i. Ü. (Schweiz) namentlich bei Prof. Pierre-Henri Simon fort; hier belegte sie auch Vorlesungen in Philosophie. Später erwarb sie das Waadtländer Sekundarlehrerpatent.

Im Jahr 1955 ehelichte sie den Schweizer Pierre Joseph Maurice Montavon, von dem sie sich 1974 trennen wird; ihrer Ehe entsprossen zwei Kinder: Dominique (*1956; Architekt) und Sybille (*1962; Bibliothekarin). Zwischen 1953 und 1955 hatte sie in Freiburg i. Br., im Dienste des Hochkommissariats der Französischen Republik, das Ihrige zur kulturellen Wiederannäherung beigetragen. Danach war sie im Lehrfach tätig, erst in Bern, dann in Vevey, dort zuletzt – in den Jahren 1978-1985 – am CESSEV (Centre d'enseignement secondaire supérieur de l'est vaudois).

Die in Fribourg begonnene Dissertation zum Thema »Le problème de la création chez R. M. Rilke et P. Valéry, étude comparative« wurde nicht vollendet, das Interesse an Rilke und Valéry aber blieb zeitlebens rege und wurde durch die Teilnahme an den Tagungen der Rilke-Gesellschaft und der Société Paul Valéry und den Austausch mit Forschern immer wieder erneuert. Auch Hella Montavons im Zeitraum 1992 bis 1998 in den *Blättern der Rilke-Gesellschaft* und im *Bulletin des études valéryennes* (Montpellier) veröffentlichte Arbeiten standen noch im Banne dieser beiden Dichter, darunter ein Aufsatz über die Symbolik des Baumes, die bei Valéry wie bei Rilke eine bedeutsame Rolle spielt. Beim Verlag Die Blaue Eule erschien 1994 unter dem Titel »*Wer, wenn ich schriee...*« ihre Abhandlung zum Motiv des Schreis in der Dichtersprache Rilkes.

Als Mitglied des Conseil exécutif der Fondation Rilke in Sierre war Hella Montavon-Bockemühl im Jahr 1997 – zusammen mit Curdin Ebneter – rührige Kommissärin der Ausstellung »Rilke & Rodin«, zu deren Katalog sie außerdem einen Aufsatz über Rilke und Cézanne beisteuerte. Noch in den letzten Lebensjahren nahm sie mit jugendlichem Schwung (und eigenen Beiträgen) an Rilke- und Thomas-Mann-Seminaren von Prof. Christiaan L. Hart Nibbrig in Lausanne teil. Der Rilke-Gesellschaft diente sie bis zur Tagung 1996 als Revisorin und während zweier Jahre präsidierte sie die Sektion Vevey der Frauenvereinigung Soroptimist.

Beeindruckend war auch ihre Leidenschaft für die Oper, das Ballett und das Konzertleben; da ließ sie sich in ihrer musikalisch verwöhnten Gegend nicht viel entgehen. Hella Montavon war eine liebenswürdige und anregende Gastgeberin, sei es an ihrem Wohnort Saint-Légier bei Vevey oder in dem hochgelegenen Ferienchalet in Saint-Luc (1650 m ü. M.), südlich von Sierre, auf dessen Terrasse sie viele Rilke-Freunde empfing, die mit ihr nebst Mahl und Gespräch den Blick auf die Viertausender und den gestirnten Himmel genossen. Als Bewegungsnaturell war sie ausgesprochen sportlich; selbst ein eiskalt gewordener Genfersee konnte sie nicht davon abhalten, seine Wellen ausdauernd zu durchschwimmen. Um so unerwarteter war dann ihre rasch fortschreitende, durch private Enttäuschungen wohl noch geförderte Erkrankung, die sie an der Rilke-Tagung von Ascona nicht mehr teilnehmen ließ. Auch im Leiden bewies Hella Mut und Tapferkeit. Wir erinnern uns dankbar ihres Daseins.

Curdin Ebneter

Åse-Marie Nesse (1934-2001)

Am 13. Juli 2001 starb Frau Åse-Marie Nesse. Die Rilke-Gesellschaft trauert um eines ihrer hochgeschätzten Mitglieder, eine ausgezeichnete Rilke-Kennerin. Sie unterlag in einem mit Tapferkeit und Haltung geführten mehrjährigen Kampf gegen Krebs, in dem immer wieder aufkommende Zuversicht und Hoffnung Furcht und Trauer überwanden und in dem an die Stelle jener schließlich doch die Gewißheit des Todes und reine Gefaßtheit traten.

Åse-Marie Nesse war Norwegerin und – wie es im Naturell dieses dem Meer zugewandten Volkes liegt – Weltbürgerin. Sie war Dame. Ausstrahlung, Schönheit, Eleganz und Stil waren ihr gleichermaßen zu eigen. Der Tod der Hochschullehrerin, Philanthropin und Kulturbotschafterin, der Übersetzerin und Lyrikerin bedeutet einen großen Verlust für viele Menschen in Norwegen, für die Universität Oslo sowie für das gesamte literarische Leben in ihrem Land. Auch im Ausland löste ihr Tod Betroffenheit aus.

Als Dozentin für deutsche Literatur gewann sie die dauernde Verehrung ihrer Studentinnen und Studenten nicht nur durch die Art ihrer Vermittlung der deutschen Sprache und Dichtung, sondern auch durch ihre Offenheit für die persönliche Situation der Studierenden. Ebenso war ihr die Lage der Frauen in der Dritten Welt, besonders in Asien, ein Anliegen. Selbst schon schwer erkrankt, sprach sie in dichterischen Texten und bei Lesungen anderen Menschen Mut zu.

Als Übersetzerin trat sie hervor mit zahlreichen Übertragungen südamerikanischer und mexikanischer Literatur, so von lyrischen Texten Pablo Nerudas und Octavio Paz'. Besonders nahe war ihr die deutsche Literatur. Åse-Marie Nesses Übersetzungen von Ingeborg Bachmann, Nelly Sachs, Else Lasker-Schüler und Wolfgang Hildesheimer legen davon Zeugnis ab. Ihre besondere Bewunderung galt jedoch Johann Wolfgang von Goethe. Noch 1999 erschien nicht nur eine zweisprachige Ausgabe Goethescher Gedichte, benannt nach dem Anfang des Titeltextes *Willkommen und Abschied: Mitt hjarta slo* (*Es schlug mein Herz*), sondern nach der früheren Übertragung von *Faust. Erster Teil* auch die des *Zweiten Teils*. Die *Frankfurter Allgemeine Zeitung* beurteilte diese als eine »Nachdichtung, die man ohne Übertreibung Aufsehen erregend nennen darf«, und hebt besonders hervor: »Die reich instrumentierte Musikalität des Goetheschen Textes [...] ist hier nicht nur bis in die Kadenzen hinein formvollendet genau, sondern auch in einer Klangfülle hörbar gemacht, wie sie im Norwegischen bisher nicht vernehmbar war.«

Åse-Marie Nesses sicheres Gefühl für den inneren Stil einer Sache erlaubte ihr das leichte Erlernen von Sprachen und den gewandten Ausdruck darin, es erklärt ebenso die anscheinende Mühelosigkeit, mit der sie ihre Übertragungen hervorbrachte und selbst so schwierige und umfangreiche Texte wie *Faust II* in daran gemessen kurzer Zeit bewältigte. Diese Sicherheit erklärt vor allem die Spontaneität, mit der ihre eigenen Gedichtkomplexe hervortraten, Gedichte, die Grazie, visionäre Kraft und Ernst vereinen. Åse-Marie Nesses Hommage an Pablo Neruda, in ihrer eigenen Übertragung nachfolgend wiedergegeben, erklärt nicht nur ihre Wertschätzung für ihn, sondern sagt menschlich und künstlerisch ebenso viel über die Dichterin selbst:

Nach der systematischen Ermordung der Rosen
ist eine Rose eine Rose, nach wie vor.
Dein Werk hat den frischen Geruch von Liebe und Blut.
Und der Mond von Chile, noch immer verrückt und mystisch,
dieses ewig silberne Schiff über deinem tristen Ozean,
der nach Kupfer und Salz schmeckt
und nach Legenden des Todes aus vergangenen Zeiten.
Und du gehst hinaus in den Morgen voller Vulkane,
in ein tragfestes rotes Gedicht eingehüllt.
Auf massiven eisernen Pforten, auf Stahlhelmen, steinernen Herzen
hämmerst du rhythmisch und leicht
mit der unsterblichen Rose.

Åse-Marie Nesse stellte ihr Leben mit großer Disziplin unter den Anspruch ihrer Aufgabe. Eine lange Reihe von Übersetzer-, Literatur- und Kulturpreisen – 1999 noch zugleich der »Doblougpris« sowie der »Bokklubenes skønnlitterære over-

setterpris« – dokumentieren die Größe ihres Erfolgs ebenso wie die ihres Ver-
dienstes. Sie wurde mit der Goethe-Medaille des deutschen Goethe-Instituts und
mit dem Bundesverdienstkreuz ausgezeichnet.

In einem ihrer letzten Texte tritt an die Stelle des Meeres und seiner Offenheit
als zentralem Symbol des Lebens das Motiv von unter der Aura des Todes un-
ergründlich leuchtenden Lebens-Inseln, zu denen die Dichterin in der Schlußstrophe sagt:

> Und nicht sind die Inseln kärgliche Riffe –
> Weinreben und Mohn
> umkränzen Tempelsäulen,
> lebensreife Früchte hangen in Fülle
> in hohen Bäumen.

Die Mitglieder der Rilke-Gesellschaft werden Åse-Marie Nesse in ehrendem
Gedenken bewahren.

Roland Ruffini

Donald A. Prater (1918-2001)

Am 24. August 2001 starb in Cambridge (England) Donald A. Prater, DLitt
(Oxon.), OBE (Mil.).* Er war eines der ältesten, treuesten und, man darf sagen,
beliebtesten Mitglieder der Rilke-Gesellschaft; ein Engländer »alten Schlages«,
der die großen Verdienste, die er sich in der Rilke-Forschung erwarb, stets durch
seine Bescheidenheit herunterzuspielen wußte. *Understatement, fairness, sense of
humour*, diese klassischen englischen Tugenden verkörperte er wie nur noch selten einer in unserer Zeit. Und diese Tugenden durfte man nicht nur im täglichen
Umgang mit ihm erfahren; er praktizierte sie auch dort, wo er wissenschaftlich
arbeitete. Daher war er der geborene Biograph, zumal ihm ein weiterer Vorzug
angelsächsischen Gelehrtentums eigen war: der Mangel an Weitschweifigkeit
und die Fähigkeit, Wichtiges von Unwichtigem zu unterscheiden. (Diese Eigenschaften mag man auch aus seiner früheren Laufbahn, der militärischen, ableiten.)
Denkt man zunächst an seine für uns wichtigste Biographie, die das Leben Rainer
Maria Rilkes zum Gegenstand hatte (*A Ringing Glass*, Oxford 1986; *Ein klingendes
Glas. Das Leben Rainer Maria Rilkes*, München 1986), so wird der Rilke-Forscher,
der alle bereits existierenden Lebensbeschreibungen vor Augen hat, unschwer zu
dem Schluß kommen, daß die Prater'sche die beste, die gerechteste, die abgewo-

---

*   DLitt (Oxon.): Doctor of Letters, Oxford; OBE (Mil.): Officer (of the Order) of
    the British Empire (Military), eine ranghohe Auszeichnung.

genste gewesen sei. (Man wünschte, sie wäre als Taschenbuch-Ausgabe auch noch den Studenten unserer Tage zugänglich!) Gerade bei ihr wird man die genannten Tugenden überzeugend angewendet finden; und wird man befriedigt das Fehlen jener Un-Tugenden registrieren, mit denen das gängige feuilletonistische Schreiben so gerne »brilliert«: spekulatives Auftrumpfen, gepaart mit selbstgerechtem Abqualifizieren. Zugleich aber bezeugen Praters knappe Zitatennachweise, daß der Spürsinn des Forschers auch entlegenste Quellen heranzuziehen wußte; daß der gebändigte Stoff das gefilterte Ergebnis eines überaus gründlichen Recherchierens gewesen ist. Erstmals erprobt hat Prater diese Kunst der objektiven und doch einfühlsamen Lebensbeschreibung 1972 an einer gleichfalls europäischen Gestalt der deutschen Literatur, an Stefan Zweig: *European of Yesterday* (Oxford 1972), wie der englische Titel in Anspielung auf Zweigs Autobiographie *Die Welt von Gestern* lautete (die ergänzte deutsche Fassung erschien unter dem Titel *Stefan Zweig, das Leben eines Ungeduldigen* 1981 bei Hanser in München). Die Beschäftigung mit dem Wiener Zweig führte den nun erprobten Biographen zu dem Prager Rilke; und so lag es nahe, daß Prater nach der Vollendung beider Bücher auch die Beziehung dieser beiden österreichischen Autoren zueinander in einer umfassenden Quellensammlung 1987 im Insel Verlag herausgab: *Rilke und Zweig. Briefe und Dokumente.*

Für die dritte seiner Lebensbeschreibungen hat sich Prater dann noch einer wahrhaft herkulischen Aufgabe gewidmet, vor der vor ihm bereits die »deutsche Gründlichkeit« Peter de Mendelssohns hatte kapitulieren müssen. Praters »Kunst des Maßes« aber gewährte ihm die Vollendung: 1995 erschien *Thomas Mann. A Life*; wiederum bei Oxford University Press. Nun erst schien dem Biographen sein Lebenswerk vollendet; und er gedachte, einer Formulierung Rilkes folgend, »gefaßt an Handliches zu gehen«. Aus der Stefan-Zweig-Forschung lockten neue Aufgaben; und auf dem immer noch mit Brachen besetzten Felde Rilkescher Brief-Editionen winkte die zumal von Kennern ersehnte Herausgabe des Briefwechsels mit Jean Strohl, wofür der so lange in der »welschen Schweiz« Angesiedelte, mit Rilkes Bilingualität Vertraute, in besonderer Weise qualifiziert war. –

Doch wir haben bisher tatsächlich nur von Praters »Freizeitbeschäftigung« und »Rentnertätigkeit« gesprochen; denn eben diese hatte den Verstorbenen auf das Gebiet der Rilke-Forschung und in den Umkreis der Rilke-Gesellschaft geführt. Von seinem Berufsleben, von den vielen Jahren eines überaus tätigkeitsreichen, staunenswert vielseitigen Lebens, aus dem, so fern jeder akademischen »Ochsentour«, seine wissenschaftliche Leistung hervorwuchs, sprach er selten und nur in kleinem Kreise, dann aber gewürzt mit Humor und Selbstironie. Rekapitulieren wir also in aller Kürze.

Donald Arthur Prater wurde am 6. Januar 1918 in London geboren, besuchte dort die Ealing Grammar School und erhielt 1936 ein Stipendium des Corpus Christi College in Oxford. Während seines Studiums an der Universität Oxford nahm er Studienaufenthalte in Frankreich (Sorbonne / Cannes) und in der Schweiz (Zürich) wahr und schloß 1939 mit dem Hons. BA (1946 MA Oxon.)* ab. Zur gleichen Zeit brach der Zweite Weltkrieg aus, was ihm nur die Wahl einer militärischen Karriere ließ, für deren »Intelligence Service« seine deutschen und französischen Sprachkenntnisse allerdings hochwillkommen waren. Er diente im Nahen Osten und in Nordafrika, wo er 1942 schwer verwundet wurde. Nach seiner Genesung begleitete er ab 1943 als Major die 8. Armee in Italien; wurde 1945, als damals jüngster Brigadier in der Britischen Armee, nach Indien versetzt, wo er am 30. Juni 1945 in Colombo Patricia Turner heiratete. Mit ihr bekam er drei Kinder.

1946 kehrten die Jungverheirateten nach England zurück, wo Donald in den Dienst des Foreign Office trat (MI 6). Von 1949 bis 1952 war er in Deutschland als Mitglied der Alliierten Kontrollkommission tätig; danach in den folgenden Jahren teils in London, teils in diplomatischen Auslandsmissionen, darunter Beirut (1955-57) und vor allem Wien (1957-59); zuletzt 1965 in Stockholm. 1968 quittierte er seinen Dienst (man hatte plötzlich eine vorübergehende »association with the Communist Party« während seiner Oxforder Studentenzeit entdeckt!). Vier Jahre lehrte er danach als Senior Lecturer am German Department der Universität von Canterbury in Neuseeland, wo auch die schon in Wien angeregte Zweig-Biographie entstand. Danach fand er für das letzte Jahrzehnt seiner Berufszeit (1973-83) eine einträgliche Anstellung als Übersetzer beim CERN in Genf und siedelte sich in der dortigen Umgebung an. Seine Genfer Tätigkeit ließ ihm genügend Zeit zur Fortführung seiner wissenschaftlichen Arbeit, der er sich seit 1983 im Ruhestand uneingeschränkt widmen konnte. So erwarb er noch 1988 den Doktor-Titel seiner alten Universität Oxford. Erst Ende der neunziger Jahre schien es ihm geboten, für den letzten Lebensabend die lieb und vertraut gewordene Gegend am Genfer See zu verlassen und in die englische Heimat zurückzukehren. Aber wie anders, wie fremd war sie ihm geworden! Noch Anfang Juli 2001, bei meinem letzten Besuch in Highfields Caldecote bei Cambridge, hat er es mit verhaltener Melancholie geklagt; nur die lebendig gebliebene Arbeitsfreude, die Sorge um Patricia, die Nähe seiner Tochter Carolyn hielten ihn aufrecht. Nun hat ein sanfter Tod ihn heimgeholt. Nicht in Oxford, sondern in Cambridge (hätte er mit leiser Ironie bemerkt) liegt er begraben. Unsere Gedanken gehen zu seiner Frau »Pat«, die ihn so oft und liebevoll zu den Tagungen der Rilke-Gesellschaft begleitet hat. Wir teilen ihre Trauer und können ihr versichern, daß wir Donald, den Menschen und den Rilke-Forscher, nie vergessen werden.

---

* Hons.BA: Bachelor of Arts with Honours; MA (Oxon.): Master of Arts, Oxford.

Ein ausführlicher Nachruf in der *Times* vom 12. September 2001 faßte Donald Praters Leben in einer knappen Überschrift wie folgt zusammen:

»Wartime intelligence officer who tried to hoax Rommel, went on to work for MI 6, and later wrote biographies of Rilke and Thomas Mann«.

Joachim W. Storck

ÜBER DIE RILKE-GESELLSCHAFT

Die Rilke-Gesellschaft wurde 1971 von Baronin Tita von Oetinger in Saas Fee gegründet. Die Gesellschaft fördert die Auseinandersetzung mit Leben und Werk des Dichters. Sie bietet ein Forum zu wissenschaftlichem Austausch und persönlicher Begegnung zwischen Forschern, Kennern und Freunden, die sich mit dem Schaffen des Autors befassen, der als bewußter Europäer die Enge nationalen Denkens überwand.

Die Gesellschaft richtet alle zwei Jahre Tagungen aus, die nach Möglichkeit an für Rilke bedeutsamen Orten stattfinden. Dort behandeln die Teilnehmer in Vorträgen, Arbeitskreisen und Diskussionen Fragen der Rilke-Forschung und suchen gemeinsam nach neuen Wegen und Zielen. Lesungen, Konzerte, Ausstellungen sowie Besichtigungen und Exkursionen erweitern den wissenschaftlichen Rahmen.

Seit ihrer Gründung hat die Gesellschaft Tagungen in Deutschland, der Schweiz, Österreich, Italien, Tschechien, Schweden, Frankreich, Ungarn und Spanien ausgerichtet (unter anderem in Saas Fee, Vevey, Raron, Worpswede, Bad Ragaz, Duino, Linz, Prag, Sierre, Venedig, Lund, Paris, Budapest, Ronda, Berlin, Wien und Ascona).

Die Gesellschaft gibt regelmäßig die *Blätter der Rilke-Gesellschaft* heraus. Diese legen Quellen und Forschungen zu Rilke und seiner Wirkung vor, behandeln Personen und Werke aus seinem Umkreis sowie kulturelle und künstlerische Themen seiner Zeit. Als Schwerpunkt dokumentieren sie querschnittartig die Tagungen. Mitglieder erhalten die *Blätter* kostenlos.

Die Rilke-Gesellschaft ist der Fondation Rainer Maria Rilke verbunden, die in Sierre (Wallis / Schweiz) das Musée Rilke mit einer Forschungsstätte unterhält und das Archiv der Gesellschaft betreut.

Die Gesellschaft hat ihren Sitz in Bern. Ihre Organe sind die Mitgliederversammlung und der Vorstand. Dieser wird in seiner Arbeit von einem Wissenschaftlichen Beirat unterstützt. Vorstand und Wissenschaftlicher Beirat sind ehrenamtlich tätig.

Derzeit zählt die Rilke-Gesellschaft rund 300 Mitglieder in 22 Ländern. Beitreten können natürliche und juristische Personen. Der Jahresbeitrag für ordentliche Mitglieder beträgt derzeit € 46/Sfr. 75. Für Studenten und Mitglieder ohne eigenes Einkommen beläuft er sich auf € 10/Sfr. 16. Spenden an die Rilke-Gesellschaft sind steuerlich abzugsfähig.

Kontaktadresse:
Curdin Ebneter
Postfach 385
CH-3960 Sierre
Tel. 0041 27 4551603 oder 0041 27 4562646
Fax 0041 27 4554908
E-mail: curdin.ebneter@bluewin.ch

Internet:
  www.rilke.ch

Rainer Maria Rilke (1875-1926) gehört zu den Wegbereitern der literarischen Moderne. Sein Gesamtwerk in Lyrik und Prosa hat wie kaum ein anderes die Grenzen der deutschen Sprache und ihrer Ausdrucksmöglichkeiten erweitert. Mit der formalen und gedanklichen Vielfalt seines Schaffens wirkt Rilke – weit über den deutschen Sprachraum hinaus – in Gegenwart und Zukunft.

ÜBER DIE AUTORINNEN UND AUTOREN

Ernst Peter Fischer, geboren 1947; Apl. Professor für Wissenschaftsgeschichte an der Universität in Konstanz; daneben freie Tätigkeiten, unter anderem zehn Jahre lang Herausgeber des *Mannheimer Forums* (Nachfolge Hoimar v. Ditfurth); Gastprofessor an der Universität Basel. Diverse Auszeichnungen. Autor und Herausgeber zahlreicher Bücher, zuletzt unter anderem: *Werner Heisenberg – Das selbstvergessene Genie* (2001); *Images & Imagination* (2001); *Die andere Bildung* (2001), *Das genetische Abenteuer* (2001).

Ulrich Fülleborn, geboren 1920; emeritierter Professor für neuere deutsche Literaturgeschichte der Universität Erlangen-Nürnberg; mehrere Gastprofessuren in den USA und Australien. Mitherausgeber unter anderem der *Kommentierten Ausgabe* der Werke Rilkes in vier Bänden (1996) und der drei Materialienbände zu Rilkes *Duineser Elegien* (1982/83). Buchpublikationen in Auswahl: *Das Strukturproblem der späten Lyrik Rilkes* (²1973), *Das deutsche Prosagedicht* (1970); *Besitzen als besäße man nicht* (1995).

Rüdiger Görner, geboren 1957; Professor für Neuere Deutsche Literatur und Kulturgeschichte an der Aston University in Birmingham und Direktor des Institute of Germanic Studies der University of London. Zahlreiche Buchveröffentlichungen, jüngst unter anderem: *Nietzsches Kunst* (2000); *Literarische Betrachtungen zur Musik* (2001); *Grenzen Schwellen Übergänge. Zur Poetik des Transitorischen* (2001). – Sein Beitrag ist aus einem Vortrag im November 1999 im Literaturhaus Salzburg hervorgegangen und Kern seines kommenden Rilke-Buchs *Im Herzwerk der Sprache* (voraussichtlich 2003).

Sieglinde Grimm, geboren 1960, Privatdozentin am Institut für deutsche Sprache und Literatur an der Universität zu Köln; Promotion über Hölderlins Poetologie, Habilitation über Kafka und Rilke.

Wolfram Groddeck, Inhaber des Lehrstuhls für Rhetorik und Textkritik an der Universität Basel, Visiting Professor an der Johns Hopkins University in Baltimore (USA). Buchpublikationen: *Friedrich Nietzsche, »Dionysos-Dithyramben«, Bedeutung und Entstehung von Nietzsches letztem Werk*, 2 Bde. (1991); *Reden über Rhetorik. Zu einer Stilistik des Lesens* (1995); als Herausgeber: Rainer Maria Rilke, *Duineser Elegien; Sonette an Orpheus*, kritische Ausgabe (1997); *Rainer Maria Rilke, Gedichte und Interpretationen* (1999); *Frankfurter Hölderlin-Ausgabe*, Mitherausgabe der Bände 2, 3, 6 und 14 (1976-1979). Aufsätze unter anderem über Hölderlin, Heine, Nietzsche, Rilke, Robert Walser und über Gegenwartsliteratur;

zu Problemen der Rhetorik, der Literaturtheorie und der Editionswissenschaft.

Silvia Henke, Dr. phil., geboren 1962, Wissenschaftliche Mitarbeiterin am Deutschen Seminar der Universität Basel, Dozentin für Kulturtheorie an der Hochschule für Kunst und Gestaltung in Luzern, freie Publizistin. Derzeitige Forschungsschwerpunkte: Briefe als Medium der literarischen Existenz (Rilke, Robert Walser, Else Lasker-Schüler), Literatur- und Geschlechtertheorien, Gegenwartsliteratur.

Karl-Josef Kuschel, geboren 1948, Studium der Germanistik und der Katholischen Theologie an den Universitäten Bochum und Tübingen. Seit 1995 Professor an der Katholischen-Theologischen Fakultät der Universität Tübingen. Vizepräsident der Stiftung Weltethos (Tübingen). 1997 Verleihung der Ehrendoktorwürde durch die Universität Lund (Schweden). Neuere Buchpublikationen: *Streit um Abraham. Was Juden, Christen und Muslime trennt – und was sie eint* (1994; in zahlreiche Sprachen übersetzt); *Im Spiegel der Dichter. Mensch, Gott und Jesus in der Literatur des 20. Jahrhunderts* (1997); *Vom Streit zum Wettstreit der Religionen. Lessing und die Herausforderung des Islam* (1998); *Jesus im Spiegel der Weltliteratur* (1999); *Gottes grausamer Spaß? Heinrich Heines Leben mit der Katastrophe* (2002).

Manfred Riedel, Schüler von Ernst Bloch und Hans Mayer in Leipzig, von Hans-Georg Gadamer und Karl Löwith in Heidelberg, lehrt heute nach Stationen in Heidelberg, Marburg, Saarbrücken, Erlangen-Nürnberg und Jena Philosophie an der Universität Halle-Wittenberg. Publikationen unter anderem: *Verstehen oder Erklären? Zur Theorie und Geschichte der hermeneutischen Wissenschaften* (1978); *Norm und Werturteil. Grundprobleme der Ethik* (1979); *Urteilskraft und Vernunft. Kants ursprüngliche Fragestellung* (1989); *Für eine zweite Philosophie* (1989); *Hören auf die Sprache* (1990); *Zeitkehre in Deutschland* (1991); *Tradition und Utopie* (1994); *Nietzsche in Weimar. Ein deutsches Drama* (1997); *Freilichtgedanken. Nietzsches dichterische Welterfahrung* (1998); *Kunst als ›Auslegerin der Natur‹. Naturästhetik und Hermeneutik in der klassischen deutschen Dichtung und Philosophie* (2001).

Charles de Roche, geboren 1960 in Frauenfeld, Studium der Germanistik, Vergleichenden Literaturwissenschaft und englischen Literatur in Zürich, Lizentiat 1989, Promotion 1997, danach Arbeit am Habilitationsprojekt »Literaturgeschichte der Unschuld« und regelmäßige Lehraufträge in Vergleichender und neuerer deutscher Literaturwissenschaft an der Universität Zürich. Buchpublikation: *Friedrich Hölderlin: Patmos. Das scheidende Erscheinen des Gedichts* (1999).

Renate Scharffenberg, Dr. phil., geboren 1924, 1945 bis 1950 Assistentin von Professor Anton Kippenberg neben dem Studium von Germanistik, Geschichte und

Politik in Marburg und Oxford, Schuldienst; Mitarbeit an der *Rilke-Chronik* und Herausgabe mehrerer Rilke-Briefeditionen, zuletzt *Rilkes Briefwechsel mit Magda von Hattingberg* (2000).

Rolf Selbmann, geboren 1951, Apl. Professor für Neuere deutsche Literaturwissenschaft an der Otto-Friedrich-Universität Bamberg, Gymnasiallehrer in München. Buchpublikationen: *Theater im Roman. Studien zum Strukturwandel des deutschen Bildungsromans* (1981), *Dichterberuf im bürgerlichen Zeitalter. Joseph Viktor von Scheffel und seine Literatur* (1982), *Der deutsche Bildungsroman* (1984, [2]1994); als Herausgeber: *Zur Geschichte des deutschen Bildungsromans* (1988); diverse Mitherausgaben. Aufsätze zur Literatur-, Bildungs-, Sozial- und Gattungsgeschichte vom 18. Jahrhundert bis zur Gegenwart. Mitherausgeber der *Schriften der Ernst-Toller-Gesellschaft*.

August Stahl, geboren 1934, emeritierter Professor für Neuere deutsche Literaturwissenschaft an der Universität des Saarlandes in Saarbrücken. Vizepräsident der Rilke-Gesellschaft. Zahlreiche Gastvorträge u. a. in Bulgarien, Georgien, Frankreich, Polen, Ungarn und in den USA. Wichtigste Veröffentlichungen zu Rilke: *»Vokabeln der Not« und Früchte der Tröstung«. Studien zur Bildlichkeit im Werke Rainer Maria Rilkes* (1967); *Rilke-Kommentar zum lyrischen Werk* (1978); *Rilke-Kommentar zu den »Aufzeichnungen des Malte Laurids Brigge«, zur erzählenden Prosa, zu den essayistischen Schriften und zum dramatischen Werk* (1979); Mitherausgeber der *Kommentierten Ausgabe* der Werke Rilkes in vier Bänden (1996) sowie Verfasser zahlreicher Einzelaufsätze zu Leben und Werk Rilkes.

Bernd Stenzig, geboren 1943, Dr. phil., Dozent am Institut für Germanistik der Universität Hamburg. Schwerpunkte: Interkulturelle Literaturwissenschaft und Deutsch als Fremdsprache. Vorsitzender des Kuratoriums der Worpsweder Kunststiftung Friedrich Netzel (Worpsweder Kunsthalle). Buchveröffentlichung unter anderem: *Worpswede – Moskau. Das Werk von Heinrich Vogeler* ([3]1991).

Joachim W. Storck, geboren 1922, Honorarprofessor für Neuere deutsche Literaturgeschichte an der Universität Mannheim; 1971-1988 Wissenschaftlicher Mitarbeiter am Deutschen Literaturarchiv Marbach am Neckar. 1973-1995 Vizepräsident der Rilke-Gesellschaft. Jüngste Buchveröffentlichungen: *Rainer Maria Rilke in Bad Rippoldsau* (2000); Hertha Koenig, *Erinnerungen an Rilke* (Hrsg. 1992, 2000); *Rilke in Jasnaja Poljana* (2001); Max Kommerell, *Kasperle-Spiele für große Leute* (Hrsg. 2002).

RILKE-NEUERSCHEINUNGEN IM INSEL VERLAG

Ralph Freedman

RAINER MARIA RILKE

Aus dem Amerikanischen von Curdin Ebneter
Der junge Dichter
1875 bis 1906
Der Meister
1906 bis 1926

Leinen. 1080 Seiten
3-458-17124-X
Zwei Bände in Kassette (auch einzeln lieferbar)

»Eine meisterhafte Biographie des Dichters.«
Robert Fagles

»Ein auch vor der Intimsphäre nicht haltmachender, detailliert und
einfühlsam geschriebener Bericht über das Leben und das Werk
eines der größten und eines der am schwersten faßbaren Dichter
dieses Jahrhunderts.«
Mark Strand

»In der im Insel Verlag erschienenen neuen Rilke-Biographie um-
hüllt der Autor die Dichterpersönlichkeit mit der eigenen Poesie
des Nachgeborenen – eines Jüngers, nicht eines Hörigen. Das und
die enorme Detailfülle machen dieses Werk so lesenswert.«
Inge Zenker-Baltes

Gesammelte Werke in neun Bänden

Mit Nachworten herausgegeben von Manfred Engel,
Ulrich Fülleborn, Horst Nalewski und August Stahl
insel taschenbuch 2816. 1648 Seiten
3-458-34516-7
Neun Bände in Kassette (auch einzeln lieferbar)

›Insel-Signatur‹

»Hiersein ist herrlich«

Gedichte, Erzählungen, Briefe
Zusammengestellt von Vera Hauschild
Mit einem Geleitwort von
Siegfried Unseld
Leinen. 220 Seiten
3-458-17087-1

»So hell, so klar war Rilke noch in keiner Auswahl,
so luzide und auf Wahrheit aus, die wir begreifen.«
›Die Zeit‹

In Vorbereitung:

Briefwechsel mit Rolf von Ungern-Sternberg

und weitere Dokumente
zur Übertragung der *Stances* von Jean Moréas
Herausgegeben von Konrad Kratzsch
unter Mitarbeit von Vera Hauschild
‹Mit unveröffentlichten Briefen Ungern-Sternbergs und Rilkes›
Gebunden. Etwa 168 Seiten
3-458-17132-0

Weihnachten

Briefe, Gedichte und die Erzählung »Das Christkind«
Ausgewählt und mit einem Nachwort versehen
von Hella Sieber-Rilke
‹Mit zwei unveröffentlichten Gedichten und
zwei unveröffentlichten Briefen an Ruth Rilke›
insel taschenbuch 2865. Etwa 120 Seiten
3-458-34565-5

Liebesgeschichten

Ausgewählt von Vera Hauschild
insel taschenbuch 2893. Etwa 120 Seiten
3-458-34593-0

Phia Rilke

Gedanken für den Tag
Ephemeriden

Mit unveröffentlichten Briefen Rainer Maria Rilkes
an seine Mutter
Herausgegeben von Hella Sieber-Rilke
insel taschenbuch 2890. Etwa 80 Seiten
3-458-34590-6